한국유교 일두성인 및 남계서원

김윤숭(성균관부관장, 일두기념사업회장, 지리산문학관장)

도서관에서 모든 책을 열 가지로 분류하여 서가에 배치하는 목록의 표준이 한국십진분류법(韓國十進分類法, KDC)이다. 한국십진분류법은 대한민국의 대표적인 도서분류체계이다. 200번의 종교 편에 보면 210 비교종교, 220 불교, 230 기독교, 240 도교, 250 천도교, 260 미사용(이전엔 일본신도), 270 힌두교·브라만교, 280 이슬람교(회교), 290 기타제종교로 되어 있다. 여기에는 유교가 누락되었다. 유교저술은 보통 철학의 경학, 동양철학, 한국철학, 중국철학에 속하였다. 정작 유학 항목은 없다.

대한민국의 7대 종단(宗團)에는 개신교, 불교, 가톨릭, 원불교, 유교, 천도교, 한국민족종교협의회 등이 소속되어 있으니 유교는 엄연히 한국의 종교이다. 문체부 종무실에서 여러 종교와 함께 관리한다.

남들은 유교를 종교라 하는데 우리들만 유교는 종교가 아니라 보편적 진리다, 학문이다고 주장한다. 유교 관련 교수들도 모두 종교가 아니라 학술이라고 생각한다. 그래서 유교라 쓰면 지우고 유학이라고 다시 표기한다. 그런데 향교 전교나 장의, 유도회원들은 유학자가 아니지 않은가. 그래도 유학이라고 생각하는 사람이 다수이다. 유교인이라고 하기를 꺼려한다. 유교인이 유교를 주장하지 않으면 누가 유교라고 할 것인가. 그래서 한국십진분류법에 유교가 빠져 있는 것일 것이다.

우리 유교인이 유교의 정체성을 확립하고, 유교를 표방하며 유교 관련 저술을 많이 하여 쌓여야 260번 미사용란이 유교로 등재될 것이다. 유교 분류체계를 위해서 유교 관련 저술, 문헌이 많이 생산되어야 한다.

유교인들이 오히려 유학, 동양철학 그런 걸 거부하고 유교학, 유교사, 유교인, 유교시설(향교, 한국의서원, 유교랜드), 유교단체(한국유교학회, 한국유교문인협회, 한국유교신도회총연합회, 모성회, 한국서원연합회, 점필재기념사업회, 일두기념사업회, 한훤당기념사업회), 유교기관(성균관, 유교신문, 유교방송, 한국유교문화진흥원, 한국선비문화연구원), 유교포상(선비대상, 일두문화상), 유교인물(한국유교일두성인전), 유교문제(신지성직자없는상태,신사성직자일원화또는 신성이원화문제) 등등 되도록 유교를 표방하고 저술하여 유교서적이 한우충동하여 한국십진분류법 260번이 유교로 자리잡게 하는 것이 중요하다. 거기에 보태고자 하는 것이 필자의 이 책 저술 목적이다.

한국유교는 고려 국자감, 조선 성균관을 거쳐 현대 성균관까지 이어지는데 성균관은 제후국 용어이므로 자주 유교를 위해선 천자국 용어인 국자감을 써서 국자감 체제로 원상복구, 개편해야 한다. 그러나 익숙한 것을 따르는 인간 보편 심리상 성균관도 무시할 수 없으니 겸용, 공용, 동시 사용해도 무방하다.

한꺼번에 병칭하여 한국의 유교종단 명칭을 정한다면 고려는 국자감, 조선은 성균관, 대한민국은 문선왕궁으로 시대적 특징을 설정하고 통칭하여 '한국유교 국자감 성균관 문선왕궁'으로 명명함이 좋다고 생각한다. 개별 향교나 서원이나 유교관련 단체도 한국유교 함양향교, 한국유교 남계서원, 한국유교 모성회, 한국유교 수필가협회, 한국유교 엔지니어 협회, 한국유교 한의사회 등등으로 유교를 표방함이 온당하다.

섭정은 문선왕궁에 살면서 유교 정무를 처리한다. 섭정은 왕이므로 왕제를 시행하고 왕명을 발동한다. 세습직이 아닌 선출직 임기제의 왕으로 한다. 궁극적으로는 성균관대학교를 회수한, 옛 반궁의 반수 안 성균관 영역을 바티칸시국처럼 문선왕국으로 독립시켜 작지만 강한 나라로 자치할 수 있어야 한다. 대한민국과 문선왕국은 서로 이중국적을 허용한다.

중종 때의 문신 대관재 심의가 지은 <대관재몽유록>의 가야처사 최치원이 천자인 천성국(天聖國)의 문장왕국이 아닌, 저자미상의 <사수몽유록> 일명 <문성궁몽유록>의 내성외왕 공자 및 성현의 이상국가 소왕국(素王國)과 같은, 우리 유교의 이상국가 왕도정치의 유교왕국 문선왕국이 건국되는 것이다.

일두 정여창 선생은 동방오현으로 문묘배향 동방 18현이다. 생존시 청년시절부터 3성현의 무리로 일컬어졌으니 성현의 지질을 타고난 것이다. 이제 문묘에 모셔진 39인중 공자 시립 38인의 배향인물은 대성인을 모시는 존재이므로 모두 성인으로 존칭함이 타당하다. 하여 일두성인이라고 존칭함이 마땅하다.

일두성인을 제향하는 대표 서원은 함양 남계서원이다. 한국최초의 서원 소수서원에 이은 사림최초의 서원 남계서원은 세계문화유산이다. 일두 서거후 불과 50여 년 만에 개암 강익, 남계 임희무, 반계 박승원, 사암 노관, 매촌 정복현 등 남계오현이 서원 창설을 논의하고 최종적으로 개암이 불굴의 의지로 완성한 것이 한국의 두 번째 서원 남계서원이다.

세계문화유산 한국의서원 9서원의 주인공은 거의 다 문묘배향인이다. 서악서원 설총, 무성서원 최치원, 소수서원 안향, 남계서원 정여창, 도동서원 김굉필, 옥산서원 이언적, 도산서원 이황, 필암서원 김인후이다. 나머지 한 서원 병산서원의 유성룡은 학봉 김성일과 함께 문묘종사운동이 있었지만 성공하지 못하였다.

세계문화유산 한국의서원 9서원의 주인공이므로 서애 유성룡도 문묘배향되어야 한다. 한훤당과 일두의 스승, 사림파의 종장 한국도학의 대종사 점필재 김종직도 문묘배향되어야 한다. 소왕섭정이 왕권을 강화하고 왕명을 내려 문묘배향을 윤허해야 한다. 그러면 문묘 좌정의 성인은 모두 41인이 된다. 한국유교의 성인은 20인이 된다.

대성인 1인, 사성 4인, 십철 10인, 송조육현 6인, 동방 20현 20인 모두 41위의 성인이 문묘에 엄존하게 되는 것이다. 유교성인과 유교현인과 유교문인을 존숭하고 선양하는 저술도, 유교사상과 유교정신과 유교문제를 다루는 저서도 많이 산생되어 한국십진분류법 260번은 유교로 설정하게 하여 유교도서를 통한 유교발전을 일으키는 것이 우리 유교인들의 급선무이다.

정부조직법의 제34조(행정안전부) "② 국가의 행정사무로서 다른 중앙행정기관의 소관에 속하지 아니하는 사무는 행정안전부장관이 이를 처리한다." 하였듯이, 문학진흥법의 제2조(정의) 1. "문학"이란 사상이나 감정 등을 언어로 표현한 예술작품으로서 시, 시조, 소설, 희곡, 수필, 아동문학, 평론 등을 말한다.에서 7대 문학 장르가 있는데 다른 장르에 속하지 아니한 문학 창작물은 일체 수필에 속한다고 생각한다. 학술논문이 아닌 논리적 글은 수필 장르의 글임은 논란의 여지가 없을 것이다. 그런 의미에서 이 책은 수필집인 동시에 한국유교 저술이다.

이 수필집 또는 한국유교 저술은 (사)일두기념사업회 이사장으로서 성균관 부관장으로 봉직한 2020년 이후 유교신문에 특별기고한 글 및 지방신문, 수필문예지, 한국수필가협회 권두칼럼, 한국수필작가회 사화집, 경남수필 사화집, 함양문화원 향토사 논단 등에 실린 수필류를 모아 엮은 것이다. 그 이전도 그 이후도 다른 수필이 많이 있으나 다음 기회에 미룬다.

먼저 한국유교 및 문묘, 서원, 일두, 남계서원에 관한 글만 채록하여 부분 증산, 수정하고 모두 5부 45편으로 편집하여 문세한다.
이런 사항에 관한 호기심 가진 독자에게 다소 도움이 되길 바란다.
*이 서문은 본문중 <한국십진분류법의 유교를 위하여>에다 두 가지를 더 보태어 서술한 것임을 미리 밝혀둔다.

2024년 9월10일 추기석전에 지리산문학관 성경당(誠敬堂) 심융정교 삼지삼동각(心融鼎敎三知三同閣)에서
명예자연치유학박사 김윤숭 삼가 씀

*誠敬堂: 〈一蠹先生續集卷之一 / 書 / 答朴馨伯 彦桂 "第朋友相愛之道 只在責善°惟以向學以誠°律身以敬°"〉〈老柏軒先生文集卷之三十四 / 記 / 誠敬齋記 "律身以敬向學以誠兩句八言°一蠹先生所以淑諸身而牖來後者也"〉

*心融鼎敎: 〈孤雲集 卷三 / 碑 / 智證和尙碑銘【竝序】"贈太師景文大王心融鼎敎,【三敎也】面渴輪工°遙深爾思, 覬裨我則, 乃寓書曰:'伊尹大通, 宋纖小見°以儒譬釋, 自邇陟遠°甸邑巖居, 頗有佳所, 木可擇矣, 無惜鳳儀°'"〉

*三知三同: 〈秋江先生文集卷之七 / 雜著 / 師友名行錄 "鄭汝昌字自勖°入智異山°三年不出°明五經°窮極其蘊°知體用之源同分殊°知善惡之性同氣異°知儒釋之道同迹差°"〉

차례
작가의 말
한국유교 일두성인 및 남계서원　　2

1- 살구꽃 핀 마을

나는 유교 신도입니다	15
살구꽃 핀 마을	17
내가 문화재청장이라면	21
공문십철과 공묘십철	26
문묘와 서원	30
일두 정여창과 문묘종사의 영예	49
공문십철(孔門十哲)과 공묘십철(孔廟十哲) 및 자명상보설(字名相補說)	54
성균관은 향교와 서원의 두 날개로 날자	63
제2의 문묘를 건립하자	70
한국십진분류법의 유교를 위하여	77
유교 신도증	82

2- 한국문학관과 천년 우정의 서원

개암(介庵)의 일자사(一字師)와《개암집》의 일자사(一字死)	87
동계(桐溪)와 동몽수지(童蒙須知)	93
일두와 하동 영계서원	97
안의삼동의 유교학자와 일두서원	107
일두십대서원과 도남서원	152
한국문학관과 천년 우정의 서원	161

3- 남계서원의 광거당과 명성당

남계서원 세계유산제일사와 남계오현	171
남계서원면과 남한산성면	178
남계서원의 광거당과 명성당	186
남계서원의 문헌공묘와 별묘	195
남계서원과 황석산성	209
灆溪五賢의 행적과 남계서원 공적	216
일두단오제와 남계서원	239

4 - 일두(一蠹)는 성인이다

500년전 함양에 무슨 일이 - 정여창과 황금 술잔　302
일두(一蠹)는 성인이다　307
광풍루(光風樓) 제월당(霽月堂) 530주년 기념 주련차운
(柱聯次韻)　311
고운과 일두　329
일두 아호와 일두문화상　332
일두홍보관의 오류 시정　336
수필의 날과 일두선비문화제　347
일두사대누정과 군자정신　351
일두와 술　356
정분전(鄭苯傳), 500년만의 귀환　361
함양산삼항노화엑스포와 일두선비문화제　376

5-국가기록도 검증하라

도동서원은 세 번째다	382
필암서원의 삼산 시대 연표	390
필암서원의 송강시판	396
필암서원의 우동사(祐東祠)와 청절당(淸節堂)	403
필암서원과 하서시조	410
북학파와 북벌론 녹봉서원	425
국가기록도 검증하라	434
당주서원(溏洲書院) *함양의 서원 항목해설	439
산삼의 성인 최치원과 함양 백연서원	463
남계서원 세계유산축전(2020) 전국 한시 백일장 축시 및 집행 소감	484

1 - 살구꽃 핀 마을

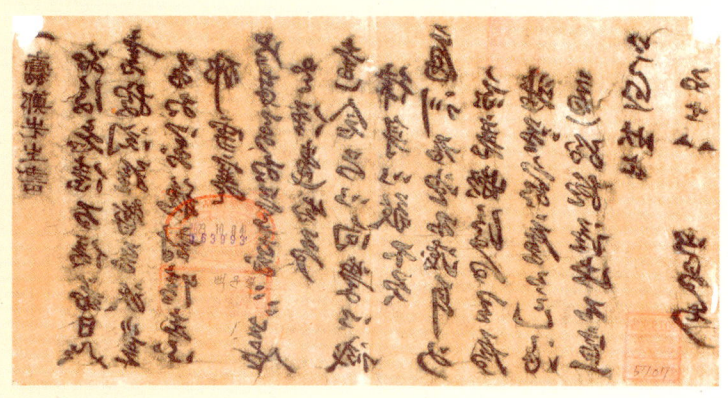

-선친이 서울의 정치판을 떠나 은거하기에 최적의 산골이었다. 그때 태어나 자랐지만 살구꽃을 본 어릴 때의 기억은 없다. 이름으로만 살구꽃이 피었을 것으로 짐작할 뿐이다.-

나는 유교 신도입니다

호랑이가 가고 토끼가 옵니다. 범해가 가고 토끼해가 옵니다. 연말이 아니어도 범은 사라진 것입니다. 호랑이는 범과 이리라는 두 마리 맹수를 지칭하다가 범의 단칭으로 둔갑한 것입니다. 범돌이가 아닌 호돌이가 세계를 누볐습니다. 우리말이 사라지듯 우리 전통문화, 전통사상도 사라지고 있어 안타까운 마음입니다.

언필칭 천만 불교신도, 천만 기독교도, 천만유림이라는 말을 들으며 자랐습니다. 지금 유림은 몇 명입니까. 백만유림이라는 말을 언필칭 할 수 있습니까. 유림이라는 것은 지역에서 향교의 전교, 장의, 유도회의 회장, 무슨 향교재단의 이사장 등의 기관단체장의 직함으로만 존재하는 것이 아닌가 저이됩니다.

유교가 한국 7대종교에 포함되지만 유교 신도는 어디 있습니까. 한 명도 없을 것입니다. 유림에게 '귀하는 유교신도입니까?' 물으면 '아니오. 난 유림입니다!'라고 할 것입니다. 유림이란 말은 유교 신도라는 말을 회피하기 위한 용어입니다. 당당하게 '나는 유교 신도입니다'라고 하는 시대가 와야 유교가 살아날 것입니다. 유림이란 용어를 유교 신도의 통칭으로 써야 합니다.

신도가 없고 성직자만 있는 종교가 어디 있습니까. 유교입니다. 성직자의 성스러운 의식은 갖고 있습니까. 하다못해 신부, 목사, 승려 같은 유교 성직자의 칭호는 갖고 있습니까.

유교는 성직자가 있습니까. 전교나 장의 유도회장에게 유교의 성직자입니까 물으면 그렇습니다 라고 답할 인사가 얼마나 있을까요. 유교의 성직자의 통칭은 무엇입니까. 선비일까요, 진사, 생원일까요. 교황, 추기경, 대주교, 주교, 신부 통칭 신부라는 계급은 존재합니까. 선비는 너무나 보편적인 보통 명사니 불가하고 진사라는 호칭이 유교의 성직자 통칭으로 새 개념으로 정의하기에 적당하다고 생각합니다만 이론이 분분하겠지요.

대한불교조계종 제12교구 본사 법보종찰 해인사의 말사 일개 암자 하나도 1년 예산이 300억원이라고 들었습니다. 그 예산은 뭐겠습니까. 신도들의 헌금이지요. 유림의 헌성금은 얼마일까요. 지역 향교 중에 그 0.1%인 3천만이라도 헌성금을 모아 예산으로 쓰는 곳이 있을까요.

유교가 국교이던 시절은 지났습니다. 옛날의 영광이나 향수에만 빠져 살 수는 없습니다. 이제부터라도 당당히 '나는 유교 신도입니다.'라고 외치고, 유교 종단 - 한국유교 성균관 국자감 문선왕궁 - 을 유지시키는 헌금을 많이 내는 열성 신도가 되어 유교의 진흥을 위하여 헌신하길 바랍니다.

살구꽃 핀 마을

살구꽃 핀 마을 / 이호우

살구꽃 핀 마을은 어디나 고향 같다
만나는 사람마다 등이라도 치고 지고
뉘 집을 들어서면은 반겨 아니 맞으리

이 이미지를 차용하여 시조 한 수 읊었다.

살구징이숲 / 김윤숭

행님은 살구나무숲 명의의 상징이고
살구꽃 핀 마을은 마음의 고향이고
오도재 살구징이숲은 명의 살던 내 고향

 살구꽃이 핀 마을은 거기가 어디든 간에 순박하고 온후한 고향 인심 같은 것을 느끼게 된다. 왜 그럴까. 분홍빛 살구꽃의 순박한 이미지 때문에 그럴 것이다. 살구꽃은 복사꽃과 함께 봄의 낭만, 정감을 느끼게 해주는 봄 풍경의 상징 꽃이었다. 왜색의 벚꽃이 심어지긴 전에 말이다. 이호우(1912~1970) 시조시인이 지금 저런 시를 짓는다면 벚꽃 핀 마을을 읊지 않았을까.

필자는 살구꽃을 좋아한다. 집 마당에 큰 살구나무가 있는데 꽃이 너무 많이 피어 마당을 덮고 살구가 많이 열리고 따먹을 겨를도 없어 그냥 땅에 떨어져 저절로 썩어간다. 그 밑에 섬돌을 놓고 행단이라 하였다.

필자의 집은 신약당이라 한다. 불후의 명저 『신약』을 저술하신 필자의 선친 인산선생이 만년에 삼남 필자의 집에서 기거하시고 인술을 펴신 것을 기념하여 붙인 당호이다. 죽염발명가, 한방암의학 인산의학 창시자 인산선생은 동의보감의 허준, 사상의학의 이제마와 함께 한의학 3대성인으로 추앙된다.

행림서원이란 한의학 전문출판사가 유명 한의서를 많이 출판하여 의학발전에 공헌하였는데 그 행림의 행도 살구이다. 중국의 오나라 손권 시대 의사 동봉(董奉)은 무료로 환자들을 치료해주었다. 다만 조건이 있었다. 중환자가 나으면 살구나무 5그루를 가져와 심게 하고 경환자가 나으면 1그루씩 심게 하였다. 몇 년 뒤에 10만여 그루의 살구나무가 울창하게 숲을 이루었다. 동봉이 매년 살구를 팔아 얻은 곡식으로 빈궁한 사람을 구휼하고 여행객에 나누어주니 1년에 3천 곡이나 되었다. 사람들은 이 숲을 살구나무숲(행림 杏林)이라 하였다. 그런데 어느 이야기에는 그 살구를 은행이라고 해석하였다.

살구를 은행으로 해석하는 것에 또 행단(杏壇)이 있다. 공자가 처음으로 민간 차원에서 강학을 시작하여 최초로 사학제도를 도입하여 학문의 기풍을 불러 일으켰다. 이것이 바로 공자의 '행단강학'이다. 공자가 집 뜰 안에 있는 은행나무 밑에 강단을 설치하여 강의를 시작한데서 나온 말이란다.

그러나 행단의 고사는 유교문헌에는 나오지 않고 장자에 처음 언급된 것이다. 『장자(莊子)』 어부(漁父)편에 공자가 치유림 행단에서 거문고를 타다가 도가풍의 어부와 만나 나눈 대화가 고사의 근원설화이다.

세상을 위하여 노력하는 유가를 비웃고 나무라며, 세상을 피하여 은둔하는 삶을 고매하게 여기는 도가류의 자만심과 공자 폄하의식이 공자와 어부와의 문답에 잘 묘사되어 있다. 그런데 행단의 고사만 차용하여 유교 학당의 상징 나무로 살구나무 또는 은행나무로 삼는 것은 잘못된 것이다. 조상들이 이미 애용하니 어찌할 수 없지만 말이다.

필자가 태어난 곳은 함양군 휴천면 행정리 살구징이다. 살구징이는 살구정자 행정(杏亭)이다. 태어날 때는 오솔길만 존재하던 심산유곡이었다. 선친이 서울의 정치판을 떠나 은거하기에 최적의 산골이었다. 그때 태어나 자랐지만 살구꽃을 본 어릴 때의 기억은 없다. 이름으로만 살구꽃이 피었을 것으로 짐작할 뿐이다.

살구징이의 뜻을 변용하여 살구나무 뜰이라는 뜻으로 행정(杏庭)이라고 자호한다. 인산선생이 은거하고 필자가 태어난 곳은 빈터만 남았으니 이를 인산초당 터라고 한다. 중국의 두보초당, 강신의 다산초당 같은 세계 3대 초당 인산초당으로 복원하려는 서원을 세웠으나 미완이다.

살구꽃이 핀 마을이 행화촌이다. 이는 중국 당나라 시인 두목의 <청명> 시에서 유래한다. 이 시 이후 행화촌은 주막을 상징하는 속어가 되었다. 살구꽃 핀 마을은 정감이 있는데 행화촌은 술과 연관되어 퇴폐 향락적 의미가 부가되었다. 복사꽃이 도화살이란 퇴폐적 의미가 부가 된 것처럼 말이다.

清明(청명) / 杜牧(두목)

清明時節雨紛紛(청명시절우분분) 청명 시절에 비가 부슬부슬 내려
路上行人欲斷魂(노상행인욕단혼) 길 가는 나그네의 넋을 잃게 하네
借問酒家何處有(차문주가하처유) 주막이 어디 있느뇨 물었더니
牧童遙指杏花村(목동요지행화촌) 목동은 멀리 행화촌을 가리키네

행림, 행단, 행화촌은 살구나무, 살구꽃의 고사이다. 은행나무를 가리키기도 한다. 성균관에 들어서면 커다란 은행나무가 서있으니 행단을 상징하는 것이다. 장자의 공자 폄하의식을 생각하면 아닌 건 아닌데 하는 생각이 들지만 내가 기분 나쁘게 생각하든 말든 행단의 은행나무는 유교의 상징이 되었다. 필자가 20세에 처음 한국청년유도회 회원이 되어 석전에 참석했을 때 본 그대로 서있다.

40여년 세월이 흐른 뒤 문묘에 배향된 동방오현 일두 정여창 선생의 (사)일두기념사업회 이사장에 이어 일두선생 덕으로 한국유교종단의 총본산 성균관의 부관장이 되어 고유례를 지내기 위하여 다시 들어서 마주한 문묘행단의 은행나무는 나의 속마음을 알아볼까. 천년을 산 신령한 나무이니 말이다.

이제 자주 보아야 할 나무이니 서로 기분 나쁜 감정을 가질 필요가 없다. 유가든 도가든 살구든 은행이든 나무와 숲을 사랑하고 유교와 공자를 경애하는 한 사람으로서 이 우람한 노거수를 무조건, 묻지마, 그냥 사랑하기로 마음먹었다.

내가 문화재청장이라면

내가 문화재청장이라면 문화재 행정에 있어 이런저런 일을 해내면 좋겠다는 뜻이지 벼슬에 욕심이 있다는 뜻은 아니다. 이런저런 일은 딱 네 가지면 족하다. 문화재청장이 된 누구라도 이 네 가지를 실현한다면 훌륭한 청장이 될 것이다.

1. 국보제1호를 바꾸는 것이다.
2. 광화문과 대한문 현판을 바꾸는 것이다.
3. 시조의 유네스코 등재추진이다.
4. 문묘를 원상 복구하는 것이다.

1. 국보 제1호를 바꾸는 것이다.

국보 제1호 문제는 문화재청장이라고 맘대로 할 수 있는 일이 아니다. 2005년 유홍준 청장이 있을 때에도 재지정 논의가 있었는데 진보측 신문 논설에선 찬성하고 보수측 신문 논설에선 반대하였다. 국보제1호 재지정문제도 진영논리에 좌우되니 이상한 일이다. 결국 흐지부지되고 말아 안타까운 일이다.

당시 국민일보의 논리다.

"이 기회에 문화재 지정번호를 놓고 문화재를 등급화하는 전근대적인 사고방식도 바뀌어야 할 것이다. 문화재에 우열을 매긴다는 것은 있을 수 없는 일이다. 일본의 경우처럼 문화재 지정번호는 단지 지정번호일 뿐이다." 경향신문의 논리는 타당한 듯싶다. "물론 문화재는 서열이 없다. 다 소중하다. 하지만 국보 1호가 단순 지정 번호라 해도 그에 내포된 상징성은 크다. '1'이라는 숫자가 갖는 대표성을 간과할 수 없다. 국보 1호라면 우리나라를 대표한다는 국민의 인식도 널리 깔려 있다. 대외적으로도 한국을 상징하는 의미가 적지 않다. 이런 점에서 국보 1호 재지정은 적극 검토되어야 한다. 국보 1호만큼은 한국을 대표할 수 있는 상징성을 지닌 문화재가 되어야 한다는 것은 합당하다."

문화재에 서열이 없다는 논리와 수정에 드는 비용이 엄청나다는 논리는 양대문제이다. 서열이 없다고? 물론 제1호 이후는 지정 번호순이지 서열은 없다. 그러나 국보제1호는 누구나 외울 것이다. 그것만 강조되기도 한다. 그러니 상징성이 있음이 분명하다. 숭례문이 무슨 상징성이 있는가. 일제가 사대문을 헐어버릴 때 건축학적 가치로 동대문과 남대문을 보존한 것이 아니다. 임진왜란 때 가등청정과 소서행장이 한성 정복하고 입성한 유적이라서 보존시켰다는 증언도 있으니 한국의 국보가 아니라 일본의 국보인 것이다.

국보제1호로 하자고 여러 가지를 제안하는 사람들이 많다. 필자도 그중의 한 사람이다. 독도를 국보제1호로 지정하여 일본의 독도야욕을 분쇄해야 한다고 생각한다. 그러나 국보나 보물은 유형문화재여야 하니 법부터 바꾸어야 한다. 제일 많이 거론되는, 가장 강력한 국보제1호 후보는 한국의 상징, 한민족의 자랑 한글을 밝힌 『훈민정음』이다. 『훈민정음』을 국보제1호로 지정하고 숭례문은 『훈민정음』의 지정번호 국보제70호로 뒤바꿔 재지정하면 될 것이다. 비용문제는 다른 비용도 많이 쓰면서 바로잡는 데 드는 비용을 아까워하랴. 진작에 20년 전에 바꿨으면 그만큼 비용이 절약되었을 것이다.

2. 광화문과 대한문 현판을 바꾸는 것이다.

경북궁의 정문인 광화문은 한자 현판에서 박정희 대통령의 한글 현판으로 바뀌었다가 유홍준 문화재청장 때 원래의 현판으로 복원되었다. 한문으로 되어 있던 것을 다시 한문으로 다는 데 무슨 문제인가. 아무래도 박정희라는 진보측이 싫어하는 인물의 글씨이다보니 진보정권 시대에 핑계 김에 수난을 당하여 강판되었을 것이다. 세종대왕의 한글 집자 새 현판이었다면 복원운운 안 하면서 그대로 달아두었을 것이다.

지난 4월 24일부터 5월 14일까지 국립고궁박물관에서 경운궁의 현판전이 열렸는데 마지막 날이라고 부리나케 찾아가서 관람하였다. 현재의 덕수궁 동문인 대한문(大漢門) 원래의 현판인 대안문(大安門) 현판이 그대로 남아 전시되고 있었다. 대한제국이 을사늑약으로 외교권을 박탈당하고 통감부가 설치된 해인 1906년에 대안문에서 대한문으로 고종의 명으로 바꾸어 달았다. 왜 그런 어명이 내렸는지 학설이 분분하다.

필자는 대한문(大漢門)을 한국의 국호로 바꾸어 대한문(大韓門)으로 바꿔 달아야 한다고 주장한다. 그러나 다시 생각해보니 대한문(大韓門)은 중국이나 일본 사람 외에는 알지 못한다. 그럴 바에야 일단 대한문(大韓門)으로 바꾸고 현판은 한글 대한문을 달아 놓으면 한글을 몰라 읽지는 못해도 한국의 상징으로 남을 것이다. 나아가 고궁의 정문은 다 한글 현판으로 바꾸는 것이다. 창덕궁의 정문 돈화문과 창경궁의 정문 홍화문까지. 상징적인 외부 대문이라서 그렇지 안의 것을 다 바꾸자는 이야기가 아니다.

3. 시조의 유네스코 등재추진이다.

지난 6월 1일(목)에 국제펜한국본부 주최 서울시민과 문인들이 함께 하는 한글과 세종대왕 탐구 기행에 국립한글박물관, 영릉(英陵, 세종대왕), 영릉(寧陵, 효종대왕), 신륵사를 다녀왔다. 마침 그날 국립한글박물관에선 『청구영언』과 한글 노랫말 이야기 전시회가 열리고 있었다. 한마디로 시조 이야기인데 시조란 명칭이 없었다.

『청구영언』(1728)을 위시한 『해동가요』(1755), 『가곡원류』(1876)를 삼대시조집이라고 하는데 이 삼대시조집을 유네스코 세계기록유산으로 등재하고 3장 6구 12소절 45자내외의 창작 방식과 옛 작품 3만수를 일괄하여 시조 자체를 유네스코 인류무형문화유산으로 등재시킬 필요가 있다. 시조는 현대에도 창작되는 문학장르의 하나이니 타 장르와의 형평성도 고려해야 한다지만 국가 문화재요 인류 문화유산에 값한다. 존중받고 우대받아 마땅하다.

4. 문묘를 원상 복구하는 것이다.

지금 성균관대학교와 성균관은 분리되어 별개의 기관이다. 원래 성균관이 전국의 향교 토지를 팔고 기금을 모아 성균관대학교를 설립하였다. 운영난으로 민간 재단에 운영권이 넘어갔다. 수원에도 캠퍼스가 있는데 서울캠퍼스가 없으면 지잡대가 될까봐 존속하는 것이다. 성균관이 다시 성균관대학교 서울캠퍼스를 인수하고 제학(祭學)일치를 이루어야 한다.

성균관의 유림회관을 헐고 반궁의 상징 두 갈래 하천 복개를 철거하고 반궁도에 의거, 문묘를 원상복구하는 것이다. 문묘를 세계문화유산으로, 석전을 인류무형문화유산으로 등재시키는 것이다. 성균관대학교 기존 건물은 유교의 각종 기관, 단체용으로 개편하는 것이다. 국제관이 유림회관 대용으로 적합하다.

내가 문화재청장이라면 국보제1호를 『훈민정음』으로 바꾼다. 광화문, 대한문, 돈화문, 홍화문의 현판을 한글현판으로 바꿔단다. 시조를 세계기록유산 및 인류무형문화유산으로 등재 추진한다. 성균관 문묘의 원형을 복원하여 세계문화유산과 석전의 인류무형문화유산 등재를 추진한다. 이 네 가지만이라도 달성하여 조국과 민족의 선조들이 남겨주신 문화유산에 대한 고마운 마음을 갖고 청장노릇 제대로 한 보람을 느끼고 물러나길 소망한다.

공문십철과 공묘십철

1. 공문십철

<논어 선진>에 공자께서 "진채의 사이에서 나를 따르던 자들은 다 권문에 들지 못했구나" 하시고 사과(四科) 십철(十哲)을 열거했는데 그 10인은 다음과 같다.

　덕행에 안연, 민자건, 염백우, 중궁이요
　언어에 재아, 자공이요
　정사에 염유, 계로요
　문학에 자유, 자하이다.

2. 공묘십철

문묘에는 공자에 사성(四聖)이 배향되고 십철이 전내(殿內) 종향되었다. 문묘 십철은 공문십철과 다르다. 이른바 공묘십철이다. 공묘십철은 공문십철과 두 가지가 다르다.

공묘십철은
민자건, 염백우, 중궁
재아, 자공
염유, 계로
자유, 자하, 자장이다.

공묘십철은 공문십철과 비교하여 공문십철 제1인 안연이 사성에 승격되어 빠지고 제2인 민자건이 제1인이 되고, 맨 끝에 새로 자장이 승격되어 편입되었다. 공문십철은 이름 대신 성과 자로 불리고 공묘십철은 봉호와 성명으로 불린다.

〈국조오례통편 권2 길례 문선왕묘〉 전내종향,
동벽 서향
비공민손 제일(費公閔損第一)°·설공염옹 제삼(薛公冉雍第三)°·여공단목사 제오(黎公端木賜第五.)°·위공중유 제칠(衛公仲由第七)°·위공복상 제구(魏公卜商第九)°
서벽 동향
운공염경 제이(鄆公冉耕第二)°·제공재여 제사(齊公宰予第四)°·서공염구 제륙(徐公冉求第六)°·오공언언 제팔(吳公言偃第八)°·영천후 전손사 제십(穎川侯顓孫師第十)°

동무(東廡)와 서무(西廡)에 종향된 이는 공자의 72제자와 중국 역대 유현과 동국 18현이다. 고려시대 문묘향사도는 조선시대와 많이 다르다.

<고려사 권62 길례중사 문선왕묘 >에는 공자에 안회만이 배향되고
동벽에 민손·염경·염옹·재여·증삼,
서벽에 단목사·염구·중유·언언·복상·맹가
남벽에 문창후 최치원·홍유후 설총이 전내 종향되었다.

안자, 증자, 맹자에 자사자가 합류하여 사성으로 승격되어 공자에 배향되고, 공묘십철에 자장이 승격하여 편입되어 공자에 전내 종향된 것이 조선시대 문묘향사도이다. 그런데 중국은 공묘십철에 유약(有若-有子)과 주희(朱熹-朱子)를 증보하여 십이철(十二哲)을 배향하고 있다. 송조6현을 전내종향하는 한국이 성리학자의 나라임을 증명하는 것이다.

3. 송조육현

조선 숙종 40년(갑오년, 1714) 8월에, 송나라 조정의 여섯 현인(賢人)-송조6현을 문묘(文廟) 대성전(大聖殿) 전내(殿內)에 올려 배향하였다. <국조보감 제55권>

○ 도국공(道國公) 주돈이(周敦頤)는 위공(魏公) 복상(卜商) 아래에 봉안하였고,
예국공(豫國公) 정호(程顥)는 영천후(潁川侯) 전손사(顓孫師) 아래에 봉안하였고,
낙국공(洛國公) 정이(程頤)는 도국공 주돈이 아래에 봉안하였고,
신안백(新安伯) 소옹(邵雍)은 예국공 정호 아래에 봉안하였고,

미백(郿伯) 장재(張載)는 낙국공 정이 아래에 봉안하였고,
휘국공(徽國公) 주희(朱熹)는 신안백 소옹 아래에 봉안하였다.

이 일은 임술년(1682,숙종8)에 우암 송시열의 건의로 이미 명이 내렸던 것인데, 그럭저럭 미루어 오다가 지금에 이르러 예조 판서 민진후(閔鎭厚)의 말로 인하여 대신에게 논의하여 실행하게 된 것이다.

4. 현대의 문묘

광복후에 성균관의 문묘는 심산 김창숙의 지도하에 성균관의 대성전에 성현을 집체 제향하고 동무, 서무의 제향은 폐지하였다. 현재 오성, 공문 10철-실제로는 공묘십철-, 송조 6현, 동국 18현 모두 39분의 위패가 봉안되어 있다.

성균관 대성전 문묘에 배향된 공문십철은 <논어>에 나오는 공문십철과는 약간 차이가 있는 공묘십철이라는 것을 인식하고 추모와 제향에 임했으면 좋겠다는 생각으로 부연 설명하였다.

문묘와 서원

1. 유교의 삼위일체

문묘와 서원과 세계문화유산은 한국유교의 삼위일체다. 문묘는 문묘18현 실제 문묘16현 이야기이고 서원은 존속서원 27개 실제 도학서원 16개 서원 이야기이고 세계문화유산은 유네스코 등재 9개 서원 이야기이다. 이 셋은 순환고리처럼 서로 맞물려 돌아간다. 하나가 빠지면 이탈하게 되어 있어 삼위일체이다.

흥선대원군의 서원훼철령에 살아남아 존속된 서원은 47개라고 하는데 틀리다. 47개 중 20개는 사당이고 27개만 사당과 강당이 있는 서원이기 때문에 존속서원은 27개뿐이다.

서원은 본디 도학군자를 향사하고 귀감으로 삼아 그런 선비를 기르고자 설립한 것이다. 서원의 목표는 존현양사(尊賢養士)이다. 도학군자 현인을 존숭하고 도학군자 선비를 양성하는 것이다.

충신은 사당으로 족하지 서원은 불필요한 것인데 서원이 존귀한 존재가 되니 편입되고 싶은 상승욕구를 충족시키기 위하여 서원승격이 남발되어 넘쳐나게 된 것이다.

27개 서원에서도 문묘종사 유현의 서원은 도학서원이고 나머지는 대충신서원이다.

고종초기 서원훼철령 때는 문묘종사 유현은 동국18현이 아니고 16현이었다. 중봉 조헌과 신독재 김집은 고종후기에 문묘종사된 것이다. 중봉의 서원 김포 우저서원은 대충신서원으로 존속서원이라서 훼철령 이후에도 건재하였다.

서원훼철령의 존속원칙은 문묘종사 16현의 서원, 대충신 11현의 서원에, 당연히 사액서원으로 1인1원 외에는 훼철하라는 것이다. 그러니 서원 27개만 남게 되는 것이다. 사당은 20개만 남았는데 모두 충신의 사당이지만 도학군자 서원으로 이동해도 무방한 서원도 있다. 나중에 문묘종사된 김포 우저서원이나 소론의 영수 명재 윤증을 향사하는 논산 노강서원 등이다.

존속서원 27개는 하나 빼고 모두 사액서원이다. 세계문화유산 9개 서원은 모두 존속서원이다. 그러나 모두 사액서원은 아니다. 모두 문묘종사 유현도 아니다. 서애 유성룡의 병산서원은 사액의 명은 있었지만 실행은 되지 않은 미사액서원이다. 하지만 옛 모습을 간직한 존속서원이기 때문에 사액 여부는 문제가 아니다. 비문묘종사 유현의 서원이라도 퇴문의 양대 산맥이기 때문에 문제가 없다.

2. 고려의 문묘종사

성균관 대성전은 중앙 문묘이고 지방 향교의 대성전은 지방 문묘인데 규모의 차이는 있으나 경향일체의 체제를 갖는 건 당연지사다.

고려는 자주기에 중국과 같은 천자 제도를 시행했기 때문에 992(성종11)년 중국과 같은 국자감을 설립하고 문선왕묘를 세워 공자를 대성으로 주향하고 안자를 아성으로 배향하고 공문십철의 안자의 빈자리를 증자가 채워 전내종향하였다. 특이하게 맹자가 서벽에 공문십철과 나란히 전내종향되었다. 동무와 서무를 두어 공자의 칠십제자와 한당 유현을 종사하였다.

고려 조정은 국자감을 세운 지 28년 뒤 1020년에 신라 명현 고운 최치원을 문묘종사하였다. 이때는 동서무에 종사하는 것이 아닌 문선왕묘 정전에 모시는 전내종향이다. 고려 인물을 공자, 안자, 십철과 함께 같은 공간에 전내종향하였으니 자국 유현을 존대하고 자국 유교의 긍지를 크게 가진 것이다. 그 2년 뒤 1022년에 종향한 설총도 고운과 같이 남벽에 모셔 전내종향하였으니 같은 취지였을 것이다.

조선시대에는 언감생심 어디 감히 중국 성현과 같은 공간에 있을 수 있겠냐는 자기 비하 의식이 심해 전내종향에서 격하되어 동서무에 일괄 종사되었다. 1949년 심산 김창숙의 개혁 때 전내종향이 복구되었다.

고운은 1023년에 문창후란 시호를 추증한 거로 보아 문장감동중화국(文章感動中華國)에 해동문학을 발전시킨 공로로 문묘종사된 것이고 설총은 홍유후란 시호로 보아 유교를 발전시킨 공로로 문묘종사된 것이니 신라어로 구경을 해석한 것이 유교발전에 공헌한 것이다.

고려 국자감은 원나라 간섭기에 성균관으로 격하되고 그 대성전에 회헌 안향이 1319년(충숙왕6)에 종사되었다. 조선에 들어와서 제후국 의식을 승계하여 국자감이라 칭하지 못하고 성균관을 계승하고 그 대성전에 포은 정몽주를 종사하였다.

회헌은 양현고를 뒷받침하는 섬학전(성균관발전기금) 조성 공로로 문묘종사되었다. 섬학전을 관료들에게 내게 하니 한 무관이 공자와 무관하여 못 내겠다고 하였다. 회헌은 그를 불러 부자간, 군신간 윤리는 다 공자의 가르침이니 가정과 조정에 서는 것도 어찌 공자의 덕이 아니냐니 승복하고 기부금을 내었다. 회헌의 문묘종사를 강력히 주장하여 관철한 인물은 제자 덕재 신천이었다.

3. 조선의 문묘종사

조선 1407년(태종7)에 증자와 자사를 사성으로 승격시켜 공자에 배향하고 자장(전손사)을 십철에 승격시켜 종향하였다. 이에서도 알 수 있듯이 공문십철과 공묘십철을 다르다. 공문십철은 덕행에 안자가 첫째인데 안자가 복성 안자로 사성에 승격하여 공자에 배향했기 때문에 그 빈자리를 자장이 메꾸어 십철로 승격하여 공자에 종향했다. 공묘십철은 안자가 없고 자장이 들어있다. 문묘종향의 공문십철은 실상은 공묘십철이다.

閔損。字子騫。魯人。費公。
冉耕。字伯牛。魯人。鄆公。
冉雍。字仲弓。魯人。薛公。
宰予。字子我。魯人。齊公。
端木賜。字子貢。衛人。黎公。
冉求。字子有。魯人。徐公。
仲由。字子路。魯人。衛公。
言偃。字子游。吳人。吳公。
卜商。字子夏。衛人。魏公。

顓孫師。字子張。陳人。潁川侯。○右十哲。

    1517년(중종12) 9월에 포은 정몽주를 문묘 서무 최치원 다음 자리에 조선조 최초로 종사하였다. 정몽주와 김굉필을 함께 문묘에 종사하자는 청원이 거듭되었지만 결국 정몽주만 실행되었다. 정암 조광조가 주청하여 김굉필과 정여창에게 우의정을 추증한 다음 달에 정몽주의 문묘종사가 이뤄졌으니 정암의 힘이 작용한 것이다. 포은은 위신(僞辛)을 섬겼다는 흠잡기를 극복하고 동방이학의 조종으로 추앙되어 문묘종사된 것이다.

    조선조 성리학자 동방오현을 1610년(광해군2)에 일괄 문묘종사하여 조선 성리학의 자존심을 세웠다. 광해군은 선왕이 윤허하지 않은 동방오현의 문묘종사를 결행함으로써 나름대로 왕권을 강화한 측면이 있다. 동방오현은 조선 성리학의 개척자 내지 대성자로서 문묘종사된 것이다. 초기 동방사현은 모두 사화의 순교자라는 공통점이 있다. 일두와 한훤당은 무오사화, 정암은 기묘사화, 회재는 정미사화의 순교자이다. 퇴계 이후는 대성리학자라는 공통점이 있을 뿐이다.

    문묘종사 18현 중 나려 4현, 동방오현의 전기 9현이 정비된 것이다. 여기까지는 사화의 순교자는 있었어도 당쟁의 분규는 없었는데 이후 후기 9현은 문묘종사도 당쟁으로 얼룩졌다.

    동방오현이 문묘종사되고 뒤늦게 내암 정인홍이 자기 스승 남명 조식도 문묘종사시켜달라고 강력히 건의했으면 그 세력하라서 가능성도 있었는데 회재와 퇴계를 비난함으로써 모든 게 물건너갔다.

    이전에 퇴계는 고운이 불교에 아첨했다고 문묘에서 출향해야 한다고 했지만 사석에서의 이야기고 공론화하지는 않았다. 그 불평 기조가 성호, 순암, 오희길, 정조대왕 등에게 이어진다.

한훤당, 일두, 정암, 회재를 누구보다 존경한 퇴계지만 문묘종사만큼은 찬동하지 않았다. 금역당 배용길도 한훤당과 일두의 문묘종사는 부당하다고 주장했는데 그 문집에 관련 기록은 빠졌다. 기묘사화의 간신 지정 남곤은 한훤당과 일두의 문묘종사는 반대하고 향사당 제향을 주장하였는데 그 방향으로 조정의 시책이 이뤄졌다.

율곡 이이, 우계 성혼은 쌍벽의 유현으로 숙종 때 같이 문묘종사되었다가 남인 집권으로 출향되고 서인 집권으로 복향되었다. 1682년(숙종8) 5월에 송나라 4현-양시(楊時)·나종언(羅從彦)·이동(李侗)·황간(黃榦)-과 문성공(文成公) 이이(李珥)·문간공(文簡公) 성혼(成渾)을 종사하고 오징(吳澄) 등의 종사를 폐지하였다.

양현의 제자 사계 김장생도 뒤이어 숙종 43년(1717)에 문묘종사되었다. 그 3년 전인 1714년(숙종40)에 송조육현-도국공 주돈이·예국공 정호·낙국공 정이·신안백 소옹·미백 장재·휘국공 주희-를 대성전에 올려 전내종향하였다. 송조육현이 동서무에 종사된 것을 퇴계는 불만스럽게 언급했으나 행동은 없었고, 숙종 8년(1682)에 우암은 송조육현의 전내종향을 건의하여 윤허를 받았는데, 흉년으로 지연되다가 이때에 실행되었다.

영조 32년(1756) 2월에 우암 송시열과 동춘당 송준길이 같이 문묘종사되었다. 오히려 같은 서인인 소론의 반대는 있었으나 노론의 영구 집권으로 무사하였다. 그 8년 뒤 영조 40년(1764) 5월에 남계 박세채도 문묘종사되었는데 노론 소론 당쟁으로 노론이 극력 반대했으나 영조의 탕평 정책 강행으로 남계의 탕평사상 명분 때문에 유지되었다. 이후 노론 영구 집권기에도 남인처럼 출향을 주장하지는 않았다.

정조 때는 1796년(정조20) 11월에 호남 안배 차원에서 당색이 없는 하서 김인후가 문묘종사되었다. 고종 후기-1883년(고종20) 10월-에 중봉 조헌과 신독재 김집이 도학의 전승 공로로 문묘종사되고 조선왕조는 막을 내려 수백 년 동안 수많은 유현의 문묘종사청원운동이 무위로 끝났다.

4. 제2의 문묘

성균관 대성전은 포화상태라서 <조선왕조실록>에 문묘종사를 소청한 기록이 있는 선현인 익재 이제현, 목은 이색, 양촌 권근의 여말삼현, 일재 이항, 미암 유희춘, 옥계 노진, 사암 박순, 고봉 기대승의 호남오현, 충암 김정, 청음 김상헌, 수암 권상하, 단암 민진원, 도암 이재의 기호오현, 점필재 김종직, 탁영 김일손, 청음 김상헌, 수암 권상하, 둔촌 민유중의 삼김오현, 남명 조식, 동강 김우옹, 한강 정구, 여헌 장현광, 서애 유성룡, 우복 정경세의 사제육현 등등을 제2의 문묘종사운동으로 문묘배향해야 하는데, 다만 공간이 부족하니 제2의 문묘를 세워 향사해야 한다.

대한제국의 황제의식을 살리어 고려 자주기의 국자감을 다시 건립하고 문선왕묘를 세워 공자를 주향으로, 사성을 배향으로 제2의 문묘종사청원 유현들을 전내종향해야 한다. 성균관은 사대속국의 상징, 정3품 관청에 불과한데 어찌 유교의 종단명이 될 수 있겠나. 국자감으로 복구하자 하면 또 온갖 이론이 난무할 테니 그냥 제2의 문묘로 국자감 문성왕묘를 건립하는 게 좋겠다. 이 둘을 포괄하는 명칭으로 성학궁이 적당하고 한국유교 성균관 국자감 성학궁이 종단명이 되어야 한다.

　박물관이나 문학관으로 비유하면 문묘가 종합박물관, 종합문학관이고 서원은 전문박물관, 전문문학관이라고 할 수 있다. 일두 정여창을 보면 문묘에는 39성의 한 사람이고 남계서원에선 주향이고 2명을 종향으로 두었으니 일두를 알려면 남계서원을 찾아야 하는 것과 같다.
　시인 박재삼으로 보더라도 종합문학관인 경남문학관보다는 전문문학관인 사천 박재삼문학관이 박재삼 시인에 대해 자세할 것이다. 문경의 문학관도 문경문학관과 하늘재시조문학관이 있는데 후대에 문경시는 하늘재시조문학관을 문경이 낳은 걸출한 문인 권갑하 시조인의 권갑하문학관으로 발전시켜야 할 의무가 있다.

5. 뉴스메이커 서원과 향전

　소수서원은 한국 최초의 서원이다. 풍기군수라는 벼슬아치가 세운 서원이다. 그에 반해 함양 남계서원과 영천 임고서원은 벼슬아치가 아닌 선비가 세운 서원이다. 남계서원은 남계오현-박승원, 정복현, 노관, 강익, 임희무-이 주동하였고, 임고서원은 임고사현-노수, 김응생, 정윤량, 정거-이 주도하였다.
　함양의 남계서원은 1566년(명종21)에 사액되었으니 소수서원, 임고서원, 문헌서원에 이은 네 번째 사액서원이다. 창건순으로는 소수서원, 문헌서원에 이어 세 번째다. 사당·강당 일체건립형 서원으론 소수서원이 첫 번째이고, 남계서원이 두 번째이다. 남계서원은 벼슬아치가 아닌 선비가 세운 서원으론 한국 최초이고 임고서원이 두 번째이다.

조선조 두 번째 건립 서원인 남계서원은 사찰의 권선문 같은 서원의 권선문으로 최초인 <천령서원수곡통문>을 남기었다. 정여창이란 조선인물을 최초로 제향하는 사당의 서원이기도 하고, 명성당이란 독자적 명칭을 최초로 부여한 강당 명명 서원이기도 하다.

소수서원이 창건된 이후 유교계의 이슈는 거의 다 향교가 아닌 서원이 차지하였다. 서원이 뉴스메이커요 동시에 트러블메이커가 되었으니 서원이 유교계의 대표성을 가진 것이다

실례로 한국 최초의 서원 소수서원은 창건할 때 터를 파니 놋쇠가 나와 팔아서 많은 서적을 구할 수 있었다. 황빈이란 자선사업가 독지가도 있어 군수가 필요할 때마다 기부해주어 사업 진행이 편리하였다. 함양은 군수의 지원을 받느라 모두 12년의 세월이 흘렀다.

지역에서 서로 분쟁하는 사건도 많으니 시비 향전이다. 서원이 향전의 중심지가 된 것이다. 향전은 대개 당색으로 더 심해지지만 같은 파끼리도 우열경쟁으로 전개되기도 하니, 병호시비, 양강시비 등이 그렇다. 함양 남계서원에서도 옥개시비(玉介是非)가 있었다.

소수서원을 창건한 풍기군수 주세붕이 창건 공로로 신임하여 유사를 시킨 김중문이란 이가 유생들에게 욕도 하고 거만히 굴어 유생들이 동맹휴학하여 서원을 비우고 떠나갔다. 봄부터 겨울까지 한 해가 다 가는데 불러들일 생각을 안 하니 더 문제였다. 군수 한기는 김중문을 해임하는 것으로 해결하려고 했지만 김중문은 더 감정을 품고 공갈을 일삼으니 문제가 해결될 기미를 보이지 않았다. 1556년(명종11) 12월에 이를 답답하게 여긴 퇴계가 지나는 길의 안향의 후손 영주군수에게 편지 보내 해결을 촉구하였다. 몸을 굽혀 당사자를 찾아가 잘 타이르라는 것이다. 이것도 일종의 사제간 향전이다.

함양 남계서원도 정유재란 때 불타고 재건하는 과정에서 지역 명현 옥계 노진과 개암 강익의 후손 후학들이 주도권 쟁탈전을 벌여 남계서원을 본래의 자리에 세우지 않고 1603년(선조36)에 구라마을 일두묘소 묘하에 세워 묘하서원을 만들었다. 남명 조식이 참배한 것은 원래 자리에 있던 남계서원이고 남명 제자 한강 정구가 참배한 것은 이건한 자리에 있던 남계서원이다.

이건 과정에서 옥계 노진의 서원도 한자리에 옮겨 세워 사액서원 남계서원과 미사액서원 당주서원이 한 담장 안에 있었는데 명칭도 옥계서원이었다. 사람들의 이목을 해괴하게 하였다. 해괴 논쟁을 이기지 못하고 남계서원은 다시 1612년(광해군4)에 옛 자리에 이건되었으니 물자가 부족한 시대에 재정낭비였다.

당주서원은 옥계 노진을 향사하기 위하여 함양 지곡에 건립한 서원이다. 옥계의 조카 당시 명망가 홍와 노사예가 선의로 옥계의 친구, 남계서원의 창건 주역 개암을 같이 모시자고 하여 옥계 주향, 개암 배향으로 결정되었다. 그러나 시간이 지나자 개암은 옥계와 같은 당곡 정희보의 제자 동문이고 나이도 개암이 5살 연하에 불과한데 어찌 배향하는 위차가 맞냐고 시비가 붙었다.

그러자 주최측에선 개암이 옥계힌테 배운 세사라는 설도 제기하는 억지까지 부리며 강행했지만 말썽이 잇달았다. 이것을 옥개시비(玉介是非)라고 명명한다. 결국 개암의 위패를 남계서원의 별사로 이안하는 것으로 귀결되었다. 이후 동계가 먼저 일두의 문헌공묘에 종향되고 그뒤에 개암도 윤허를 받아 종향되었다. 남계서원으로 밀려난 것이 마침내는 개암파가 옥계파를 밀어내고 남계서원의 주도권을 쥐게 되었으니 전화위복인 것이다.

6. 뉴스메이커 서원의 사건사고

　사건사고도 있어 한국 최초의 서원 동맹휴학 사건도 소수서원에서 있었고 서원 토지 박탈사건도 국가문제화되기도 하였다. 같은 해에 일어난 사건이다.

　1556년(명종11) 1월에, 예조의 공사(公事)【풍기 군수(豊基郡守) 한기(韓琦)가 백운동 서원(白雲洞書院)에 소속된 전지를 빼앗아 사찰에 준 사건이다.】로 정원에 전교하기를,

　"이 공사를 보건대 사실이 이와 같다면 풍기 군수를 어찌 추고만 하고 말겠는가. 본도 관찰사에게 빨리 그 진상을 조사하여 치계하게 하라." 하였다. 아마도 처벌이 따랐을 것이다.

　서원의 토지를 박탈하여 사찰에 반환하는 문제는 후기에 또 발생하였다. 중국은 사찰과 도관이 토지 쟁탈전을 벌이는데 한국은 사찰과 서원이 쟁탈전을 전개하는 듯하지만 유교 국가라서 흔한 일은 아니다.

　명종 때 요승(妖僧)이라 지목된 보우(普雨)가 복법(伏法)된 뒤 그가 점유했던 하양현(河陽縣) 환성사(環城寺), 김산군(金山郡) 직지사(直指寺), 의흥현(義興縣) 인각사(麟角寺), 영천군(永川郡) 운부사(雲浮寺) 등 사찰의 위전(位田) 10여 결(結)을 임고서원에 떼어 주어 봄가을로 향화(香火)를 받드는 데 충당하게 하였다.

　임진왜란으로 등기문건이 소실된 뒤에 하양향교 유생 박서봉(朴瑞鳳) 등이 환성사(環城寺)의 중들과 결탁하고 당시 경상도관찰사, 뒷날 승지 김동필(金東弼)에게 정장하니, 조금도 고민하지 않고 대번에 이를 빼앗아 내주었다. 서원과 사찰 쟁탈전에 향교 유생이 사찰 편을 든 거 보니 향교와 서원이 노론 소론처럼 갈린 듯하다.

1724년(영조즉위년) 10월에 경상도 유학 양명화(楊命和) 등이 영천(永川) 임고서원(臨皐書院)의 위전(位田)을 돌려줄 것을 청한 상소에 대해 영조대왕은 측근이 걸린 문제라 그런지 신중히 처리하겠다고 비답하였다. 장기간에 걸친 송사 끝에 결국 임고서원은 환성사를 상실하게 되었다.

이들 사건은 지역문제가 국가문제로 비화한 것이다. 서원의 국가적 문제는 사액서원 위주이다. 문제는 추가 배향과 향사인물 위차 문제이다. 이미 사액이 되면 국학의 지위를 가져 맘대로 못하고 국가의 허가를 받아야 했다. 허가를 받지 않고 멋대로 하면 관계자는 처벌되었다. 법전에 명시된 사항이다.

《속대전(續大典)》에는 이렇게 되어 있다.

"외방(外方)에서 법을 어기고 사원(祠院)을 창설하는 일이 있으면 관찰사(觀察使)는 나처(拿處)하고 수령은 고신삼등(告身三等)을 빼앗고 그 일을 처음으로 주창(主唱)한 유생(儒生)은 멀리 귀양 보낸다. 조정(朝廷)에 품의(稟議)도 하지 않고 멋대로 사액사원에 다른 이를 배향(配享)하면 지방관(地方官)을 파직시킨다."

향사위차 문제는 천년의 문제였다. 병호시비, 양강시비도 결국 그 문제이다.

가령 한국의 두 번째 사액서원 영천 임고서원에 여헌을 포은에 병향한 것이 문제가 되었다. 여헌 제자 생원(生員) 장학(張學) 등이 조정과 사림에게 품의하지도 않고 장현광(張顯光)을 나란히 앉혀 병향(幷享)하였다. 사론(士論)은 다 배향(配享)하는 것으로 결정하였으나 장학 등이 감히 배향을 주장한 유생 박돈(朴暾) 등 4인에게 벌을 주어 유적(儒籍)에서 삭제하려고 하였다. 1643년(인조21) 4월에 포은 사손 전 전첨

(典籤) 정준(鄭儁)의 상소에 따라 결국 왕명으로 병향에서 격하하여 배향하라 하였다.

미사액서원이 국가 문제가 되는 건 국왕도 짜증을 낼 정도로 국가의 사건이 못 되었다. 실례가 온양 정퇴서원이다. 이 사례도 정암과 퇴계를 병향하는 위차에 고을 현인으로 고려 인물인 맹희도를 첫째 위치에 위패를 놓으니 커다란 사회문제가 된 것이다. 도학의 상징 정암과 퇴계 앞에 두다니 말이 안 되는 무엄한 처사였다.

정퇴서원의 위차(位次)는 정암과 퇴계 두 선생을 주벽(主壁)에 모셔 남쪽을 향하고 향현(鄕賢) 만전당 홍가신을 동쪽에 두어 서쪽을 향하고 동포 맹희도를 서쪽에 두어 동쪽을 향하게 배향하였다. 그런데 충숙공(忠肅公) 유관(柳灌)을 추배하는 일로 몇 고을의 선비들이 본 서원에 모여 의논할 때, 맹흠요(孟欽堯) 등 수십여 명의 사람들이 갑자기 자기 조상은 "4백 년전의 명현(名賢)이니, 마땅히 연대를 중시해야 한다. 어찌 배위(配位)로 낮출 수 있단 말인가. 마땅히 첫자리로 올려야 한다."하고 멋대로 위차를 바꾸었다. 감사에게 진정하여 처벌하고 상소하니, 1791년(정조15) 2월에 임금이, 사액도 받지 않은 서원의 위차 문제로 임금에게 번거롭게 아뢰는 것은 무엄한 일이라고 하여 성균관으로 하여금 소두(疏頭)에게 죄를 주게 하고, 도신의 제사(題辭)도 일의 체모에 관계된다고 하여 전 감사에게 죄를 주도록 하였다.

미사액서원은 국가가 간섭하지 않는 것이 원칙인 듯하다. 영조 이전 숙종 때도 위차 문제가 상신되었지만 임금의 비답은 없었다. 순창에 화산서원이 있어 여러 번 사액을 신청했지만 받지는 못했다. 오현서원으로 불릴 만큼 다섯 명현이 향사되었다. 초기엔 기묘명현 충암 김정과 을사명현 하서 김인후를 주벽으로 순창 목민관이었던 제봉 고경명과 건재 김천일을 위하여 창건한 것이었다. 향현 귀래정 신말주를 배향하면서 사단이 발생하였다.

오현이 탈없이 합향되다가 어느 시점에 고을 선비들이 수령에게 품의하지 않고 멋대로 귀래정을 첫 자리에 놓고 나머지를 열향하였다. 수령이 관찰사에게 보고하여 수령에게 묻지도 않고 멋대로 바꾸었다고 처벌하자고 보고하였고 조정에도 보고하였는데 비변사가 원래 위차로 복구하고 주동한 세 선비는 처벌하라고 결정하였다. 임금에게도 보고되었으나 비답은 없다.

신말주는 귀래정이란 정자를 짓고 순창에 은거한 적이 있다. 이를 기화로 후손들은 귀래정이 단종의 충신으로 은거했다고 주장하여 충절 명문이 되었다. 실상은 세조 옹립 공신으로 세조에서 성종까지 즐곧 벼슬하였고 파직 생활을 순창에서 지냈다. 성종 말년에 벼슬에서 물러나 은퇴하였다. 화산서원 배향 명분도 충신 이미지였다. 다른 네 명은 충암과 하서는 충절이고 제봉과 건재는 충렬이었다. 세조 공신이라면 네 명현의 서원에 낄 수가 없는 거였다. 첫 자리에 올린 선비들도 충신 명분으로 큰소리치며 주동할 수 있었던 것이다. 조선에선 양촌 권근, 사가정 서거정, 사숙재 강희맹, 용재 이행 같은 관각 문인들은 선망의 대상이었지 숭배의 대상은 아니었다.

7. 문경의 서원

현재의 문경시는 옛 기준으론 문경현과 가은현 및 상주의 산양현 3현으로 구성된 것이다.

정조 때 실학자 연려실 이긍익이 편찬한 <연려실기술> 서원 문경(聞

慶) 조에 보면

"소양향현사(瀟陽鄕賢祠) 숙종 계사년에 세웠다. : 김낙춘(金樂春) 호는 인백당(忍百堂)이다. ·정언신(鄭彦信) 선조 때의 정승이다. ·심대부(沈大孚) 호는 가은(嘉隱), 헌납(獻納)을 지냈으며 추향(追享)되었다. ·이심(李襑) 호는 색은(穡隱), 찬성(贊成)에 증직되었으며 추향되었다.

한천향현사(寒泉鄕賢祠) 숙종 정축년에 세웠다. : 안귀손(安貴孫)·신숙빈(申叔彬) 처사(處士)이다. 개(槩)의 손자이다. ·성만징(成晩徵) 호는 추담(秋潭), 교관(教官)을 지냈고 추향되었다."

하였으니, 소양서원과 한천서원만 기술되어 있는데 모두 가은현에 있는 서원이다. 문경현 본토에는 서원 이야기가 없다.

소양향현사는 현재 가은읍 전곡리에 소양서원으로 복원되어 있다. 한천향현사는 한천서원으로 불리다가 훼철되고 복원하지 못하였다. 제단비에 설단하고 담장 쳐 한천단으로 보존되어 있다. 소양서원에서 차로 5분 거리 농암면 농암리에 있는데 찾아가기가 어렵다. 번지수도 추가하고 영역도 정비하여 향토문화유산으로 지정, 보호할 가치가 있다. 위키백과에는 "한천서원(寒泉書院) - 경상북도 문경시 농암면 농암리(가실목)"이라는 제목만 있고 본문은 없다.

<연려실기술> 서원 상주(尙州) 조에 보면 11개의 서원이 소개되어 있는데 그중 하나만 산양현 지금의 문경 지역 서원이다.

"근암서원(近嵒書院) 을사년에 세웠다. : 홍언충(洪彦忠) 갑자화적(甲子禍籍)에 들어 있다. ·이덕형(李德馨)·김홍민(金弘敏) 호는 사담(沙潭), 전한(典翰)을 지냈다. 범(範)의 아들이며 승지에 증직되었다. ·홍여하(洪汝河) 호는 목재(木齋), 사간(司諫)을 지냈으며 고종후(高

從厚)의 외손이다."

옛 산양현 지금 문경시 산양면, 산북면 지역에는 근암서원뿐만 아니라 의산서원, 웅연서원, 도천사(문경대하리소나무근처로추정) 등이 더 있었다. 한국민족문화대백과사전에 근암서원, 소양서원, 의산서원, 웅연서원 항목이 나오는데 참고하기 바라며, 그 가운데 보충할 것을 더 서술한다.

학봉학맥의 정통인 갈암 이현일의 아들 겸 제자 밀암 이재(1657~1730)는 1727년(영조3) 가을에 소양서원의 축문을 썼는데 당시엔 소양리사(瀟陽里社)라고 칭하였다. 인백당김공(忍百堂金公) 김낙춘, 나암정상국(懶菴鄭相國) 정언신, 가은이징사(稼隱李徵士) 이심(식산의증조)을 합향할 때의 축문<소양리사합향축문(瀟陽里社合享祝文)>이다.

식산 이만부(1664~1732)는 범재 심대부를 추향할 때 소양서원봉안범재심선생문(瀟陽書院奉安泛齋沈先生文)를 지었으니 3현 봉안하고 얼마 되지 않아 범재, 가은 심대부(1586~1657)를 합향하여 4현 서원이 된 것이다. 소양정사(瀟陽精舍)의 사림에게 보낸 편지에서 고산 남영의 사적을 자문해주고 있으니 남영도 추향 문제가 거론된 것이다. 결국 남영도 추향되어 5현 서원이 되었다. 현판은 소양정사, 사원 승격 후에는 소양서원이라고 했을 것이다. 심대부는 소재 노수신의 증손서이다. 소재 증손 노준명과 <소재문집>을 개편하였다. 준명 아우 노경명이 봉화현감으로 부임하여 1665년(현종6)에 간행하였다.

실학자 담헌 홍대용(1731~1783)은 문경에 사는 정광현(鄭光鉉)과 경상도관찰사에게 편지를 보내 소양서원에 제향하는 정언신이 기축옥사의 역적이라며 개탄하고 출향하라고 당부하였다. 그런데 한국민족문화대백과사전 소양서원 조에는 "1745년(영조 21)에 훼철되었다가 1801년(순조 1)에 복설되었다." 하였는데, 홍대용이 활동한 시대에는 소양서원이 건재했으니 훼철, 복설 운운은 틀린 이야기다. 기축옥사의 영향으로 서인에 의해 정언신만이 출향, 복향이 이뤄졌을 것이다. 정여립의 옥사에 연루되어 희생된 곤재 정개청을 향사하는 함평 자산서원이 서인, 남인에 의해 서원 자체가 열 번이나 훼철, 복설이 반복된 경우와는 다를 것이다.

다른 자료에는 소양서원에 대해 "1712년(숙종38)에 향리의 유림들이 인백당 김낙춘(忍百堂 金樂春)과 사직 안귀남(司直 安貴男), 신숙빈(申叔彬) 등 지역의 선현들을 추모키 위해 창건했다." 했는데, 소양서원 근처 신숭겸의 태왕전 앞 한천처사 신숙빈선생 유적비문에 보면 "숙종 초에 소양리사를 세워 안귀손과 신숙빈을 향사하고 1697년(숙종23)에 농암리로 옮겨 한천향현사라 하고 추담을 추배하였다." 하며 김낙춘을 거론하지 않았다. 연대가 서로 맞지 않다.

그리고 처사란 벼슬하지 않고 초야에 묻혀 사는 선비를 가리키는 용어이다. 신숙빈은 감찰을 거쳐 거창현감까지 지냈으니 현감공이라고 해야 하는데 굳이 처사라고 할 것 있나 의문이다. 사직공과 현감공이 옹서지간으로 벼슬을 버리고 소양에 은거한 이야기가 입향 고사가 되는 것이다.

한천서원은 대원군의 훼철령에 헐리고 그 자리에 설단하고 사직안선생-안귀손, 처사신선생-신숙빈, 익위추담성선생-성만징 위패 비를 나란히 세우고 한천서원제단비를 건립하였다. 1984년 11월에 신석후(申錫厚)의 부탁으로 남강(南岡) 이원영(李源榮,1915~2000)이 비문을 지었다. 남강은 문경향교 전교를 지냈고 남강문집(南岡文集) 16권 8책을 남겼다. 그가 경영한 남강구곡(南岡九曲)은 문경의 열 번째 구곡으로 발견되어 그 소식이 지상을 장식하였다.

소양서원은 본래 소양에 입향한 세 시조 김낙춘, 안귀손, 신숙빈 3현을 향사하기 위해 건립된 것이라고 하였다. 그러다가 안귀손과 신숙빈은 옹서지간으로 따로 한천서원을 세워 별향하였다고 하였다. 한천서원에 우암 수제자 수암 권상하의 제자 강문팔학사의 일인인 추담 성만징(1659~1711)이 1787년(정조 11)에 추향된 것으로 보아 한천서원은 서인 노론의 서원이다. 당색이 안 맞아 소양서원과 한천서원이 근처에서 분리된 것이다.

웅연서원은 서애학통의 정맥인 입재 정종로가 「웅연서원상량문(熊淵書院上梁文)」을 짓고 남인 학자들이 관련 글을 지은 것으로 보아 남인 서원이다. 주암정 가는 길 입구에 유허비가 있다. 1979년 7월에 만송(晩松) 전윤석(全胤錫, 1892~1983)이 유허비문을 지었다. 전윤석은 입재의 제자 근와(近窩) 유식(柳栻)의 근와집(近窩集) 서문을 1960년에 지은 인물이다. 그는 또 상산김씨의 시조 단소에 세운 재실 봉의재(鳳儀齋)의 상량문을 1967년에, 습독(習讀) 류희임(柳希任)의 함창 봉황정(鳳凰亭)의 기문을 1976년에, 태촌 고상안의 별장인 침석정(枕石亭)의 기문을 1977년에 짓기도 하였다.

산북에 있었던 도천사(道川祠)는 서원으로 승격하지 못한 듯하나 서원 성격이었다. 우암 후손으로 노론 대학자인 강재 송치규가 상주도천사춘추향축문(尙州道川祠春秋享祝文)을 지어주어 칠봉(七峰) 황시간(黃時幹,1588~1642), 만은헌(晩隱軒) 신경(申熲,1618~1697), 우곡(愚谷) 황상중(黃尙中,1619~1680) 3현을 병향하였다. 강재가 지은 것으로 보아 노론 서원임을 알 수 있다.

칠봉은 우리 조상인 상주목사 김정목과 함께 가휴 조익, 창석 이준, 사서 전식, 화천 조즙, 송만 김혜 7인이 도남서원에서 배 타고 낙강 달밤에 노닐고 연구를 지어 남긴 인연도 있다. 이 낙강선유에는 상산사로(商山四老)로 불린 우복, 창석, 사서, 칠봉에서 우복만이 빠진 것이다.

문경에는 개성고씨 세덕사(開城高氏 世德祠)로 영조연간(英祖年間)에 창건되어 태촌 고상안(泰村 高尙顔)과 그 손자 낭옹 고세장(浪翁 高世章)을 봉향(奉享)하는 영고사(潁皐祠) 등 많은 세덕사가 있는데 서원 성격이 아니므로 생략한다. 고세장은 율곡, 우계의 문묘종사를 반대하는 상소를 했다가 처벌받아 평안도 벽동군에 귀양가기도 하였다.

문경의 서원에서 근암서원과 소양서원 및 웅연서원은 남인 서원이고 한천서원과 도천사는 서인 노론 서원이다. 서인 세력의 남인 지역 진출 서세동점의 첨병, 교두보가 서원이다. 남인 지역에서의 노론거점 활동이 서원이니 서원이 남인 바다의 노론 섬들. 사회섬의 중심이라 하겠다. 섬은 다리가 놓이면 사라지듯 당색이 사라지면 사회섬도 사라진다. 당색은 사라져야 하지만 역사와 학술은 더욱 연구되어 사실이 정확히 서술되어 바른 지식이 정립되어야 한다.

일두 정여창과 문묘종사의 영예

사람이 살면서 명예를 누리고 사후 영광도 누리고 싶을 것이다. 살면서 누릴 명예는 뭐가 있을까. 높은 벼슬, 중요 단체장, 큰 상, 올림픽 금메달, 세계 챔피언, 학자는 학술원회원, 예술가는 예술원회원, 베스트셀러작가, 자기 분야의 성공자, 목표달성자, 업적 쌓은 사람 등등일 것이다. 한국은 대통령보다 노벨상수상자가 더 영광일 것이다.

조선시대는 유교 성리학시대이니 유교성리학자의 최고 영예는 문묘종사였다. 문묘종사 유현은 모두 18현이다. 조선왕조 500년 역사에선 조선인물로 14현만이 문묘 종사되었으니 얼마나 희귀한가. 설총부터 치면 1,200년간에 18현만이 문묘 종사되었으니 더욱 희귀하다. 문묘종사 유현이란 명예와 긍지를 가질 만하시 않은가.

문묘 18현에서 조선초기 종사된 선두그룹이 동방오현이다. 일두 정여창을 위시하여 동방오현으로 일컬어지는 선비 현인, 유현, 조선성리학의 상징인물 다섯 분이다. 한훤당 김굉필, 일두 정여창, 정암 조광조, 회재 이언적, 퇴계 이황이 동방오현이다.

동방오현이 왜 한꺼번에 명사화하여 거론되느냐 하면 조선왕조 200년의 청원운동 결과, 대결단하에 동시에 문묘에 종사되었기 때문이다. 유교의 성인 공자와 중국 유교 현인을 향사하는 문묘에 종사된다는 것은 선비로서의 최고 영예, 추숭사업의 궁극적 목표이기 때문이다.

문묘에 종사되기 위해서는 팔도 유생의 지속적인 청원운동에 임금의 윤허가 떨어져야 한다. 임금은 항상 사안이 중대하여 신중히 처리하겠다고 거절한다. 동방오현도 수백년의 보류사업이었다가 광해군 2년에 결단이 이루어져 임금이 윤허하여 문묘에 종사되었다.

퇴계 이황은 사후 바로 율곡 이이가 문묘종사를 건의한 이후 단기간에 반대가 없이 이루어진 독보적인 대성리학자이다. 퇴계 이황과 율곡 이이, 퇴계학파와 율곡학파, 양대학파의 수장이 사제지간으로 문묘에 종사된 것은 유일무이, 전무후무하다.

동방오현에서 퇴계 이황 외에는 다 유교 성리학 순교자의 역사이다. 한훤당 김굉필과 일두 정여창은 무오사화의 희생자, 순교자이고, 정암 조광조는 기묘사화, 회재 이언적은 을사사화 여파의 희생자, 순교자이다. 이들이 본디 문묘종사의 초기 청원대상 동방사현이었다. 경우가 다르긴 해도 천주교 순교자를 성인으로 추숭하듯 유교 성리학 순교자 4현을 성인으로 추앙해도 될 듯하나 유림은 너무 옛 관념만 묵수한다.

동방오현에서 정암 조광조를 따로 향사하는 심곡서원 외에는 그들 서원이 다 한국의서원 9서원에 포함되어 세계문화유산에 등재되었으니 문묘종사보다 더 빛나는 영예이다. 한훤당 도동서원, 일두 남계서원, 회재 옥산서원, 퇴계 도산서원이다. 퇴계 제자 서애 유성룡의 병산서원도 세계문화유산에 등재되었으니 영광의 사제지간 세계문화유산이다. 유성룡도 문묘종사 청원운동이 있었지만 성사되지 못하였다.

율곡 이이와 우계 성혼은 반대 당파의 반대를 무릅쓰고 문묘에 종사되었다가 반대파가 집권하여 출향되고 다시 지지파가 집권하여 종사되고 하다가 서인 영구 집권으로 고정되었다. 우암 송시열과 동춘당 송준길도 서인이므로 남인의 반대에 봉착되기도 하였으나 서인 영구 집권으로 유지되었다.

　당시에 퇴계 이황과 쌍벽의 유학자 남명 조식은 도교적 요소가 있다고 백안시되어 문묘종사운동이 좌절되었다. 한훤당 김굉필과 일두 정여창의 스승인 영남학파의 종장, 조선 도학 도통의 정맥 점필재 김종직은 문장지사란 낮은 평가로 인하여 문묘종사운동이 역시 실패하였다.

　동방오현에서 정암 조광조 외에는 다 영남학자이다. 그전의 나려4현도 다 경상도 출신이다. 9현에서 8현이 경상도 출신이다. 그러나 퇴계 이황 이후 경상도 출신은 문묘종사가 전무하다. 한강 정구 같은 퇴계, 남명 양문의 훌륭한 제자 학자들이 많아도 한 명도 문묘에 종사된 이가 없다.

　전라도는 정조대왕의 지역안배차원의 하서 김인후 문묘종사 외에는 없다. 호남오현의 문묘종사 청원도 미완에 그쳤다. 조선후기 문묘종사 유현의 역사는 율곡학파, 우계학파, 충청긴 유힉의 전성시내이다.

　조선 문묘에 종사된 유학자는 18현이다. 동방오현과 나려사현인 홍유후 설총, 문창후 고운 최치원, 회헌 안향, 포은 정몽주가 전9현이다. 후9현은 하서 김인후, 율곡 이이, 우계 성혼, 중봉 조헌, 사계 김장생, 신독재 김집, 우암 송시열, 동춘당 송준길, 남계 박세채이다. 이들을 문묘십팔현, 동국십팔현이라고 한다. 후9현은 하서 김인후 외에는 다 기호학파 유학자이다. 동시에 당파의 소산이다. 나려사현과 동방오현 및 하서만이 당파와 무관하다.

사계 김장생과 신독재 김집의 부자간 문묘종사도 중국에도 없는 유일무이한 사례이다. 우암 송시열과 동춘당 송준길은 친구, 동문, 동지이지만 송준길이 할아버지뻘이니 역시 유일한 친족간 문묘종사이다. 중국은 정명도와 정이천이 형제지간으로 문묘종사 유현이다.

남계 박세채는 우암 송시열의 제자인데 소론학자이므로 노론의 반대가 심하였다. 그래도 영조대왕은 당파에 질리어 그의 탕평책을 높이 사서 독단적으로 문묘종사를 강행하였다. 이후 더는 문묘종사 유현이 이어지지 않았으니, 우암의 수제자 한수재 권상하 같은 대학자도 문묘종사의 영예를 누리지 못하였다.

문묘종사는 성인급 문묘배향에 한 등급 격하된 위상이나 조선시대는 그것뿐이었다. 배향은 대성전에 공자에 배향되는 것이고 종사는 동무와 서무에 따로 향사되는 것이다. 현대에 와서 중국 유현을 폐지하고 공자와 사성, 십철, 송조육현, 동국 십팔현을 대성전에 향사하니 공자 묘당에 배향된 것이다. 현대에 와서 공자와 한 건물에 자리하니 유현에서 성인급으로 승격된 것이다. 한국유교의 자존이 수립된 것이다.

현대의 유학자 남백 최근덕이 성균관장 시절 제2문묘 건립을 추진하였지만 호사다마라고 성사되지 못하였다. 고종 20년(1883)에 중봉 조헌과 신독재 김집이 승향되고 문묘종사의 역사는 끝났다. 조선조에서 문묘종사 청원을 전개하여 이루지 못한 유현들을 향사한다면 반대할 이유가 없을 것이다. 공론은 형성된 것이고 시기의 문제만이 남았을 것인데 조선왕조가 망함으로써 기회가 상실된 것을 다시 회복시켜

마무리한 업적이 되었을 것이다.

  점필재 김종직, 화담 서경덕, 남명 조식, 호남오현의 일재 이항, 미암 유희춘, 옥계 노진, 사암 박순, 고봉 기대승, 병호의 서애 유성룡, 학봉 김성일, 양강의 한강 정구, 동강 김우옹, 한강제자 여헌 장현광 같은 문묘종사 미완의 유현들을 향사하는 제2문묘가 건립되어 제2의 문묘종사가 성립되었다면 유교 성리학의 역사가 완결되고 동서남북의 화합이 이루어져 더욱 다채롭고 광채나고 영광스러운 천년 대사업이 이룩되었을 것이다

  제2의 문묘는 대성전 한 채에 공자가 주향, 좌우에 사성, 주소정장주송6현과 한국유현(조선시대 문묘종사청원대상 모두 몇 명인지 조사 미필, 수자미정)을 좌우로 배치하여 문묘종사에서 건너뛰어 바로 문묘배향이 이루어지게 하면 유교 성리학자의 최고최대의 영광이, 유교 성리학의 대단원의 완결이 될 것이다.

  대성전 앞에 명륜당을 세워 배향 유현에 대한 강연 등을 하면 의의가 깊을 것이다. 동무와 서무도 세워 동무는 중국 성현 기념관, 서무는 한국 유현 기념관을 삼으면 심화한 유교 성리학의 정리와 지식 보급이 이루어질 것이다.

공문십철(孔門十哲)과
공묘십철(孔廟十哲) 및 자명상보설(字名相補說)

1. 공문십철

<논어 선진>에 공자께서 "진채의 사이에서 나를 따르던 자들은 다 권문에 들지 못했구나" 하시고 사과(四科) 십철(十哲)을 열거했는데 그 10인은 다음과 같다.

덕행에 안연, 민자건, 염백우, 중궁이요
언어에 재아, 자공이요
정사에 염유, 계로요
문학에 자유, 자하이다.

2. 공묘십철

문묘에는 공자에 사성(四聖)이 배향되고 십철이 전내(殿內) 종향되었다. 문묘 십철은 공문십철과 다르다. 이른바 공묘십철이다. 공묘십철은 공문십철과 두 가지가 다르다.

공묘십철은

민자건, 염백우, 중궁
재아, 자공
염유, 계로
자유, 자하, 자장이다.

공묘십철은 공문십철과 비교하여 공문십철 제1인 안연이 사성에 승격되어 빠지고 제2인 민자건이 제1인이 되고, 맨 끝에 새로 자장이 승격되어 편입되었다. 공문십철은 이름 대신 성과 자로 불리고 공묘십철은 봉호와 성명으로 불린다.

<국조오례통편 권2 길례 문선왕묘> 전내종향,
동벽 서향
비공민손 제일(費公閔損第一). ·설공염옹 제삼(薛公冉雍第三). ·여공단목사 제오(黎公端木賜第五). ·위공중유 제칠(衛公仲由第七). ·위공복상 제구(魏公卜商第九).
서벽 동향
운공염경 제이(鄆公冉耕第二). ·제공재여 제사(齊公宰予第四). ·서공염구 제륙(徐公冉求第六). ·오공언언 제팔(吳公言偃第八). ·영천후전손사 제십(潁川侯顓孫師第十).

동무(東廡)와 서무(西廡)에 종향된 이는 공자의 72제자와 중국 역대 유현과 동국 18현이다. 고려시대 문묘향사도는 조선시대와 많이 다르다.
<고려사 권62 길례중사 문선왕묘>에는 공자에 안회만이 배향되고

동벽에 민손·염경·염옹·재여·증삼,
서벽에 단목사·염구·중유·언언·복상·맹가
남벽에 문창후 최치원·홍유후 설총이 전내 종향되었다.

안자, 증자, 맹자에 자사자가 합류하여 사성으로 승격되어 공자에 배향되고, 공묘십철에 자장이 승격하여 편입되어 공자에 전내 종향된 것이 조선시대 문묘향사도이다. 그런데 중국은 공묘십철에 유약(有若-有子)과 주희(朱熹-朱子)를 증보하여 십이철(十二哲)을 배향하고 있다. 송조6현을 전내종향하는 한국이 성리학자의 나라임을 증명하는 것이다.

조선 숙종 40년(갑오년, 1714) 8월에, 송 나라 조정의 여섯 현인(賢人)-송조6현을 문묘(文廟) 대성전(大聖殿) 전내(殿內)에 올려 배향하였다. <국조보감 제55권>

○ 도국공(道國公) 주돈이(周敦頤)는 위공(魏公) 복상(卜商) 아래에 봉안하였고,
예국공(豫國公) 정호(程顥)는 영천후(潁川侯) 전손사(顓孫師) 아래에 봉안하였고,
낙국공(洛國公) 정이(程頤)는 도국공 주돈이 아래에 봉안하였고,
신안백(新安伯) 소옹(邵雍)은 예국공 정호 아래에 봉안하였고,
미백(郿伯) 장재(張載)는 낙국공 정이 아래에 봉안하였고,
휘국공(徽國公) 주희(朱熹)는 신안백 소옹 아래에 봉안하였다.
이 일은 임술년(1682, 숙종8)에 이미 명이 내렸던 것인데, 그럭저럭

미루어 오다가 지금에 이르러 예조 판서 민진후(閔鎭厚)의 말을 인하여 대신에게 논의하여 행하게 된 것이다.

　광복후에 성균관의 문묘는 심산 김창숙의 지도하에 성균관의 대성전에 성현을 집체 제향하고 동무, 서무의 제향은 폐지하였다. 현재 오성, 공문 10철-실제로는 공묘십철-, 송조 6현, 동국 18현 모두 39분의 위패가 봉안되어 있다.

　성균관 대성전 문묘에 배향된 공문십철은 <논어>에 나오는 공문십철과는 약간 차이가 있는 공묘십철이라는 것을 인식하고 추모와 제향에 임했으면 좋겠다는 생각으로 부언 설명하였다.

3. 자명상보설

　공자는 이름이 구이고 자가 중니이다. 중니의 중은 둘째 아들이란 뜻이고 니는 이름과 합하여 니구라면 하면 니구산이 된다. 공자 모친이 니구산에 기도하여 공자를 잉태하고 낳았기에 이를 기념하여 한 자씩 이름과 자에 사용하여 의미를 완결한 것이다. 공자의 맏아들도 유사하다. 이름은 공리, 자는 백어이다. 공리가 탄생했을 때 노 소공이 잉어 한 마리를 축하 선물로 보냈기에 이를 기념하여 이름은 리, 자는 백어로 지었다. 합하면 리어가 된다.

　공구, 중니 및 공리, 백어처럼 이름과 자와는 서로 보충하는 역할을 한다. 이를 자명상보라고 하고 그런 주장을 자명상보설이라고 한다. 어떠한 사람의 이름을 보고 그의 자를 추측해보는 것도 의미 있을 것이다.

<논어> 첫 장의 "학이시습지면 불역열호아"를 모르는 유림은 별로 없을 것이다. 매월당 김시습을 모르는 유림도 역시 없을 것이다. 심유적불이라고 매월당의 마음은 유자이고 자취는 부처라는 뜻이다. 김시습의 자는 열경이다. 기뻐할 열자, 때때로 익히면 기쁘다고 한 것이다.
<논언 이인>의 오도는 일이관지니라는 공자 말씀. 조선 숙종 때 판서를 지낸 문신 학자로서 울진현감일 때 매월당을 위하여 동봉서원-귀암서원(龜巖書院)을 창건한 서파 오도일은 자가 관지다. 일이관지의 관지. 해주오씨니 나의 도 오도하곤 다르지만 소리로는 같다. 도는 하나로 관철해야 하는 것이다.

송나라 재상에 범조우(范祖禹)가 있는데 우임금을 조술한다는 뜻인가 짐작할 것이다. 그의 자는 순부(淳夫)이니 이름과 연결이 안 된다. 그의 모친이 후한 광무제 개국공신 명장 등우(鄧禹)가 침실에 들어오는 꿈을 꾸고 임신하여 낳아서 등우라고 한 것이니 우임금이 아닌 등우의 고사에서 취하여 자를 지은 것임을 추측할 수 있다. <후한서 등우전>에 "禹內文明, 篤行淳備"란 구절에서 따와 자를 순부라고 지은 것이다. 이를 고증한 이가 함양목민관 안음현감 구당 박장원(1612~1671)이다. <구당선생집(久堂先生集) 권19 차록(箚錄)>
구당 박장원은 동방오현 일두 정여창이 안음현감일 때 중건한 광풍루의 기문을 지었고, 안음(安陰) 유생 신경직(愼景稷)·성경창(成慶昌) 등이 자기들 조상인 요수 신권(愼權)· 석곡 성팽년(成彭年)을 위하여 향교 가까운 곳에 사우(祠宇)-구연서원(龜淵書院)-를 건립했는데, 현감 박장원(朴長遠)이 온 고을의 공론에 따라 그 사우를 철거하고, 그 재목으로 제월당(霽月堂)【선현 정여창(鄭汝昌)이 창건한 당이다.】을

옛터에 옮겨 지었었다. 그런데 신경직 등이, 박장원이 체임되어 돌아간 때를 틈타서 다시 제월당을 부수어 철거했으므로 경상감사가 신경직 등을 가두고 그 사실을 보고하니, 곧 그 죄를 다스릴 것을 명하였다.
<인조실록 46권, 인조 23년(1645) 1월 20일>

이제 공문십철의 자명상보설을 탐색해보기로 한다.

"德行은 顔淵閔子騫冉伯牛仲弓이요 言語는 宰我子貢이요 政事는 冉有季路요 文學은 子游子夏니라"

顔回(字:子淵)
閔損(字:子騫)
冉耕(字:伯牛)
冉雍(字:仲弓)
宰予(字:子我)
端木賜(字:子貢)
冉求(字:子有)
仲由(字:子路)
言偃(字:子遊)
卜商(字:子夏)

기타 2철

曾叅(字: 子輿)

顓孫師 (字:子張)

안회와 증삼은 석명어이다. 회는 물돌이로 읽어야 한다는 석명이고 삼은 수레로 읽어야 한다는 석명이다.

민손과 재여는 동의어이다. 민손의 자 자건은 둘다 손해란 뜻이니 "損之又損하여 以至於無爲"의 뜻이다.

재여의 여와 자 자아의 아는 다 나, 자기란 뜻이다.

언언 자유와 복상 자하는 유의어이다. 언언의 뒤 언은 쉰다는 뜻이고 유는 논다는 뜻이니 유의어이다. 복상의 상은 장사 상업의 뜻이 아니고 자하의 하는 여름 뜻이 아니다. 둘다 나라이름으로 하나라, 상나라이니 유의어이다. 하은주, 하상주 삼대 성군의 정치를 보좌하라고 지은 뜻일 것이다.

단목사 자공은 반의어이다. 하사하고 조공하는 것이다, 예물은 주고 받아야 하는 것이지 일방적으로 주거나 받기만 해선 안 된다는 뜻일 것이다.

중유 자로와 전손사 자장은 목적어이다. 길을 다녀야 하고 군대를 벌려야 한다는 뜻이니 목적을 이루기 위한 이름과 자의 관계이다.

염경 백우와 염옹 중궁은 도구어이다. 밭갈이는 소로 한다는 뜻이고 옹은 화(和)이니 평화의 뜻이고 궁은 활이니 군비이다. 평화를 외치려면 군비를 확보해야지 빈손으로 평화를 외친들 침략자가 들어줄까. 하루아침에 점령당하여 학살과 약탈의 생지옥에 살게 되는 것이다, 그래서 평화를 갈구하지만 활을 준비하라는 뜻이다.

염구 자유는 인과어이다. 구하라 그리하면 얻을 것이라는 인과가 성립되는 이름과 자이다.

이름과 자를 통해서 고대사를 이해할 수도 있는 것이다.

○ 어떤 이가 말하기를,

"소로 밭을 가는 것은 후세에 와서 한 일이다."

하였는데, 김황강(金黃岡 김계휘)이 말하기를,

"염경(冉耕)의 자가 백우(伯牛)인 것으로 보면 상고 시대에도 역시 소로 밭을 갈았다."

하니, 세상에서들 모두 명언(名言)이라고 하였다. <대동야승 기옹만필(畸翁漫筆) 정홍명(鄭弘溟)>

이름과 자의 자명상보설을 바탕으로 명판결을 내린 함양목민관 안음현감 관아재 조영석(1686~1761)의 고사를 소개하며 마칠까 한다. 관아재도 안음현감 일두 정여창의 광풍루와 제월당을 중수하고 기문을 지었다.

먼저 맹자의 말씀을 이해해야 한다. 맹자는 "궁즉독선기신(窮則獨善其身)하고 달즉겸선천하(達則兼善天下)니라" 하였다.

안의에 오씨, 이씨 양반이 살았는데 내외 오촌 숙질간이었나. 이씨가 오씨의 사위가 되었는데 처남이 어린 고아이므로 이씨가 재산 관리를 맡았다. 그러나 문서를 위조하여 전답을 팔아먹었다. 이씨가 제출한 문서에는 전답의 주인은 오달겸으로 겸자가 겸손할 겸자였고 그런 서명이었다. 화회기에는 오달겸이 겸할 겸자이고 서명도 동일하였다. 관아재가 판결하였다.

"겸손할 겸자는 달(達)자와는 연결되지 않는다. 겸할 겸자가 맞으니

곧 달즉겸선천하의 겸자이다. 이씨가 제출한 문서는 위조가 분명하다. 하니 승복하였다. 그뒤 들으니 오달겸의 자는 선보(善甫)라고 하였다. 고을에서 명판결이라고 칭찬하였다. 작은 벼슬이라도 배움이 없어선 안 된다고 하겠다."

<관아재고(觀我齋稿) 권3 만록(漫錄)>. 이 배움에는 자명상보설도 한몫하는 것이다.

성균관은 향교와 서원의 두 날개로 날자

1. 머리말

천재소설가 이상의 작품 <날개> 끝말

날개야 다시 돋아라.
날자. 날자. 날자. 한 번만 더 날자꾸나.
한 번만 더 날아 보자꾸나.

저런 간절한 마지막 외침이 필요하진 않지만 우리 유교계도 저런 외침을 힘껏 제창해 보는 것은 어떨까. 새가 날거나 짐승이 날리려면 두 날개, 두 다리가 필요하다. 비익조가 왜 있겠는가. 한 날개로는 날 수 없고, 두 날개가 있어야 날기 때문이다.

유교계도 향교와 서원이 두 날개가 되어야, 하다못해 비익조라도 되어야 힘차게 날 수 있다.

한국유교종단 성균관은 향교와 서원을 두 날개로 삼아 날아야 한다. 성균관은 올해 새로운 집행부가 탄생했다. 새 집행부는 제도적으로 확실히 향교와 서원을 성균관의 양대축, 두 날개로 삼는 사업을 추진, 성사시켜야 한다. 법제화하길 촉구한다.

2. 「성균관 · 향교 · 서원전통문화의 계승 · 발전 및 지원에 관한 법률(안)」

「성균관·향교·서원전통문화의 계승·발전 및 지원에 관한 법률안」이 조만간 국회통과, 입법시행이 확실시된다. 성균관과 향교와 서원이 삼각축이 되고 성균관이 정점이 되고 향교와 서원이 양대축이 되는 것이다. 향교와 서원을 전통문화의 양대축으로 인식하여 병진, 발전시키려는 것이다.

향교는 관학으로서 옛 모습을 온전히 간직하고 있으나 서원은 대원왕이 탈서원정책을 강행하여 훼철령을 내려 47개 -서원은 27개, 사당은 20개. 실상 존속서원은 전국에 27개에 불과했다- 서원만 남기고 철거시키고 6.25공란에 소실되어 옛 모습을 간직한 것은 소수에 불과하다.

고려말 불교시대에 사찰을 탄압하더니 나라가 망했고 조선말 유교시대에 서원을 탄압하더니 나라가 망했다. 그 시대의 정신적 지주를 무너뜨리는 것은 결국 그 나라를 무너뜨린 행위로 귀결된다.

대원왕 존속서원 27개 서원은 문묘18현의 16개 주서원은 당연직이고 나머지는 특별한 충신·공신의 11개 서원이 선정되었다. 18현도 사계와 신독재는 1개 서원이고 우암도 주서원인 화양동서원이 헐리고 대로사란 사당이 존속사당에 선정되어 실제로는 16개 서원이 존속되었다.

문묘18현 16서원

- 개성 숭양서원 정몽주/김포 우저서원 조헌
- 용인 심곡서원 조광조/파주 파산서원 성혼
- 연산 돈암서원 김장생, 김집/순흥 소수서원 안향
- 현풍 도동서원 김굉필/함양 남계서원 정여창
- 예안 도산서원 이황/상주 흥암서원 송준길
- 경주 서악서원 설총/경주 옥산서원 이언적
- 태인 무성서원 최치원/장성 필암서원 김인후
- 배천 문회서원 이이/장연 봉양서원 박세채

밑줄 친 서원은 세계문화유산에 등재된 9서원이다. 미등재 서원은 이북에 3개, 이남에 4개 서원이 있다. 이북의 상황은 알 수 없고 이남의 미등재 서원은 6.25공란에 소실된 것을 복원한 것이리 역시'성이 부족하여 제외된 것이다. 상주 흥암서원은 고색창연한데 제외된 까닭은 미지수다.

조선팔도에서 16개 서원은 강원도, 평안도, 함경도에는 하나도 없다. 나머지 11개 서원이 특별한 충신·공신의 서원이다. 11개 서원도 강원도와 함경도에 세 개만 있고 평안도에는 전무하다. 여기서 유일하게 병산서원이 세계문화유산 9서원에 등재되었다.

충공 11현 11서원 2공9충

- 상주 옥동서원 황희 세종공신
- 안동 병산서원 유성룡 임진왜란공신
- 선산 금오서원 길재 고려말충신
- 영월 창절서원 사육신 단종충신
- 북청 노덕서원 이항복 인목대비충신
- 포천 용연서원 이덕형 인목대비충신
- 김화 충렬서원 홍명구 병자호란충신
- 노성 노강서원 윤황 병자호란충신
- 양성 덕봉서원 오두인 인현왕후충신
- 과천 노강서원 박태보 인현왕후충신
- 과천 사충서원 노론사대신 영조충신

사액서원은 관학과 동등한 대우를 받았지만 미사액서원은 사학으로서 처우가 열악하였다. 미사액서원은 고종 때 다 헐리고 일정시대 이후 새로 복원한 것이라서 전통과는 거리가 생겼다. 그러나 그래도 전통을 살리어 복원했다면 전통문화의 보존과 계승, 활용에는 지장이 없을 것이다.

「성균관·향교·서원전통문화의 계승·발전 및 지원에 관한 법률(안)」 제2조(정의)에서,

2. "향교"란 고려와 조선시대에 유학을 교육하기 위하여 지방에 설립한 관학교육기관을 말한다.
3. "서원"이란 조선시대에 선현에 대한 제사와 유생들의 교육을 위하여 설립한 사설교육기관을 말한다.

하였는데. 향교와 서원을 조선시대에 설립한 교육기관에 한정하였다. 일정시대, 민국시대에 설립한 것은 포함하지 않는 것인가. '조선시대 이후'라고 하면 모두 포함될 것이다.

3. 성균관 직제에 서원 포함을!

성균관 소개의 조직도에 보면 향교와 전교회의가 있다. 향교에 가면 서원이 병행, 소개되어 있다. 메뉴 독립이 필요하다. (사)한국서원연합회가 링크되어 있으나 코로나19 이후 활동이 전무할 뿐만 아니라 외곽조직이라서 체제 내에서의 조직활동이 아니다. 전교회의와 나란히 서원장회의를 신설해야 한다. 총회의 향교 전교처럼 서원장도 총회참석 자격부여하고, 중앙종무회의에도 시도전교협의회장처럼 시도서원장협회의장에게 자격부여하여 동등한 대우를 해야 한다.

그러면 서원은 이름만 붙인 모든 서원을 향교와 동등하게 대우할 것인가. 불가능할 것이다. 서원은 유교 교육과 선현 제향이 양대축이다. 적어도 사당과 강당은 갖춘 기본서원 이상을 서원으로 인정해야 한다. 유교서원에는 27개 존속서원은 당연직이나 마찬가지고 사액서원의 복원서원도 당연직에 해당한다. 나머지는 성균관이 실사하여 유교정신에 부합하는 것은 유교서원으로 공인하여 체제 내로 편입한다.

4. 유교의 종교성 구현

유교는 종교다 아니다 소모적이고 불필요한 논쟁은 폐기하고 유교는 종교라는 신념과 긍지를 확립해야 한다. 7대종단의 하나인 유교로서 확실한 유교종단, 종교체제로 정비해야 한다. 종교는 성직자와 신도로 양분된다. 전군의 간부화. 명분은 그럴 듯하지만 머리통만 있는 괴물과 뭐가 다른가.

유교도 성직자와 신도조직으로 양분해야 한다. 작금의 유교는 성직자와 신도는 없고 직함만 존재하는 유림사회단체이다. 종교조직이 아니다.
인의예지신용의 육덕을 기준으로 전인, 전의, 전례, 전지, 전신, 전용에 총전의 7급으로 성직자 위계를 정하고 사서를 강독하며 설교할 수 있는 유림이 성직자로 향교와 서원의 임원을 맡도록 해야 한다. 전용에서 전신으로 1단계 상승하는데 5년의 기한을 둔다. 30년 이상의 교력을 쌓고 총전의 등급에 오른 유림만 성균관장, 유도회총본부 회장 등 유림총수의 자격을 부여한다. 신도회도 따로 둔다. 성균관유교신도회중앙회를 설립해야 한다.
유림은 일단 일차 유교신도로서 헌성할 의무를 이행해야 한다. 신도의 자격을 가진 바탕에서 성직자를 겸임하여 유교임원을 맡고 유교종단을 위하여 복무해야 한다. 유교신도는 종단의 운영과 유교진흥을 위하여 헌성금을 많이 내야 한다. 십일조는 기독교 철칙이고 유교는 정전법에 따라 소득의 9등분에서 1등분을 헌금하는 것이 합당하겠다. 신도의 의무는 이행하지 않으면서 임원의 직함만 차지하려는 욕심은 자기성찰이 아니다.

유교인은 공자를 교조로 숭앙하며 유교의 신도, 성직자가 되어야 한다. 유교의 전파, 전도, 설교에 매진해야 한다. 유교의 종교성 구현에 성균관이 머리가 되고 향교와 서원이 두 날개가 되어 힘치게 창공을 날아올라 인인군자의 자기완성, 성인성군의 대동세계, 유교의 도덕이념을 세계만방에 펼치자.

5. 유교의 문학성 구현

유교신문은 신춘문예를 개설하여 신인작품을 공모하고 유교문인 신인을 배출해야 한다. 불교신문, 기독교신문, 가톨릭신문 등의 신춘문예처럼. 문학을 하는 유교문인들을 모집하여 한국유교문인협회를 조직, 활동해야 한다. 한국불교문인협회, 한국기독문인협회, 한국가톨릭문인협회처럼.

한국유교문인협회는 유교문학상도 제정하여 유교문인들을 결집시키고 유교문학의 위상을 높여야 한다. 타종교는 종교문인 층이 두터워 종교전문 문예지도 많이 발행되나 유교문인은 취약하여 기대하기 어려우니 유교신문이 신춘문예 신인부터 배출해나가길 기대한다.

제2의 문묘를 건립하자

　필자가 살고 있는 지리산 함양에는 세계문화유산 남계서원이 있다. 남계서원의 주인공은 일두 정여창 선생이지만 설립자는 남명 조식의 제자 개암 강익이다. 강익은 자신이 세운 남계서원에 배향되었다. 설립자가 배향자가 된 몇 안 되는 경우에서 소수서원의 신재 주세붕에 이어 두 번째이다.

　지난 해 함양 남계서원의 서원 탐방단이 밀양 예림서원을 방문하였다. 서명요청 전단지를 나눠주는데 점필재 김종직 선생을 문묘에 종사하자는 내용이었다. 반문하였다. 문묘종사는 조선왕조 국왕의 권한이었다. 지금은 그 권한이 누구에게 있는가. 유교의 수장이라는 성균관장이 문묘종사를 추가로 실행할 수 있는 권한이 있는가. 답변할 수 없는 문제였다. 유교의 헌법이라고 할 성균관 장정에 문묘종사 권한은 명기되어 있지 않다. 그 뒤에 들으니 밀양향교 대표단이 성균관을 방문하여 관장에게 점필재 김종직 선생 문묘배향 청원서를 전달하였다고 한다. 이는 제2의 문묘를 건립하는 것으로 해결해야 한다.

유교를 개혁해야 한다. 성균관장에게 문묘종사 권한을 부여해야 한다. 조선왕조 국왕의 제반유교권한을 부활하여 부여해야 한다. 선현에게 시호를 추증하는 증시권, 명현에게 관직을 추증하는 증직권, 충신, 효자, 열녀에게 정려를 명하는 명정권, 서원 사액권, 사액서원 추향 허가권, 문묘종사 허가권 등등. 성균관장이 국왕의 권한을 행사한다? 왕의 권한은 왕이 행사하는 게 명실상부하다.

공자는 유교의 교조이자 무관의 제왕 소왕(素王)이다. 문선왕이란 칭호와는 차원이 다르다. 당나라 현종이 공자를 봉하여 문선왕이라 하였다. 높인 것 같은가. 실제로는 하대한 것이다. 당나라는 같은 이씨라고 노자를 시조로 존숭한다. 노자를 봉하여 현원황제라고 하였다. 노자는 황제로, 공자는 왕으로 봉하니 공자를 낮춘 것인데 어찌 하대한 칭호를 금과옥조로 떠받드나?

소왕은 주나라 시대를 기준으로 하니 당시 천자의 칭호는 왕이었다. 소왕은 천자의 칭호이다. 공자를 천자로 높이고 유교의 시조로 존숭하는 칭호가 소왕이다. 성균관장은 소왕의 교화권한을 부여받아 정무를 섭행하는 자리이니 섭정인 것이다. '성균관장의 칭호는 마땅히 한국유교 성균관 대한문묘 소왕섭정이라고 하고 약칭 섭정이라고 호칭해야 한다.

문묘는 성균관과 지방향교에 다 있다. 대성전이 문묘이다. 제2의 문묘는 성균관 및 향교의 문묘와 구별해야 한다. 대한민국에서 건립한 것이니 대한문묘라고 하면 타당할 듯하다.

문묘 18현이라고 한다. 신라 2현(문창후 최치원, 홍유후 설총), 고려 2현(문성공 안향, 문충공 정몽주), 동방오현(문경공 김굉필, 문헌공 정여창, 문정공 조광조, 문원공 이언적, 문순공 이황), 호남 1현(문정공 김인후), 기호 8현(문성공 이이, 문간공 성혼, 문열공 조헌, 문원공 김장생, 문경공 김집, 문정공 송시열, 문정공 송준길, 문순공 박세채). 기호 8현은 친구간, 사제간, 부자간, 친족간 인연의 명현이다. 전기 9현은 조광조 외에는 다 영남출신이다. 그런데 후기 9현에선 한 명도 없다. 편중이 심하다.

제2의 문묘종사운동이 필요하다. 전기 9현엔 추가로 동방도통의 4현을 연속시켜야 한다. 시골 스승이 아니다. 대현의 스승으로 대현이다. 어찌 문장가로 폄훼하며 스승을 배제할 수 있는가. 점필재 김종직의 제자인 일두 정여창과 한훤당 김굉필이 저승에서 본다면 어떠할까. (사)일두기념사업회 이사장인 필자는 김종직의 문묘제외를 보면 제자 입장에서 미안하다. 대현의 스승 대현이다. 점필재 김종직을 당연히 추가로 문묘종사해야 한다. 점필재로 이어지는 도통의 선현 강호 김숙자와 야은 길재도 문묘종사되어야 한다. 그래야 동방도학이 포은 정몽주에서부터 대대로 전승되는 정통을 확립하게 된다.

고려에선 12사도의 대표주자 최충과 역동 우탁, 익재 이제현, 목은 이색, 삼우당 문익점도 문묘종사되어야 한다. 양촌 권근과 방촌 황희, 모재 김안국, 사재 김정국 형제 기묘명현 및 진일재 유숭조와 화담 서경덕도 문묘종사되어야 한다. 후기 9현에 없는 영남 유현도 문묘종사되어야 한다. 대표인물이 남명 조식이다. 남명의 제자 동강 김우옹과 한강 정구, 한강의 제자 여헌 장현광과 미수 허목도 종사되어야 한다. 퇴계의 제자 서애 유성룡과 서애의 제자 우복 정경세도 종사되어야 한다. 일재 이항, 미암 유희춘, 옥계 노진, 사암 박순, 고봉 기대승의 호남 오현도 종사되어야 한다. 점필재 김종직, 탁영 김일손, 청음 김상헌, 수암 권상하, 둔촌 민유중의 오현종사운동이 있었으니 종사가 성사되어야 한다.

성주 출신의 양강 문묘종사운동이 있었다. 동강 김우옹과 한강 정구이다. 퇴계와 남명에게 양문에서 수학한 보람인가, 내암 정인홍처럼 남명문하라고 배척당하지 않고 문묘종사운동이 꾸준히 전개되었다.

한강 정구가 성주와 김천에 걸쳐 조성한 무흘구곡이 있는데 상류가 무흘정사이다. 경상북도 기념물 제168호로 지정된 한강 무흘강도지이다. 작년 초에 김남형, 이상필 한문과 교수랑 무흘구곡을 답사하였다. 먼저 한강 정구를 제향한 성주 회연서원에 참배하고 구곡을 순서대로 찾아보고 한강 무흘강도지에 와서 보고 망연자실하였다. 1920년대에 세워진 서당 건물은 흉측하게 폐허화되고 있었다. 옆에 사는 아낙네가 설명하기를 더만 문화제로 지정된 것이라서 선불은 손 못 대고 저절로 무너지기만을 기다리고 있는 문화재당국이 이상하다고 하였다.

그 직후 집사람이 건강기능식품으로 개발한 코로나 예방 캡슐 건강기능식품을 1억원어치 경상북도에 기증하여 도지사실에서 기증식을 개최하였다. 도지사와 한담하며 한강무흘강도지 무흘서당이 무너지고 있는 사진을 보여주고 수리하여 복원하는 것이 한강선생을 기리는 일이라고 역설하니 문화관광국장을 불러 조치를 지시하였다. 정치가의 발언은 대답만 시원한 정치적 제스처라서 기대를 안했는데 금년에 보니 수리 중이었다. 감사한 일이다. 제2의 문묘가 건립된다면 한강 정구는 당연히 종사될 명현이다.

금년 초에 성균관장단 워크숍이 보은에서 있어 가는 길에 상현서원을 참배하였다. 상현서원은 1555년(을묘년,명종10)에 보은현감 성제원(成悌元)이 보은 출신 기묘명현 문간공 충암 김정을 향사하기 위하여 건립한 서원이다. 김정은 경연에서 김굉필의 문묘종사를 건의했었다. 김정도 문묘종사운동이 있었으나 성사되지 않고 다수의 서원에만 제향되었다. 고향에 세워진 상현서원이 대표유적이라고 하겠다. 충암이 문묘종사되면 모재, 정암, 사재, 충암 등 기묘명현이 4위나 된다. 다다익선 아닌가.

남명학을 연구하느라 남명절친 대곡 성운의 서당과 산소 및 금적산의 계당 최흥림 유적 금화서원를 물어물어 찾아간 것이 벌써 30년도 넘었다. 성운은 외손봉사라서 지금도 경주김씨들이 제향을 받들고 있다고 하였다. 김정의 당질로 충암집을 편찬한 김천우는 남명과는 친구였다. 성운은 동주 성제원, 중봉 조헌, 우암 송시열과 함께 상현서원에 배향되었다.

성제원은 당시 보은현감이었는데 남명 조식이 친구 성운을 만나러 속리산에 왔을 때 처음 사귀었다. 헤어지며 임기 끝나는 다음해 8월에 가야산에서 만나자고 약속하여 그 날짜에 가야산 해인사에 가니 억수 같은 비를 뚫고 정확히 도착하여 양현이 상봉하였다. 그 미담이 해인사에 전해져 경상감사를 만나러 해인사를 방문한 안의현감 연암 박지원도 찬술하였다. 성제원은 비록 한훤당의 재전제자이지만 성운과 함께 은자로 인식되어 도학자와 성격이 달라 문묘종사 운동은 없었다. 남명 조식은 당연히 문묘종사될 명현이다.

문묘종사 명현은 다 기본적으로 시호가 있고 증영의정이다. 정여창이나 김굉필은 문묘종사 초기에는 우의정이었으나 후기에 일괄 영의정으로 승급 증직되었다. 제2의 문묘종사가 실현된다면 기본은 똑같이 할 필요가 있다.

지금에 와서 누구는 문묘종사 되고 안되고 어찌 논할 수 있겠는가. 기준이 있어야 한다. 첫째 기준은 조선조에 문묘종사 운동이 있는 인물이다. 조선왕조실록이나 승정원일기, 문집 등 공사문적에서 문묘종사 청원운동 기록이 있는 인물을 제2의 문묘에 종사한다. 둘째는 독립운동가 서훈자로 유림 지도자급 인물이어야 할 것이다. 셋째는 팔도에서 골고루 각도의 향교와 유림서원의 수의 과반의 찬성을 받은 유교 인물을 종사시킨다. 팔도는 경기도(서울인천포함), 강원도, 충청남도(대전세종 포함), 충청북도, 전라북도, 전라남도(광주제주 포함), 경상북도(대구 포함), 경상남도(부산울산 포함)이다.

문묘종사라고 범칭하나 정확한 개념을 정립해야 한다. 문묘 정전에 공자에 배향된 인물은 사성과 공문십철과 송조육현이다. 같은 건물,

같은 방에 주향 앞에 모셔진 것을 배향이라고 한다. 정전 밖 동무와 서무에 제향된 것을 종사라고 한다. 문묘종사는 문묘배향보다 격이 낮다. 지금은 정전에 한꺼번에 모시니 문묘배향이다. 앞으론 문묘배향이라고 해야 한다.

제2의 문묘, 대한문묘를 건립한다면 새로운 문묘향사도에 의하여 유교의 시조 공자를 주향으로 사성, 공문십철, 송조육현을 종전대로 배향하고, 동서와 서서에 동국18현 및 추향 선현을 나이순으로 섞어 배향하는 것이다. 학덕, 공적, 관작 기타 조건 따지면 시비가 난무하니 무조건 배향은 나이순으로 위차를 정해야 한다. 제2의 문묘, 대한문묘 배향사업을 전개할 시대적 과제가 눈앞에 산적하다.

한국십진분류법의 유교를 위하여

도서관에서 모든 책을 열 가지로 분류하여 서가에 배치하는 목록의 표준이 한국십진분류법(韓國十進分類法, KDC)이다. 한국십진분류법은 대한민국의 대표적인 도서분류체계이다. 200번의 종교 편에 보면 210 비교종교, 220 불교, 230 기독교, 240 도교, 250 천도교, 260 미사용(이전엔 일본신도), 270 힌두교·브라만교, 280 이슬람교(회교), 290 기타제종교로 되어 있다. 여기에는 유교가 누락되었다. 유교저술은 보통 철학의 경학, 동양철학, 한국철학, 중국철학에 속하였다. 정작 유학 항목은 없다.

대한민국의 7대 종단(宗團)에는 개신교, 불교, 가톨릭, 원불교, 유교, 천도교, 한국민족종교협의회 등이 소속되어 있으니 유교는 엄연히 한국의 종교이다. 문체부 종무실에서 여러 종교와 함께 관리한다.

남들은 유교를 종교라 하는데 우리들만 '유교는 종교가 아니라 보편적 진리다, 학문이다'는 주장을 한다. 유교 관련 교수들도 모두 종교가 아니라 학술이라고 생각한다. 그래서 유교라 쓰면 지우고 유학이라고 다시 표기한다. 그런데 향교 전교나 장의, 유도회원들은 유학자가 아니지 않은가. 그래도 유학이라고 생각하는 사람이 다수이다. 유교인이라고 하기를 꺼려한다. 유교인이 유교를 주장하지 않으면 누가 유교라고 할 것인가. 그래서 한국십진분류법에 유교가 빠져 있는 것일 것이다.

우리 유교인이 유교의 정체성을 확립하고, 유교를 표방하며 유교 관련 저술을 많이 하여 쌓여야 260번 미사용란이 유교로 등재될 것이다. 유교 분류체계를 위해서 유교 관련 저술, 문헌이 많이 생산되어야 한다.

유교인들이 오히려 유학, 동양철학 그런 걸 거부하고 유교학, 유교사, 유교인, 유교시설(향교, 한국의서원, 유교랜드), 유교단체(한국유교학회, 한국유교문인협회, 한국유교신도회총연합회, 모성회, 한국서원연합회, 점필재기념사업회, 일두기념사업회, 한훤당기념사업회), 유교기관(성균관, 유교신문, 유교방송, 한국유교문화진흥원, 한국선비문화연구원), 유교포상(선비대상, 일두문화상), 유교인물(한국유교일두성인전), 유교문제(신자성직자없는상태,신자성직자일원화또는 신성이원화문제) 등등 되도록 유교를 표방하고 저술하여 유교서적이 한우충동하여 한국십진분류법 260번이 유교로 자리잡게 하는 것이 중요하다. 거기에 보태고자 하는 것이 필자의 책 저술 목적이다.

한국유교는 고려 국자감, 조선 성균관을 거쳐 현대 성균관까지 이어지는데 성균관은 제후국 용어이므로 자주 유교를 위해선 천자국 용어인 국자감을 써서 국자감 체제로 원상복구, 개편해야 한다. 그러나 익숙한 것을 따르는 인간 보편 심리상 성균관도 무시할 수 없으니 겸용, 공용, 동시 사용해도 무방하다.

한꺼번에 병칭하여 한국의 유교종단 명칭을 정한다면 고려는 국자감, 조선은 성균관, 대한민국은 문선왕궁으로 시대적 특징을 설정하고 통칭하여 '한국유교 국자감 성균관 문선왕궁'으로 명명함이 좋다고 생각한다. 개별 향교나 서원이나 유교관련 단체도 한국유교 함양향교, 한국유교 남계서원, 한국유교 모성회, 한국유교 수필가협회, 한국유교 엔지니어 협회, 한국유교 한의사회 등등으로 유교를 표방함이 온당하다.

유교 수장은 대성 지성 문선왕 공자 소왕(素王)의 대리자이므로 소왕섭정으로 존칭할 필요가 있다. 경칭도 성인을 모시는 존재이므로 가톨릭처럼 성하(聖下)라고 하여 우리 스스로 존대할 필요가 있다. 소왕섭정 성하, 섭정 성하.

섭정은 문선왕궁에 살면서 유교 정무를 처리한다. 섭정은 왕이므로 왕제를 시행하고 왕명을 발동한다. 세습직이 아닌 선출직 임기제의 왕으로 한다. 궁극적으로는 성균관대학교를 회수한, 옛 반궁의 반수 안 성균관 영역을 바티칸시국처럼 문선왕국으로 독립시켜 작지만 강한 나라로 자치할 수 있어야 한다. 대한민국과 문선왕국은 서로 이중국적을 허용한다.

중종 때의 문신 대관재 심의가 지은 <대관재몽유록>의 기야처사 최치원의 천자국 천성국(天聖國)의 문장왕국이 아닌, <사수몽유록> 일명 <문성궁몽유록>의 내성외왕 공자 및 성현의 이상국가 소왕국(素王國)과 같은, 우리 유교의 이상국가 왕도정치의 유교왕국 문선왕국이 건국되는 것이다.

일두 정여창 선생은 동방오현으로 문묘배향 동방 18현이다. 생존시

청년시절부터 3성현의 무리로 일컬어졌으니 성현의 지질을 타고난 것이다. 이제 문묘에 모셔진 39인중 공자 시립 38인의 배향인물은 대성인을 모시는 존재이므로 모두 성인으로 존칭함이 타당하다. 하여 일두성인이라고 존칭함이 마땅하다.

일두성인을 제향하는 대표 서원은 함양 남계서원이다. 한국최초의 서원 소수서원에 이은 사림최초의 서원 남계서원은 세계문화유산이다. 일두 서거후 불과 50여 년 만에 개암 강익, 남계 임희무, 반계 박승원, 사암 노관, 매촌 정복현 등 남계오현이 서원 창설을 논의하고 최종적으로 개암이 불굴의 의지로 완성한 것이 한국의 두 번째 서원 남계서원이다.

세계문화유산 한국의서원 9서원의 주인공은 거의 다 문묘배향인이다. 서악서원 설총, 무성서원 최치원, 소수서원 안향, 남계서원 정여창, 도동서원 김굉필, 옥산서원 이언적, 도산서원 이황, 필암서원 김인후이다. 나머지 한 서원 병산서원의 유성룡은 학봉 김성일과 함께 문묘종사운동이 있었지만 성공하지 못하였다.

세계문화유산 한국의서원 9서원의 주인공이므로 서애 유성룡도 문묘배향되어야 한다. 한훤당과 일두의 스승, 사림파의 종장 한국도학의 대종사 점필재 김종직도 문묘배향되어야 한다. 소왕섭정이 왕권을 강화하고 왕명을 내려 문묘배향을 윤허해야 한다. 그러면 문묘 좌정의 성인은 모두 41인이 된다. 한국유교의 성인은 20인이 된다.

대성인 1인, 사성 4인, 십철 10인, 송조육현 6인, 동방 20현 20인 모두 41위의 성인이 문묘에 엄존하게 되는 것이다. 유교성인과 유교현인과 유교문인을 존숭하고 선양하는 저술도, 유교사상과 유교정신과 유교문제를 다루는 저서도 많이 산생되어 한국십진분류법 260번은 유교로 설정하게 하여 유교도서를 통한 유교발전을 일으키는 것이 우리 유교인들의 급선무이다.

유교 신도증

유교는 종교가 아니다, 유학이다, 유도다, 하며 자꾸 말돌리기를 하지 맙시다. 문체부 종무실에서 지원하는 종교단체, 7대 종단의 하나임에 틀림없는데 왜 자꾸 스스로의 정체성을 부정하려고 합니까. 한국유교종단 성균관의 유교 신도임을 자각하고 자부합시다.

2025년은 을사년입니다. 무오년, 갑자년, 기묘년, 을사년은 말만 들어도 기분 나쁩니다. 4대사화가 일어난 해이니까요. 을사년은 일본제국이 대한제국을 보호한다는 을사보호조약, 을사늑약도 있지요. 역전의 을사년은 언제 올까요.

사화란 불행중 다행이지요. 선비가 죽임을 당했지만 선비의 기상이 살아있음을 보여준 것이기도 합니다. 을사사화 이후 사림파가 정국을 장악하였고 이후에는 사림들이 분열하여 당파, 당쟁만 존재했기에 사화는 사라졌고 사림의 골육상쟁은 더욱 치열해졌지요. 사림정치의 당쟁 시대가 가고 세도정치의 망국 시대가 열렸지요..

사림정치의 특징은 성리학의 시대라는 것입니다. 유교는 공맹순학부터 한당훈고학, 송명성리학, 명나라 양명학, 청나라 고증학, 조선후기 실학 등 수천년의 다양한 학문이 존재합니다. 조선시대는 성리학 한정판입니다.

성균관은 원나라간섭기에 제후국의 위상으로 격하된 것이고 천자국 제도로는 고려 국자감이 정통입니다. 대한민국은 무얼까요. 국자감, 성균관을 계승하기도 하지만 차별화도 있어야 하니 문선왕궁이 좋겠다는 생각입니다. 당분간 성균관은 변함이 없을 것입니다.

성균관에서 한국유교 국자감 문선왕궁을 분리신설해야 합니다. 국자감은 한당훈고학까지의 유교인을, 성균관은 성리학의 유교인을, 문선왕궁은 성균관에 문묘종사 실패된 성리학 유교인, 기타 실학 유교인, 근현대 유교인까지 망라하는 문묘를 건립하여 유교 종교조직으로 확립할 필요가 있습니다. 궁극적으로 한국유교 국자감 성균관 문선왕궁으로 통합 발전해야 합니다.

현재 사림정치의 서비 특권 시대는 종식되었습니다. 종교평등, 종교다원주의 시대에 살고 있습니다. 유교도 빨리 종교조직으로 거듭 나야 합니다. 현재의 유교 조직은 사회단체 조직입니다. 종교성도, 신도도 없는데 어찌 유교가 발전하겠습니까.

성균관은 유교 신도임을 증명하는 신도증을 발급합시다. 신도증으로 유교 유적지 무료입장이나 각종 사업에 할인 혜택을 줍시다. 연회비 납부, 연수 수강 등 몇 년 의무를 수행한 신도증 소지자에 한해 유도회장, 전교, 향교재단이사장 등 유교 교직자의 출마자격을 부여합시다. 을사년부터는 모두 유교 신도증을 소지한 자랑스러운 유교 신도가 됩시다.

2-한국문학관과
천년 우정의 서원

-向學以誠　律身以敬-

개암(介庵)의 일자사(一字師)와
《개암집》의 일자사(一字死)

일자사(一字師)란 한 글자를 바로잡아 준 스승을 가리킨다. 《만성통보(萬姓統譜)》에 "양만리(楊萬里)가 '진우보(晉于寶)'라고 말하매 한 이서(吏胥)가 '간보(干寶)이지, 우보가 아니다.' 하니 양만리는 그 이서를 일자사라 했다." 하는 것과, 《오대사보(五代史補)》에 "제기(齊己)의 조매시(早梅詩)에 '앞마을 깊이 쌓인 눈 속에[前村深雪裏] 어젯밤에 두어 가지가 피었다.[昨夜數枝開]' 하는 수(數)자를 정곡(鄭谷)이 일지개(一枝開)자로 1자 고쳐주니, 제기는 정곡을 일자사라 했다." 하는 고사가 있다.

퇴고(推敲)란 말도 일자사와 유사하다. 당(唐)나라 때 승려 가도(賈島)가 나귀를 타고 시를 읊다가 "새는 못 속의 나무에 잠들고 중은 달 아래 문을 두드린다.〔鳥宿池中樹 僧敲月下門〕"라는 구절이 생각났는데, 두드릴 '고(敲)' 자가 좋을지, 밀 '퇴(推)' 자가 좋을지 고민에 빠졌다가 우연히 길에서 만난 한유(韓愈)의 말에 따라 '고(敲)' 자로 결정하였다는 고사가 있다. 퇴고해준 인물이 일자사인 것이다.

일자 천금(一字千金)도 다르지 않다. 전국 시대 여불위(呂不韋)가 문객을 시켜 《여씨춘추(呂氏春秋)》를 짓게 하고는, 함양(咸陽)의 성문에 공포하기를, "이 책에서 한 글자라도 보태거나 빼는 자가 있으면 천금의 상을 내리겠다." 하였다. 《사기(史記) 여불위열전(呂不韋列傳)》 곧 매우 진귀한 시문(詩文)을 뜻한다.

일자의 가치가 어찌 꼭 시문을 고치거나 가감하는 것만을 지칭하겠는가. 한 글자로 평생의 교훈으로 삼는 것이 진정한 일자사인 것이다. 《논어 위령공》에 자공이 묻기를,
"한 마디 말로서 종신토록 행할 만한 것이 있습니까?"
하니. 공자가 말씀하시기를,
"그 서(恕)일 것이다. 자기가 하고 싶지 않은 것을 남에게 베풀지 말지니라."
하였다. 서(恕)란 여심(如心)이니, 남의 마음과 같이 행하는 것이다. 남이 일하고 싶으면 같이 일하고 남이 쉬고 싶으면 같이 쉬는 것이다. 자기가 하고 싶지 않은 것은 남에게도 시키지 않는 것이 서(恕)이다. 종신토록 교훈으로 삼을 만한 한 글자가 아니겠는가.

송조육현과 비등한 유현 사마광(시호 온공)도 한 글자를 강조하였다. 《소학 선행》에 유충정공이 온공을 찾아뵙고 마음을 다하여 자기를 행하는 요체로 종신토록 행할 만한 것을 물으니, 온공이 "그 성(誠)일 것이다." 하였다. 유공이 "어느 것을 먼저 행합니까?" 물으니, 온공이 "망녕되이 말하지 않는 것부터 시작하라." 하였다.

서(恕)니 성(誠)이니 하는 것은 덕목이다. 한 글자의 덕목을 종신 역

행의 스승으로 삼는다면 어찌 한 글자 잘 고쳐주는 문학의 일자사에 비할 수 있겠는가. 유교의 일자사가 진정한 일자사인 것이다.

한 사람의 일생도 일자사가 있을 것이다. 일자사를 일생의 목표로 삼아 종신토록 역행한다면 어찌 스승의 가르침을 잘 따른 바른 선비가 되지 않겠는가. 그런 바른 선비에 세계문화유산 함양 남계서원 창건주 개암(介庵) 강익(姜翼,1523~1567)이 있다.

개암의 한 글자 스승은 무엇이었을까? 필자는 맡길 임자, 맡을 임자, 임(任)이라고 생각한다. 천장강대임어시인야(天將降大任於是人也)의 대임을 자임하는 것이다. 그 대임이란 바로 동방오현 일두 정여창을 제향하며 선비를 육성하는 남계서원의 창건이다. 남계서원을 통하여 사문흥기와 유교창명을 자기의 책임으로 삼은 것<以興起斯文倡明儒敎爲己任>의 책임의식이다. 실상 남계서원의 창건은 개암 혼자만의 공로는 아니다. 남계오현으로 불리는 함양 선비 5인이 모여 의논하고 협력하여 창건한 것이다.

남계오현(灆溪五賢)

반계(潘溪) 박승원(朴承元)[1510?~1561?] 潘南
매촌(梅村) 정복현(鄭復顯)[1521~1591] 瑞山 / 영빈서원
사암(徙庵) 노관(盧祼)[1522~1574] 豊川
개암(介庵) 강익(姜翼)[1523~1567] 晋州 / 남계서원
남계(灆溪) 임희무(林希茂)[1527~1577] 羅州 / 화산서원

논의를 모아 군수에게 건의하여 건축비를 받아 강당 건축 공사를 시

작하고 협조적인 군수는 전근 가고 비협조적인 군수가 부임하여 공사 재개 못하고 시일을 끌다가 협조적인 다른 군수가 부임하여 지원받아 사당을 건축하여 완공하였다. 1561년(명종16)에 일두를 비로소 제향하고 학생들을 모집하여 강학하였다. 모두 10년이 걸렸다. 그동안 다른 선비들은 죽거나 벼슬하거나 다른 일로 빠지고 끝까지 책임지고 서원 건립을 완성한 이는 개암이다. 그래서 서원 창건주라고 하는 것이다. 그래도 서원창건공신 남계오현은 고루 기억하고 기념해야 할 것이다.

그런데 문제는 박승원(朴承元)의 존재와 명예가 《개암집》의 오자 1자 때문에 묻히고 훼멸된 것이다. 이름 1자 오자가 나서 박승원이란 남계서원 창업공신의 존재가 죽어버린 것이다. 엉뚱한 사람이 다른 이름으로 행세하는 것이다. 가짜 옹고집은 이름과 용모가 똑같은 존재지만 여기 박승원의 오자로 탄생한 인물 박승임(朴承任)은 실존 인물로 다른 인물이다. 그 인물이 소고(嘯皐) 박승임(朴承任,1517~1586)이다.

심지어 "함양의 남계서원 건립에는 퇴계문인인 박승임이 참여하고 있었다. 『남계서원지』에 의하면 1552년(명종 7) 강익이 박승임, 노관, 정복현, 임희무와 상의하여 서원을 건립하였다고 한다." <16-17세기 초반 퇴계 문인의 서원건립 활동 / 권시용 / 한국서원학보 제8호> 하여 소고 박승임이 아무 관련도 없는 남계서원 창건공로를 다 차지하고 퇴계의 영향력으로 남계서원이 창건된 것처럼 역사를 오도하고 있다.

소고는 퇴계 문인인데 신재(愼齋) 주세붕(周世鵬,1495~1554)과 벼슬살이로 친하게 지낸 사이이다. 신재가 풍기군수로 부임할 때 축하시 <송주첨정경유선생출쉬기성(送周僉正景遊先生出倅基城)>을 지어

보냈고 자신도 풍기군수가 되어선 신재가 창건한 소수서원에 회헌의 화상(畫像)을 개수하고 발문을 짓기도 하였다.

박승원은 신재의 제자이고 신재가 청량산 유람할 때 전송한 적이 있고 박승임과 같은 반남 박씨 종친이니 어쩌면 둘이 면식이 있을 수도 있다. 남명 조식이 거창 감악산에서 목욕할 때 모시고 같이 미역감은 함양 선비는 남계오현 중 임희무와 박승원이었다.

박승원이 신재를 모시고 공부한 문인이니 신재의 소수서원 창건 사실을 목도하고 잘 알았을 것이다. 함양 고향에 돌아와선 함양 선비들에게 서원 일을 이야기하여 남계서원 창건 의욕을 고취시키고 같이 서원 창건을 추진한 것이다.

함양 선비 박승원은 천령삼걸인 옥계 노진의 절친이고 청련 이후백의 매부이다. 박승원이 먼저 별세하자 옥계는 애도의 만사와 제문을 짓기도 하였다. 박승원의 처는 수절과부로 수십년간 슬퍼하며 추모사업을 적극 추진하기도 한 열녀로 감수재 박여량의 <천령효열록>에 입전되기도 하였다.

개암의 조카 강위수(姜渭琇)가 개암이 흥기사문(興起斯文)과 창명유교(倡明儒敎)를 자기의 임무로 삼았다<위기임(爲己任)>고 한 것은 훌륭한 표현이다. 다만 개암과 같이 서원 창건을 논의한 내 선비 이름을 나열하며 박군승임(朴君承任)이라 한 것이 남계오현 박승원을 죽인 것이다. 여기 박승임 오자는 윗줄의 위기임(爲己任)의 임자가 연상, 착각, 오지로 필사하거나 판각한 부산물일 것이다. 이 오자 1자로 인해 박승원이 남계서원 역사에서 죽게 만든 것이다. 1자의 죽음, 이것은 명백한 오자이다.

단지 오자 1자 때문에 다른 사람으로 오인되어 남계서원에 한 푼도

한 개도 어떠한 것도 기부하지 않고 어떠한 공헌도 공로도 심지어 함양과 아무런 연고도 없는 소고가 창건공로를 인정받는 것은 실제 창업공신 박승원이 볼 때는 매우 억울한 일일 것이다.

  같은 남계오현 남계 임희무의《남계집(灆溪集)》에는 강개암이 선생(임희무) 및 박승원(朴承元), 노사암관(盧徙庵祼), 정매촌복현(鄭梅村復顯)과 함께 서원 창건을 상의하였다고 정확히 기록하였다.《개암집》만 한국문집총간에 수록되어 널리 알려지고《남계집》은 실리지 않아 알려지지 않은 관계로 누구도 박승임이 박승원의 오자 인물임을 의심하지 않은 것이다. 지금이라도 바로잡아 남계오현 박승원의 남계서원 창건공로를 선양해야 할 것이다.

동계(桐溪)와 동몽수지(童蒙須知)

　　동몽수지(童蒙須知) 안음본(安陰本)은 초간본이다. 경상도관찰사 모재 김안국의 명으로 안음현감 윤효빙(尹孝聘)이 명필로 소문난 지례군수 강한(姜漢, 1454~?)에게 부탁하여 필사시키고 그 필사본을 1517년(중종12)에 안음에서 간행한 것이다. 그 경과를 쓴 윤효빙의 발문이 있어 알 수 있다.

　　안음본의 서지사항에 "[咸陽] : [藍溪書院], 1626년(仁祖 4) 跋"이라 하였는데, 1626년(인조4)에 남계서원에서 간행한 판본으로 오인하여 잘못 주기한 것이다.

　　이 중간본은 금새 강한의 외승손 농계 정온의 발문(1627,인조5년)이 있는데 이것이 남계서원간본으로, 중간본으로 오인된 것이다. 여기 '崇禎丙子後五十一年丙寅(1686)孟夏刊'의 강모(姜某) 발문본이 중간본의 기록이다.

　　정온의 발문에서 남계서원 유생에게 부탁하여 중간하게 하였다고 하여 개간한 것으로 오인되나 강모 발문에 의하면 개간은 성사되지 않고 50여 년의 시일이 지난 다음 유묵이 마모가 심해 비로소 간행(重刊)

하였다고 하였다.

1686년 병인년에는 <개암선생문집>도 간행되었다. 그 공역이 끝나고 그 각수들을 강기가 서석서사(瑞石書舍)로 불러들여 <동몽수지>를 중간한 것이다. 중간의 시도는 모재 김안국의 제자인 미암 유희춘도 도모하였다. 당시 재상 원혼에게 금재 강한이 쓴 <동몽수지>를 건네받아 간행하려고 했는데 정작 간행 여부는 미상이다.

<동몽수지>의 강기발문의 원본 종이 1장만 찢어버리면 정온발문이 있어 이 발문만 보면 남계서원에서 중간한 것으로 오인하게 되어 있다. 정온발문조차 찢어버리면 초간본으로 오인하게 되어 있으나 너무 심한 거 같아 못했을 수도 있다. 이런 현상은 고서상들이 기만책의 일종으로 기록조작을 통해 상품의 연대를 올려 가격 상승을 도모하는 모리배의 폐해이다.

그러나 초간본에 초간시의 안음현감 윤효빙의 발문이 있고, 중간본에 원본 상태에 정온의 발문과 강기의 발문이 첨부된 것일 뿐 금재 강한의 유묵은 원본상태를 유지하니, 함양 명필 금재 강한의 필적을 엿볼 수 있는 귀중한 자료인 함양 간행본임에는 틀림없다.

여기 안음현감 윤효빙이 바로 <(500년전 함양에 무슨 일이) 정여창과 황금 술잔> 이야기의 금잔절도사건의 주인공이다.

동계(桐溪)와 동몽수지(童蒙須知)

동몽수지(童蒙須知) 안음본(安陰本)은 초간본이다. 경상도관찰사 모재 김안국의 명으로 안음현감 윤효빙(尹孝聘)이 명필로 소문난 지례군수 강한(姜漢, 1454~?)에게 부탁하여 필사시키고 그 필사본을 1517년(중종12)에 안음에서 간행한 것이다. 그 경과를 쓴 윤효빙의 발문이 있어 알 수 있다.

안음본의 서지사항에 "[咸陽] : [藍溪書院], 1626년(仁祖 4) 跋"이라 하였는데, 1626년(인조4)에 남계서원에서 간행한 판본으로 오인하여 잘못 주기한 것이다.

이 중간본은 금재 강한의 외증손 동계 정온의 발문(1627,인조5년)이 있는데 이것이 남계서원간본으로, 중간본으로 오인된 것이다. 여기 '崇禎丙子後五十一年丙寅(1686)孟夏刊'의 강모(姜某) 발문본이 중간본의 기록이다.

정온의 발문에서 남계서원 유생에게 부탁하여 중간하게 하였다고 하여 개간한 것으로 오인되나 강모 발문에 의하면 개간은 성사되지 않고 50여 년의 시일이 지난 다음 유묵이 마모가 심해 비로소 간행(重刊)하였다고 하였다.

1686년 병인년에는 <개암선생문집>도 간행되었다. 그 공역이 끝나고 그 각수들을 강기가 서석서사(瑞石書舍)로 불러들여 <동몽수지>를 중간한 것이다. 중간의 시도는 모재 김안국의 제자인 미암 유희춘도 도모하였다. 당시 재상 원혼에게 금재 강한이 쓴 <동몽수지>를 건네받아 간행하려고 했는데 정작 간행 여부는 미상이다.

<동몽수지>의 강기발문의 원본 종이 1장만 찢어버리면 정온발문이 있어 이 발문만 보면 남계서원에서 중간한 것으로 오인하게 되어 있다. 정온발문조차 찢어버리면 초간본으로 오인하게 되어 있으나 너무 심한 거 같아 못했을 수도 있다. 이런 현상은 고서상들이 기만책의 일종으로 기록조작을 통해 상품의 연대를 올려 가격 상승을 도모하는 모리배의 폐해이다.

　그러나 초간본에 초간시의 안음현감 윤효빙의 발문이 있고, 중간본에 원본 상태에 정온의 발문과 강기의 발문이 첨부된 것일 뿐 금재 강한의 유묵은 원본상태를 유지하니, 함양 명필 금재 강한의 필적을 엿볼 수 있는 귀중한 자료인 함양 간행본임에는 틀림없다.

　여기 안음현감 윤효빙이 바로 <(500년전 함양에 무슨 일이) 정여창과 황금 술잔> 이야기의 금잔절도사건의 주인공이다.

일두와 하동 영계서원

지난 6월 8일 필자가 이사장으로 있는 (사)일두기념사업회가 주최한 제 7회 일두선비문화제가 축제의 주인공, 동방오현, 문묘18현, 일두 정여창 선생이 주향된 세계유산 남계서원에서 열렸다.

비가 안 오는 맑은 날씨를 기대했으나 예보대로 진행중에 부슬비가 내렸다. 진행측에선 불편하지만 가뭄에 해갈되는 비라서 오히려 축복의 단비니 뭐라 할 것인가. 타들어가는 민심을 걱정하는 일두의 마음을 반영한 하늘의 섭리를 믿고 따를 수밖에.

아침 9시에 일두탄신제를 지내고 개회식에서 개회사를 통해 함양의 3대군립축제 천령문화제, 함양산삼축제, 함양연암문화제에 일두선비문화제를 추가하여 4대군립축제로 승격시켜 한국의 3대선비문화축제 남명선비문화축제, 영주한국선비문화축제, 일두선비문화축제로 육성시켜줄 것을 진병영 함양군수에게 건의하였다.

개회식에 이어 명성당 앞으로 자리를 옮겨 우중에도 불구하고 함양예총(회장이진우)이 주관한 마당극 남계의 노래를 관람하였다. 박수가 여러 번 터졌다. 다시 자리를 풍영루 앞의 메인무대로 옮겨 시상식이 개최되었다.

올해는 일두선생이 안음현감으로 부임한 지 530주년이 되는 해이다. 일두는 현감으로 부임하고 객사 문루 선화루를 중창하여 광풍루로 개칭하고 광풍제월의 의미를 살려 제월당을 동천 언덕 위에 건립하였다. 광풍루제월당 530주년이 되는 해이다.

이를 기념하여 현재 광풍루에 게시되어 있는 안음현감 장세남이 지은 칠언율시 주련에 차운하는 한시를 공모하였다. 광풍루와 제월당이 소재한 안의향교(전교김경두,200만원지원), 일두기념사업회(200만원지원), 지리산문학관(210만원지원)이 공동개최한 전국한시지상백일장을 통하여 100여편의 응모작을 받아 그중에서 33편을 뽑아 시상하였다.

장원 1명은 성균관장상(상금100만원). 방안 2명은 성균관유도회총본부회장상(상금각50만원), 탐화 10명은 안의향교전교상(상금각25만원), 입선 20명은 일두기념사업회이사장상(8만원상당의 인산죽염치약 각10개씩)을 시상하였다.

이어서 축하공연과 도시락점심이 펼쳐졌다. 식후에 정유지 경남정보대 디지털문예창작과 교수가 주관한 일두디카시 공모전 시상식이 열렸다. 한시 수상작과 디카시 수상작, 학생문예전의 작품이 전시되어 참관자의 눈을 고급지게 하였다.

다음 날 해마다 열리는 일두성지순례를 관내에서 벗어나 외지로 정해 일두의 관향 경남 하동군으로 대형버스 1대에 문중과 회원 37명이 타고 출발하였다.

남원 구례고속도로로 달려가 먼저 악양정을 방문하고 우선 뒤편의 덕은사를 참배하였다. 문손인 정문상 함양향교 전교의 분향에 다같이 사배하였다. 악양정은 폐허로 있다가 산청출신 선비 산석 김현옥(金顯玉,1844~1910)이 여기에 우거하며 악양정 유지를 찾아내고 소학강회를 열며 악양정 중건의지를 다졌다. 고종 28년(1891)에 하동군수 강영길(姜永吉,1849~1904)의 후원에 힘입어 1901년(고종38)에 중건하였다. 지방으로 신위를 써서 제향하는 구차함을 벗어나 1920년에 덕은사를 창건하였다. 소학의 저자 주자를 주벽으로 좌우 좌벽에 한훤당 김굉필, 탁영 김일손, 우벽에 일두 정여창, 돈재 정여해를 배향하였다.

정여해는 일두의 족제이다. 동갑이지만 아우뻘이다. 화순이 고향이다. 그곳 해망서원에 점필재 김종직을 주향으로 한훤당과 일두, 탁영과 돈재가 배향되어 있다. 1979년에 숭의사가 해망서원으로 승격되었다.

악양정은 정자라기보다 강당의 역할에 맞는 건축구조이다. 덕은사란 사당도 갖추고 향사도 올린다. 사당과 강당을 갖춘 서원의 규모와 행세이다. 서원의 명칭과 편액이 없을 뿐이다. 일두를 향사하는 하동의 서원 영계서원은 훼철된 뒤 복원할 기미나 가망이 없다. 그렇다면 악양정과 덕은사를 영계서원으로 명명, 영계서원의 법통을 계승, 복원하여 서원으로 승격, 활용함이 합당하다고 제안한다.

악양정 방벽에 국가보물로 지정된 하개현구장도(복제품)가 게시되어 있었다. 본디 남계서원 소장본이 유출되어 유통되다가 국립중앙박물관에 소장되어 있는데 그 복제품이라도 정작 남계서원에는 게시되어 있지 않아 아쉽다.

쌍계사를 관람하기 전 금강산도 식후경이라고 사하촌 식당에서 산채비빔밥으로 허기를 달래고 팔영루, 진감선사비(수리중,관람불가),

마애여래좌상 등을 관람하였다. 팔영루는 광풍제월, 음풍농월처럼 청풍명월에 쌍계팔영이 대칭어이다. 명월쌍계수(明月雙溪水), 청풍팔영루(淸風八詠樓)니 쌍계사에 팔영루를 건립하는 것은 선비의 풍류이다. 고운 최치원이 살던 곳이거나 등람한 곳이라고 한 곳이다. 진감선사 시대는 없었을 것이다. 문사 고운이 명명했을 것이다.

고운의 자취를 지우고 진감선사의 섬진강에서 뛰노는 물고기를 보고 팔음률로서 「어산(魚山)」이란 불교 음악을 작곡한 데서 연유한다고 한 해설은 터무니없는 망문생의다. 어산이란 용어 및 범패는 중국 위나라 조조의 아들 조식이 어산에서 창시한 범패음악이다. 진감이 차를 가지고 오듯이 도입한 것이다. 고운이 중국 남북조 시대 문사 심약의 팔영루를 본따 명명한 것이라고 할 것이다.

이어 하동야생차박물관을 관람하고 체험관에서 음다례를 행하였다. 30분을 달려 구례로 넘어가 운조루를 관람하였다. 운조루는 같은 시조시인 유응규 교수가 태어나 자란 곳이어서 더욱 친밀감을 느꼈다. 타인능해의 자선정신을 체감하고 시조 1수를 읊었다.

운조루 / 김윤숭

**운이나 탐욕으로 이룬 부귀 아니네
조정엔 청렴이고 집안엔 근검이지
누대에 지켜진 가훈 여기 서서 느끼네**

일두는 화개현과 악양현을 애호하여 악양에 솔가, 이사하고 악양정을 짓고 은거강학하였다. 때로 배 타고 유람하고 시내에서 낚시도 하고 소를 타고 쌍계사와 청학동을 유람하였다. 불일폭포 일대를 조선시대 선비들은 고운 최치원이 신선으로 왕래하는 청학동으로 인식하였다. 남명 조식도 청학동을 여러 번 왕래하였다. 청학동에서 고운 최치원, 일두 정여창, 남명 조식이 정신적으로 조우한 것이다.

일두의 악양정은 본디 섬진강 가 도탄(陶灘)으로 불리고 후학들은 도탄에서 일두를 회상하였고, 악양정이 있는 골짝을 일두가 제자들과 회강한 곳이라 하여 회강동이라 하였다. 이후 유덕자가 은거한 곳이라 하여 덕은동이라 하였다. 도탄과 악양정은 몇 백 미터 거리가 있지만 같은 곳으로 인식되어 일두를 회모, 음영하는 장소로 사용되었다.

일두가 우거한 악양현과 유람한 화개현 및 남명이 이거한 덕산현은 옛날 진주목사 관할이었으니 모두 진주사람이었다. 그러나 악양현과 화개현이 조선후기 숙종 28년(1702)에 하동군에 편입됨으로써 지금은 하동으로 인식된다.

일두는 하동정씨이니 그 관향인 하동에 조선시대 선비들이 서원을 건립하여 제향하였다. 영계서원이다. 숙종 25년(1699)에 하동군 양보면 영계마을에 창건하고, 헌종 15년(1849)에 횡천면 횡보마을 내기로 이건하였다가 대원군이 훼철하여 빈터로만 남았다.

영계서원은 각종 기록과 사전에 학봉 김성일이 창건했다고 하나 잉터리없는 왜곡, 오류이다. 영조 19년(1743) <문헌공실기> 중간본에 영계서원 춘추 축문이 실렸는데 작자 성명은 전하지 않는다 하였다. 1919년간의 <일두선생집> 초간본부터 중간본(포증사전에 실림)에 이르기까지 영계서원 춘추향 축문의 작자를 김성일이라고 표기하였다. 그 초간본 사실대략 보(補)에서,

선조 12년(1579)에 학봉 김성일이 순무사로서 여러 선비들을 데리

고 하동은 선생의 관향이라 하며 영계서원을 창립하고 제향하였다. 뒤에 학봉을 추가 배향하였다.라고 하였다. 그 근거로 <학봉집>을 표기하였다.

정작 <학봉집 부록 연보>에는 숙종 25년(1699) 11월에 영계서원이 창건되고 일두 정선생을 봉안하고 학봉을 배향하였다고 하였다. 학봉의 전기자료에는 영계서원을 창건하였다는 기록은 없다.

짐작컨대 하동에 사는 학봉 후예 집안에서 주도적으로 노력하여 일두의 관향 하동에 숙종 24~25년(1698~1699) 영계서원을 창건하고 학봉을 배향한 것이다. 이것이 와전되어 학봉이 친히 서원을 창건한 것으로 오류가 발생한 것이다.

그 오류를 <일두선생집>이 수용하고 그 오류 사실이 각종 사전에 전재된 것이다. 한국민족문화백과사전 영계서원 조에는 "김성일은 영계서원 건립 당시 순찰사로 있으면서 서원 건립을 적극 지원하였다. 1579년에 서원이 완공되자 영계서원이라 이름하고, 최초의 향사 때 직접 축문을 지어 올렸다."는 기술은 모두 날조된 것이다. 학봉은 당시 정4품 장령이었지 종2품 순찰사가 아니었다. 축문을 직접 지어 올렸다는 것도 엉터리다. 그러나 하동군(河東郡) 조에선 1698년(숙종 24) 양보면 감당리에 영계서원(永溪書院)을 설립하였다고 바로 기술하였다.

디지털 하동문화대전 영계서원 조에도 "그때 학봉(鶴峯) 김성일(金誠一)[1538~1593]이 순찰사(巡察使)로 부임하여 적극적으로 서원 건립을 후원해 1579년(선조 12)에 완공하고, '영계서원(永溪書院)'이라 이름 지었다. 그리하여 봄가을로 제향을 올리기로 하였는데, 첫 번째

향사 때 학봉 김성일이 제향 축문(祭享祝文)을 지어 몸소 축문을 읽고 제사를 지냈다."고 하여 생생한 목격담처럼 기술했는데 어찌 짓지도 않은 사람이 그런 행위를 할 수 있었겠는가.

함양의 <일두선생집>에선 오류를 생산했지만 1935년간 <남계서원지>에선 바로잡았다. 숙종 기묘년(1699)에 창건하고 선생과 김성일을 향사하였다고 하였다. 오류를 바로잡은 이 기록이 널리 알려지지 않아 잘못된 기록의 오류가 전전, 전재되어 반복되는 것이다. 오류가 전승되다가 사실화하기 위하여 기록도 왜곡, 조작, 보충하기도 하는 것이 영계서원 고사에서 드러난다.

한국고전번역원의 한국문집총간 <일두집>의 해제나 2004년간의 번역, 각주 등도 모두 원문의 오류를 충실히 따르고 있다. 2008년간의 <경남의 서원>(경남학학술총서)에선 영계서원이 선조 12년(1579) 창건이라고 하였고, 이태동 편의 2010년간의 <서원승람하>에선 영계서원이 숙종 25년(1699) 창건, 현종(顯宗) 15년(1849) 횡천으로 이전이라고 바르게 기술하였다. 역사적 사실이지만 현종 15년(1674)은 아니고 헌종(憲宗) 15년(1849)이다. 오자를 잡아 인쇄했으면 좋았을 것이다.

진주 선비 서계 박태무(朴泰茂, 1677~1756)는 영계서원 강당의 중수고유문을 지었고, 일두의 8세손 함양 선비 농와 정중헌(鄭重獻, 1698~1781)은 영계서원 강당의 중수기를 지었다. 기문에서 영계서원은 숭정기원후 임진년(1652,효종3/1712,숙종38/후자임,완공된해)에 하동 선비와 단성 유림이 창건하고 학봉 김선생을 배향하였다고 하였다. 배향된 정확한 이유는 모른다고 하였다. 그뒤 경오년(1750,숙종26)

에 근처로 서원을 옮기고 한참 뒤에 강당이 기울어 계사년(1773,영조 49)에 하동 선비 이의영과 단성 선비 정권이 원임으로써 중수하였다. 진사 정찬익(1721~?,1754진사합격)이 기문을 짓고 또 본손 정중헌에게도 기문을 청해 지은 것이다. 기문 지을 때 정중헌은 망구의 나이였다. 환산하면 1779년(정조3)이다. 중수한 지 6년 뒤에 기문을 지은 것임을 알 수 있다.

창건 초기 봉안문을 고촌 배정휘(裵正徽,1645~1709)가 지었다. 고촌은 본디 성주 사람이나 외가는 함양의 풍천 노씨이다. 그 모친은 사암 노관의 증손녀로 조부는 노사소, 부친은 노륜, 모친은 지족당 박명부의 딸이다. 고촌은 풍천노씨 노숙동, 노우명, 노사예 등을 향사하는 함양 도곡서원의 창건(1701,숙종 27) 상량문을 짓기도 하였다.

헌종 15년(1849)에 서원을 멀리 이건한 뒤 상량문은 하동 선비 초정 박용한(朴龍翰, 1790~?)이 지었다. 이건 뒤의 봉안 축문은 작자를 표기하지 않았다. 영계서원은 창건, 근거리 이건, 중건, 원거리 이건을 거쳐 훼철되고, 훼철 이후 영계서원은 역사에서 사라졌다.

하동에는 또 하동읍 남쪽에 목도마을이 있는데 옛날은 섬이었다. 여기에 일두선생이 강정(江亭)을 짓고 소요하였다. 여기는 바다가 더 가까운 곳이니 남명의 산해정처럼 바다 기운을 느꼈을 것이다.

일두의 대표시로 지리산제일시 <화개음>을 읊조린다. 화개음은 <악양>으로 문헌공실기와 일두집에 실려 있는데 화개현에서 읊은 것이니 <화개음>이 타당하다.

화개음 / 정여창

風蒲泛泛弄輕柔 갯버들은 흔들흔들 가벼이 부드럽고
四月花開麥已秋 사월 화개 땅엔 보리가 다 익었네
看盡頭流千萬疊 두류산 천만 봉을 두루 다 돌아보고
孤舟又下大江流 조각배는 또 큰 강을 따라 내려가네
〈일두유집 제1권 / 시(詩)〉

외로운 배를 타고 섬진강을 흘러 내려가 남해바다에 이르렀다. 강과 바다. 여기에서 일두와 남명을 연상한다.

둘다 지리산과 가야산 산골에서 태어나 젊은 나이에 섬진강가의 악양정과 김해 바닷가의 산해정 지역으로 이사하여 우거하였다. 산과 바다를 겸하여 관상할 수 있는 지역을 택하여 살았다.

둘다 지리산의 남쪽과 동쪽을 택하여 악양현과 덕산현에 이주하여 진주인이 되었다.

둘다 청학동을 사랑하여 자주 왕래하였다

남명은 악양정터 앞 도탄을 지나며 천령의 유종이라고 일두를 회고하고서 그 불행을 탄식하였고, 남계서원에 1박하고 사당에 참배하며 "동국 현인중에 이 신생만이 거의 흠이 없다.東國諸賢中。惟此先生。庶幾無疵累矣"라고 일두를 예찬하였다.

남명은 하동군 옥종면 정수리 정수역에 서 있는 지족당 조지서의 부인 열녀정려비를 보며 조지서를 회상하고 악양면의 삽암(취적대,모한대)의 주인공 고려 한유한, 도탄(악양정)의 주인공 일두 정여창, 정수역의 주인공 지족당 조지서를 삼군자로 칭하며 존경의 뜻을 표하였다. 남명 조식을 더하면 두류사군자로 칭할 만하다.

정수역 객관 앞에 있던 조지서 부인 영일정씨 열녀정려(문화재명칭: 하동 대곡리 오천정씨 정려각)와 그 근처 동곡마을 산기슭에 있는 조지서의 묘소(문화재명칭: 하동 대곡리 조지서 묘비,비문남명지음)는 삽암(취적대), 쌍계사, 팔영루, 청학동, 악양정과 함께 지리산정신의 성지라고 하겠다.

주자는 친구 장남헌과 함께 시에 빠지면 완물상지가 된다고 경계하였다. 남명은 늘 시황계(詩荒戒,시를지으면심성이황폐해진다는경계)를 지녔다. 일두는 심지어 시는 이단이라고 여겼다. 일두의 친구 추강 남효온은 시를 억지로 배울 것 없다고 폄하한 일두를 부유의 견해라고 비판하였다. 일두나 남명은 시짓기에 시간낭비하는 것을 경계한 것에 있어선 사상이 같다.

어쩌면 남명은 일두를 흠모하며 그 사상과 행적을 따라한 느낌조차 들 정도이다. 일두는 문묘종사되고 남명은 좌절된 것이 아쉬울 뿐이다.

다시 구례남원고속도로로 들어서 귀향하다가 이사장으로서 동참인들에게 감사한 마음을 표하고자 남원의 명물 추어탕으로 저녁 대접하고 싶다고 물으니 모두 찬성하였다. 남원시내에 들러 다들 맛있게 회식하고 함양에 귀환하였다.

안의삼동의 유교학자와 일두서원

목차

1. 머리말
2. 갈천 임훈과 천령서원(남계서원) 및 문헌공사당(용문서원)
3. 석곡 성팽년과 문헌공사당(용문서원) 및 구연서원
4. 동계 정온과 남계서원, 용문서원, 도산서원, 종산서원
5. 지족당 박명부와 남계서원, 용문서원, 신계서원(당주서원)
6. 속천 우여무와 용문서원
7. 난곡 우석일과 구연서원
8. 황고 신수이와 구연서원 및 황암서원
9. 녹봉 유언일과 황암서원 및 녹봉서원
10. 맺음말

1. 머리말

함양과 거창의 안의 지역은 옛 안의현의 함양군 안의면, 서하면, 서상면과 거창군 마리면, 위천면, 북상면으로 이루어진 산자수명한 고을로서 그 지역은 다시 함양의 화림동, 심진동, 거창의 원학동으로 나뉘어 안의삼동이라 통칭되는 산수 유람의 명승지이다. 인걸은 지령이라고 명승지에 명현과 선비로 저명한 유교학자도 많이 배출되었다.

안의 지역의 문풍과 학풍 내지 사풍은 성종 시대 안음현감을 지낸 동방오현 일두 정여창 선생의 가르침 덕분이라고 하여도 과언이 아니다. 일두선생이 고을에 부임하여 어진 정치를 펴는 동시에 독의학교(篤意學校), 친가교훈(親加敎訓), 학자래집(學者來集), 이라고 향교에 유의하여 친히 가르치니 학자들이 집결하였다고 한 것에서 알 수 있듯이 제자들을 많이 양성하였을 것이나 명단은 남아 있지 않다. 함양 개평의 제자로 옥계 노진의 부친 기묘명현 신고당 노우명만이 알려져 있다. 노우명의 가학을 이은 옥계 노진은 판서를 지낸 고관 학자로 당시 명망이 높았다. 옥계는 일두의 재전제자라고 해도 무방하다.

원학동에는 남명 조식의 친구 갈천 임훈이란 대학자가 있으니 그 제자에 역양 정유명, 석곡 성팽년 등 걸출한 인물이 배출되었다. 그런데 그들은 모두 옥계 노진의 제자이기도 하다. 함안 출신 대소헌 조종도는 남명의 제자이지만 동시에 옥계 노진의 제자이기도 하니[1] 석곡이나

---

1 대소헌일고(大笑軒逸稿) 조종도(趙宗道)생년1537년(중종 32)몰년 1597년(선조 30)자백유(伯由)호대소헌(大笑軒)본관함안(咸安)시호충의(忠毅)특기사항조식(曺植)의 문인.

大笑軒先生逸稿卷之一 / 祭文 / 祭盧玉溪文 戊寅 "嗟余小生。卯角摳衣。事同一家。得以依歸。今其已矣。撫膺長慟。哭奠菲薄。惝怳若夢。嗚呼哀哉。"

大笑軒先生年譜 "四十五年 明宗二十一年 丙寅 先生三十歲 二月。陪南冥先生會斷俗寺。時李龜巖楨。以順天府使來。相與會話。講論義理。三月。陪南冥 , 玉溪兩先生。訪葛川林先生兄弟。同遊玉山洞。盧玉溪名

대소헌은 일두의 삼전제자라고 해도 무방하다.

원학동의 학자 동계 정온의 증조 확계 정옥견(1450~1526)은 일두선생과 동갑 친구로 개암 강익의 조부 금재 강한(1454~?)과 3인이 절친이 되어 절차탁마하였다. 또 강한과 정옥견은 일두 동문 한훤당 김굉필의 제자인 삼괴당 권시민과도 친하게 교유하였다.

확계의 손자, 동계의 부친 역양 정유명은 원학동의 대표학자 갈천 임훈의 제자로서 또한 일두에서 신고당으로 이어진 학맥의 가학을 이은 옥계 노진의 제자이기도 하니 그 가학을 이은 동계는 일두의 학맥 계승자가 되기도 하는 것이다.

원학동에서는 갈천 임훈과 처남매부지간인 요수 신권의 후손들이 학풍이 울흥하였고 그 후손에 황고 신수이라는 노론계 걸출한 학자가 탄생하였다. 그중에 국가적인 대학자요 충절의 상징이며 내암 정인홍 이후 서부경남의 학문을 대표하는 거물 동계 정온이 태어난 것은 백미이다.

화림동에서는 동계와 쌍벽의 존재 지족당 박명부라는 고관 학자가 탄생했으니 그는 석곡 성팽년의 제자이기도 하다. 부자간에 동계의 제자인 속천 우여무와 난곡 우석일이 배출되고 우석일은 국가에서 내린

禎。先生姉夫士訓之父也。先生往來門下。葛川名薰。南冥道義交也。"
玉溪先生文集 年譜 "萬曆六年 我宣宗昭敬大王十一年 戊寅。先生六十一歲。……以禮窆于酒谷山子坐午向之原。是信古公墓下之岡。而與夫人安氏同塋異室焉。是年十一月七日甲寅也。……鄕之士子與先生門下士趙大笑軒宗道，邊桃灘士貞，鄭嶧陽惟明，成石谷彭年諸人。爲先生有廟享之議。稟定於林葛川。"
玉溪先生續集卷之一 / 歌
母夫人壽宴歌
日中金가마고가지말고니말드러。너는 反哺鳥라 鳥中之曾叅이니。오늘은날위ᄒᆞ야長在中天ᄒᆞ얏고뎌。

효자정려가 남아 있다. 우여무는 대실학자 안의현감 연암 박지원도 높이 평가한 학자이다.

심진동에서는 황고의 제자인 녹봉 유언일이 강탄하여 문풍을 일으키고 다수의 제자들을 양성하였다. 제자들이 지어준 서당과 한때 서원으로 승격한 녹봉서원 터에 녹봉서당비가 축사 폐허 아래에 남아있다.

안의 지역의 사풍은 일두를 모신 사액서원 용문서원을 중심으로 이루어졌다. 용문서원의 건립 주체는 초기에는 윤할과 신재 유세한이고 후기에는 역양 정유명과 정유문이다. 건립에 공이 큰 인물은 석곡 성팽년이다. 그들의 정신적 지주는 갈천 임훈이었을 것이다. 그들 모두 원학동 학자들이다. 역양은 동계의 부친이고 윤할은 동계의 장인이고 석곡은 동계의 스승이다. 유세한은 역양의 절친 3인중의 한 명이다. 행촌 정유문은 정유영, 정유무 3형제가 정유재란에 순국한 충신 집안이다.

용문서원은 안음현감 출신 조선4현 일두 정여창을 향사하는 사당으로 출발하고 사액서원으로 승격하여 존속하였다. 대원군 때 훼철되고 복원하지 못한 것은 안의학풍의 쇠퇴의 상징 같다.

일두 주향의 용문서원과 일두 재전제자의 서원 신계서원(사액 당주서원) 및 일두 삼전제자의 서원 구연서원과 황암서원을 위시한 일두선생과 위에 언급한 몇몇 안의삼동 학자들의 상호 관계 및 지역사회 공헌 특히 일두서원에의 기여도 등 관련 사항을 고찰하여 안의삼동 문풍과 학풍 내지 사풍의 이해에 기여하고 지역 유교 진흥에 일조하고자 한다.

2. 갈천 임훈과 천령서원(남계서원) 및 문헌공사당(용문서원)

갈천은 일두 정여창 관련 문서를 작성했는바 그 존모의 마음을 보면 일두를 사숙한 문인이다. 함양에서 남명 제자 개암 강익을 위시한 박승원(朴承元), 정복현(鄭復顯), 노관(盧裸), 임희무(林希茂) 등 남계오현(濫溪五賢)이 다 당곡 정희보와 남명 조식의 제자로 남계서원을 건립하였다. 특히 개암이 불굴의 의지로 서원 건립을 완성시켰다.

남계서원은 선비가 세운 한국 최초의 서원이다. 갈천은 한국 최초의 서원 권선문을 지었으니 그것이 바로 <천령서원수곡통문(天嶺書院收穀通文)>[2]이다. 천령서원은 남계서원의 사액 이전의 명칭중 하나이다. 화림동의 학자 속천 우여무는 <광풍루중수권선문>을 지었는데 유교의 권선문은 인과응보를 바라는 것이 아니라 도덕을 흠모해서 하는 것이라고 하였다.

---

2 갈천(葛川) 임훈(林薰)1500년(연산군 6)~1584년(선조 17) 중성(仲成) 자이당(自怡堂), 고사옹(枯査翁) 은진(恩津) 효간(孝簡)
葛川先生文集卷之三 / 文 / 天嶺書院收穀通文
故城主鄭先生諱汝昌。咸陽人也。先生力學修行。斯道之傳。賴以不墜。國家曾崇褒賞之典。學者無間遠邇。咸仰遺風。今者天嶺衿佩之流。圖建書院。又立祠宇。是雖吾儒秉彝之所發。亦其流風餘韻之及人者。在故鄉尤所親切也。先生曾長吾縣。其平反之政。漸磨之敎。民到于今受其賜。聞建院立廟之說。其感發興起之心。在齊氏尙能欽竦。況於儒者。不徒思其遺澤。又能立心於興吾道扶世敎者乎。院宇之設。因郡守徐先生九淵倡率之勤。始克建宇。功未就而徐先生見艱。垂成之功。反至見廢。今郡守又能趾其美而繼其役。然其墻庭之設。藏修之備。官力之所不逮者猶多也。天嶺之儒。各出斗斛之穀。以備其需。而猶不足充其用。惟不世之美。九仞之功。見虧於一簣是懼。吾鄉之儒。盍亦毋慳斗筲之費。用扶崇建之功。一以酬遺澤至今之德。一以彰吾道萬世之光。不其美乎。今夫浮屠人。營佛利勸其資。雖頑惑之人。猶不惜若干之費。況於爲吾道立幟。誘吾儒向善。而尙不用心力者乎。茲敢抒其由敷其情。以■■錄之吾黨云。

일두를 모시는 함양의 남계서원이 건립되고 사액된 뒤에 안음현감을 지낸 안음에서도 일두를 모시는 사당을 건립하자는 운동이 일었다. 안음현감 박문룡이 재임할 때 안의선비 윤할과 유세한이 주도하여 추진하다가 박문룡이 이임한 뒤 중단되었다. 새 현감 이유가 부임하자 역양 정유명과 행촌 정유문 등이 재추진하여 완성하였다. 그 기문[3]을 갈천이 짓고 비석에 새겨 세웠다. 비문 찬자는 갈천 임훈, 글씨는 석곡 성팽년, 전액은 신계 유세한이 썼다.

문헌공사당은 만력 임오년(1582,선조15)에 세웠고 서원승격운동의 결실로 현종 임인년(1662,현종3)에 사액되어 사액서원이 되었다. 용문서원에는 문헌공 일두 정여창 선생만 향사하다가 서원 건립에 유공한 효간공 갈천 임훈과 그 아우 첨모당 임운을 추가 배향하고 또 추가로 문간공 동계 정온을 배향하였다. 이때는 사액 전이라서 고을 선비들이 임의로 배향하였다.

글씨 쓴 석곡 성팽년은 갈천의 제자이고 갈천 동문 역양 정유명의 절친 삼우의 일인으로 그 제자이며 역양 아들 동계 정온이 전기를 지었다. 지족당 박명부도 석곡을 위하여 동계가 지은 전에 발문을 지었다. 속천 우여무는 <석곡성공 팽년 행장>을 [4]지었다.

---

3 葛川先生文集卷之三 / 文 / 文獻公一蠹先生祠堂記
祠宇之設尙矣。古人有一名一節者。莫不有祠。誠以秉彝好德之良心。自有所不能已也。況於懷道抱德之士。志伊尹之志。學顔子之學。雖不能大行於當世。而有一分見施於吾民者。則吾民之欽慕愛悅而愈久不忘者。固其理也。吾鄕之立先生祠宇者此也。……朴侯名文龍。咸陽人。李侯名悠。廣州人。遂幷刻之。尙俾來者。知作者之所始云。

4 동계(桐溪) 정온(鄭蘊)1569년(선조 2)~1641년(인조 19) 휘원(輝遠) 고고자(皷皷子) 초계(草溪) 문간(文簡)
桐溪先生續集卷之二 / 傳 / 成石谷傳

전액을 쓴 신계 유세한은 역양의 절친이면서 명필로 유명하였다. 그 전기를 [5]지은 동계가 어려서 글씨를 많이 받아두지 못한 것을 한스러

石谷者。成上舍彭年之號。而頤翁。其字也。自少才氣出衆。不煩提撕。而嶄然見頭角。中甲子司馬兩試。聲名益以振。遊學泮中。泮中諸儒。未能或之先也。……蘊年未弱冠。出入門庭。親承擊蒙之誨。每聽其講說之旨。則如客之得歸也。如寐者之得叫喚而覺也。如迷道者之得坦路也。蘊之得有今日。公之力蓋多焉。公之著述遺失殆盡。進不得有爲於時。退無以垂言於後。余懼其泯泯無所傳。敢記其所聞見。庶使後之人聞風而興起云爾。公昌寧人。生於嘉靖庚子。卒於萬曆甲午。有子三人。皆業儒。能世其家云。*成彭年 1540 1594　昌寧 頤翁 石谷

朴明榑 1571 1639　密陽 汝昇 知足堂
知足堂先生文集卷之五　跋　書成石谷傳後

余纔幼學就傳太初家塾塾去邑治近時有一蠹先生追慕祠碑創建之役鄕中父老之敎是事者多於塾過宿仲父指座右一人而導之拜曰此乃成上舍我先人內姊之子也余只知幼長之禮當然也厥後五六年間於仲父曰成上舍未獲再見豈非不至偃室者也仲父曰非公事不至則滅明之以公事至可知伊兄端居守靜養親觀書足不出洞門之外絕不應縣邑招邀昔者之來爲寫追慕碑也自餘公事不肯一至此政未嘗上城府者不造其室安見其人及余成童逞來仁里乃能頗承謦欬灑落之風神愷悌之辭氣時自心悅誠服而學量之淺深制行之高下憒不得善觀而形容也……鄭叔自少出入門庭熟察而詳記之豈儗之不於其倫余然後始信石谷果隱德君子也玆者公胤子兄以書抵余欲求狀行顧余不逮鄭叔甚何敢以隻字贅於詳記之後此盛德者之所辭讓況於鄙夫者哉獨念韓文公以楊巨源辭位而去爲鄕先生沒而可祭於社則以鄭叔所記石谷之賢可無讓祭社而余言不見信於鄕黨不能職競此事又以文拙不能副老兄狀行之請懃負幽明無言可謝嗚呼太史公曰閭巷之人欲砥行立名者非附靑雲之士惡能施於後世哉余於石谷有感焉遂識此以復

5)桐溪先生續集卷之二 / 傳 / 柳申溪傳

公姓柳。諱世漢。字大源。爲人溫厚慈良。拙於營爲。平生無忿廣之色。鄙悖之言。善書法。筆畫活動遒健。尤工草隷。運筆神速。風飛雨驟。莫測其端倪。當其時。蘊無所見識。不知其書之爲珍貴。到今思之。恨不能多受眞筆。以爲寶玩也。宅邊有溪。發源於金猿山下。公構堂其上。扁曰申溪亭。着道冠被麻衣。日靜處乎其中。起居無時。惟適之安。或坐茂樹。或濯淸泉以自樂。其於一切世味。泊如也。晚得中風症。言語不通。沈綿數歲而卒。噫。公自早歲習擧子業。雖捷鄕解。竟屈南宮。有

워할 정도였다.

   갈천은 고조부가 함양에 살았고 증조가 갈천동(거창군 북상면)으로 이거하였다. 장인이 함양의 대시인 뇌계 유호인의 아들 유환이라서 처가살이로 함양 죽장에도 살았다. 갈천의 함양 살이를 기념하여 지금 함양 상림 끝 뇌계공원에 처조부 유호인의 기적비와 나란히 사적비가 서있다. 갈천은 사후 남계서원 별사에 모셔진 일두의 동향동문 선배 유호인의 행장⁶을 지었다.

   갈천은 함양과 인연이 깊었으므로 함양에 있을 때의 고사도 있다. 여러 선비들이 정자에 모여 여색을 평론하자 '언능해기갱상량<말은 자신을 해침>'의 위 구절이 뭐냐고 질문하여 위 구절에 대하여 스스로

此筆法之奇。而不見知於人。家無幹蠱之託。遺業爲他姓所有。惜夫。
  昔柳子厚作先友記。錄其姓名與其實跡。以明其父取友端。余之立三傳。亦此意也。先君子於鄕人。相與爲友者固多。而終始莫逆則在此三公者矣。故謹述其言行梗槪。幷錄於先君子行狀之後。或曰。三傳所記詳略不同。何歟。曰。人之行跡。固有可記與不必記者。而吾所聞見。亦不容不異焉。余於石谷。出入受業。故竊窺其門墻而得其詳。孤山。雖未有受業之益。而得於觀感者爲多。至於申溪。則其行事之實。有不可得而聞者。雖欲不略。得乎。雖然。略者。固可憾矣。詳者。亦必未詳也。後之覽者。各以所知增益之。庶乎其無欠闕矣。戊午春三月初吉。書于栫棘中。
  6 葛川先生文集卷之二 / 文 / 㵎溪先生兪公行狀
  公諱好仁。字克己。高靈縣人。曾大父諱堅白。軍器小監。大父諱信。中領郞將。考諱蔭。以處士終。年逾八旬。得階將仕。處士自長水娶李節女于咸陽。因家焉。正統乙丑。生公。⋯⋯家在㵎溪上。以㵎溪自號。有集若干卷行于世。人寶之如瓊琚云。

[주-D001] 齋 : 齎

생각하게 하였다.[7][8] 그 위 구절은 '색필패신수계신<여색은 패가망신>'이었다. 그뒤로 그런 일이 있지 않았다.

3. 석곡 성팽년과 문헌공사당(용문서원) 및 구연서원

석곡(石谷) 성팽년(成彭年 1540~1594)은 동계 정온의 부친 역양 정

7   葛川先生文集卷之四 附錄 / 行狀 / 行狀[鄭惟明]
……嘗在咸陽也。郡儒群會于亭院。戲游不節。日與評論女色。先生書
'言能害己更商量'之句而示之曰。此句
之上有何語。君等自思之。蓋以法語之從。未若巽與之說。故初若不知
上句之語者而微叩之。自是諸儒悔悟。無復爲前之爲者。先生之敎人從容
不迫。類如此。先生與玉溪盧先生。自少有心許之契。而晚來相信益深。
常以莫逆許之。至或議論少異。亦必講磨辨難。以一其歸焉。與南冥曺先
生。亦有畏敬之分。而南冥每以容量推許之。晚復與退溪李先生契許深
密。如久要云。先生於一時名流。相許爲友者雖多。而其所與深者。則在
此三先生者矣。相與晤語之際。所資於切磋琢磨者不爲不多。而有不可以
一二名言者矣。方在咸陽也。有一士子興慕媚學之風。若有感發之志。而
要先生與之爲同志友者。先生知其浮躁蔑實。終莫之許。其後其人果敗。
人服其鑑識之明也。……
8 참고
東文選卷之十七 / 七言律詩 / 寄子安命[李珥]
朔風號怒雪飄揚 念汝飢寒感歎長°/色必敗身須戒愼° 言能害己更詳量°
狂荒結友終無益° 驕慢輕人反有傷°/萬事不求忠孝外° 一朝名譽達吾王°
*아들 안명(安命)에게 부침[寄子安命] / 이나(李珥)
북풍이 몰아치고 눈이 휘날리는데 / 朔風號怒雪飄揚
네 기한을 생각하니 서글픈 맘 그지없노라 / 念汝飢寒感歎長
색은 몸을 망치나니 모름지기 삼갈 것 / 色必敗身須戒愼
말이 저를 해치거니 다시금 조심하여라 / 言能害己更詳量
난봉 친구 사귀면 끝내 무익한 법 / 狂荒結友終無益
교만하여 남 업신여기면 되려 제가 상하나니 / 驕慢輕人反有傷
만사를 충성과 효도 밖에 구하지 말라 / 萬事不求忠孝外   일조에 빛난
이름이 임금님게 달하리라 / 一朝名譽達吾王

유명의 3절친의 한 명이고 역양과 같이 갈천 임훈의 제자이다. 동계에 겐 어릴 때 스승이기도 하다. 동계가 그 전기를 서술하였다. 지족당 박명부는 석곡 자제의 행장 요청에 동계보다 잘 쓸 수 없다고 사양하며 발문만 써주었다. 어릴 때 일두선생 추모비<문헌공사당비>의 글씨를 석곡이 쓸 때 자기 서당에서 숙박하며 지낸 일화를 소개하였다.[9] 석곡은 임진왜란 때는 고을 선비 정유문, 정유영, 역양 정유명, 김신옥, 윤할, 박명부와 함께 창의하여 의병활동을 전개하였다.

석곡은 문헌공사당비를 세울 때 자기 스승 갈천 임훈이 지은 글을 썼다. 그 이전에 문헌공사당이 건립되었을 때 일두선생 위패를 봉안하고 제향지낼 때 봉안제문을 지었다. 지역사회의 명망이 높았음을 알 수 있다. 석곡선생문집에는 <제일두정선생문(祭一蠹鄭先生文)>이라 하여 평범한 제문처럼 여겨지나 이는 향사당 봉안시 제문이다.[10]

---

9 知足堂先生文集卷之五 跋 書成石谷傳後 "余纔幼學 就傅太初家塾 塾去邑治近 時有一蠹先生追慕祠碑創建之役 鄕中父老之敦是事者 多於塾過宿 仲父指座右一人而導之拜曰此乃成上舍 我先人內姊之子也 余只知幼事長之禮當然也 厥後五六年 問於仲父曰成上舍未獲再見 豈非不至偃室者也 仲父曰非公事不至則滅明之以公事至可知 伊兄端居守靜 養親觀書 足不出洞門之外 絶不應縣邑招邀 昔者之來爲寫追慕碑也 自餘公事不肯一至 此政未嘗入城府者 不造其室 安見其人"

10 一蠹先生續集卷之二/附錄/鄕祠堂奉安時祭文[成彭年] "於戲。先生之去縣也。距今八十有餘祀矣。一縣之民。無大無小。莫不追而慕之。久而不置者。不知其何意也。……猗歟先生。道全德備。君子之澤。悠久不斬。二天之恩。感戴無已。或如否者。民則有罪。庶用欽奉。世世無怠。有土淸夷。在治之北。翼然當中。文廟穆穆。爰卜厥址。爰契我龜。庶民子來。不日成之。有堂灑灑。有几有筵。勻醴有醇。牲牢吉蠲。首夏淸和。辰良日吉。靑襟在庭。黎獻畢集。物雖菲薄。儀則不愆。匪曰有報。尊崇則然。庶不遺於偏陋。冀申錫以光澤。敢揚觶而三奠。尙靈爽其昭格。"

석곡은 구연서원에 그 스승 갈천의 매부인 요수 신권과 함께 병향되었다. 40년 연상의 인물에 배향되는 것이 아닌 나란히 병향되는 것은 그만큼 명망이 높다는 뜻이다. 구연서원은 요수 신권과 석곡 성팽년을 병향하고 추가로 황고 신수이를 배향하였다. 공식적으로는 1694년(숙종20)에 창건하고 1808년(순조8)에 황고를 추향한 것이다.[11]

그러나 인조 연간에 신경직(愼景稷 1602~?,요수증손)·성경창(成慶昌,석곡손자) 등이 자기들 조상인 신권(愼權)·성팽년(成彭年)을 위하여 안음향교 가까운 곳에 사우(祠宇)를 건립했는데, 안음현감 박장원(朴長遠)이 온 고을의 공론에 따라 그 사우를 철거하고, 그 재목으로 제월당(霽月堂)【선현 정여창(鄭汝昌)이 창건한 당이다.】을 옛터에 옮겨 지었었다. 그런데 신경직 등이, 박장원이 체임되어 돌아간 때를 틈타서 다시 제월당을 부수어 철거했으므로 감사가 신경직 등을 가두고 그 사실을 보고하니, 곧 그 죄를 다스릴 것을 명하였다.[12] 이로 보아

---

11 강재집(剛齋集) 송치규(宋穉圭)생년1759년(영조 35)몰년1838년(헌종 4)자기옥(奇玉)호강재(剛齋)본관은진(恩津)시호문간(文簡)특기사항김정묵(金正默)의 문인

剛齋先生集卷之八 / 碑 / 龜淵書院事蹟碑 "安義。山水鄉也。蓋多名碩出於其間。豈磅礴明淑之所鍾氣耶。縣北四十里之猿鶴洞。有搜勝臺。臺之傍。有龜淵書院。院之所建祠妥侑而瞻依矜式者。鄉之三賢。樂水先生愼公諱權字彥中, 石谷先生成公諱彭年字頤翁。曰黃皐先生諱守彝字君敍。而樂水五世孫也。……書院之創。在於肅廟甲戌(1694,숙종20)。而今上戊辰(1808,순조8)。追享黃皐云。"

12 인조실록 46권, 인조 23년 1월 20일 甲辰 1번째기사 1645년 청 순치(順治) 2년

○甲辰/禮曹請令慶尚道, 治安陰儒生愼景稷、成慶昌等之罪, 上從之。 初, 景稷、慶昌等, 爲其祖愼權、成彭年, 私自建祠於鄉校近地。 縣監朴長遠因一鄉之論, 撤毀之, 以其材移搆霽月堂於舊基。【先賢鄭汝昌創建之堂也。】 景稷等乘長遠遞歸之時, 撤破霽月堂, 監司囚景稷等以聞, 乃命治其罪。 大概嶺南士習, 以創建書院爲能事, 少有儒名及名宦者, 必立祠而饗

인조 연간에 구연서원이 건립되었다가 훼철된 사실을 알 수 있다. 당시에는 요수 신권의 명망이 널리 알려지기 전이었을 것이다. 나중에 숙종 연간에 다시 건립한 것이 창건한 것으로 인식된 것이다.

신경직은 동계 제자 신착(요수 손자)의 아들로 생원이다. 인조 초년에는 용문서원의 사액을 청하는 상소를 올리기도 하였으니[13] 용문서원 공신이었는데 일두 유적을 훼손하고 처벌받는 무례를 범하였다. 숭조와 존현의 사이에서 숭조 과잉의 오류이다.

4. 동계 정온과 남계서원, 용문서원, 도산서원, 종산서원

동계는 갈천의 제자 역양 정유명의 아들이고 갈천 제자 석곡 성팽년의 제자이기도 하니 갈천의 재전제자이다. 대북 영수, 중앙 스승으론 내암 정인홍이 있고 내암 스승은 남명이니 남명의 재전제자이기도 하다. 석곡이 옥계 노진의 제자이기도 하니 옥계의 재전제자가 되는 것이다.

당시 안의지역에서 지족당 박명부와 나란히 드물게 현재 차관인 참

之, 非爲尊賢而講學, 聚人儲穀, 以爲會集遊談之地, 朝廷亦不能禁。

13 인조실록 29권, 인조 12년 3월 16일 壬寅 1번째기사 1634년 명 숭정(崇禎) 7년

○壬寅/慶尙道 安陰士人愼景稷等上疏曰: "伏以, 先正臣鄭汝昌, 啓發後學, 扶衛吾道之功, 非假臣等一二談, 而汝昌, 弘治甲寅, 出宰本縣, 在任五年, 所以施仁政、興文敎者, 不可與尋常循吏擬倫。 越在平時, 立碑建祠, 名之曰龍門書院, 蓋在縣時逍遙之地也。 縣人林薰、林芸兄弟, 私淑汝昌之學, 靜養山林, 動慕聖賢。 玆皆一國之善士, 故以此配食。 咸陽, 是汝昌所居之鄕, 而已得藍溪書院之額, 則臣等桐鄕之爲汝昌興感者, 亦何異於彼哉? 伏願特賜額號, 賁飾文敎。"

答曰: "一人書院, 處處賜額, 似或未妥, 徐議處置。"

판을 지낸 고관이고 남한산성에서 항복에 항의하여 할복자살(미수)로 결기를 보인 충절의 상징이었다. 많은 제자를 배출하니 남명 조식 이후 서부경남의 대스승이었다. 사후 1년 만에 남계서원과 용문서원에 배향될 정도로 지역에 영향력이 대단하였다.

배향 당시 용문서원은 미사액서원이라서 서원이 능동적으로 동계를 일두에 배향하여도 되었으나 당시 남계서원은 이미 사액서원이라서 국학이므로 자체적으로 배향을 결정하지 못하고 임금에게 상소하여 허가를 받아야 해서 동계는 남계서원 문헌공묘에 배향할 수 없었다. 편법으로 별사를 지어 배향하였다.

동계는 일두의 남계서원에서 유사를 지내긴 했으나 원장을 지낼 겨를은 없었다. 일두의 묘소에 건립된 신도비명을 지었다.[14] 신도비를 포함한 함양 정여창묘역은 경남기념물로 지정되었다.

<u>동계는 남계서원 창건 주역 개암 강익의 행장을 [15] 지었는데 개암이</u>

14   동계(桐溪) 정온(鄭蘊)1569년(선조 2)~1641년(인조 19) 휘원(輝遠) 고고자(鼓鼓子) 초계(草溪) 문간(文簡)
桐溪先先文集卷之四 / 碑銘 / 文獻公一蠹鄭先生神道碑銘 幷序
惟我東方。自殷太師設敎。蔚然有變夷之風。而寥寥數千載。眞儒者罕作。在麗季。惟鄭文忠公一人而已。入我朝。聞而知之者。有若五先生焉。先生其一也。先生諱汝昌。字伯勗。其先貫河東。後徙居咸陽郡。有諱之義。判宗簿寺事。諱復周。判典農寺事。諱六乙。贈漢城府左尹。寔先生曾若祖若考三世也。母崔氏。牧使孝孫之女。以景泰元年庚午。生先生。……銘曰。於皇上帝。悶玆東偏。日趨澆漓。洒降碩儒。于嶺之隅。金聲玉姿。先生之生。抱負非輕。文不在玆。泝求洛閩。窮源嚼眞。不尙文辭。潛心論討。實踐深造。要在不欺。躬于孝悌。達以詩禮。聖賢是希。晩武天庭。兆足以行。誰其泥之。鳴琴十室。化成期月。施至於斯。天生何意。天嗇何以。世道之悲。惟其耿光。沒世彌彰。躋于孔祠。灆水洋洋。昇山蒼蒼。不渴不嶪。能令大名。山高水淸。不在斯碑。
15   桐溪先生文集卷之三 / 行狀 / 介庵姜先生行狀

동계의 외숙이기도 하여 생질 입장에서 개암의 남계서원 건립을 독점적으로 서술하여 협력자들의 불만을 사기도 하였다.

동계는 일두의 증손 정대민의 묘갈명도[16] 지었다. 정대민은 정유재

先生姓姜。諱翼。字仲輔。自號介庵。又號松庵。其先晉州人。高麗國子博士啓庸之後。厥後趾其美。冠冕不絶。曾祖諱利敬。軍威縣監。祖諱漢。知禮縣監。考諱謹友。承仕郎。妣南原梁氏。麗朝太子中允朱雲之後。長興都護府使灌之孫。承仕郎應麒之女。以嘉靖癸未正月十八日。生先生。……萬曆辛巳。鄕人立祠廟。以先生配於玉溪盧先生。其後寒岡鄭先生。答稟定位次之書。介庵與玉溪。只以朋友而相敬。未見其師生之分云。東岡金先生之言。亦如是。始定竝享之位。別爲祝詞。品式均齊。先正之言。豈無所見而然耶。始建於溏洲。中移於羅村。後移於新溪。因號爲新溪書院云。……甥姪嘉善大夫行承政院都承旨兼經筵參贊官春秋館修撰官。藝文館直提學。尙瑞院正鄭蘊。謹狀。

16 桐溪先生文集卷之四/墓碣/長水縣監鄭公墓碣銘 幷序

河東之鄭。爲世著姓。有諱國龍。仕麗朝。贈匡靖大夫。密直副使。褰公之鼻祖也。其後徙居咸陽。年代不可詳也。而自版圖判書諱之義以下。墓在咸陽。咸吉道兵馬虞侯諱六乙。死於李施愛之亂。贈嘉靖大夫。漢城府左尹。於公爲高祖。贈大匡輔國崇祿大夫，議政府右議政謚文獻諱汝昌。世稱一蠹先生。乃東國五賢之一也。從祀孔子廟庭。於公爲曾祖。祖諱希高。贈戶曹正郎。考諱彦男。以武功爵階同知。正郎無子。取以爲後。生父曰希參。縣監。祖曰汝寬。生員。乃文獻公季弟也。同知娶彦陽金氏。諱重泓之女。以嘉靖辛亥八月十三日生公。公諱大民。字中立。年二十五。初授東部參奉。蓋用象賢之典也。移永崇，文昭，集慶三殿參奉。俄陞軍資監參奉直長主簿。轉司憲府監察，掌隷院司評。丙戌冬。除雲峯縣監。辛卯春。除谷城縣

殿參奉。俄陞軍資監參奉直長主簿。轉司憲府監察，掌隷院司評。丙戌冬。除雲峯縣監。辛卯春。除谷城縣監。甲午夏。爲長水縣監。此公之歷官序次也。公常自言曰。我之通籍。實荷賢祖先餘蔭。若欲因以肥己。我則非人。將何以有辭於地下乎。是以在所多以淸謹名。其在雲峯。廢鍮銅器朔捧之規。秋毫不敢有所近。在谷城。尤得吏民心。災傷御史謂公無援于朝。欲勒置劾啓中。士民聞之。來集者幾千餘。爭訟公德政。不從則盈庭溢街。痛哭呼訴。御史不得已寢其劾。在長水。遭歲大凶。有鄕里故舊。質白金。求糶倉穀。及秋當糴。其人欲以其銀當其債。公曰。我活故

란 때 그 부친 일두 손자 정언남과 그 모친 김중흥의 여식 언양김씨를 모시고 황석산성에 피신하여 성이 함락되자 양친은 순국하였다. 승안산 선영에서 시묘하다가 또한 왜적의 칼날에 순사하였다. 정언남은 충신 정려 받고 황암사에 향사되어야 하는데 그렇지 못하여 유감이다. 정대민도 효자 정려 받아야 하는데 신청조차 안 한 것 같다.

황석산성에 순국한 원혼을 가차하여 고소설을 지은 것이 동계 제자 갈천 손자 성신계원 황계자 신착(愼言+卓))의 <용문몽유록>[17]이다. 황

人。故人欲以汚我耶。卽以銀錠還之。封誌宛然。其人赧而退。歲丁酉。公方家食。値倭鋒再動。三邑以都體察付分。當入黃石山城。公扶老幼入城。及城陷。公二親俱罹凶刃。公卽奉體魄。權厝于先塋之側。仍留不去。人皆謂旣已權安。當小避賊路。以爲後日營葬地。公泣且言曰。不肖旣不死親尸傍。死有餘罪。況敢私便其身。圖就乾淨地求活。於是看守益勤。經冬不小離。戊戌二月十日。沿海縱掠之賊。果不意衝襲。公乃死之。以其年十二月某日。葬于郡北邛山辛坐乙向之原。嗚呼。公承大賢之後。宜有餘慶之及。而連世俱不得其死。天之報施一何忍。此可哀也已。公娶郡守林希茂之女。生一男一女。男曰弘緖。登文科。纔試成均館學正。初娶贈都承旨楊士衡之女。生三男一女。再娶士人林眞惷之女。生一女。女曰房元震。察訪。生二男二女。學正長男光漢。生員。次光晛。早夭。次光淵。進士。光漢娶鄕人朴葳之女。有三女一男。女長適李商英。餘皆幼。光淵娶參判朴明榑之女。有二男三女。皆幼。女適李暾。有二男。峒、埰。季女適郭文浣。察訪之子。曰明煜。進士。娶梁士悌女。有三男二女。皆幼。曰明爃。生員。娶沈沂源女。時無子女。長女適李悵。有男女若干。次女適金𣹢。無後。內外孫曾孫男女三十餘人。噫多矣哉。已定之天其在斯乎。是爲銘。銘曰。文獻之祀。惟公是承。廉平之政。惟公是能。位卑無年。何命之屯。惟公之死。死於其親。死而無愧。其死猶生。有或不信。請考斯銘。

17 용문몽유록(龍門夢遊錄) / 신착(愼)
황계자가 물었다.
"이른바 황석 제공은 대체 누구란 말이오?"
"태수 곽(郭)부자(이름은 䞭이고, 아들은 履常·履厚), 사군(使君) 조종

선산성 전투 책임자이면서 제일 먼저 탈출 도주한 김해부사 백사림을 성토한 것은 그 스승 동계와 사전자전이다.

동계는 장인 윤할의 묘지명을[18] 지었는데 윤할은 일두 모신 용문서원의 초기 주동자이고 정유재란 때 황석산성 함락에서 탈출한 생존자였다. 순국할 직분이 없다고 변명해주었다. 그러나 용문서원 건립에 주동한 공적은 누락되었다.

동계는 사후 남계서원과 용문서원의 문헌공묘에 배향되었다. 동계는 당시 명망이 높아 서거 다음해 1642년(인조20) 3월에 용문서원과 남계서원 별사에 동시에 배향되었다. 용문서원에 배행될 때 봉안제문 도(趙宗道), 금천(錦->金川) 유세홍(柳世弘-泓) 부자(아들 檣·榎), 첨지 정언남(鄭彦南->男) 등인데, 일시에 함께 죽은 사람들입니다."

18 桐溪先先文集卷之四 / 墓誌 / 忠義衛尹公墓誌銘 幷序

公諱劼。字子固。姓尹氏。高麗開國功臣莘達之後。坡平之尹。甲於東方。年代次序。稽諸譜牒。班班可見。公曾祖諱汝霖。判官。祖諱城。振勇校尉。父諱安鼎。監役。妣李氏。宗室縣監環之女。以甲午四月三日生公。公形容頎峻。音韻如鍾簧。望之知其爲人英也。早歲落南。不克歸京都。仍爲安陰人。……歲丁酉。值倭奴再動兵。梧里李相國受命體察南方。以黃石山城。爲三邑入保之地。于時。人士皆知城不完。潰奔者過半。公獨以爲保守。王命也。雖知其危。豈可逃避。於是題詩窓心曰。寧爲死義鬼。不作投林生。決意入城。未幾城陷。賊躪入。公踰城行數十步許。天已明。不可行。以身蔽木而免。其時。年壯足健者死以千數。而公以老病躃跚。獨不被禍。豈神明感其義。有所扶持而然也。旣出。人或問之曰。公之入城何意。不死又何義歟。公曰。以朝廷命令入城義也。主將先潰。我無獨死之理。況不期生而生者乎。問者無以應。方其踰城時。有一人失足顚墜。重傷其股。公亟命抽佩刀。刺其傷處血出。其人卽起行。噫。此豈人所能爲者哉。追鋒在咫尺。死生只一瞬。而爲影響昧昧之人。從容欲活其命。蓋公之平生用心多類此。……

은 동계와 노닌 용산범국회(龍山泛菊會)의 제2 멤버 오계 조정립이 지었다.[19]

남계서원은 사액서원 국학이라서 임금의 결제를 받아야 하였으므로 별사에 모셨다가 임금의 윤허가 내린 1677년(숙종3)에 동계 외숙 남계서원 창건자 개암 강익보다 먼저 문헌공묘에 배향되었다.

동계는 또 거창 가조 수포대 곧 한훤당과 일두 교유 유적지에 세운 <u>도산서원</u>에 배향되었고[20], 일두 귀양지 함경북도 종성에 세운 종산서

19 曺挺立(조정립) 생몰년 : 1583 – 1660 자 : 以正(이정) 호 : 梧溪(오계) 본관 : 昌寧(창녕) 거주지 : 陜川(합천) 梧溪先生文集卷之三 祝文 龍門書院配享桐溪先生奉安文 "曰維一氣至正純剛或鍾於人樹之網常天下生久幾個男兒文山歌罷五百年玆天爲我東界我先生先生之生玉輝金品鯉庭詩禮準軒淵源因心矢友餘力學文藏器以待在邦必聞勿欺而犯乃願孔子引當於道我師孟氏邦昔危亂事不可謂先生不言 奈何人紀茅鑽甘心鄒海能死天俾玉成十年困陌涪江髭髮乃知學力洎于昌辰峻之臺閣非無聖主聖臣直懷則必達苟利於國淮戾于天袁切忠規濮議盈庭范不詭隨圍城當日玉貌何久萬折必東熊掌吾取男兒死爾主辱如此白刃在腹蒼穹照 誠顒危隻手骸骨故鄕有屋因樹有草爲席進退惟 憂終始亦學專專志道夕死可矣劉鋤抱荒昔人田地學要階梯朱書一部工存直方敬義二字君子多乎爲已而已猗我先生庶幾無愧行則孝經言在太史一大事了三達尊備誠大丈夫古社稷旦聖人復 起必曰成仁不有素養曷能臻此名高一代功被千 禩人同尙德禮合報祀莊惟文獻五賢其一仰之彌高龍門幾級生吾私淑沒旣依歸今配于是文不在 玆況一二同道德之林高尋墜緖共接徽音魯無君子斯焉取斯山巖巖德水漪漪棟宇仍舊俎豆維新丁丁襟佩其會如雲以妥以侑於焉揭虔維德維 績日遠彌章顧歆世世先生不忘"

20 모계집(茅谿集) 문위(文緯)생년1554년(명종 9)몰년1631년(인조 9)자순보(順甫), 순부(純夫)호모계(茅谿)본관남평(南平)특기사항오건(吳健), 정구(鄭逑)의 문인.
茅谿先生文集卷之三 / 雜著 / 山際洞立院創規
文敬公寒暄金先生, 文獻公睡軒鄭先生。兩先生並生一世。相與講會之地。在我境內鰲戴山下。故老相傳。至今在人心口。而不得立一祠。豈非吾鄕之大可羞者耶。世愈久而尙賢之誠愈切。巷巷曲曲。人心憤懣。是雖秉彝之所發。而亦豈非待時而然哉。玆定創立任事之人。誠願諸賢。不日同起。興工竣役。洗前羞而倡後學。不勝幸甚。

大檗工役之作。基址之定。財穀之聚。不可不斂議而後集。來二十七日。鄉中父老凡有志而懷憤者。皆會於山際兩先生所會之地。以定如何。若不於始事相議以處。而後有私議。以撓大事。則是人絶不可同事。亦願斂丈裁焉。

팔송집(八松集) 정필달(鄭必達)생년1611년(광해군 3)몰년1693년(숙종 19)자가행(可行)호팔송(八松)본관진주(晉州)특기사항정온(鄭蘊), 조경(趙絅)의 문인.

八松先生文集卷之四 / 書 / 與李侯 泰英○丙申(1656,효종7)

伏以尊尚之擧。.....惟我縣之有先賢故蹟亦尚矣。以文獻公實紀觀之。則寒暄金先生之在陜川冶爐縣。與一蠹鄭先生之出宰安陰。同爲一時。因兩地之中而累與約會。占泉石之勝而徜徉晤語。則今加祚縣之山際洞。卽其地也。噫我兩先生生幷一世。志同道合。爲東方道學之唱。崇報之隆。至於從祀文廟。則其造詣之深。踐履之盛。非後生所暇形容其一二。而方一時相須之殷而相得之樂也。惠好從頌於山際水涯之外。其留連咳唾之餘。其許多議論。有功於斯學者。不知其幾。而心學有處之論。後學招徠之戒。未必不發於是時也。.....况我兩先生論道之所。而至今鞠爲寬閒之濱者。豈非斯文之欠典而斯境之不幸哉。噫公論之在世也百年乃定。自弘治甲寅以迄于玆。盖百有三歲矣。從前我一邦父兄師友之有志而未就者。始乃大定於今日。是固吾人尊尚之誠。無間於前後。而將崇重之擧。必有待於閤下也。閤下下車以來。治成制定。百廢俱興。事關興誦。靡不畢擧。况斯文之重風教之地。百世以俟者。而可得辭其責乎。伏望深惟公議之難遏。與夫事機之不可失。或資其工力。或藉之財地。以聳動萬人瞻聆。作新一方氣象。使陳劉諸子。不獨專美於千載之上者。惟閤下圖之。

八松先生文集卷之四 / 疏 / 道山書院請額疏 己亥 *효종 10 1659 기해 順治 16 49 龍山의 집이 퇴락하여 湖西의 長溪縣으로 거처를 옮기다。○ 完學敎授가 되다。

伏以塵泥賤臣。......乃臣等所居鄕吾道山之山際洞卽其地也。當成廟甲寅。時鄭汝昌宰於安陰。金宏弼家於陜川。以玆山爲兩地之中。且有水石之勝。五六載之間。累與約會。徜徉信宿。從容晤語。阻面不至旬日。猶恐其或相離也。今於文獻公實紀觀之則可見矣。.....乃於其山之側而得一地焉。將以爲俎豆矜式

曰。猶恐其或相離也。今於文獻公實紀觀之則可見矣。.....乃於其山之側而得一地焉。將以爲俎豆矜式之所。且先正臣文簡公鄭蘊精忠大節。日月

원에 [21]경성판관을 지낸 인연으로 일두에 배향되었다. 둘다 사액서원이 되었다. 동계는 4개의 일두 사액서원에 배향된 것이다. 그러나 고개하나 넘으면 있는 한훤당과 일두 강학 유적지 지동암에 동계 비호하다 파직된 한사 강대수가 세운 이연서원에는 배향되지 않았으니 이유는 미상이다.

안음현감 구당 박장원이 용문서원을 참배하고 동계를 추모하며 지

乎天地。梯航乎截壑。玆我邦亦其游息之地。故附享之議。人無異辭。功役旣始。未及上達。而先王遽棄羣臣矣。嗚呼痛哉。嗚呼痛哉。臣等伏見殿下丕承前烈。思弘大業。至於崇德象賢之擧。靡不盡心。况先朝之所命兩先臣之所俎豆。百歲而以俟今日者。殿下烏得以辭其責乎。伏乞聖明深惟師道之尊。與夫時會之不可失。亟賜兪音。保其營就。光之寵額。使鄕邦可祭之地。不至於埋沒而後已。則所繼者先王志也。所行者殿下事也。豈特一山一郡之榮而已哉。不勝瞻天祈懇之至。

21 一蠹先生續集卷之二 / 附錄 / 鍾山書院 肅宗丙寅 賜額祭文。[知製教製進。] 天荒一隅。曰惟關北。予惟文獻(鄭汝昌 1450 1504 河東 伯勗 一蠹 文獻)。資稟卓絶。….德陽翹英(奇遵 1492 1521 幸州 子敬 德陽, 服齋 文愍)。際會聖烈。….文正直節(金尙憲 1570 1652 安東 叔度 淸陰, 石室山人, 西磵老人 文正)。誠輸金石。….亦惟文簡(鄭蘊 1569 1641 草溪 輝遠 桐溪, 鼓鼓 文簡)。挺特忠直。….至如文節(柳希春 1513 1577 善山 仁仲 眉巖, 漣溪 文節)。博洽端愨。….惟此文肅(鄭曄 1563 1625 草溪 時晦 守夢, 雪村 文肅)。行誼純篤。….幸有忠貞(鄭弘翼 1571 1626 東萊 翼之 休翁, 休軒 忠貞)。挺身奮筆。….彼美貞臣(趙錫胤 1606 1655 白川 胤之 樂靜 文孝)。斯文攸託。….杞溪有人(兪棨 1607 1664 杞溪 武仲 市南 文忠)。世效忠績。….惟兹九賢。異世同躅。….鍾城之西。棟宇所托。山聳千鬟。水廻九曲。杖屨攸及。精靈是宅。撤舊合新。蓋慮其黷。遂學大節。班享血食。儒風益振。義路愈闢。涪溪鹿洞。程朱所適。地殊名同。人異道一。幷萃于玆。是亦奇績。緬想典型。怳爾如覯。恨不同時。資予毗翼。玆遣禮官。賁以嘉額。仍薦牲醴。敷予衷曲。不昧者存。尙來歆格。

은 시가 [22]있는데 구당집에는 동계고택을 방문하고 지은 시[23]라고 하였다. 그럼 시에서 언급한 사당은 용문서원의 문헌공묘가 아닌 동계고택의 가묘가 된다. 배향이란 용어로 보건대 용문서원을 가리킨 것으로 추정함이 타당하다.

---

22 桐溪先生文集附錄卷之二 / [挽詩] / 謁龍門廟[縣監朴長遠]
德山千仞碧巑岏。留配先生後代看。
別有乾坤懸兩曜。從敎禮義奠三韓。
兒童誦字今誰似。草木知名古亦難。
忝守玆邦吾已晚。載瞻祠屋默長歎。
동계집 부록 제2권 / 용문묘(龍門廟)를 배알하고 / 현감 박장원(朴長遠)
천 길 높이 덕유산은 푸르고 가파른데 / 德山千仞碧巑岏
선생을 배향하여 후인들이 우러러보네 / 留配先生後代看
별다른 천지 있어 해와 달이 걸렸으니 / 別有乾坤懸兩曜
예의를 지킴으로써 삼한을 안정시켰네 / 從敎禮義奠三韓
아동도 자를 외우니 지금 누구와 같으며 / 兒童誦字今誰似
초목도 이름을 아니 옛날에도 어려우리 / 草木知名古亦難
이 고을을 다스리는 나는 이미 늦었나니 / 忝守玆邦吾已晚
사당을 바라보며 묵묵히 길이 탄식한다오 / 載瞻祠屋默長歎
[주-D001] 아동도 …… 같으며 : 지금 동계의 덕망과 명성은 옛날의 사마광(司馬光)처럼 흠모하지 않는 사람이 없다는 말이다. 소식(蘇軾)의 〈사마온공독락원(司馬溫公獨樂園)〉 시에 "아동들도 군실을 외우고, 하인들도 사마를 아네.[兒童誦君實 走卒知司馬]" 하였다. 군실(君實)은 사마광의 자이다.
ⓒ 한국고전번역원 | 박대현 (역) | 2003
23 朴長遠 1612 1671　高靈 仲久 久堂, 隰川, 師儉窩, 久皤 文孝
久堂先生集卷之二 / 詩○花縣錄 自次子公韻至養痾。係錄中作。 / 過鄭參判桐溪鄭公蘊 舊居有感
德山千仞碧巑岏。留配斯人後代看。
別有乾坤懸兩曜。從敎禮義奠三韓。
兒童誦字今誰似。草木知名古亦難。
來守此邦吾已晚。載瞻祠屋獨長嘆。

5. 지족당 박명부와 남계서원, 용문서원, 신계서원(당주서원)

지족당 박명부는 문과에 급제하여 지금 차관인 참판에까지 오른 고관출신 문신 학자이다. 당시 안음현에서 동계 정온과 함께 고관 대학자로 고을의 정신적 지주요 자부심이었다. 일현양경(一縣兩卿)[24]이라고 할 만하다. 어려서 갈천 임훈의 제자이기도 하였고 갈천 제자인 석곡 성팽년과 역양 정유명의 제자이기도 하였다. 종극적으론 한강 정구의 제자로 입문하였다.

황석산성 함락의 책임문제로 함락 직전 탈출하여 책임을 독박쓴 김해부사 백사림의 사형을 주장한 강경파 동계 정온과 온건적 의견으로 대립하기도 하였다. 동계도 말년에는 화해의 의미를 표명한 만사[25]를

---

24 知足堂先生文集卷之七 附錄 祭文鄕校儒生 鄭昌弼林眞懋愼景稷全時敍鄭以虎等 "先生美質削瓜......一縣兩卿惟鄕之倚桐溪乃老公之云亡玉樹永埋將疇之極白晝于荐有蹊其藩輿念及玆風霜慘慘醼以告訣庶其有神嗚呼痛哉"

25 동계(桐溪) 정온(鄭蘊)1569년(선조 2)~1641년(인조 19) 휘원(輝遠) 고고자(鼓鼓子) 초계(草溪) 문간(文簡) *朴明榑 1571 1639 密陽 汝昇 知足堂

桐溪先生文集卷之一 / 七言律詩 / 挽朴江陵明榑 汝昇
出衆聰明孰與爭。弱冠攀桂振英聲。
屢經雄鎭留治蹟。再入銀臺襯日晶。
晩節差池何足意。少年磨夏不忘情。
欲知恩眷無生死。一札哀綸字字榮。
동계집 제1권 / 칠언율시(七言律詩) / 강릉(江陵) 박명부(朴明榑) 여승(汝昇) 에 대한 만사
출중한 그의 총명을 누가 다툴까 / 出衆聰明孰與爭
약관에 급제하여 명성을 떨쳤다네 / 弱冠攀桂振英聲
누차 웅진을 맡아 치적을 남겼고 / 屢經雄鎭留治蹟
재차 승정원에 들어가서 성상을 모셨네 / 再入銀臺襯日晶
만년에 빚은 차질을 어찌 마음 쓰리요 / 晩節差池何足意

지어주기도 하였다.

속천 우여무도 지족당의 만시를 [26] 지어 애도하였다.

지족당은 일두 현손 송탄 정홍서와 동갑으로 절친한 벗이고 아들딸을 혼인시킨 사돈지간이었다. 송탄은 대북의 영수 내암 정인홍과 대립하여 종통을 지켜낸 문신 학자이므로 나중에 남계서원 별사에 유호인과 함께 향사되었다. 용문서원에 배향된 갈천의 증손서가 송탄이다.

지족당은 광해군 암흑시절 1614년(광해군6년,44세)에 벼슬을 피하여 함양 구라에 집을 구해 송탄과 가까이 살며 자주 종유하였다.

1622년(광해군14년,52세)에 다시 안음으로 돌아갔는데, 이때 송탄이 전송하는 글 곧 송서[27]를 지어주었다.

어릴 적에 다졌던 우정 잊을 수 없네 / 少年磨戛不忘情
성상의 은총이 생사의 차이가 없음을 알려면 / 欲知恩眷無生死
한 통의 애절한 윤음 글자마다 영광임을 보라지 / 一札哀綸字字榮
ⓒ 한국고전번역원 | 조동영 (역) | 2000

26　知足堂先生文集卷之七 附錄 挽詞 禹汝楙
系出羅王裔 源分密水涯 /祖風今挺挺 人瑞更師師
雁塔題名日 螭階對策時 /文章蘇轍筆 風節李膺持
宦海俄飜浪 羅村久伏雌/片言還作崇 一字不療飢
七日陽應復 千年會有期 /聲留製錦頌 惠入坐棠詩
出納銀臺命 平反憲部辭/ 春官多講誦 判府析毫釐
妙譽期卿相 遐齡指老頤 /那知千里別 遽作九原離
子子閨中婦 煢煢膝下兒 /人生嗟有限 天道奈無知
賤子留香閣 明公入政司 /先容知不泯 再轉豈爲遲
每每恨貧病 時時責懶衰 /慇懃五月簡 珍重二年思
此志從誰訴 餘光去莫追 /秋風知別意 吹涙西陰崖

27　松灘集卷之二 [附錄] 送朴汝昇歸安陰序 壬戌(1622년,광해군14년,52세)
吾友朴君汝昇自安陰移居于此今十年矣名貫于黃籍業宿于新庄種樹則成蔭樾婚嫁而見兒孫以常情揆之似無遷動之勢而至于今日飜然改圖斥賣基舍

남계서원의 유사를 지낸 동계와는 달리 지족당은 유사를 맡지 않았다. 그러나 합천군수 시절 남계서원에 유묵(油墨) 1개, 송묵(松墨) 2개를 기부하여 남계서원 기부자명단에 이름을 올렸다.

[28]지족당은 일두가 주향인 용문서원의 원장을 지냈다. 원장을 지내면서 친구 동계 정온의 부친 역양 정유명의 사당 건립을 추진하였다. 여러 어려움을 고려하여 용문서원에 별사를 세워 제향하려고 했으나 이도 저도 성사되지 않았다.[29]

지족당은 용문서원이 향교 부근 용문교 근처에 있어 불편하고 임진왜란에 불타 사라졌으므로 복원하는 김에 제월당 동쪽 언덕에 이건하였다. 이건하고 위판 개정 고유문과 봉안제문을 지었다.[30] 용문서원은

盡室而北非惟遠近莫究其故以我料之亦未詳其所以也…年踰五十松楸之慕益切乎……若余者少無戚友終鮮兄弟晩卜菟裘棄業東徙適與吾兄比鄰而居移家之幸在十之八九繼結朱陳之緣終成瓜葛之好昕夕追隨杖屨相續情猶伯仲但不姓一耳……況吾與子年同志同業同趨同者一朝而弦矢若何而爲情乎余無財者臨行不得贐且君此行卒起於衆所不料之中故外多嘵嘵甕言旣以此解之且爲四言歌于道達以道離情歌曰瀍水之淸可以濯纓松林之寬可以盤桓之子違斯誰與棲遲不留不處我心悄悄安得太行移來馬前壬戌十二月上澣書于松灘精舍

  28 『고문서집성 24 –남계서원편–』(한국정신문화연구원, 1995) 1552~1913년 부보록(裒寶錄)
     陜川郡守朴明榑 油墨壹笏 松墨貳丁
  29 朴明榑 1571 1639 密陽 汝昇 知足堂   *鄭蘊 1569 1641   草溪 輝遠 桐溪, 鼓鼓 文簡
     知足堂先生文集卷之六 附錄 / 年譜 "六年癸酉 先生六十三歲 二月入龍門書院開講座 先生以山長入院設皐比於正堂率諸生謁廟行揖禮諸生會者甚衆各以所讀受講質難其疑義時鄕議欲尊奉嶧陽鄭公於鄕社先生守護器具之艱欲就墻外別祠如川谷書院之儀而竟不節一
  30 知足堂先生文集卷之六 附錄 年譜
     四十七年己未 先生四十九歲 二月李蘆坡 屹 權東溪 濤 來 訪同入板屹洞 ◯移建龍門書院 縣之龍門舊祀一蠹鄭先生配以葛川瞻慕火于亂草創陋陷

훼철되고 지금 그 터에는 경남문화재로 지정된 문헌공사당비만이 외로이 서있다.

지족당은 옥계노진과 개암 강익을 제향하는 신계서원(사액 당주서원)을 임진왜란 이후 중건하고 영구 유지책을 경상감사에게 상서하여 요청하였다.[31]

無以揭虔且舊址地右聖廟有所難便先生倡率鄕儒卜地於霽月東陵廟貌重煥 齊廚一新一鄕始有依歸之地告由奉安諸文字皆先生手製 四月上寒岡先生書 書略曰世間禍福雖不足動夫一髮然牢蟄年來久違面命爲罪悚

知足堂先生文集卷之五 祝文○祭文 移建龍門書院一蠹先生改版告由文 地右文廟版違規儀旣卜新基且改舊制肆涓吉 日奉移以題敢用醴薦謹此伸告

朴明榑 1571 1639 密陽 汝昇 知足堂 *鄭蘊 1569 1641 草溪 輝遠 桐溪, 鼔鼔 文簡

一蠹先生續集卷之二/附錄/龍門書院奉安文[朴明榑]"靑邱一域。地遠鄒魯。箕疇荒邈。羅麗聾瞽。中間作者。徒尙詞藻。淵源罔徵。大道誰造。惟我先生。奮起絶學。義軒隆緖。伊洛正嫡。篤志遠紹。精思妙契。花開一區。遵養三歲不扇不爐。忘食忘寐。窮五經蘊。明一貫旨。直內以敬。方外以義。操存省察。懲窒遷改。樂行憂違。無憫無悔。眞積力久。精華自炳。名登薦書。朝野引領。東民無祿。遭時不祥。未奮厥庸。悠悠彼蒼。幸玆徽響。在人耳目。彝倫攸敍。士趨不惑。尊慕之誠。無間遠邇。鄕人設院。文廟登祀。矧我十室。五載鳴琴。漸磨化洽。作育恩深。其賢其樂。沒世不忘。建祠揭虔。多士攸將。邑有兩賢。程氏聯芳。造詣精到。私淑遺澤。惟德不孤。允合配食。相厥舊貫。有不可仍。迺卜于新。霽月東陵。經之營之。士民殫誠。突突斯宇。有覺其楹。日吉辰良。敬奉妥靈。籩豆靜嘉。黍稷芯馨。襟佩駿奔。一心精白。陟降在玆。庶幾昭假。啓佑我後。世世無斁。"

31 知足堂先生文集卷之六 附錄 年譜"三十八年庚戌(1610,광해군2) 先生四十歲 九月與新溪院儒上書方伯 新溪在咸陽郡爲盧玉溪姜介菴二先生尸祝之地而兵燹後廟貌不成故先生慨張公議創建齋庖上書方伯請基地購賞之道及典僕役軍米鹽區劃之方方伯稱美題給克完大役斯文得以有賴焉"

知足堂先生文集卷之三 書 上方伯 庚戌 "咸陽郡新溪院生等再拜上書觀察使閤下竊惟導民興化莫先於培養士氣而士氣之所以得養專在於尊賢敬師

지족당은 원장을 지낸 용문서원에 배향되지 못하였다. 1783년(정조 7)에 거창군 위천면 모전마을에 세워진 정충사(靖忠祠)에 정절공(靖節公) 설학재 정구(雪壑齋鄭矩), 충의공(忠毅公) 백촌 김문기(白村金文起)를 병향하다가 수오재 조학(守吾齋趙𧦞), 청송당 신복행(聽松堂愼復行), 행촌 정유문(杏村鄭惟文)을 추향하였는데 지족당도 추가로 추향되었다.

거창군 위천면 황산 어나리(漁川)에 1818년(순조18)에 세워진 화천서원(花川書院)에 위패를 옮겨 야천 신복진(夜川愼復振)과 병향하였다. 대원군 때 훼철되었다. 일제시대에 농월정 앞 종담서당 터에 종담서원을 건립하여 향사하고 있는데 종담서당 명칭을 사당과 강당의 서원 양식에 명실상부한 종담서원으로 개칭할 필요가 있다.

6. 속천 우여무와 용문서원

之盡其道……本鄕故斯文玉溪盧公禛君子人也私淑一蠹之仁里薰德退陶之位世篤學力行造詣特深….與處士介庵姜公翼幸同時而比居志契而學符相與講明義理琢磨道德以領袖乎斯文啓迪我後學故兩先生沒後鄕人寓尊師之忱慕祭社之義立祠而享之遠近諸生不謀而同應焉邑宰方伯聞風而助補之齋廡苟完藏修有所蓋多年矣不幸兵燹蕩然靡遺斯文之禍言之慘矣猶得保全神版於奔竄之中賊退之後即卜新基營立一間廟宇以妥安焉生等之意果不以搶攘有所暫忘而公私多事經營之役全今忽焉豈非斯文之一大欠而生等之憂且懼者乎生等伏念有貌之建纔買數畝而階外之田便各有主齋房庖廩無地可立若購之以賞如近來各邑院校免講許募之例則必有願納其田之人矣所謂典僕只有一人非徒守護之難春秋享祀之供更無使喚若得屬公奴婢若干名則庶免艱窘之虞矣此兩件事惟在閤下之措處而隣邑役軍之題給米布鹽魚之扶救亦只是一號令之間也伏乞閤下以右文興化之盛意念尊賢敬師之要道憐生等之憂察生等之情曲加其措處特發其號令使奐焉之美母專於星之一邑而士氣之養庶咸於嶺之六十州不勝幸甚"

桐溪先生續集卷之二 / 附錄 / 輓詩[禹汝楙] *禹汝楙 1591 1657 丹陽 大伯 浹川

화림동에 살던 속천 우여무와 그 아들 효자 난곡 우석일은 부자간에 동계 정온의 제자이다. 속천은 15세(1605,선조38)에, 난곡은 16세(1628,인조6)에 각기 동계에게 수업하였다. 속천은 스승 동계가 서거했을 때 동계의 70평생을 회고하며 애도하였다.[32]

32 桐溪先生續集卷之二 / 附錄 / 輓詩[禹汝楙] *禹汝楙 1591 1657 丹陽 大伯 湅川
    白鷄殘夢去年酣。忽忽人間七十三。
    氣作山河壯西北。名爭日月滿東南。
    鄭玄儀禮家兒在。唐介疏章國史談。
    豈獨儒林紛雨泣。天添朔雪灑猿潭。
동계집 속집 제2권 / 부록(附錄) / 만시(輓詩) [우여무(禹汝楙)]

백계의 남은 꿈을 지난해에 꾸었더니 / 白鷄殘夢去年酣
문득 인간 세상에 일흔세 해를 보냈구려 / 忽忽人間七十三
기운은 산하를 만들어 서북쪽에 장대하고 / 氣作山河壯西北
이름은 일월과 다투어 동남쪽에 가득하네 / 名爭日月滿東南
정현의 의례는 집안 자제가 전할 것이고 / 鄭玄儀禮家兒在
당개의 소장은 나라 역사에서 얘기하리 / 唐介疏章國史談
어찌 유림만이 빗줄기 같은 눈물을 흘리랴 / 豈獨儒林紛雨泣
하늘도 찬 눈을 금원산과 학담에 뿌리누나 / 天添朔雪灑猿潭

[주-D001] 백계(白鷄)의 …… 꾸었더니 : 지난해에 세상을 떠났다는 말이다. 진(晉)나라 사안(謝安)이 병이 위독하여 이르기를, "예전에 내 꿈에 환온(桓溫)의 수레를 타고 16리를 가다가 흰 닭 한 마리를 보고 멈춘 적이 있는데, 그로부터 지금 16년이 되었고 올해가 닭띠 해인 유년(酉年)이니 내 병이 아마 낫지 않을 것이다." 하더니, 얼마 후 과연 세상을 떠났다고 한다. 《晉書 卷79 謝安列傳》 [주-D002] 정현(鄭玄)의 …… 것이고 : 동계의 지업(志業)을 집안 자제가 잘 계승할 것이라는 말이다. 후한(後漢)의 정현이 병이 위독하자 아들에게 자신의 지업을 계술(繼述)하기를 부탁한 일이 있다. 정현의 저술 중에 《의례(儀禮)》 주석이 있다. 《後漢書 卷35 張曹鄭列傳》 [주-D003] 당개(唐介)의 …… 얘기하리 : 당개처럼 직언했던 상소문은 역사에 전해질 것이라는 말이다. 당개는 북송(北宋) 때의 직신(直臣)으로, 일찍이 전중시어사 장요좌(張堯佐)와 재상 문언박(文彦博)과 간관 오규(吳奎)를 탄핵하였고, 희령(熙寧) 초년에 참지정사에 임

젊은 시절부터 속천의 지기요 동료인 진주의 학자, 문신 태계 하진이 속천이 별세하자 애절한 만사를 지어보냈다.[33]

산청 학자 회정 민재남이 속천의 10세손 우용(禹埔)의 부탁으로 속천의 묘갈명을[34] 지었다.

명되어 누차 왕안석(王安石)과 더불어 쟁론하였다. 《宋史 卷316 唐介列傳》 ⓒ 한국고전번역원 | 박대현 (역) | 2003

33 태계(台溪) 하진(河溍)1597년(선조 30)~1658년(효종 9) 진백(晉伯) 진주(晉州)

台溪先生文集卷之四 / 詩 / 挽禹察訪大伯
早識高才逈出群。儻來榮領不須云。
居閒養拙三間屋。對案專精四聖文。
少日從遊如一夢。晚年衰病恨相分。
誰傳凶報求哀挽。哭望遙岑鎖暮雲。

34 회정(晦亭) 민재남(閔在南)1802년(순조 2)~1873년(고종 10) 겸오(兼五), 겸오(謙吾) 청천(聽天), 자소옹(自笑翁), 명곡주인(明谷主人) 여흥(驪興) 수일(壽一)

晦亭集卷之九 / 墓碣銘 / 涑川禹公墓碣銘 幷序 *禹汝楙 1591 1657 丹陽 大伯 涑川

公諱汝楙字大伯號涑川。禹氏以麗朝侍中諱仲大爲上祖。高祖諱圭通仕郞。曾祖諱治淮宣敎郞。祖諱舜輔贈戶曹參判。考諱惇生員。與桐溪鄭先生同年。號訥溪。妣和順崔氏淸州韓氏。公以萬曆辛卯生。自幼聰穎出倫。六歲通孝經小大學。弱冠文章大肆。中丙辰司馬崇禎甲戌登文科。吳學士達濟榜也。乙亥拜連原道察訪。丙子虜警。大駕播越南漢。公備軍馬赴忠淸監營。多捍禦之方。丁丑入爲典籍。己卯有旨求言。上二典十二條。批曰格言至論。嘉乃忠愛。庚辰聞逆變。倍道上京。祇迎鑾輿於路次。辛巳春。桐溪先生易簀于某里。公作誄語以敘鄕井世好。兼寓平日山仰。先是訥溪公欲復讎。叫閽請斬白賊。鄭先生共憤而多力助。且愛公經學之富贍。論辨疑義。常曰禹某父子。安貧樂道。難以勢利誘之。其見推重如此。甲申赴任河東縣。倣南康學規藍田鄕約。割俸養士。訓以經義。參以功令。鄕父老咸稱有蘇湖之風。乙酉夏。投紱。行槖蕭然。自是連拜參禮道察訪。以親老不就。靜居涑川精舍。定省之暇。以著述自娛。推演洪範一篇。爲羽翼二十卷衍義八卷。凡聖賢言行。天人性命。無不硏究編錄。積案盈箱。人謂之禹氏書廚。壬辰丁訥溪公憂。葬於湖南任實縣白蓮

속천의 주역 관련 저술은 조선의 대실학자 안의현감 연암 박지원에게 크게 상찬을 받아 선양하는 글 곧 서문[35]을 지어주기도 하였다.

山下。廬墓側泣血終制。丙申冬。上萬言封事。勉君修德弭災。丁酉冬。考終于精舍。享年六十七。葬于縣西黃垈村後子坐原。配高靈金氏。部將河之女。有三男。長錫一以孝旌閭。錫五,錫七俱以文行見稱。嗚呼。公之出處樹立。若是卓絶。而位不滿德。且後承寢微。古架手澤。沒入灰燼。萬年幽

竁。尙闕顯刻。十世孫埔出死力治碣。以桐溪孫鄭岐胤所撰行錄。謁余徵文。文非余敢贊。而義有所不辭。故依鄭錄加檃栝。以竢立言君子。銘曰。積而未大施於世。故知之者盖寡。於公何損。後必有訪公於黃石山下。

35 연암(燕巖) 박지원(朴趾源) 1737년(영조 13)~1805년(순조 5) 미중(美仲), 중미(仲美), 미재(美齋) 연상(煙湘), 열상외사(洌上外史) 반남(潘南) 문도(文度)

燕巖集卷之一 潘南朴趾源美齋著 / 煙湘閣選本○序 / 洪範羽翼序

余弱冠時。受商書里塾。苦洪範難讀。請于塾師。塾師曰。此非難讀之書也。所以難讀者有之。世儒亂之也。..... 噫。五土異糞。五穀殊種。而明農之智。寄在愚夫。任地之功。不識何事。則民安得不饑也。故曰旣富方穀。先明其日用常行之事。則富且穀而九疇之理。不出乎此矣。夫何難讀之有哉。

余宰花林。首訪縣之文獻。有言涑水禹公。深於洪範。著有羽翼四十二編。衍義八卷。亟取而讀之。井井乎其區而別之矣。纏纏乎其方而類之矣。語其大則治國經邦之所必取。而語其小則經生帖括之所必資。信乎其不爲難讀者矣。今我聖上久道化成。建中于民。搜訪巖穴。闡發幽微。吾知是書之遭逢有日矣。姑書此以俟輶軒之采焉。公諱汝楸。字某。丹陽人也。仁祖甲戌。中文科。官至河東縣監。嘗敷衍皇極之旨。上疏于朝。特賜聖批。獎之以格言至論云。

管商之學文亦瑰奇辨白。

연암집 제1권 / 연상각선본(煙湘閣選本) / 홍범우익서(洪範羽翼序)
연암집 제1권 / 연상각선본(煙湘閣選本) / 홍범우익서(洪範羽翼序)

내가 나이 스무 살 때 마을 서당에서 《상서(尙書 《서경(書經》 》》를 배웠는데 홍범(洪範)이 너무도 읽기 어려워서 선생께 물었더니, 선생은 말했다.

"이는 읽기 어려운 글이 아니다. 읽기 어려운 까닭은 속된 선비들이 어지럽게 만든 때문이다……
 아! 오토(五土)는 거름 주는 법이 다르고 오곡은 파종하는 법이 다르거늘 영농의 지혜를 어리석은 백성들에게만 맡겨서 토지를 이용하는 것이 무엇인지도 모르고 있으니, 백성들이 어찌 굶주리지 않으리오. 그러므로 '부유하게 살아야 착하게 행동한다. [旣富方穀] ' 하였으니, 먼저 일상생활의 일부터 잘 밝히고 나면 부유하고 착하게 되니 구주의 이치가 이에서 벗어나지 않을 것이다. 그렇게 보면 읽기 어려운 것이 무엇이 있겠는가."
 나는 화림(花林 안의(安義)의 옛 지명)의 수령이 되자 제일 먼저 현(縣)의 문헌을 찾아보았다. 속수(涑水) 우공(禹公)이 홍범에 조예가 깊어 《홍범우익(洪範羽翼)》 42편과 《홍범연의(洪範衍義)》 8권을 지었다 하므로, 급히 가져다 읽어 보니 정연하게 구분하고 조리 있게 분류하였다. 이 책들은 크게 말하면 나라를 다스리는 이가 반드시 가져다 보아야 할 내용이요, 작게 말하면 경서 공부하는 서생이 과거 답안 작성 연습 때 반드시 참고로 삼아야 할 내용이니, 이 책이 그다지 읽기 어렵지 않다는 것이 새삼 믿어진다.
 지금 우리 성상께서 오랫동안 백성들을 교화하여 백성들에게 중도(中道)를 세우셨으며, 숨은 이를 찾아내고 묻힌 이를 드러내어 등용하고 계시니 나는 언제고 이 책이 빛을 볼 날이 있을 줄 안다. 우선 이 서문을 써놓음으로써 임금의 사신이 내려와 수집해 가기를 기다리는 바이다.
 공의 휘는 여무(汝楙)요, 자는 모(某)이니, 단양인(丹陽人)이다. 인조(仁祖) 갑술년(1634, 인조 12)에 문과에 합격하여, 벼슬이 하동 현감(河東縣監)에 이르렀다. 일찍이 황극의 본지를 부연하여 조정에 상소하였던 바 임금이 특별히 비답을 내리시어 '격언이자 지당한 언론이다.'라고 칭찬했다 한다.
 관중(管仲)과 상앙(商鞅)의 학설이다. 문장도 진기하고 명석하다.
 [주-D001] 홍범(洪範) : 《서경(書經)》 주서(周書)의 한 편(篇)이다. 홍범은 대법(大法), 즉 천지간에 가장 큰 법이라는 뜻이다……
 [주-D018] 속수(涑水) : 우여무(禹汝楙 : 1591~1657)의 호가 속천(涑川)이므로, 속수(涑水)는 '속천'의 잘못이거나 그의 일호(一號)일 것이다. 우여무는 속서거사(涑西居士)라고 자호하기도 하였다. 《涑川先生文集 卷3 古亭記》 [주-D019] 《홍범연의(洪範衍義)》 8권 : 8권은 8편의 잘못이다.[주-D020] 백성들에게 중도(中道)를 세우셨으며 : 원문은 '建中于民'인데, 《서경》 중훼지고(仲虺之誥)에 나오는 말이다.[주-D021]
 우선 …… 놓음으로써 : 《홍범우익》에는 우여무가 1650년(효종 1)에

속천은 용문서원 일에 성의를 다했다. 용문서원은 안음현감 동방오현 일두를 위하여 안의 선비들이 세운 것이다. 사액을 청했으나 인조 때는 중복이라고 거절되었다가 현종 때에 승인되었다. 사액되기 전에는 배향시키거나 병향시키거나 유림들이 결행하면 그만이었지만 한 번 사액이 되면 조정의 허가를 받아야만 하였다.

용문서원 사액 전에 갈천과 갈천 아우 첨모당 임운을 용문서원에 배향하였다. 추가로 동계를 배향하여 위치변경이 있었는데 그때 기존 신위인 일두, 갈천, 첨모당에게 고하는 글들을 다 속천이 지었다.

<용문서원 추배동계정선생 봉안문>
<용문서원 고일두정선생 여창 문>
<용문서원 고갈천임선생 훈 문>
<용문서원 고첨모당임선생 운 문>

동계는 별세하고 1년 뒤 장례 마치자마자 두 달 뒤에 남계서원과 용문서원에 배향되었다. 남계서원은 사액서원이라서 유림 맘대로 배향

쓴 자서(自序)와 함께 연암이 쓴 서문이 있는데, 이는 1795년(정조 19) 음력 2월에 완성되었다고 하였다. 《洌川先生文集 卷6 年譜》 [주-D022] 공의 …… 한다 : 우여무의 자는 대백(大伯)이고, 호는 속천(洌川)이다. 조정에 올린 상소란 1650년(효종 1)에 《서경》 요전(堯典)과 순전(舜典)에서 취한 12조목의 상소를 올린 사실을 두고 말한 것이다. 그때 《홍범우익》과 《홍범연의》, 《기범(箕範)》을 진상하여 왕이 열람했다고 한다. 《洌川先生文集 卷6 年譜》 [주-D023] 관중(管仲)과 상앙(商鞅)의 학설 : 관중과 상앙은 춘추전국 시대의 법가를 대표하는 인물로 각각 《관자(管子)》와 《상군서(商君書)》를 통해 부국강병을 위한 실리주의를 역설하였다. 연암은 유가에서 비판하는 이들의 학설에도 취할 점이 있다고 높이 평가했다고 한다. 《過庭錄 卷4》
ⓒ 한국고전번역원 | 신호열 김명호 (공역) | 2004

할 수 없어서 별사를 세워 배향하였다가 오랜 청원운동 끝에 숙종 때에 와서야 정식으로 문헌공묘에 배향되었다. 동계를 용문서원에 배향할 때 필요한 의식문장은 속천이 지었으므로 속천이 당시 지역사회에 명망 높았던 것을 알 수 있다. 속천은 유일하게 안의 지역에서 향사되는 서원이 없는 인물이다. 용문서원에 배향될 만한데 추진 기록이 없다.

7. 난곡 우석일과 구연서원

속천의 아들, 동계의 제자 난곡 우석일은 갈천 형제와 같이 살아생전에 국가에서 정려한 효자로 유명하다. 삼괴당 권시민, 죽헌 조숙, 박약재 강위룡, 금천 유세홍, 원암 곽인과 함께 학림사[36]에 병향되었다.

난곡 우석일의 손자 우홍점이 그 가장(家狀)과 안음현감으로 삼재 화가인 관아재 조영석이 지은 행장 및 난곡시문집을 가지고 아들 우사흠을 시켜 황고를 방문하여 편차해줄 것을 부탁하였다. 황고는 더 손볼 곳이 없다고 하며 발문 곧 제후[37]를 짓는 것으로 대신하였다.

---

36 安義邑誌 [誌] 壇廟
鶴林鄕祠 在縣北四十里黃山正廟庚子建并享三槐堂權時敏竹軒曹淑博約齋姜渭龍金川柳世泓猿岩郭訒蘭谷禹錫一

37 황고(黃皐) 신수이(愼守彛)1688년(숙종 14)~1768년(영조 44) 군서(君敍) 취한당(就閒堂) 거창(居昌)
黃皐集卷之五 / 跋 / 題蘭谷禹公 錫一 行狀後 *우석일(禹錫一,1612~1666)
吾鄕素稱鄒魯之邦。而鴻儒碩士。相繼輩出於弘治嘉靖之間。蔚爲後學之矜式焉。至於萬曆天啓之中。蘭谷禹公。有忠孝之行文學之名。而不佞晚出。恨未及親承熏炙。得詳其儀範矣。去年夏。蘭谷之孫

심천(深泉) 우사흠(禹師欽, 1702, 숙종28~?)은 도암 이재의 제자로 황고와는 동문이다. 안의향교중수비를 지었는데 지금 안의향교 앞에 서 있다.

황고와 세의가 있고 친분이 있던 난곡의 손자 사유당 우홍점[38]은 우암 송시열이 정암 조광조를 모신 양주 도봉서원에서 반대파에 의해 출향되자 다시 향사 곧 복향하기를 청하는 경상도 유생들의 상소에 동참하였고, 우암 송시열과 동춘당 송준길의 문묘종사를 청하는 경상도 유생들의 상소에도 동참하는 등 영남 노론세력의 동조학자였다. 그래서

洪漸甫持其所輯家狀與
邑侯趙公榮祏所撰行狀一帙。並
蘭谷詩文若干集。使其子
師欽來余而請次焉。不佞喜得其詳。敬奉而披玩。則果可謂因其書而得其心矣。其學問之深淺。造詣之閫奧。固非末學之所可窺闖。而其敬奉雙親。就養無方之誠。其嘗糞血指歠粥居廬等節。實是至孝之出天者。而至如仁孝兩朝。各盡方喪之忠。尤是古今之罕見。則亦見其彝倫之篤於素性者然也。古人所謂求忠臣必於孝門者。果不信歟。其詩文簡奧。皆是性情之發。而其己亥禮辨。則卓乎非當時嶺以南七十州俗士之所能幾及。則亦非其所學之正。識見之明者。能如是乎。噫聖賢所貴者。莫過於忠孝。而文章乃其餘事耳。聲聞于朝。雖有旋褒之異。而天不假年。不得展布。只爲窮巷之一士。惜哉。百載之下。欽仰景歎者。曷有其已。而禹氏之於弊家。世誼且隆。安可以不文敢辭其贊揚。而顧以自公歧嶷之時。至於易簀之事蹟。家牒之斑斑所載者。已詳於
趙侯之文而盡矣。
雖竭刎藤楚穎。更無以容贅者。故謹叙其梗槩。以跋其狀後焉。
38 黃皐集卷之二 / 律詩 七言 / 輓四有堂禹公 洪漸
生平交契繼先誼。況又派連內外親。
孝友家聲承不墜。詩書世業邁能遵。
嗟何一疾竪無技。虛過八旬志未伸。
朝暮吾生亦復幾。泉臺早晏續遊頻。

그 아들 우사흠을 노론 중앙 학자 도암 이재에게 보내 수학하게 한 것이다.

속천 우여무가 학술적으로 더 우월한 업적을 남긴 것 같은데 서원에 배향되지 못하였고, 그 아들 난곡 우석일은 학림서원에 향사되었다. 당초 우석일은 삼괴당 권시민, 원암 곽인<성팽년의수제자>과 함께 요수 신권과 석곡 성팽년을 향사하는 구연서원에 같이 배향하자는 건의가 있어 성사 단계에 갔으나 조정의 금령으로 무산되었다.[39]

결국 위천면 황산마을에 조씨와 강씨의 재목으로 학림서원을 건립하여 구연서원 배향 실패 3현에 죽헌 조숙, 박약재 강위룡, 금천 유세홍<아들 유강과 같이 황석산성에서 순국>을 추가하여 6현을 병향하였다. 6현 봉안문은 황고 신수이의 아들 신인명이 지었고 <사우전말>은 난곡 증손 심천 우사흠이 지었다. 우석일의 『난곡유고』에 실려 있다.

8. 황고 신수이와 구연서원 및 황암서원

원학동 황산에 살았던 황고(黃皐) 신수이(愼守彝 1688-1768)는 갈천의 매부인 요수 신권의 5대손이다. 그의 스승은 거창유씨 유탄도로 자기 제자 녹봉 유언일의 방계 조상이다. 황고가 그 아들 신인명의 자<u>인현감</u>(慈仁縣監,경북경산시자인면) 부임길에 따라갔다가 한 달 만에

39 黃皐集卷之二 / 律詩 七言 / 輓四有堂禹公 洪漸
生平交契繼先誼。況又派連內外親。
孝友家聲承不墜。詩書世業邁能遵。
嗟何一疾竟無技。虛過八旬志未伸。
朝暮吾生亦復幾。泉臺早晏續遊頻。

관사에서 운명하자 유언일이 삼백리를 반장하였으니 수제자라고 할 만하다.

황고는 50세의 늦은 나이에 1737년(영조13) 9월에 8년 연상인 용인 한천의 도암 이재(李縡 1680~1746)를 찾아가 중앙 스승으로 섬기었다. 그 5대조 요수 신권의 묘갈명을 도암에게 부탁하여 받아 세웠다.[40]

황고는 지역사회에 명망이 높아 사후 40년 만인 순조 8년(1808)에 그 5대조 요수 신권과 갈천 제자 석곡 성팽년(1540~1594)이 병향된 구연서원에 배향되었다.[41] 그뒤로도 동춘당 송준길을 향사하는 안의면 성

---

40 이재(李縡) 1680년(숙종 6)~1746년(영조 22)
陶菴先生集卷三十五 / 墓碣[五] / 處士愼公墓碣 "樂水齋愼公. 以萬曆癸酉(1573,선조6)十二月二十三日. 卒于安陰之書堂. 壽七十三. 卒後百有幾年. 鄕人懷其德. 廟而祀之. 詩曰樂只君子. 德音不已. 其斯之謂歟. 公諱權字彥中. 居昌人. 德器天成. 甫成童. 已能志于學. 而以親命勉就公車. 屢發解. 輒不利. 旣而歎曰. 人爵在人. 天爵在我. 安可舍我而求諸人哉. ……林葛川薰兄弟於公爲婦兄弟. 暇日從遊. 有訪花隨柳之趣. 李龜巖楨又數相訪. 留連講討. 安陰人至今傳爲盛事云. 公葬於同縣草岾里. 孺人林氏祔. 蓋從判書公先兆. 判書諱仁道. 是生贊成諱以夷. 生叅判諱幾. 叅判之孫諱友孟. 是爲公考. 妣八溪鄭氏. 府使玉衡女. 公五男. 復亨, 復興, 復行, 復振, 復始. 女歸士人金聲遠. 諸孫曰證, 謐, 諫, 誢, 誠, 誧, 說, 言+卓, 訒, 譍, 譗, 誹, 諾, 諧, 讘. 曾玄以下不能盡載.
公五代孫守彝能紹其家學. 來乞樹墓之文. 余嘉其志. 又悲公湮沒不章. 遂爲之銘曰.
德裕之山. 磅礴扶輿. 跨數百里嶺湖. 意其間必有瓌才碩德遯世而不聞者. 公其人歟.

41 송치규(宋穉圭) 1759년(영조 35)~1838년(헌종 4)
剛齋先生集卷之八 / 碑 / 龜淵書院事蹟碑
安義. 山水鄕也. 蓋多名碩出於其間. 豈磅礴明淑之所鍾氣耶. 縣北四十里之猿鶴洞. 有搜勝臺. 臺之傍. 有龜淵書院. 院之所建祠妥侑而瞻依矜式者. 鄕之三賢. 樂水先生愼公諱權字彥中, 石谷先生成公諱彭年字頤翁. 曰黃皐先生諱守彝字君敍. 而樂水五世孫也. 三賢者. 皆以拔萃之

천서원에 황고를 그 스승 도암 이재 및 동문 역천(櫟泉) 송명흠(宋明欽 1705~1768)과 같이 배향하자는 삼남의 여론이 일었으나 조정의 금령으로 무산되었다.[42] 성사되었다면 성천서원이 서부경남의 노론 중심 세력의 거점이 되었을 것이다.

황고는 충혼의 상징 황석산성 유적인 황암사의 중수에 의식문을 짓는 등 애정을 쏟았다. 황암사 주관인 이성혁의 요청으로 중수기를 짓고 상량문과 춘추 향제 개축문을 지었다.[43] 황고 제자 녹봉 유언일은 <資。

篤於孝友。絶今學古。而人爵在人。天爵在我。安可捨我而求諸人者。樂水之雅言也。早捷司馬兩試。聲名大振。而晚乃收蹤反服。專以養親觀書爲事者。石谷之高標也。克繩先武。益嚴自治。而晚更從師。講究不懈者。黃皐之實蹟也。……先須

深體乎樂水之雅言。而知內外輕重之分。

然後可以得石谷之高標。

而追黃皐之實蹟。

盍相與勉之。樂水之所與友林葛川薰兄弟。而遊於石谷。而自言其得力者。乃桐溪也。蓋其居密邇而深得乎

講討之樂矣。十室之邑。其盛如斯。而繼而興者。復有黃皐之賢。信乎人傑之爲地靈矣。

書院之創。在於肅廟甲戌(1694,숙종20)。而今上戊辰(1808,순조8)。追享黃皐云。

42 黃皐集卷之八/附錄/行狀[洪直弼]

三南道論繼發。將以陶菴櫟泉及公。躋配于星川書院。而因朝禁未果。

43 황고(黃皐) 신수이(愼守彛)1688년(숙종 14)~1768년(영조 44) 군서(君敍) 취한당(就閒堂) 거창(居昌)

*黃皐集卷之五/記/黃巖祠宇重修記

粤在萬曆丁酉海寇之亂。郭忠烈公爲安陰縣監。聞列邑之波蕩。大奮敵愾之志。以黃石山城險固可守。率居咸義旅。與郡民以守之。時趙忠毅公以咸陽郡守。亦來共守。以任一方之堡障矣。賊臣白士霖以出戰大將。初守東門。而陰懷二心。見賊勢之來薄。率其家屬親兵。乘昏潛遁。東門空虛。一無守者。而郭趙二公守南門。未及知之。不意半夜。賊鋒衝入。馳突颷躏。勢若烈火。一城驚潰。瓦裂氷泮。而二公激慨奮節。抗鋒不撓。

황암서원강당중수상량문>을 지었다.

<황암사우중수기>
<황암사우중수상량문>
<황암사우춘추향개축문>

황암사는 정유재란 때 황석산성에서 순국한 안음현감 존재 곽준과 전 함양군수 대소헌 조종도를 모신 사액서원이다. 일두의 삼전제자 대소헌 조종도와 존재 곽준이 병향된 충렬사의 서원이다. 황석산성 전투는 안음, 함양, 거창 세 고을 주민들이 입성하여 사수하였는데 당시 거창현감 한형(갈천의 손서)은 모병차 밖에 있어서 성이 함락되자 살아남았고 그의 전처는 성안에서 순국하였다.

수령과 위상이 달라 병향이나 배향 등 같이 모실 수 없는 인물은 별사를 지어 향사하였으니 거창좌수(나라벼슬이 아니므로 학생이라 칭함) 유명개와 진주성에서 순국한 안의출신 무신 문경가수<임시군수> 정용이다. 그 별묘의 중수에 기적문과 개축문[44]을 지었다.

至其勢窮力竭。則北向再拜。同死一刃。烈哉義哉。睢陽之巡遠。曾如黃石之二公也耶。自朝家雖有褒崇之恩。而未遑報祀之典。羣情之抑欝者久矣。肅廟朝甲午(1714,숙종40)之歲。繡衣使呂光周因邑士之

44 黃皐集卷之五 / 上梁文 / 黃巖別廟重修上梁時記蹟文
蓋惟兩義士赤雞事蹟。已載三紀前碧馬迷文。今何贅焉。所不煩也。惟記立祠之顚末。用識重修之月辰。當大廟報祀之時。有別祠從享之議。刱建於肅廟甲午(1714,숙종40)之歲。改繕於當宁戊寅(1758,영조34)之年。廟貌重新。風物宛舊。固將配食百世。庶幾不泯千秋。顧不偉歟。誠可尙矣。略敍前後事實。聊誌仍舊脩梁。
*黃皐集卷之六 / 告祝文 / 黃巖別廟春秋享改祝文

<황암별묘중수상량시기적문>
<황암별묘춘추향개축문>

　유명개와 정용 양위에게 의사 칭호를 부여한 것은 충신 정려가 내리지 않았기 때문일 것이다. 유명개는 고종 17년(1880) 사헌부감찰에 추증[45]되었으니 별사에서 본사로 승격 향사할 자격을 갖추었지만 이때는 이미 대원군의 서원훼철령으로 황암사가 철거된 뒤이다.

9. 녹봉 유언일과 황암서원 및 녹봉서원

　조선시대 학맥은 스승의 선택과 선택의 여지없는 전승으로 이어졌다. 충청도 노론과 소론 시대 경상도와 전라도는 변방이었으므로 중앙은 충청도, 나머지는 지방이었다. 경북의 퇴계학맥도 마찬가지로 경북이 중앙 스승이고 나머지는 지방 스승이다. 함양에서도 지방스승에게 배우고 충청도로 경북으로 중앙 스승을 찾아 유학하여 학맥을 계승하였다.
　황고가 지방 스승 유탄도에게 배우고 50세의 늦은 나이로 중앙 스승

---

45 승정원일기 2875책 (탈초본 133책) 고종 17년 5월 25일 임진 17/33 기사 1880년 光緖(淸/德宗) 6년 "○ 故縣監金鷹根, 贈吏議, 故牧使金宜淳, 贈僕正, 已上工曹參判金興均本生祖考·曾祖考, 追榮移施事, 承傳,
　故郡守尹會善, 贈吏參例兼, 戶曹參判尹用求本生考, 追榮移施事, 承傳,
　故學生李道極, 贈吏議, 故學生李命初, 贈僕正, 已上刑曹參判李載純本生祖考·曾祖考, 追榮移施事, 承傳,
　故學生具元錫, 贈吏參例兼, 故主簿具駿遠, 贈吏議, 故司果具泰勳, 贈僕正, 已上同知具永淳三代,
　故進士張孝鍵, 贈監察,
　故學生劉名蓋, 贈監察, 已上忠孝卓異, 贈職事, 承傳。

우암 송시열의 재전제자, 도암 이재에게 집지한 것은 학맥의 계승이었다. 녹봉 유언일도 황고의 수제자이면서도 굳이 중앙 스승 동춘당 송준길의 현손, 도암 제자 역천 송명흠에게 배운 것도 같은 이유라고 하겠다.

녹봉(鹿峯) 유언일(劉彦一 1725-1797)은 함양 심진동 하비에 살았다. 진사, 문과, 교서관 정자 유덕개(劉德蓋,1537~?)의 5세손이고, 난곡 우석일의 손서이다. 우석일의 아들이 우공(禹灉)이고 우공의 사위가 유언일이다. 아들은 유호(劉瑚,1749,영조25~?)이고 사위는 평촌(坪村) 박지순(朴之淳,1749~1810)인데 지족당의 6세손이다.

황고는 성팽년의 후손, 녹봉 제자 성여채 등이 녹봉을 위하여 서당을 지어주자 기문[46]을 지어주며 격려하였다. 녹봉서당은 안의삼동 유

---

46 황고(黃皐) 신수이(愼守彝)1688년(숙종 14)~1768년(영조 44) 군서(君敍) 취한당(就閒堂) 거창(居昌)

黃皐集卷之五 / 記 / 鹿峯書齋記 "古者庠塾之敎尙矣。後學之能繼者。罕有其人。今者智洞居士劉君子精。好學篤行之士也。得乎內而推於外。思欲成己而成人。於是學徒坌集。難容窩室。丙戌(1766,영조42)春。成君字汝彩(석곡성팽년후손)爲之倡議。齊聲董力。搆成書齋於鹿峯之下心潭之上。地界幽閑。景致明濶。諸子樂得肄業之廣居。長師喜有莊修之安舍。夏詩冬書。絃誦洋洋。朝益暮習。課業孶孶。將見文敎之休明。佇期菁莪之蔚興。於今之世而見古之道。豈不猗歟。一日子精也來余。請名齋書扁。又請誌其顚末。顧余耄爾精力。安堪酬應。而旣美其事。又嘉其意。忘拙強力以副其請。因以語諸生曰。諸君得師依歸。築舍勤業。慰賀曷量。而第惟文藝末也。德行本也。徒尙文藝而不務德行。則恐或有才勝之患也。古今悖道之人。夫孰不能文而然哉。願須諸君熟讀聖賢之書。務得聖賢之心。博文約禮。反身體行。以孝悌爲本。忠信爲主。以培其根。以達其支。則在家而爲孝悌之善士。立朝而爲忠貞之良弼。然則豈止爲一洞一鄕之幸也。抑爲國家之大幸也。顧不偉歟。詩曰濟濟多士。文王以寧。此之謂也。幸望諸君勿以耄言而泛忽。念哉敬哉。勉其爲君子儒。"

람객들의 숙소로도 활용되었다. 1795년(정조19) 9월 당시 남원 현 장수 선비 명은(明隱) 김수민(金壽民 1734-1811 자字 제옹濟翁, 본관 부안)이 안의삼동을 유람하였다.[47]

황고는 녹봉에게 마음 심을 강조한 심자통운의 절구를 두 수[48]나 지어주며 격려하였다.

황고는 황석산성 유적인 황암사의 주관인 이성혁의 요청으로 사당의 중수기를 짓고 상량문과 춘추 향제 개축문을 지었다. 그 제자 녹봉은 강당의 중수 상량문을 지었다.

<황암서원강당중수상량문>

---

[47] 김수민의 여정을 더 살펴보면 우정전가(禹廷全家)에서 삼박, 당시 현감 연암(燕巖) 박지원(朴趾源1737-1805, 1792-1796재임)이 지은 연상각(煙湘閣), 하풍죽로당(荷風竹露堂) 등을 보고 풍자시를 짓고 안의향교를 지나 지대촌(止垈邨 안의현 지대면知代面, 안의면 신안리)에서 사박, 23일에 녹봉서당(鹿峯書堂 안의면 하원리 하비마을)으로 녹봉(鹿峯) 유언일(劉彦一 1725-1797, 황고 신수이 문인)을 방문하고, 심진동에 들어가 장수사(長水寺)에서 오박, 24일에 용추폭포(龍湫瀑布)를 보고 용추암(龍湫庵)에서 서산(西山), 송운(松雲), 무학(無學), 문곡(文谷)의 영정을 친견하고, 도솔암(兜率庵)에 올랐다가 녹봉서당에서 육박, 25일에 위천면 상천리(上川里)에서 칠박, 26일에 면우곡(眠牛谷 위천면 강천리 면동)에서 팔박, 27일에 수승대(搜勝臺)를 거쳐 갈천동(葛川洞)에서 구박, 28일에 남령(藍嶺)을 넘어 영각사(靈覺寺)에서 십박, 29일에 화엄판전(華嚴板殿)을 보고 육십령(六十嶺)을 넘어 귀가하였다.

[48] 黃皐集卷之二 / 絶句 七言 / 贈劉子精 彦一○二首
諸子一無此學心。嘉君獨有向斯心。若止有心行不篤。恐如此老抱悲心。
此老初年亦有心。到今白首紛如心。流光易失學無盡。須惜寸陰遂此心。

역천이 지리산 유람 할 때 찾아간 녹봉에게 불교문자를 섞어 장난삼아 지어준 시[49]가 남아있다.

녹봉은 당시 안의현감 연암 박지원과 동시대에 살았다. 어진 사람과 문헌을 찾아다닌 연암의 특성[50]으로 보아 녹봉을 방문하고 예를 표했을 것으로 보이나 아직 관련 사항은 미상이다.

연암이 현감으로 부임하고 용추폭포에서 기우제를 지낼 때 노학자 유처일(劉處一)이 축관으로 참여한 적이 있는데 그가 입은 학창의를 연암이 입고 있다가 되놈옷 입었다고 누명을 쓴 일이 있었다.[51] 언(彦)

---

49 역천(櫟泉) 송명흠(宋明欽)1705년(숙종 31)~1768년(영조 44) 회가(晦可) 은진(恩津) 문원(文元)

櫟泉先生文集卷之三 / 詩 / 劉子精 彦一 追至智異山後。爲誦其送友詩。求和。戲作禪語以答之。

最怕沙蒸飯。難防壁隙風。禪家語亦切。好作密察功。

*櫟泉先生文集卷之十九 / 附錄 / 年譜

甲申先生六十歲。*영조 40 1764 갑신 乾隆 29 60 9월, 金元行과 함께 俗離山을 유람하다. ○ 10월, 伽倻山을 유람하다.

十月。遊伽倻山。遂至月城。

自俗離。轉向伽倻。遍尋孤雲遺蹟。遊安義三洞。謁星川書院。將遊智異山。至龍游潭日暮。宿君子寺。讀荒山碑。見劉都督題名。至南原。聞外姑黃氏訃。徑往任實徊中哭之。

50 연암집 제1권 / 연상각선본(煙湘閣選本) / 홍범우익서(洪範羽翼序) "나는 화림(花林 안의(安義)의 옛 지명)의 수령이 되자 제일 먼저 현(縣)의 문헌을 찾아보았다. 속수(涑水) 우공(禹公)이 홍범에 조예가 깊어 《홍범우익(洪範羽翼)》 42편과 《홍범연의(洪範衍義)》 8권을 지었다 하므로, 급히 가져다 읽어 보니 정연하게 구분하고 조리 있게 분류하였다."

51 燕巖集卷之二 潘南朴趾源美齋著 / 煙湘閣選本 ○ 書 / 答李仲存書 "吾初莅嶺邑也。禱雨龍湫。有劉先生者。名處一。以祝史。來齋于湫上佛庵。鬚眉皓白。襟裾古奇。爲問先生所着何服。對曰。鶴氅衣也。蓋仕宦燕服稱氅衣。故加鶴以別之也。方領而直衽。素質而玄純。音準。三衱旁通。兩衿相當。甚偉如也。"

과 처(處)는 글자가 유사하니 유언일의 오자일 가능성이 높으나 증명할 문헌이 없다.

녹봉서당은 한때 녹봉서원[52]으로 불리기도 하였다. 녹봉 생전에 지은 녹봉서당에 사후 제자들이 사당을 지어 추모했으니, 서원의 규모는 갖춘 것이다. 1843년(헌종9) 감모재(感慕齋) 노광두(盧光斗 1772-1859)가 녹봉서원(鹿峯書院) 상량문을 지었다. 노광두는 함양 출신으로 옥계(玉溪) 노진(盧禛)의 아우의 후손으로 황고 손자 황강(黃岡) 신성진(愼性眞 1752-?)의 문인이고 이계(尼溪) 박내오(朴來吾 1713~1785))의 외손이다. 문과 급제하고 호조 참판까지 지냈다.

산청 선비 병와(病窩) 송심명(宋心明 1788-1850)이 1847년(헌종 13) 4월 함양의 정동응(鄭東膺) 및 안의 성북의 박정기(朴禎箕) 등과 함께 산천 유람을 떠났다. 수망령(水望嶺)을 넘어 함양의 은신암(隱身庵), 장수사(長水寺), 용추폭포, 풍류암(風流巖), 녹봉서원(鹿峯書院), 월연

燕巖集卷之二. 潘南朴趾源美齋著 / 煙湘閣選本○書 / 答李仲存書 "今有平生所不知何人。忽以胡服等語。直加諸人。則不可也。況其作爲文字。醜辱狼藉乎。人非病風而喪性。奈何一朝。自爲左衽。以受人嗤罵耶。究之常情。殆不近理。僮僕且羞見之。又況靦顏於吏民之上乎。其所爲說。大是鹵莽。雖街童市卒。誰復信之。付之一笑足矣。幸爲戒家兒輩。切勿對人辨說。如何。設有問鳥有先生姓名者。將以答白晳踈眉目乎。"

52 河達弘(하달홍) 1809-1877
月村先生文集卷之六 / 尋眞洞記
三洞中尋眞一洞最爲深邃距縣十五里自花林東南行數里旋折而北行十里至
鹿峯書院
群山擁後有樹環焉處士劉彦一嘗隱居讀書於其中鄕人俎豆之
渡水北行五里至鄭氏尋源亭亭下有石潭瀅澈可鑑日暖波淸有魚數十方物躍自得又北行十里至風流巖最爲奇麗其略石如鋪玉水如練帶鏗然其鳴淙淙切切有若琴瑟迭奏笙簧交作巖以是得名歟自是以往山益深水益淸石益瘦曲曲皆爲奇觀......又北行二十里至隱身菴三洞之勝於是始窮

암(月淵巖), 대고대(大高臺)를 거쳐 산청을 지나 귀가하였다. 송심명은 남명의 연원으로 존양재(存養齋) 송정렴(宋挺濂)의 6대손이며 삼가의 유전(柳田)에서 정조 12년에 태어나 철종 1년에 별세하였다. 감모재 노광두와 이종(姨從)으로 친하였다. 성리학과 서법에 뛰어나고 산수 유람을 좋아하였다.

지금 그 터엔 축사 폐수에 절은 순조 19년(1819)에 세운 녹봉서당비만 서있는데 녹봉 아들 유호의 청탁, 녹봉 문인 신성항(황고의손자)의 글, 유방의 전액, 우하성의 글씨로 남아 있다.

녹봉의 문집과 자료들이 간행되지 못하고 필사본 초고 상태로 서울대학교 규장각에 보존되어 있으니 영인 보급이 시급하다. 그 해제[53]를

---

53 鹿峯先生文集 녹봉선생문집
원서명鹿峯先生文集 현대어서명녹봉선생문집 청구기호奎12017-v.1-2 편저자(한자)劉彦一(朝鮮) 著 편저자(한글)유언일(조선) 저 판본사항筆寫本 간행지[刊地未詳] 간행연도19세기 초 간행자[刊者未詳] 책권수3卷 2冊 광곽四周雙邊, 半葉匡郭:24×15.1cm, 有界, 10行 21字 판심上下花紋魚尾 책크기33.5×21.3cm 표지,판심,권두서명표제:鹿峯先生集, 卷首題:鹿峯先生文集 자료소개劉彦一(生沒年 미상)의 詩文集 사부분류集部 別集類 一般 M/F번호M/F80-103-234-C

卷1:詩 86首(五言絶句 13수, 五言四韻 9首, 五言長篇 1首, 七言絶句 23首, 七言 四韻 40首), 卷2:說 2편(未發之前無氣質之性說:人性이 發하기 이전에는 순수하여 氣質의 性이 없다는 논설, 河洛理氣辨說:河圖, 洛書와 理氣에 관해 변론한 내용), 錄 1편(病夢錄), 기타 1편(中庸或問抄), 卷3:時弊問答 1편(上古 이후의 治亂을 논한 후 秦漢 이래 異端이 爭起하고 백성은 田土를 받지 못해 亂世상태에 있는데 조선의 경우 더욱 심하다고 지적하고, 卿大夫로부터 士·庶人에 이르기까지 부형된 자로서 자제를 교육할 때는 詩賦나 짓는 법이나 가르치고 있고 이른바 士流도 孔子시대의 士와는 다르게 되었으며 民産은 없어졌고 부자의 田土兼倂은 극심해졌다고 개탄

소개하며 마친다.

10. 맺음말

　한 집안이나 한 고을의 문풍, 학풍, 사풍은 당사자의 문집을 간행하여 보급하고 서원을 세워 향사하는 것으로 대표성을 갖는다. 일두 정여창 선생의 <문헌공실기>가 <일두문집>으로 간행된 것은 크게 유의미한 일이다. 한국고전번역원에서 원문정보 제공하는 한국문집총간에 <일두문집>이 수록되어 보급됨으로써 일두연구에 큰 공헌을 하고 있기 때문이다.

　일두 주향의 세계문화유산에 등재된 남계서원에는 선비가 세운 최초의 서원에 조선인물 최초로 향사되는 광영이 빛난다. 안의 선비들이 선정과 학덕을 기려 세운 용문서원은 갈천 임훈이 짓고 세운 문헌공정선생사당비만이 외로이 서있는데 서원을 복원하여 안의 유교문화의 전통을 회복하는 일이 시급하다. 갈천이 남계서원을 위해 지은 한국 최초의 서원 권선문도 선양할 필요가 있다.

　안의삼동의 유교학자 8현을 택해 서술했는데 원학동에서 갈천 임훈, 석곡 성팽년, 동계 정온, 황고 신수이 등이고 심진동에서 녹봉 유언

한 내용-), 書 2편(上趙明府光逵, 答李武山鳳興書), 上樑文 1편(黃巖書院講堂重修上樑文), 碑陰文 3편(五世祖正字公碑陰文, 巨濟縣令鄭公芝榮碑陰文, 烈女權姓旌閭碑陰), 呈書 1편(黃皐愼先生五父子呈書), 疏 1편(求言應製疏:봄철의 무지개에 대해 淸나라 운수가 끝나고 중국이 흥하게 될 조짐이라고 풀이하면서 北征의 義旗를 곧게 세워 天變에 응해야 한다고 주장한 내용), 自狀 1편, 記 2편(從師懷川記, 鄕射堂詠梧館記), 遺事 1편(四有軒遺事), 祭文 11편(祭四有文, 祭黃皐先生文 등)
　*鹿峯書齋記 녹봉서재기

일, 화림동에서 지족당 박명부, 속천 우여무, 난곡 우석일 등이다. 안의 지역의 대표서원 용문서원에는 일두 주향에 갈천 임훈, 첨모당 임운, 동계 정온이 배향되었고, 용문서원장을 지낸 지족당 박명부나 유공한 속천 우여무는 배향이 추진되지 않았다.

동계는 일두 사대 사액서원인 함양의 남계서원, 안음의 용문서원, 거창의 도산서원, 종성의 종산서원에 모두 배향되었다. 명망이 높은 인물임을 방증하는 것이다. 가까운 고을 합천의 이연서원에 배향되지 않은 것은 석연치 않다.

일두 삼전제자 석곡 성팽년과 요수 신권이 병향된 구연서원에는 황고 신수이가 배향되었고, 난곡 우석일은 배향이 추진되다가 무산되었는데 지금이라도 재추진하여 성사시킬 필요가 있다. 일두 삼전제자 대소헌 조종도가 존재 곽준과 병향된 황암서원에는 진주성에서 순국한 의병장도 배향되어 있으니 황석산성에서 순국한 일두 손자 정언남과 효자로 순절한 일두 증손 정대민을 황암사에 배향할 필요가 있다. 황암사에 강당과 동서재를 건립하여 황암서원으로 복원할 일이 유교 서원 부흥을 위하여 필요하다.

일두 정여창-신고당 노우명-옥계 노진-석곡 성팽년-동계 정온 및 지족당 박명부, 옥계 노진-대소헌 조종도로 학맥이 이어졌다. 일두 사전제자 지족당 박명부는 일두 재전제자 옥계 노진의 신계서원(사액 당주서원)을 중건하고 필요한 사항을 해결한 공신이고 녹봉 유언일은 황암서원에 공헌하였으니 배향될 요건은 갖춘 셈이다.

갈천은 일두를 위하여 한국최초의 서원권선문을 지었고 문헌공사당비문을 짓는 등 일두를 존모하고 행동했으니 일두의 사숙제자라고 할 만하다. 일두의 사숙제자 갈천의 제자에 석곡이 있고 석곡의 제자에 동계와 지족당이 있다. 그 동계의 제자에 부자지간인 속천과 난곡이 있다. 영정조 때 황고와 그 제자 녹봉이 있어 안의학풍을 이끌었다.

　한국고전번역원의 한국문집총간에 수록된 문집은 연구에 편리하다. 본고의 8현에서 임훈의 갈천집, 정온의 동계집, 신수이의 황고집만 문집총간에 수록되었고, 성팽년의 석곡집, 박명부의 지족당집, 우여무의 속천집, 우석일의 난곡유고, 유언일의 녹봉집은 제외되었는데 수록되도록 노력할 필요가 있다.

　심진동의 대학자 녹봉 유언일의 문집 자료가 규장각에 필사본 초고 상태로 보존되어 있는 것도 영인, 번역의 보급, 연구 활성화가 시급하다. 녹봉서원상량문을 지은 함양 선비 노광두의 <감모재집>이나 그 족제 노광리의 <물재집>, 화림동의 대학자 전병순의 <부계집> 등등 함양 선비들의 문집이 한국고전번역원의 한국문집총간에 소외된 것이 많이 있는데 다수 수록되어 연구에 편리하게 이바지되도록 함양군 차원에서 수록 촉구에 노력을 경주할 필요가 있다.

일두십대서원과 도남서원

　동방오현 문헌공 일두 정여창은 경남 함양 출신이다. 하동정씨 문헌공파의 시조이다. 그 친구 한훤당 김굉필과 함께 조선 성리학의 초기 정립자이다. 조선 도학의 시조이다.

　도동서원의 도동이란 도학이 동방으로 갔다는 뜻이고, 도남서원의 도남이란 도학이 남방으로 갔다는 뜻이다. 역동 우탁의 역동서원의 역동도 주역이 동방으로 갔다는 뜻이다. 사람이 가기도 하고 학문이 전해지기도 했다는 뜻이다.

　상주의 대표 서원은 도남서원이다. 도남서원은 서애 유성룡의 적전 제자 우복 정경세가 1605년(선조 38,을사)에 창건을 주창하여 1606년(선조 39,병오) 12월말에 완공한 서원이다. 1607년(선조 40,정미) 1월 25일에 새 서원에 첫 번째 귀빈이 방문했으니 그는 제1회 회답겸쇄환사, 통신부사 경섬(1562~1620)이다. 그는 상주목사 이수록과 함께 도남서원에서 전 경상도관찰사 우복 정경세를 만났다.

　문묘에 종사된 영남 출신 도학군자 오현을 향사하는 서원이 도남서원이다. 고운 최치원이나 설총도 영남 출신이지만 도학자는 아니기에 포함되지 않은 것이다. 동방이학의 시조 포은 정몽주, 조선조 도학의 시조 한훤당 김굉필과 일두 정여창, 회재 이언적과 퇴계 이황 등 오현을 합향하는 서원이 도남서원이다. 이들 오현을 문묘오현이라고 하겠다.

동방오현이 있으니 포은이 아닌 정암 조광조가 들어가 조선조 도학자 문묘종사 오현을 가리키는 것이다. 한훤당 김굉필, 일두 정여창, 정암 조광조, 회재 이언적, 퇴계 이황이다. 조선전기에는 한국인으로 문묘종사된 이는 포은 정몽주 한 사람뿐이다. 동방이학의 시조로 불리는 성리학자이자 충절을 겸비한 인물이 포은 정몽주인데 도학이 중시되었다. 이후 조선조의 문묘종사는 다 성리학자만이 대상이 되었다. 해동공자라는 최충이나 조선초기 문헌을 정비한 양촌 권근이나 사림파의 종장 점필재 김종직 같은 대학자도 도학자가 아니라는 이유로 문묘종사되지 못하였다. 동방오현은 조선 성리학, 도학의 대표학자이다.

문묘오현을 합향하는 서원으로 상주 도남서원이 있다면 동방오현을 합향하는 서원으로 아산 인산서원이 있다. 1610년(광해군 2)에 동방오현의 문묘종사 청원운동하에서 지방유림의 공의로 김굉필·정여창·조광조·이언적·이황의 학문과 덕행을 추모하기 위해 창건하여 위패를 모셨다. 조선시대 동방오현 합향의 서원은 아산 인산서원 외에 나주 경현서원도 있고 연안 오현서원도 있었다. 문묘오현 서원, 동방오현 서원 네 곳의 서원에는 일두 정여창이 다 향사된다.

나는 유교 신도입니다 153

일두 포함 오현을 합향하는 네 곳의 오현서원 외에 일두를 향사하는 서원으로 일두의 유적에 세워진 유적 서원이 여섯 곳이나 더 있다. 일두의 고향에 세워진 함양 남계서원, 목민관을 지낸 동향(桐鄕) 안음에 세워진 용문서원, 귀양지, 임종지에 세워진 종성 종산서원, 본관에 세워진 관향 하동 영계서원, 친구 한훤당 처향에 세워져 합향된 합천 이연서원, 친구 한훤당과 유람하던 곳에 세워져 합향된 거창 도산서원이 그곳이다. 일두를 제향하는 서원이 조선시대 모두 10곳이나 된다. 이것을 일두십대서원이라고 하겠다. 일두와 한훤당 합향 서원은 오현 서원 4곳, 유적 서원 2곳 모두 6곳이다.

해방후 나주에 일두의 족형제 돈재 정여해를 향사하는 서원이 세워졌으니 해망서원이다. 점필재, 한훤당, 일두, 탁영, 돈재를 합사하는 화순 해망서원까지 합하면 모두 11곳이나 된다. 하동 악양정에 세워진 덕은사를 서원으로 승격시키면 12곳이 되어 일두12서원이 된다. 그러나 율곡선생의 원향록에 기록된 22곳의 율곡서원, <연려실기술> 서원조에 실린 우암 송시열 향사 우암서원 32곳에 비하면 많은 것도 아니다.

일두선생은 <학용주소> 등을 남기었으나 무오사화로 소실되어 전해지는 저술이 없어 후학들의 연구에 어려움이 많다. 일두의 증손자 춘수당 정수민이 한강 정구와 함께 엮은 <문헌공실기>가 그나마 일두 정보에 대한 편린을 제공하였다. 그뒤로 노론대학자 간재 전우를 감수자로 하여 더 모아서 엮어 간행한 것이 1920년 남계서원 판각의 <일두집>이다. 이것도 사람이 하는 일이라 오류가 좀 있다.

<일두선생유집> 포증사전 명종 7년(1552,임자)에 개암 강익이 박승임, 사암 노관, 매촌 정복현, 남계 임희무와 의논하여 남계서원을 건립하였다고 하였다. 여기의 박승임은 박승원의 오자로 다른 사람이다. 같은 반남박씨 집안이고 신재 주세붕 제자이나 박승원은 함양 출신이고 옥계 노진의 죽마고우 절친이고 청련 이후백과 처남 자부지간이다.
　박승임은 소고 박승임으로 영주 출신 고관이다. 남계서원 건립에 박승원은 서책과 전답을 기부했으나 소고 박승임은 쌀 한 톨 기부한 목록이 없다. 이 오자 한 글자로 인하여 박승원이란 존재, 남계오현의 이름과 공적이 묻히고 소고 박승임이 남계서원 창건 공로자로 오인되는 지경에까지 이르렀다. 물론 원본인 <개암집>의 오자에서 연유한 것이니 모두 바로잡아야 한다.
　1920년 완간한 <일두유집> 포증사전 선조 12년(1579,기묘)에 학봉 김성일이 순무사로서 하동에 일두의 관향이라는 이유로 영계서원을 세우고 나중에 배향되었다고 <김학봉집>을 근거로 서술하였다. 그 부록에는 <영계서원 춘추 제향 축문 [김성일>까지 실었는데 일문이 아니고 이름을 멋대로 무릅쓴 것이다. <학봉집>에는 그런 기록이 전혀 없다. 1579년 당시 김학봉은 장령이었고 순무사를 역임하지 않았다. 오히려 <학봉문집여보>에는 숙종 25년(1699,기묘) 11월에 하동에 영계서원을 세우고 일두를 봉안하고 학봉을 배향하였다고 바로 서술하였다. 1935년에 간행된 <남계서원지>에도 숙종기묘(1699,숙종 25) 건립으로 바로잡아 서술하였다.
　<일두유집> 포증사전 선조 19년(1586,병술)에 한사 강대수(1591~1658)가 합천 선비와 함께 선생과 한훤당을 사모하여 합천 야로현에 서원(이연서원)을 건립하였다고 하였다. 그러나 이 해는 한사가 태어

나기 5년 전이니 어불성설임을 알 수 있다. 그 부록에 <이연서원춘추향축문[강대수]>이 실려 있는데 <한사집>에도 <이연서원한훤당김선생봉안제문>, <이연서원일두정선생봉안제문>, <한훤당선생춘추향사축문>, <일두선생춘추향사축문> 등이 실려 있다. <한사선생연보>에 보면 한사 56세 때(1646,인조24) 이연서원을 창건하였다고 하였다.

이걸 보면 한사가 창건자로서 글을 지은 것임을 알 수 있다. 결국 병술년을 잘못 추정하여 선조 19년(1586,병술)으로 착각한 것인데 실상은 그 60년 뒤인 1646년(인조24,병술)이다. 병술년의 연대추정을 잘못하여 한사의 이연서원 창건 공로가 묻힌 것이다. 하동 영계서원도 기묘년(숙종25,1699)을 잘못 추정하여 두 갑자를 소급해 선조 12년(1579,기묘)으로 착각한 것이다. 비창건자가 창건자가 되고 후학의 글이 창건자의 글이 된 것이다. 둘다 청나라 연호 거부사태의 후유증이다.

<일두유집> 포증사전 광해군 8년(1616,병진)에 우복 정경세가 사림과 함께 상주 동쪽에 서원-도남서원-을 세우고 오현을 향사하였다고 하였는데, 연대가 너무 늦다. 위에 서술한 대로 1607년(선조 40,정미) 1월 25일에 통신부사 경섬이 도남서원을 방문한 기록이 있으니 창건 연대가 틀린 것이다. <남계서원지>에는 선조병오(1606,선조 39) 건립으로 바로잡아 서술하였다.

<일두유집>과 <남계서원지>에는 일두서원이 9곳이 서술되어 있다. 빠진 게 하나 있으니 황해도 연안부의 오현서원이다. 오현을 모시는 서원이라는 뜻이고 나중에 정식 명칭이 있었을 것이나 더 이상의 기록이 없다. 청륙 김덕겸(1552~1633)의 <연안오현서원상량문>만이 남아 있다. 연안에는 비봉서원밖에 없는데 주자와 최충, 김굉필, 이이를 모시는 사현서원으로 오현서원과의 관련성을 찾을 수 없다.

서원과는 무관하나 문묘종사 청원운동과 관련하여도 오류가 있다. <일두유집> 포증사전 선조 1년(1568,무진) 관학유생 조헌 등이 선생과 김굉필·조광조·이언적의 문묘종사를 청하였다고 하였다. <국조보감>을 근거로 제시했는데 거기에 실려 있지 않다. 이 해 1년 전에 중봉 조헌은 문과에 급제하여 교서관 권지부정자의 벼슬길에 올랐고 이 해에는 정주목 교수가 되었다. 어찌 성균관 유생일 리가 있는가. <문헌공실기>에는 조헌 2자가 없는데 오히려 후세에 <일두유집>을 간행하며 2자를 추가하여 오류를 범한 것이다.

또한 <일두속집> 찬술에는 <중봉집>을 근거로 김굉필, 정여창, 조광조, 이언적 사군자를 종사시키자고 건의한 글을 인용했는데 정작 <중봉집> 본문에는 김굉필, 조광조, 이언적에 이황을 더하여 사군자라 지칭하였다. 중봉 조헌은 일두의 문묘종사를 언급하지 않았는데 <일두집>에는 편찬자들이 중봉의 거론에 일두를 포함시키고자 애쓴 흔적이 역력하다. 다만 중봉도 김굉필, 정여창, 조광조, 이언적에게 시호 내린 것은 극찬하였다.

2019년에 9개 서원이 한국의 서원으로 세계문화유산에 등재되었다. 병산서원 외에는 모두 문묘종사의 선현 서원이다. 인란공신 서애 유성룡의 병산서원은 흥선대원왕의 서원철폐령을 면한 것이다. 9개 서원에 있어 이것은 공통점이다. 8개 서원도 대표성을 지닌 1인 1대표 서원만 남기고 중복 서원은 헐어버린 것에서 존속된 것이었다. 완공으로 치면 전국에서 세 번째가 될 포은 정몽주의 영천 임고서원이 헐리고 개성 숭양서원이 보존되었다. 잘못된 선정이었다. 도남서원도 대표성이 없으므로 훼철된 것이다. 종합성을 고려했다면 존속서원이 될 수도 있었을 것이다.

　세계문화유산 남계서원은 남계오현이 건립을 주동하였다. 전국에서 세 번째 건립이고 사림 건립으론 전국 최초의 서원인만큼 다사다난했으나 불굴의 의지로 결국 끝까지 최선을 다하여 서원완공을 추진한 선비가 함양의 큰 스승 당곡 정희보 및 퇴계와 쌍벽의 남명 조식의 제자 개암 강익이다. 올해 5월 6일에 개암강익선생탄신 500주년 기념행사가 남계서원에서 성대히 열리었다. 존모의 염을 담아 축시를 짓고 사사로이 '세계유산제일사'란 존호를 헌정하였다.

恭祝介庵先生誕辰五百周年 공축개암선생탄신오백주년
〈世界遺産第一士〉

金侖壽(一蠹記念事業會理事長)

心感獨勞排不平 심감독로배불평
坐堂遠望白雲生 좌당원망백운생
灆溪五俊尊賢始 남계오준존현시
天嶺三侯贊業成 천령삼후찬업성
弱冠冥門窮性理 약관명문궁성리
最初院長敎明誠 최초원장교명성
世遺第一士名盛 세유제일사명성
後學整襟呈頌聲 후학정금정송성

개암선생 탄신 500주년 축시

〈세계유산제일사〉

김윤수(일두기념사업회 이사장)

불평 배격 혼자 수고 마음으로 느끼며
강당에 앉아 흰구름 생김 멀리 바라보네
남계의 다섯 선비 명현 존숭을 비롯하고
천령의 세 군수는 사업 도와 완성하였네
약관에 남명 문인으로 성리를 궁구하고
최초로 원장 되어 명과 성을 가르쳤네
세계유산 첫째 선비 명성이 성대하니
후학이 옷깃을 여미며 찬송을 바치네

※남계의 다섯 선비는 남계서원 창건을 논의하고 헌성한 남계오현(灆溪五賢)이다.
  반계(潘溪) 박승원(朴承元)[1516?~1561?] 반남
  매촌(梅村) 정복현(鄭復顯)[1521~1591] 서산 / 영빈서원
  사암(徙庵) 노관(盧祼)[1522~1574] 풍천
  개암(介庵) 강익(姜翼)[1523~1567] 진주 / 남계서원
  남계(灆溪) 임희무(林希茂)[1527~1577] 나주 / 화산서원
※천령의 세 군수는 남계서원 건립을 지원한 세 함양군수다.
  서구연(徐九淵,1502~1561): 강당건립지원
  윤확(尹確): 강당완공, 사당건립지원
  김우홍(金宇弘,1522~1590): 동서재건립, 연못정원조성지원

지리산문학관장으로서 한국문학관협회 전보삼 회장, 이재인 협회 이사 등을 모시고 도남서원과 낙강범월시비를 둘러보고 건너편 낙동강문학관을 방문하여 박찬선 관장에게 잘 대접받고 돌아온 즐거운 추억이 있다. 지리산문학관이 지리산 주위의 문학과 문학인을 기념하듯 낙동강문학관은 낙동강 주위의 문학과 문학인을 기념한다.

전시실에는 상주목사 김정목이 낙동강 뱃놀이 - 낙강선유를 즐긴 역사가 기록되어 있었다. 보는 순간 우리 조상(언양김씨 목민관)에 대한 추념을 일으켜 긍지를 심어주었다. 지리산과 낙동강은 한민족의 모친산이며 모친하로 긍지요 자부심이고 저력의 원천이다.

가휴(可畦) 조익(趙翊,1556~1613자棐仲)의 <가휴집>에 <낙강범월연구>가 실려 있다. 조익이 1607년(선조40) 9월에 상주목사 김정목(金庭睦,1560~1612자而敬), 창석(蒼石) 이준(李埈,1560~1635자叔平), 사서(沙西) 전식 (全湜,1563~1642자淨遠), 화천(花川) 조즙(趙濈,1568~1631자得和), 송만(松灣) 김혜(金憓,1566~1624자晦仲), 칠봉(七峯) 황시간(黃時榦,1558~1642자公直) 등과 함께 도남서원에서 배 타고 낙강을 유람하며 목사가 먼저 연구 1구를 짓고 나머지들이 연구를 완성하였다.

지리산과 덕유산에서 흐르는 물이 진주 남강을 거쳐 낙동강에 합류하고 가야산에서 흐르는 물이 황강을 거쳐 낙동강에 합류한다. 덕유산 북에서 흐르는 물이 금강을 거쳐 바다에 다다르고 지리산에서 서북으로 흐르는 물이 섬진강을 거쳐 바다에 이른다. 우리 한민족은 지리산과 낙동강을 통해 모두 바다에서 만나 하나 됨을 확인한다.

한국문학관과 천년 우정의 서원

지난 5월 24일부터 27일까지 2024년 (사)한국문인협회 수필분과 국립 대만문학관 심포지엄이 대만 대남시에 있는 국립대만문학관에서 개최되었다.

주최는 권남희 수필분과 회장, 좌장은 최원현 한국수필가협회 명예이사장이었다. 필자는 전 한국시인협회장 김광림 시인의 아들 대만 수평과기대학 김상호(金尚浩) 교수, 대만 산문가 린원이(林文義), (사)한국문인협회 부이사장 장호병 수필가와 함께 발표하였다.

필자는 <임어당(林語堂:린위탕)과 이어령(李御寧:리위닝)>를 발표했는데 전통문화의 전도사에서 기독교의 선교사로 변신한 공통점이 있음을 밝혔다. 다 아는 이야기이지만 새삼 한중 최고의 수필가를 쌍벽으로 손꼽아본 것이다. 발표하고 대북으로 가서 임어당 고택박물관을 탐방한 것은 보람찬 일이다. 아산시의 이어령문학관은 어찌 되고 있는가.

국립대만문학관은 2003년 옛 시청사를 개편한 것이다. 대만문학은 국가문학인가, 지방문학인가, 전시물을 보니 대만성의 지방문학 같다. 그렇다면 국립중화문학관(國立中華文學館)은 없는가. 찾아보니 없었다. 대륙 중공은 어떤가. 중국현대문학관이 1985년에 개관하였다. 대만은 왜 중국문학관이 없는가. 대만은 이제 지방의식을 못 벗어나 중국의 일개 성에 머무는 존재가 된 것 같다. 중화민국의 존심이 아직도 존재하는가, 대만공화국으로 독립하지도 못하는 존재이다.

심포지엄에 앞서 5월 20일에 2026년 개관을 목표로 국립한국문학관이 착공식을 거행하였다. 한국문학관은 이제 시작되었다. 그런데 그 비전에 한국문학의 과거, 현재, 미래를 보여준다고 하고 문학분류나 문학장르 이야기는 없다. 한국문학은 현대문학, 고전문학, 한문학의 3대분야를 종합해야 하고 문학진흥법에 의한 갈래 곧 시, 시조, 소설, 희곡, 수필, 아동문학, 평론의 7대장르를 망라해야 한다. 의견 수렴 설문지에도 장르 항목은 없고 문학단체장 초청 간담회도 (사)한국수필가협회는 빠졌으니, 공산당처럼 수필은 유한계급의 부르주아 반동문학이라고 배척하는 것은 아닌지 우려된다.

의성군 한국 최초의 문묘배향 최치원문학관, 강릉 생육신의 으뜸 매월당기념관, 오누이 천재문인 허균허난설헌기념관, 증평 독서왕 김득신문학관, 영월 불우한 천재시인 김삿갓문학관, 나주 임종에 곡하지 말라고 한 천하제일호걸 백호문학관은 한문학의 문학관이니 고전문학과 근현대문학만 언급한 국립한국문학관의 계획은 재고되어야 한다.

문학관은 문인을 기념하는 것이다. 조선시대 서원은 유교인을 기념하는 것이다. 서원은 강당과 사당이 있어 교육과 제향을 병행한다. 문학관은 전시와 연구를 하는 것이다. 제향 곧 신앙이 빠진 기념 시설이다.

조선시대는 우정이 돈독한 친구지간의 성리학자 쌍벽의 유교인이 많았다. 일두와 한훤당이 그렇고 율곡과 우계, 서애와 학봉, 한강과 동강, 오성과 한음, 우암과 동춘이 그러하다. 일두와 한훤당, 율곡과 우계, 우암과 동춘은 친구지간에 문묘에 나란히 배향되었고 다수의 서원에도 병향되었다. 일두와 한훤당은 서원에도 나란히 병향되어 살아서나 죽어서나 천년우정이 돈독하다.

일두는 안음현감을 지냈고 한훤당은 현풍의 본가와 합천 가야산의 처향에 살았다. 안음에서 현풍 가는 사이에 일두와 한훤당의 강학과 유람처 거창 수포대, 합천 지동암, 소학당, 영귀정, 주학정, 고령 벽송정, 현풍 이노정이 동선에 있다. 거창 수포대에 도산서원(道山書院)이, 합천 주학정에 이연서원(伊淵書院)이 건립되어 일두와 한훤당이 나란히 병향되었다. 지금은 두 서원 다 훼철되어 존재하지 않는다.

경주의 동리목월문학관은 소설가 김동리와 시인 박목월을 기념하는데 친구지간의 우정이 빛나는 쌍벽 문인의 문학관이다. 일두와 한훤당이 병향된 서원처럼 천년우정이 빛나는 친구지간의 문학관이 많이 건립되길 기원한다.

거창 도산서원은 한강 정구의 제자인 모계 문위가 오두산 북쪽 산제동(수포대)에 한훤당과 일두를 위하여 서원을 건립하자고 주창하여 논의가 무르익다가 중지되었다. 후학이 이어 완성하였다. 수포대에 서원을 건립하는 것은 너무 외지다는 이론도 제기되었으나 동계 정온은 그대로 추진하였고, 동계 정온의 제자인 팔송 정필달이 거창군수 이태영(李泰英,1612~?,甲午1654,효종5來丙申1656,효종7去)에게 협조 요청하고<與李侯 泰英○丙申> 송천이 경상감사에게 역부와 경비

등을 보조 요청하는<道山書院營建時呈巡營文> 등 팔송과 팔송의 제자인 송천 김천일이 노력하여 1657년(정유년,효종8) 가을에 착공하고 중단했다가 재개하여 완성하였다. 한훤당과 일두를 병향하고, 그 스승 동계를 배향하며 제향을 올렸다. 병향과 배향이 동시에 이루어진 것이다.

　1659년(효종10년5월승하,현종즉위년)에 서원이 완공되고 팔송이 사액 신청 상소를 올리고 1660년(현종1)에 사액 윤허가 내리고 1662년(현종3)에 사액이 봉행되었다. 사당에 한훤당과 일두를 봉안할 때 봉안문은 남명학파의 종장 겸재 하홍도가 짓고<도산서원봉안문> 춘추향 축문은 송천이 지었다. 누가 지은 축문이 맘에 안 들었는지 모르나 송천이 지은 것은 개정 축문이다. <도산서원개정문헌공상향문>인데 <일두집>에는 <도산서원춘추향축문 김천일>이라고 하였다. 보통은 한훤당을 주자에, 일두를 장남헌에 비유했는데 이 글에선 일두를 여동래에 비유하였다.

　<문헌공실기>중간본(1743,영조19) 제현찬술에는 <도산서원춘추축문> 김지평천일제라고 실려있는데 <일두선생집> 초간본에선 누락되었다. 동리 이은상의 <도산서원 현묘임인 사액제문>은 실렸다. 거창 선비들의 도산서원 자료누락에 대한 항의가 있자 <일두선생집>중간본에서 정필달의 <도산서원청액소>와 함께 수록하였다.

　조선 말기에는 회재 이언적을 병향하여 4현 서원이 되었는데 연고가 없는 회재가 병향된 이유는 미상이다.

　도산서원이 있던 곳은 모현정이 세워져 있다. 한훤당의 동서인 흥해 최씨 평촌 최숙량이 한훤당과 일두와 함께 강학하였다고 하여 삼현을 기념하여 평촌 후손 삼어 최경한(1875~?)이 1898년(광무2)년에 건립한 것이다. 그렇지만 도산서원 역사에는 평촌이 등장한 적이 없다.

합천 이연서원은 한사 강대수(1591~1658)가 처향이 합천인 한훤당을 위하여 주도하여 세운 서원이다. 한훤당의 절친이며 왕래한 일두를 병향하는 서원으로 건립하였다. <한사선생연보>에 의하면 병술년 한사 56세 때 이연서원을 창건했다고 하였다. 이 병술년을 근거로 일두 정여창의 <일두집>에서 1586년(병술,선조16)에 창건했다고 하였다. 이 병술년은 한사가 태어나기 5년 전이니 한사가 창건했다는 건 어불성설이다. 연대를 잘못 소급한 것이다.

<한사선생연보>는 <한사집>과 한 질인데 그것만 떼어 따로 유통하면 문집만 보게 되는 사람들은 한사의 행적을 제대로 알 수 없다. 한국고전번역원에서 단행본 연보를 사부 전기류로 분리시키는 작업은 잘못이다. 편리하고 합리적인 연구를 방해하는 행위이다. 문집을 연구하는 것은 시문과 인물을 동시에 탐구하는 것이다. 한국문집총간에 수록할 때 단행본 연보를 부록이나 전집으로 합편시키는 정책 전환이 중요하다.

한사가 56세 때인 병술년(1646,인조24)에 이연서원을 창건한 것이다. 창건 때 <이연서원상량문>을 지었다. 창건하고 <이연서원한훤당김선생봉안제문>, <이연서원일두정선생봉안제문>, <한훤당선생춘추향사축문>, <일두선생춘추향사축문>을 지었다. 창건시 강당은 남계서원과 같은 명성당, 동재는 존양재, 서재는 진수재, 대문은 조도문(造道門)이라고 하였다. 사당은 명칭이 없었다.

<문헌공실기>중간본(1743,영조19) 제현찬술에는 <이연서원춘추축문>은 작자미상으로 표기하였고 <일두집>에서 강대수라고 표기했으

나 그의 생몰연대를 파악하지 못해 60주년을 뛰어넘어 계산하여 오류가 발생한 것이다. 그 오류는 <남계서원지> 제서원액호에서도 시정되지 않고 선조 정해년(1587,선조20) 건립, 현종 경자년(1660,현종1) 사액이라고 기재되었다.

서원의 역사로 널리 참고하는 기록으론 <연려실기술>과 <대동지지>의 서원조가 유명한데 둘다 합천 이연서원에 대해 선조병술, 만력병술이라고 <일두집>의 오류와 같으니 <일두집>이 이런 기록을 참고하고 고증하지 않은 채 오류를 답습한 것이라고 생각된다.

조선왕조 국가기록에도 오류가 기재되어 전승되었다. <증보문헌비고> 학교고 경상도 서원조에는 합천 이연서원이 있는데 연혁은 <남계서원지>의 오류와 같다. <춘관통고> 길례 경상도 원사조에는 이연서원이 선조병술 창건이라고 <일두집>과 오류가 같다. 사람의 생몰을 파악하지 않고 역사를 기술하니 오류가 발생하는 것이다.

한사는 <이연서원상량문>을 지었는데 한사의 친구인 기옹 박공구(朴羾衢,1587~1658)도 <이연서원상량문>을 지었다. 내용상 한사는 강당의 상량문이고 기옹은 사당의 상량문인 듯하다. 한사 친구 학포 정훤(鄭暄,1588~1647)은 59세 때인 병술년(1646,인조24)에 이연서원 창건 일로 해인사로 들어가며 정인홍 유적을 지나면서 오언율시<過仁弘故居 伊淵書院創建會議事入海印寺時過此>를 지어 풍자하였다. 이 율시<過倻鄭破宅 幷序>는 같은 글로 그대로 <한사집>에도 실려있으니, 한 사람은 작자가 아니다. 남의 글을 원고만 보고 잘못 편입한 것인데 누가 원작자가 아닌지, 누구 잘못인지 미상이다. 학포는 <이연서원이안축문>도 지었는데 사당을 고쳐 세우며 신주를 이안할 때 지은 것인데 그 내막은 알 수 없다.

이연서원을 낙성하고 기옹은 원생들과 역양 문경호의 서재인 우곡재를 방문하고 칠언절구 시<伊淵書院落成後 與諸生 往尋尤谷齋>를 읊었다. 굳이 낙성 기념 우곡재 탐방을 왜 했을까. 경치 때문이었을까. 이연서원에 대한 역양의 무언가를 추념하기 위한 것이었을까. 기옹은 또 이연서원을 세우기 위해 터를 닦을 때 고유한 글인 <이연서원개기고유문>을 지었다. 우곡재는 정인홍과 정구의 제자인 역양이 33세 때 (1588,선조21) 세워 강학한 곳인데 경치도 좋다고 이름났다. 이 글들을 통해서 보면 이연서원 건립에 한사 강대수, 기옹 박공구, 학포 정훤이 공헌한 것이다.

우암 송시열의 제자인 손암 조근(趙根,1631~1680)은 가야산을 유람했는데 고령에서 출발하여 우곡서재를 탐방하고 이연서원을 참배하고 서원 옆의 주학정(住鶴亭,고운이학을타고왔다가머물렀던곳)에 오르고 정인홍의 고택 터를 지나고 해인사 승려가 메는 가마를 타고 절을 관람하였다.

소론학파의 종장 해은 강필효(姜必孝,1764~1848)의 족형인 안동 선비 백록 강시환(姜始煥, 1761~?)은 함양 출신 일두 10대종손 전 청하현감 종암 정덕제의 호인 쇠북바위 종암에 대한 기문을 지어주기도 하였는데, 합천의 이연서원 유생을 대신하여 서원에 우암선생을 병향시켜달라는 상소를 짓기도 하였다. 우암 송시열은 합천 함벽루(함벽루 친필 석각, 함벽루기 현판)와 홍류동을 탐방하고 고운 최치원의 <제가야산독서당> 시를 써서 새겨놓게 하였고, 일두의 안의 광풍루에 기문을 써주기도 하였다. 우암의 유적에 있는 이연서원에 같은 문묘성현으로 병향하게 하자는 뜻을 담은 것이다.

대원군의 서원훼철령 때 이연서원도 철거되었는데 선비들이 강당을 보존하여 학업을 할 수 있게 해달라고 군수에게 요청하여 받아들여져 강당은 보존되고 육영당이라고 명명하였다. 성재 허전이 그 기문을 지었다.

현재 일두와 한훤당을 병향하는, 친구지간의 자취가 남아 있는 곳에 건립한 서원으론 거창 도산서원과 합천 이연서원이 저명한데 둘다 헐리고 복원하지 못하였다. 나머지 일두와 한훤당이 병향된 서원으로 상주 도남서원-영남오현 병향, 나주 경현서원-동방오현 병향, 화순 해망서원-점필재사제오현 병향, 하동 악양정덕은사-한중오현 주자 주향 일두한훤당탁영돈재 배향, 아산 인산서원-동방오현 병향 미복원, 연안 오현서원-동방오현 병향 미상 등이 있다.

거창 도산서원과 합천 이연서원은 복원 기미가 없는데 그래도 합천은 소학당에 숭현사가 건립되어 일두와 한훤당이 병향되고 있다. 이것도 하동 악양정과 덕은사처럼 사당과 강당 구비의 시설이니 하동을 영계서원으로 복원하여 서원 기능을 활성화시킴이 좋을 듯이 소학당과 숭현사를 사당과 강당 구비 이연서원으로 복원하고 서원으로 활성화시킴이 좋을 듯하다. 그리하여 천년우정의 서원을 계속 존속시켜 주자와 장남헌, 주자와 여동래 같은 한훤당과 일두의 아름다운 성리학자의 천년우정을 기리며 기념하는 것이다.

3-남계서원의 광거당과 명성당

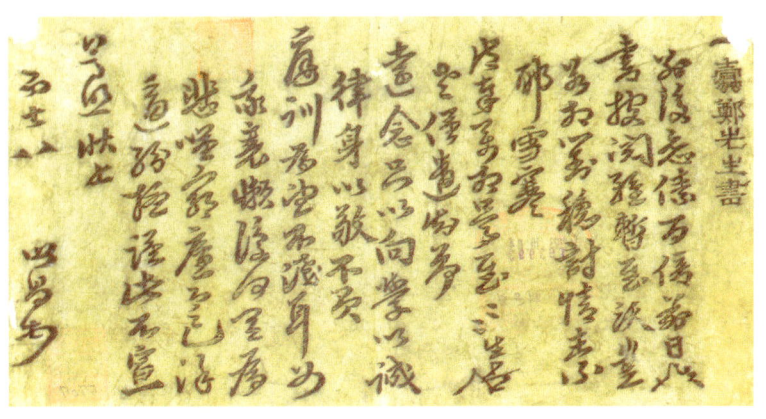

-세계유산제일사 중-

남계의 다섯 선비 명현 존숭을 비롯하고
천령의 세 군수는 사업 도와 완성하였네
약관에 남명 문인으로 성리를 궁구하고
최초로 원장 되어 명과 성을 가르쳤네
-김윤수(일두기념사업회 이사장)-

남계서원 세계유산제일사와 남계오현

2023년 5월 6일 개암 강익 선생 탄신 500주년 기념대회가 세계문화유산 함양 남계서원에서 성대히 열리었다. 졸고 축시를 지어 송축하였다.

恭祝介庵先生誕辰五百周年 공축개암선생탄신오백주년

〈世界遺産第一士〉

金侖壽(一蠹記念事業會理事長)

心感獨勞排不平 심감독로배불평
坐堂遠望白雲生 좌당원망백운생
灆溪五俊尊賢始 남계오준존현시
天嶺三侯贊業成 천령삼후찬업성
弱冠冥門窮性理 약관명문궁성리
最初院長敎明誠 최초원장교명성

世遺第一士名盛 세유제일사명성
後學整襟呈頌聲 후학정금정송성

개암선생 탄신 500주년 축시

〈세계유산제일사〉

김윤수(일두기념사업회 이사장)

불평 배격 혼자 수고 마음으로 느끼며
강당에 앉아 흰구름 생김 멀리 바라보네
남계의 다섯 선비 명현 존숭을 비롯하고
천령의 세 군수는 사업 도와 완성하였네
약관에 남명 문인으로 성리를 궁구하고
최초로 원장 되어 명과 성을 가르쳤네
세계유산 첫째 선비 명성이 성대하니
후학이 옷깃을 여미며 찬송을 바치네

세계문화유산 한국의 서원 9서원에는 한국 최초의 서원 소수서원과 한국 선비 최초의 서원 남계서원이 나란히 등재되었다. 소수서원은 벼슬아치가 세운 한국 최초의 서원이다. 그에 비해 남계서원은 선비가 세운 최초의 서원이다.

소수서원은 고려 대유 회헌 안향의 유적을 찾아 강당을 지어 서원을 만든 것으로 당시 벼슬아치 풍기군수 신재 주세붕이 주도한 것이다. 한국의 두 번째 서원, 고려 해동공자 최충을 향사하는 해주의 문헌서원도 주세붕이 황해도관찰사로서 세운 것이다. 그에 비해 한국의 세 번째 서원, 함양 남계서원은 벼슬아치가 아닌 선비가 세운 서원으론 첫 번째 서원이다. 당시 함양군수는 건립을 지원하였다.

　남계서원 창건 이듬해에 창건되어 불과 1년 만에 완공된 영천 임고서원은 고려 대유, 충신, 해동성리학의 비조 포은 정몽주를 향사한다. 소수서원(안향), 문헌서원(최충), 임고서원(정몽주) - 서원사 초기 3대 서원은 다 고려 선비를 향사하는 서원이다. 그에 반해 남계서원은 조선성리학의 비조인 한훤당과 일두에서, 동방오현 일두 정여창이라는 거유, 조선 선비를 향사하는 최초의 서원이다. 누가 조선 선비를 향사하는 서원을 세울 생각을 했겠는가. 그것도 벼슬아치가 아닌 선비가, 파천황의 혁명적 사건이었다.

　남계서원 건립은 함양 선비 5인이 주창하였다. 주도적 역할을 한 선비는 올해 탄신 500주년을 맞이한 개암(介庵) 강익(姜翼, 1523~1567)이다. 개암은 재정부족으로 건립이 지연되는 가운데 온갖 비방과 공갈이 있었으나 불굴의 의지로 10여 년에 걸쳐 노력하여 결국 완성하고 남기어 문묘종사 동방오현의 서원, 흥선대원왕 때도 존속된 서원, 세계유산에까지 등재된, 빛나는 서원의 보람찬 창건 주역이 되었다. 당시 함께 주창한 다섯 선비는 개암과 고향 친구이고 같은 스승 당곡 정희보의 동문들이다. 남계오현이라고 칭하여 존숭하는 바이다.

남계오현(灆溪五賢)
반계(潘溪) 박승원(朴承元)[1516?~1561?] 潘南

매촌(梅村) 정복현(鄭復顯)[1521~1591] 瑞山 / 영빈서원

사암(徙庵) 노관(盧裸)[1522~1574] 豊川

개암(介庵) 강익(姜翼)[1523~1567] 晋州 / 남계서원

남계(灆溪) 임희무(林希茂)[1527~1577] 羅州 / 화산서원

여기의 박승원은 문제가 있다. 같은 창건 동지 친구의 문집에 이름이 오자 나서 실리는 바람에 존재가 말살된 것이다.

<개암집>에 보면 1552년(명종7)에 개암 강익이 박승임, 사암 노관, 매촌 정복현, 남계 임희무랑 서원창건을 논의했다고 하였다. 같은 5현인 임희무의 <남계집>을 보면 개암이 임희무, 박승원, 사암 노관, 매촌 정복현과 서원창건을 논의하였다고 했다. 이들을 남계5현이라고 정의하여 기념한다.

남계서원 초대 원장 개암 밑에서 유사를 지내고 제5대 원장이 된 홍와 노사예의 저작 <남계서원경임안>에서도 개암과 박공승원, 정공복현, 노공관, 임공희무가 군수 서구연과 함께 서원을 창건하였다고 하였다.

박승원(朴承元)과 박승임(朴承任), 두 인명이 존재하는데 결론적으로 얘기하면 <개암집>의 박승임은 오자다. <남계집>의 박승원이 맞다. 그는 추정 1516?년생으로 1518년생인 옥계 노진의 죽마고우, 동문수학한 사이로 친하였다. 박승원이 40대에 별세했을 때 옥계가 만사도 짓고 제문도 지어 애도를 표하였다. 박승원은 그 셋째 아우 박승남

과 동갑인 청련 이후백의 자형이다. 그 아내 연안이씨는 남편 사후 수십 년 동안 고기도 먹지 않고 추모하며 수절한 열녀이다.

박승원은 옥계, 개암, 남계, 매촌, 그리고 구졸암 양희, 청련 이후백이랑 같이 함양의 큰 스승 당곡 정희보의 알려지지 않은 제자였을 것이다. 반남박씨 명현 춘당 박맹지의 차남 박계간의 사위가 당곡이다. 박승원은 춘당의 증손자이고, 당곡의 처조카이다. 동시에 소수서원을 세운 신재 주세붕의 제자이기도 하니 서원정보 소스는 박승원이 개암에게 제공하여 개암의 남계서원 창건 주동에 일정한 역할을 했을 것이다. 박승원은 임희무랑 남명 조식의 제자가 되기도 하니 개암과도 남명 동문인 셈이다.

박승원을 비롯한 남계오현은 말로만 서원창건에 공헌한 것이 아니다. 모두 공사비용 양곡과 서원비치용 서책을 기부하여 찬조하였다.

반남박씨 박승원은 <가례육권>과 나락 두 섬, 콩 세 말, 논 9마지기를 기증, 1556년(명종11)에 나락 한 섬, 콩 한 말을 추가 기증하고, 박승원의 둘째 아우 박승선은 나락 닷 말, 넷째 막내아우 박승효도 나락 닷 말을 기증하였다. 산청으로 장가간 셋째 아우 박승남은 기부물품이 없다.

서산정씨 정복현은 <이락연원록이권>과 <소학삼권> 및 나락 두 섬, 콩 두 말을 기증, 1556년(명종11)에 나락 한 섬을 추가 기증하고,

풍천노씨 노관은 <이학유편이권> 및 나락 두 섬 여덟 말, 콩 세 말을 기증, 1556년(명종11)에 나락 한 섬을 추가 기증하고,

진주강씨 강익은 <심경일권>과 나락 한 섬, 콩 한 말을 기증, 1556년(명종11)에 나락 한 섬, 콩 한 말을 추가 기증하고,

나주임씨 임희무는 <공자통기이권>과 <주자연보이권> 및 나락 두 섬, 콩 한 말을 기증하고, 1556년(명종11)에 나락 한 섬을 추가 기증하였다. 남계오현이 남계서원의 창건 책임자이고 대표책임자가 개암 강익이다.

박승임은 기부자 명단에도 없다. 박승임으로 저명한 인물에 같은 시기, 같은 반남박씨 소고 박승임이 있는데 그는 영주 출신으로 현풍현감, 진주목사, 창원부사도 지냈지만 함양 서원과는 무관하다. 진주목사로서 남계서원에 쌀 한 톨 기부한 기록이 없다. 그런데 엉뚱하게도 <개암집>의 오자 1자 때문에 소고 박승임으로 오인되어 남계서원 창건의 공로자로 거론되기도 하였다.

<개암집>에선 소수서원 창건자 <무릉잡고>를 남긴 신재 주세붕의 호 무릉(武陵)을 무릉(茂陵)으로 오기했다. 필사나 판각에 있어 오자는 있기 마련인데 고치지 않고 틀린 걸 고수할, 바로잡지 않고 고집부려 지킬 필요가 있나. <개암집> 필사자나 각수가 우연히 오자 낸 것을 실존 의미를 찾을 필요는 없다. 오자는 고치면 된다. 박승임이 아니고 박승원이다.

개암선생은 남계서원을 창건하여 세계문화유산을 남겼는데 뒤에 간행한 <개암문집>은 오자를 1자 남기어 한 사람의, 창건공신 1명의 이름, 명예, 일생, 인생을 묻히게 하였다. 지금이라도 사과하고 바로잡고 현창해주어야 하지 않을까.

개암 강익 선생 탄신 500주년 기념대회에서는 남계서원 창건주역에 대한 현창, 창건공로자에 대한 감사를 표하였으니 크게 경하할 일이다.

그러나 그 <개암집> 때문에 500년 동안 묻힌 창건 5현의 일인, 함양 선비 박승원의 억울함은 어찌할 것인가. 그를 비롯한 5현의 남계서원 창건 공로에 대해 남계오현 공적비든, 공로패든 뭐든 뭉뚱그려 기리는 것이 어떠한가. 함양군수 서구연과 남계오현이 모여 앉아 서원창건을 논의하는 남계서원창건도 상상화를 그려 게시하는 것도 기림의 한 방법이겠다. 책임자의 공로 포상을 외치는 세상이 아름다운 세상 아닌가.

남계서원면과 남한산성면

1. 세계문화유산 면이름

2014년 6월 22일에 남한산성이 유네스코 세계문화유산으로 등재된 것을 기념하여 경기도 광주시 중부면은 2015년 10월 16일 남한산성면으로 명칭 변경하였다. 이와 같은 맥락에서 경상남도 함양군 수동면도 2019년 7월 10일 남계서원이 '한국의서원' 9서원으로 유네스코 세계문화유산에 등재된 것을 기념하여 남계서원면으로 명칭을 변경하는 것이 어떠한가.

수동면은 일제시대인 1914년 행정구역 개편 때 사근면, 모간면, 도북면, 백토면을 통폐합하여 남계천의 동쪽에 있다고 하여 명칭한 것으로, 의미나 가치가 있는 지명이 아니다. 사근도찰방이 주재하던 사근역이 있던 곳이라서 사근면이라고 그대로 칭하였다면 역사성이 있었을 것이다.

경기도 광주시가 세계문화유산 남한산성을 기념하여 남한산성면으로 개칭한 것을 본받아 세계문화유산 남계서원도 가치가 있으니 그런 의미를 담은 지명인 '남계서원면으로 개칭'할 것을 제안한다. 남계서원은 남계서원길에만 존재하지 말고, 함양군 남계서원면에 존재하길 희망한다. 수동면도 세계문화유산 보유 면에서 세계문화유산 명칭의 면이 되면 더 영예롭지 않겠는가.

2. 구초(九初)의 서원

함양군 남계서원면이 되면 남계서원은 또 다른 최초의 기록을 보유하게 된다. 소수서원은 한국 최초의 서원, 남계서원은 선비가 세운 최초의 서원으로 최초의 기록이 7~8개는 된다. 최초를 서너 개 보유한 서원은 있을지 몰라도 7~8개 보유하기는 불가능할 것이다. 팔초(八初)의 서원에 자긍심을 가질 만하다. 남계서원면 남계서원이 되면 서원명으로 면이름을 삼은 최초의 서원이 되어 구초(九初)의 서원이 되는 것이다.

함양군 남계서원면이 된 후 함양산삼엑스포가 성황리 끝난 뒤에 한국 최초기록 최다보유 서원인 남계서원을 중심으로 산업이 아닌 문화의 서원세계박람회를 주최한다면 다시 한 번 함양 발전의 계기를 마련할 수 있을 것이다.

① **선비가 세운 최초의 서원**
② **퇴계학파, 남명학파 통틀어 양대학파 최초의 서원**
③ **창건사액 일인겸비**(서원의 창건자, 사액신청자, 성공자, 배향자,

서원기작성자, 초대원장, 사액서원초대원장) 최초의 서원
　④ 동방오현 최초의 서원
　⑤ 조선시대 인물 제향 최초의 서원
　⑥ 서원표준양식(전학후묘, 전저후고) 최초의 서원
　⑦ 사액서원 표준명칭(소지명) 최초의 서원
　⑧ 서원 권선문(천령서원수곡통문) 최초의 서원
　⑨ 서원명칭이 읍면의 명칭으로 부여된 최초의 서원

　시·군·구의 명칭 및 지명개칭은 쉽지 않은 것 같고, 읍·면의 명칭 지명개칭은 시·군 단위의 의지만 있으면 가능한 것이다. 군의회에서 명칭변경조례만 제정하면 된다. 전국 지도를 보면 다른 것과 조금 다른 읍·면 이름들이 다수 존재하는데 모두 필요에 의해 개명한 것이다.

　그 유형을 살펴보면 나라와 사람 이름에서 취한 읍·면 이름, 그 지역에 존재하는 산, 고개, 곶, 면소재지 땅이름에서, 온천과 역원(驛院) 이름에서, 관광자원과 특산물에서, 문화재나 문학유산에서, 세계문화유산에서 취한 면이름 등이다. 세계문화유산의 자랑스러운 명칭변경 사례의 광주시 남한산성면 개칭에 이어 함양군 남계서원면이 개칭되길 기원한다. 읍·면개칭 유형을 참고로 부기한다.

3. 지명개칭

　우리나라에서 지명개칭한 것을 보면 지역단위는 대개 면단위가 많고 찬반시비가 적어 적당하다. 시·군명칭을 개칭한 것은 없고, 구(인천광역시 미추홀구→2018년 남구로 개칭)와 읍(경북 고령군 대가야읍

→2015년 고령읍으로 개칭) 이름을 개칭한 것은 하나씩 있다. 사람 이름 지명은 극히 희귀하다. 그만큼 짜다는 뜻이다. 훌륭한 사람을 존경하는 의식이 약하고 질투가 강해서 그런가. 근래 사라진 충무시는 예외다.

지명에서 도로명은 위인들의 인명, 정확히는 호나 시호 또는 성씨가 사용된다. 을지문덕의 을지로는 성씨, 퇴계나 율곡의 퇴계로·율곡로는 호, 충무로와 충장로는 충무공 이순신 장군과 충장공 김덕룡 장군의 시호이다. 금남로는 금남군 정충신 장군의 봉호이다.

강원도 춘천시가 소설가 김유정을 기려 신동면을 김유정면으로 개명하고자 했으나 반대를 극복하지 못했고, 경춘선의 역이름이나 간신히 김유정역으로 고쳤다. 인명 별칭으로 강원도 영월군에 김삿갓면이 본디 하동면에서 개칭된 것이다. 왕명으로는 경상북도 경주시의 양북면이 2021년 1월에 문무대왕면으로, 경기도 여주시의 능서면이 2021년 12월에 세종대왕면으로 개칭되었다.

고속도로명은 지역을 강조한다. 88올림픽고속도로는 사건을 기념한 것인데, 전두환 전 대통령의 작품이라 역사 속으로 사라졌다. 광주와 대구를 잇는 것이라 광주대구고속도로로 바뀌었다. 대구사람들이 주장했던 달구벌 대구와 빛고을 광주를 잇는 정취 있는 땅이름 달빛고속도로는 개칭이 무산되었다. 한자 위주는 한글전용법에도 어긋나는 것이 아닌가. 사문화된 법도 필요하면 잘만 끌어쓰는 정부에서 왜 도로명은 법을 지켜 달빛고속도로 등 우리말 한글로 아니하나.

요새 수레길라잡이(네비게이션)는 고을을 지날 때마다 그 고을의 특징과 이름을 알려준다. 남양주시 경계에 들어서면 '다산의 얼이 깃든 남양주시'라고 한다. 꼭 다산의 얼이 깃든을 강조해야 하나.

다산이 살았고 죽더라도 존재하는 곳이다. 나 같으면 그냥 다산의 도시라고 하겠다. 이왕이면 고을 이름도 다산시라고 하겠다. 양주시의 남쪽을 떼어 만든 남양주시가 뭐가 좋을까. 양주 남쪽이라고 굳이 태생을 밝혀줘야 하나.

한국실학의 집대성 다산 정약용
실학의 고장 다산시

이 얼마나 좋은 이름인가. 이름도 뜻도 좋다. 인구감소시대에도 절실한, 딱 맞는 이름이 아닌가. 다산을 강조하는 다산시.

4. 읍·면개칭 유형

* 나라와 사람 이름에서 취한 읍·면 이름: 경상북도 상주시 사벌국면(사벌면2020), 경상북도 고령군 대가야읍(고령읍2015), 강원도 영월군 김삿갓면(하동면2009), 경상북도 경주시 문무대왕면(양북면2021), 경기도 여주시 세종대왕면(능서면2021)

* 산, 고개, 곶, 면소재지 땅이름에서 따와 붙인 면 이름: 충청북도 보은군 속리산면(내속리면2007), 경상북도 청송군 주왕산면(부동면

2019), 충청북도 영동군 추풍령면(황금면1991), 강원도 평창군 대관령면(도암면2007), 경상북도 포항시 남구 호미곶면(대보면2010), 전라남도 화순군 백아면(북면2020), 화순군 사평면(남면2020), 강원도 정선군 화암면(동면2009), 정선군 여량면(북면2009)

경상북도 봉화군 명호면은 청량산면으로 개칭하면 좋을 듯하다. 영주시와 함양군의 소백산면, 지리산면 개칭은 이웃 고을의 반대로 무산되었다.

* 온천과 역원(驛院) 이름에서 취하여 붙인 면 이름: 충청북도 충주시 수안보면(상모면2005), 충청북도 진천군 광혜원면(만승면2000), 충청북도 충주시 대소원면(이류면2012). 울진군 북면은 덕구온천 브랜드를 살려 덕구온천면이 좋을 것이다.

* 관광자원과 특산물에서 취한 면 이름: 강원도 영월군 한반도면(서면2015), 영월군 무릉도원면(수주면2016), 강원도 양구군 국토정중앙면(남면2021), 경상북도 울진군 금강송면(서면2015), 울진군 매화면(원남면2015)

이와 같은 경우로 보면 산삼의 고장 함양군이 서상면은 산삼지연휴양림도 있고 산양삼도 많이 재배하고 군의 2021 산삼엑스포도 기념하여 함양군 산삼면으로 개칭하면 '산삼의 고장 함양'이라는 특산물의 홍보효과와 위상제고에 좋을 듯하다. 아울러 서하면도 역사적 현장, 충효 절의정신의 산실 황석산성을 기념하여 남한산성면과 같이 황석산성면으로 개칭함이 좋지 않겠는가.

* 문화재에서 취한 면 이름: 충청북도 충주시 중앙탑면(가금면2014)

* 문학유산에서 취한 면 이름: 전라남도 담양군 가사문학면(남면 2019)

 * 기록유산에서 취한 면 이름: 경상북도 군위군 삼국유사면(고로면 2021)

이와 같은 경우로 보면 세계기록유산 동의보감을 기념하여 동의보감촌이 있는 경상남도 산청군 금서면은 동의보감면으로 개칭함이 어떠한가.

 * 세계문화유산에서 취한 면이름: 경기도 광주시 남한산성면(중부면2015)

함양군도 세계문화유산에서 취한 면 이름 남계서원면으로 개칭함이 좋을 듯하다.

5. 수동면을 남계서원면으로 개칭하자

충주시가 수안보면, 대소원면, 중앙탑면의 개칭이 있었고 영월군이 김삿갓면, 한반도면, 무릉도원면의 개칭이 있었으니 최다 개칭 시군이다. 영월군 쪽은 "면 이름을 특색있게 바꾼 뒤 브랜드 가치가 높아져 축제나 판매 때 큰 도움이 된다. 주민들도 만족하고 있다"고 전했다.

함양군 수동면이 일제에 의한 무의미한 작명이듯이 경기도 여주시 능서면도 일제 강점기인 1914년 세종대왕릉(영릉) 서쪽에 있었다는 이유로 107년간 '능서면(陵西面)'의 명칭을 사용하던 것을 어느 면장의 의지로 여주시 세종대왕면으로 변경을 추진하였는데 찬반논란, 엎

치락뒤치락, 우여곡절 끝에 성공했다.

 적극적이고 진취적이고 불굴의 개혁정신이 있어야 지명개칭이 가능하다. 함양군도 과감하고 선도적으로 수동면을 세계문화유산에서 취한 면 이름 남계서원면으로 바꾸기를 바란다.

남계서원의 광거당과 명성당

1. 머리말

역사란 승자의 기록이라고 한다. 승자는 나타나고 패자는 사라진다. 국사만 그런 것이 아니라 지방사 특히 서원도 마찬가지다. 함양 남계서원은 세계문화유산이다. 남계서원에 가면 승자의 역사만 볼 수 있다. 패자의 역사는 아무도 드러내지 않아 알 수 없다. 알지 못한다. 흔적을 볼 수 없다. 당대에는 패자였지만 후대에는 승자가 되기도 하니 승패는 병가지상사가 맞다. 일희일비할 필요가 없는 것이다.

남계서원 승자의 역사는 개암파가 새기어 게시한, 개암 강익 명명의 현재 당재 명칭이다. 패자의 역사는 옥계파가 새기어 게시한, 옥계 노진 명명의 초기 당재 명칭이다.

남계서원은 남계오현이 건립을 주창하였고 불굴의 의지로 초지일관 노력하여 완성한 이는 개암 강익이다. 그러나 그는 너무 빨리 세상을 떠나, 사액서원 원장 1년 만에 별세하여 이후의 주도권은 옥계 노진과 풍천노씨가 장악하였다.

개암 사후 1567년에서 옥계 사후 1578년까지 10여년 간 남계서원은 제2대 원장 사암 노관, 제3대 운고 노사훈, 제4대 죽헌 정지, 제5대 홍와 노사예 등 원장이 따로 있었지만 옥계 노진이 실세로 지도한 것은 사실이다.

2. <천령지>의 광거당

일두 증손 춘수당 정수민(1577~1658)이 1643년(인조21) 경에 편찬한 <천령지> 서원 조에 남계서원에 대해 소개하였다.

"남계서원은 남계의 동쪽에 있다. 가정 31년 임자 명종 7년(1552)에 개암 강선생이 첫째로 동지들과 함께 서구연 군수에게 고하고 비로소 공역을 일으켜 가정 40년 명종 16년(1561)에 준공하였다. 사당이 높고 상쾌하였고 강당이 넓고 탁 트였다.

강당은 광거당(廣居堂)이라 하였다. 그 동쪽엔 의방재(義方齋)와 유예헌(遊藝軒)이 있고 서쪽엔 경직재(敬直齋)와 애련헌(愛蓮軒)이 있다. 문은 준도문(遵道門)이라 하였다. 안에 왼쪽, 오른쪽에 연못이 있고 길은 그 사이에 말미암는다. 당재의 명칭은 모두 문효공(옥계 노진)이 정한 것이다.

이해 2월 16일에 일두선생 위판을 봉안하였다.

명종 병인년 가정 45년 명종 21년(1566) 7월에 액호(額號)를 선사(宣賜)하였다.

정축년(1577,선조10) 9월에 신주(神主)의 제호를 시호로 개서하였다.

우리 동국은 서원의 설립은 죽계가 처음이고 이 서원이 그 다음이다. 만력 정유(1597,선조30)에 왜구에게 소실되었고 뒤에 구라마을에 이건하였다. 임자년(만력40,광해군4,1612)에 옛터에 중건하였다.

처음 사액하던 날에 옥계 노진(1518~1578.0823)과 청련 이후백(1520~1578.1007)이 주선한 공로가 있었다. 문효공이 춘추 축문을 지었다.(글 생략) 퇴계선생 시 (글 생략)

노홍재 경임안 서문

무인년(1578,선조11) 4월에 죽헌 정군이 병이 들어 원장직을 교체하려 하며 나를 후임으로 삼았다. 고을의 원로도 내가 서원 일을 잘 안다고 하여 그 후임을 찬성하였다."(이하 생략)

홍재 노사예(1538 ~ 1594)는 남계서원이 20년의 세월이 흘러 역대 원장들의 행적이 민멸되어 사적을 고찰하기 어려울까 염려하여 경임안을 지은 것이다. 서문을 쓴 해는 기묘년(1579,선조12) 8월이었고 쓴 곳은 남계서원 초기 당재 명칭의 서재 마루 애련헌(愛蓮軒)이었다. 지금의 애련헌은 동재 마루이다.

3. <개암집>의 명성당

개암 강익(1523~1567)은 <개암집>을 남겼다. <개암집>은 개암파라 할 수 있는 함양의 저술가 춘와 양천익(1638~1711)이 편찬하여 1686년(숙종 12)에 함양 남계서원에서 목판으로 간행하였다. 문집 상권에 개암이 지은 <남계서원기>가 실려 있다.

개암은 남계서원이 사액을 받고 한 달이 된 시점인 1566년(명종21)

8월에 <남계서원기>를 지었다. 거기에서 서원을 세운 뜻을 기록하여 강당을 명명하여 명성당이라 하였으니, <중용>의 명하면 성하다는 뜻을 취한 것이다. 강당의 양쪽 방 협실 이름은 동쪽은 거경재, 서쪽은 집의재라 하였다. 정자의 거경궁리와 <맹자>의 집의하여 생한다는 뜻을 취한 것이다.

　기숙사 동재는 양정재라 하니 몽괘로써 바름을 키운다는 데서 뜻을 취한 것이고, 서재는 보인재라 하니 <논어>의 벗으로써 인을 돕는다는 데서 뜻을 취한 것이다. 동서재의 마루는 애련헌, 영매헌이라 하고, 앞 대문을 준도문이라 하니 이름은 각기 의미가 있다. 사액을 받아 남계서원이라 하였다.

　개암이 설명하지 않았는데 애련은 연꽃을 사랑한 주렴계의 <애련설>에서 취한 것이고 영매는 매화를 읊은 송나라 항주 서호 은자, 매화를 사랑하여 아내로 삼은 매처학자(梅妻鶴子)의 화정 임포의 아취를 취한 것이다. 애련헌은 동재의 마루, 영매헌은 서재의 마루이다.

　<개암집>에 실린 <남계서원기>는 보이지 않는 오류가 있다. 본문에 개암이 일두를 지칭하여 우리 문헌공(文獻公)이라고 하였다. 개암 생전에는 일두에게 시호가 내리지 않았다. 이 글을 지은 당시에는 시호가 없었다. 개암 사후 8년 뒤인 1575년(선조8)에야 문헌공이란 시호가 윤허되고, 그 2년 뒤에야 이조좌랑 운강 조원이 시호를 가지고 와서 선포하였다.

　개암은 문헌공이라고 하지 않았는데 후인이 소급 적용한 것으로 문집을 간행하며 고쳐 새긴 것이거나 만약에 이 글을 위조한 거라면 시호가 당시에 이미 내린 것인 줄 알고 그냥 쓴 것이거나 둘 중 하나일 것이다.

개암이 이 기문을 짓고 나고 바로 현판으로 새기어 게시했을까? 개암연보에는 개암 42세(1564,명종19) 때 김우홍이 군수로 부임하자 부탁하여 기숙사 동서재를 짓게 하고 강당 등 각 건물의 이름을 붙이고 함양 명필 매암 조식에게 큰 글씨로 써서 걸게 하였다고 하였다. 각 건물의 명명과 게판 이후 2년 뒤에 <남계서원기>를 지은 것이다.

방위는 틀려도 명칭은 같은 것은 애련헌(愛蓮軒)이고 똑같은 것은 준도문(遵道門)이다. 1918년 <일두집>의 중간시 여러 선비들이 <애련헌연구(愛蓮軒聯句)>를 지은 곳은 남계서원 현재 당재 명칭의 동재 마루 애련헌(愛蓮軒)이다. 홍재가 <경임안서>를 쓴 애련헌과는 반대 방향이다.

4. <1552~1687년 남계서원경임안(灆溪書院經任案)>과 <낙남집>

개암이 명명했다는 강당과 재사의 편액은 지금 그대로 걸려 있으니 의심의 여지가 없는 것이다. 눈으로 보아 증명되는 것이다. 그런데 옥계가 명명했다는 강당과 재사의 편액은 지금 걸려 있지도 않고 유물도 남아 있지 않으니 그런 사실을 어찌 증명하겠는가. 기록을 통해서 고찰할 수밖에 없다.

남계서원 소장 고문서 책자인 <1552~1687년 남계서원경임안(灆溪書院經任案)>에 보면 남계서원 제4대 원장 죽헌 정지가 1573년(선조6) 11월에 취임하고 1574년(선조7) 6월에 옥계선생의 뜻을 받들어 처음으로 강당과 동서재 당재의 명칭을 정했다고 하였다. 처음으로란 말이 중요하니 개암이 이미 명명해 게시했다면 처음으로란 말을 쓰지 않을 것이다. 임진왜란이 일어나기 20여년 전에는 남계서원에 오면 강당인 광거당, 동서재인 의방재와 경직재의 편액을 보았을 것이다.

죽헌 정지 원장은 또 1577년(정축,선조10) 9월에 일두의 문헌공 시호 선포식을 치르고 생원 입재 노흠을 초청하여 신주의 명호를 고치는 작업도 하였다. 위패에 문헌공 일두 정선생이라고 다시 썼을 것이다.

숙종때 남계서원 유사, 나중에 원장이 된 춘와 양천익(1638~1711)이 1684년(갑자,숙종10) 봄에 개암 강익이 제향된 남계서원 별묘를 중수하고 이듬해(을축,1685,숙종11) 봄에는 남계서원 강당에 국기판, 분정기판, 남계서원기판, 소시판(小詩板-칠언절구제영)을 현판하였다. <주자대전>도 구비하였다.

현재 지금 보는 남계서원 강당 명성당에 게시되어 있는 현판들-국기판, 분정기판, 남계서원기판 등이 1685년(숙종11)에 제작, 게시된 것이다. 이때부터 개암이 명명한 당재 명칭이 현판, 게시된 것이다. 이전까지는 옥계가 명명한 당재 명칭이 현판, 게시된 것이 존재했던 것이다. 싹 다 뜯어고친 것이다.

지금 남계서원에는 남계서원의 학칙이라고 할 수 있는 원규판이 더 걸려 있고 국기판도 고종홍휴황제까지 기록되어 있으니 일제 시대에 다시 만들어 게시한 것이다. 시판은 하나도 없다. 있던 것이 분실된 것으로 추정된다.

춘와는 기축명현 수우당 최영경의 증손서로 남인 인사와 교유하니 남인이다. 남계서원 현판을 정비하고 이듬해(병인,1686,숙종12)에 남계서원에서 <개암집>을 간행하였다. <개암집> 편찬 작업도 춘와가 주편한 것이다. 개암연보도 춘와가 편찬한 것이다.

춘와는 <개암집> 보각 사업으로도 바쁜 와중에도 남계서원 별묘에 제향되던 개암을 문헌공묘에 승격, 추향하는 것을 1689년(기사,숙종 15) 9월에 상소하여 윤허받았다. 상소문은 개암 방손 소치재 강명세가 지은 것이다. 그리하여 그토록 갈망하던 문헌공묘 개암 배향 숙원사업이 우암 송시열이 사사되고 석 달 뒤, 기사환국의 남인 집권 때 이루어진 것이다.

임진왜란 이후도 마찬가지로 통틀어 1574년(선조7)부터 1685년(숙종11) 이전까지는 남계서원의 현판은 옥계 명명의 당재 명칭인 광거당, 의방재, 경직재 등이 게시되어 있었고 숙종 중기 이후에야 개암 명명의 당재 명칭인 명성당, 양정재, 보인재 등이 게시되어 현재까지 건재하다.

경남 함양군은 인조 때 양경홍의 난으로 인해 함양현으로 강등되었다. 이것을 읍호강등이라고 하는데 한 10년 지나면 원상복구시켜주는 게 관례이다. 1629년(인조7) 읍호강등 때의 함양군수는 파직되고 새 함양현감으로 부임한 이가 낙남 최산휘(1585~1637)이다. 낙남은 함양현감 시절에 역대 군수의 관례에 따라 남계서원에 백미 1석을 기부하였다. 1년밖에 안 다스렸는데도 선정비가 세워졌다.

낙남보다 20년 연하인 지인 함양출신 운제 노형필(1605~1644)이 있는데 그는 여헌 장현광(1554~1637)의 제자이다. 운제가 낙남의 죽음에 만사를 지어 보냈다. 그 소서에 옛날 기사년(1629,인조7) 가을에 남계의 광거당에서 공을 해후하였다고 하였는데 그 광거당이 바로 남계서원의 강당 광거당이다. 그 시점이 바로 낙남이 함양현감으로 부임하고 남계서원에 참배한 해이다.

조선 후기에 바뀐 남계서원 명성당에선 많은 선비들이 모여 강학하고 음영하며 시를 지어 남기기도 하였다. 대표적인 게 함양 지곡 외조부댁(노릉/盧稜) 출생 산청 선비 회정 민재남(1802~1873)의 <차남계서원명성당운(次灆溪書院明誠堂韻)>이다. 원문 생략.

1956년(병신,단기4289)에 함양향교에서 편찬한 <함양군지> 단묘 남계서원 조에 <천령지>와 <남계서원지>를 인용해 옥계와 개암이 명명한 광거당과 명성당 당재 명칭을 둘다 소개하였다.

4. 마무리

함양 남계서원에 가서 승자와 패자의 역사의 부침을 볼 수 있어야 역사를 안다고 할 수 있다. 승자는 친근하여 주도권을 쥐고 패자는 소원하여 주도권을 상실한 것이다. 옥계 노진을 남계서원에 배향하자고 갈천 임훈이 주장했는데 당시 경상감사가 따로 모셔라 해서 당주서원을 세워 떨어져나갔다. 당주서원에서 병향하던 옥계와 개암이 못마땅한 옥계파에 의해 개암이 밀려나 남계서원에 정착하고, 개암파가 득세한 뒤론 옥계의 자취는 남계서원에서 지워졌다.

남계서원 창건 초기에 서원부지를 옥계의 조카 강재 노사준(1536~1566)이 기부하였고 옥계 노진이 남계서원 교수로써 학생을 지도하였고 노씨들이 대대로 금품을 기부하였고 초기 원장과 임원을 역임하면서 남계서원 발전에 공헌하였다. 주 근거지를 옥계 제향의 당주서원 건립 이후 종손의 남원 이주 및 남원 창주서원으로 변경함으로써 남계서원에서의 영향력은 사라졌다.

패자인 옥계 명명의 당재 명칭 현판은 철거되고 승자인 개암 명명의 당재 명칭 현판이 당당히 게시되었다. 그 이후 패자의 자취는 찾아볼 수 없다. 기록만 남아 은밀히 전해질 뿐이다. 패자부활전을 벌일 일은 없는 것이고 패자의 역사를 되돌릴 수도 없는 것이다. 남계서원의 연혁에 이러한 일이 있었다는 사실을 밝혀주면 되는 것이다. 남계서원 설명문에 호기심 차원에서 한줄 보태주는 것으로 족할 것이다.

남계서원의 문헌공묘와 별묘

1. 남계서원과 광풍루

　남계서원은 경남 함양에 있다. 문묘 16현의 16개 존속서원이고, 세계문화유산 한국의서원 9대서원이다.

　남계서원의 주벽(主壁) 일두 정여창 선생은 동방오현, 문묘 18현이다. 1498년(연산군4) 무오사화에 희생되고 1504년(연산군10)에 순교하여 2024년이 순교 520주기이다. 절친 동문 한훤당 김굉필과 함께 4대사화 순교성인이며 조선 성리학의 개창자이다.

　일두는 그 10년 전 1494년(성종25)에 안음현감으로 부임하여 경남 함양군 안의면 소재 관아 객사 문루인 선화루를 중창하며 광풍루로 개칭하고, 제월당을 금천 언덕에 창건하고, 광풍루와 짝이 되게 하였다. 서하 명승에 군자정을 짓고 공무의 여가에 소요하였다.

　염계 주돈이의 기상을 산곡 황정견이 묘사한 광풍제월 문구에서 취하여 광풍루, 제월당이라 명명하고, 주돈이의 명작 <애련설> '련(蓮)은 화지군자야(花之君子也)'에서 취하여 군자정이라 이름 지었다.

올해가 광풍루 제월당 530주년이니 이를 기념하여 '광풍루(光風樓) 제월당(霽月堂) 530주년 기념 주련차운(柱聯次韻) 전국한시지상백일장'을 개최하여 작품을 공모하여 일두의 성경(誠敬)사상과 애민선정의 공덕을 기리고자 한다.

2. 남계서원과 남계오현

한국 최초의 서원 백운동서원이 창건된 지 10년 후인 1552년에 함양 선비 5인이 남계서원 건립을 주창하였다. 당시 함께 주창한 다섯 선비는 개암과 고향 친구이고, 같은 스승 당곡 정희보의 동문들이다. 남계오현이라고 칭하여 존숭하는 바이다.

남계오현(灆溪五賢)

반계(潘溪) 박승원(朴承元)[1516?~1561?] 반남(潘南)
매촌(梅村) 정복현(鄭復顯)[1521~1591] 서산(瑞山) / 영빈서원
사암(徙庵) 노관(盧裸)[1522~1574] 풍천(豊川)
개암(介庵) 강익(姜翼)[1523~1567] 진주(晋州) / 남계서원
남계(灆溪) 임희무(林希茂)[1527~1577] 나주(羅州) / 화산서원

반계, 매촌, 사암, 개암, 남계 등 남계오현이 모여 사림 최초의 서원,

남계서원 창건을 논의하여 건립에 착수하였다. 강당을 건립하다가 공사비 부족으로 중단하고 7년 뒤 재개하여 9년 만에 강당을 완공하고 사당도 세워 일두를 봉안하였다. 동서재 건립까지 모두 12년이 걸렸다.

개암이 상소하여 사액서원이 되고 초대원장이 되고 강학하였다. 강당과 협실, 동·서재 및 마루, 대문의 명칭을 개암이 명명하고 <남계서원기>를 지었다. 개암 별세 후 서원을 주관한 옥계 노진은 강당과 동·서재 명칭을 자기 나름대로 명명하여 편액을 게시하였다.

3. 남계서원의 광거당과 명성당 및 성경당

남계서원 강당명에 대하여 옥계는 맹자사상을 취하여 광거당이라 하여 인(仁)을 강조하였고, 개암은 중용사상을 취하여 명성당이라 하였다.

남계서원의 편액은 임진왜란 이후도 마찬가지로 통틀어 1574년(선조7)부터 1685년(숙종11) 이전까지는 옥계 명명의 당재 명칭인 광거당, 의방재, 경직재 등이 게시되어 있었고 숙종 중기 이후에야 개암 명명의 당재 명칭인 명성당, 양정재, 보인재 등이 게시되어 현재까지 전승되어 건재하다. 그러나 덕천서원 강당이 남명의 경의(敬義)사상을 취하여 경의당(敬義堂)이라고 명명되었듯이 일두의 사상은 성경(誠敬)사상이니 성경당(誠敬堂)이라 해야 타당하다.

일두는 박언계에게 준 서간에서 향학이성(向學以誠), 율신이경(律身以敬)이라고 강조하는 친필을 남겼고, 일두의 조카 정희삼이 지은 행장에서는 '범지기행사(凡持己行事)에 일이성경(一以誠敬)으로 위일용공부(爲日用工夫)라'고 했고, 서부 경남의 대표 대유 동계 정온은 일두 신도비에서 '일용공부(日用工夫)는 불출성경지외(不出誠敬之外)라'고 했듯이 사림은 일두의 성경사상을 잘 인식하고 있었다.

4. 남계서원의 문헌공묘

어떻든 개암이나 옥계나 모두 사당명은 붙이지 않았다. 동방사현이라서 사당명을 감히 붙이지 못했다는 건 억측이다. 소수서원은 주벽 회헌 안향의 시호 문성공에서 취하여 문성공묘라고 하고, 회재 이언적의 옥산서원은 회재의 인(仁) 사상을 강조하여 체인묘(體仁廟)라 하였다.

마찬가지로 동방오현의 초기 인물인 한훤당과 일두는 시호를 받은 뒤엔 똑같이 문경공묘와 문헌공묘라고 편액을 게시했어야 하는데, 없이지낸 관행으로 사당 편액 없이 이어져 온 것이다. 장성의 필암서원도 사당명이 없다가 1964년에 소장층 유학자 변시연의 주장으로 공론을 모아 우동사(祐東祠)라고 편액을 게시하였다.

남계서원도 반 천년 미완의 사업인 사당명 편액을 게시해야 할 것이다. 사당명은 옛사람들이 의례적으로 칭해온 문헌공묘가 타당하다.

나중에 사당에 배향되는 인물들, 동계나 개암은 모두 문헌공묘에 배향되었다고 하였다. 먼저 문헌공묘에 바로 배향된 것이 아니고 향현사라고 칭해지는 별묘에 제향하다가 사액서원의 위상에 맞게 임금님께 상소하여 윤허를 받아 배향하였다. 왕명을 받지 않고 임의로 배향하면 처벌되었다.

5. 옥개시비(玉介是非)

남계서원의 별묘에 최초 제향된 인물은 남계서원의 창건주 개암 강익이다. 개암을 위하여 별묘를 창건하여 향사한 것이다. 사연이 깊다. 개암과 옥계 사후 남계서원의 주도권을 두고 옥계파와 개암파가 쟁탈전을 펼친 것이다.

남계서원 창건과 운영에는 옥계 노진과 초기 원장을 돌아가며 맡은 사암 노관, 운고 노사훈, 홍와 노사예, 우계 노사상, 추담 노사개, 서간 노사회 등 풍천노씨의 공덕이 지대하였다. 남계서원터를 기부한 이도 옥계의 조카 약관 15세의 강재(剛齋) 노사준(盧士俊, 1536~1566)이었다.

천령삼걸이라 불리는 옥계 노진이 별세하자 선배 갈천 임훈이 남계서원에 배향하라고 권유하였다. 경상도관찰사가 옥계는 명현이니 따로 사당을 세워 향사하라고 권유하고 건축비도 지원하였다. 그래서 추담에 있던 옥계의 서재 신의재를 강당으로 삼고 사당을 세워 옥계를 향사하였다.

선조 14년(1581) 옥계를 처음 제향할 때 옥계의 조카 홍와 노사예가 선의로 개암은 옥계의 동문이니 같이 모시자고 건의하여 개암을 옥계에 배향하였다.

호사가들은 말도 많고 탈도 많다. 당주서원에 옥계주향, 개암배향이 지속되니 개암파들이 보기에 부당하였다. 개암은 옥계보다 5세 연하이나 같은 당곡 정희보의 제자로 동문 친구인데 어찌 배향이 맞냐고 물의가 비등하였다. 배향을 병향으로 바꾸자는 논의가 일어났다. 한강 정구와 동강 김우옹의 동문병향(同門竝享)이 맞다는 의견대로 병향이 실현되었다.

정유재란에 남계서원과 당주서원이 소실되고 복원운동이 일어났는데, 주관자들이 서원의 옛터를 버리고 남계서원의 묘하서원 형식을 취하여 구라에 중창하였다. 그 옆에 당주서원도 중창하여 같은 담장 안에 사액서원인 국학의 남계서원과 향현사인 당주서원이 병립하고 편액도 옥계서원(玉溪書院)이라 칭하였다. 사람들의 이목을 놀라게 하기에 충분한 것이다.

합천의 선비 역양 문경호는 통문을 보내 일두존숭의 의미가 퇴색하니 옛터에 각기 중건하라고 권유하여 일두가 문묘에 종사된 지 2년 뒤인 광해군 4년(1612)에 옛 터인 지금의 터에 남계서원이 중건되었다. 당주서원은 새 터에 이건하여 신계서원이 되었다. 이것이 사액을 받아 정통의 당주서원이 된 것이다.

옥계파들은 개암이 5세 연하일 뿐만 아니라 실제로 배웠다, 사제지간의 의리가 있으니 배향이 맞다, 병향이 부당하다고 주장하였다. 함양지역사회에 개암파와 옥계파의 시비 향전이 전개된 것이다. 이것을 옥개시비(玉介是非)라고 하겠다.

6. 남계서원의 별묘

결국은 개암파가 위패를 싸들고 나가 개암의 공적이 지대한 남계서원에 별묘를 세워 따로 모시기로 한 것이다. 남계서원은 사액서원이라서 임의로 배향할 수 없기 때문이다.

인조 12년(1634)에 개암파 사림이 동계에게 품의하여 남계서원 문헌공묘 좌측 전사청 밖에 별묘를 창건하고 개암을 향사하였다. 그리하여 옥개시비가 잦아들었지만 꺼진 것은 아니다. 남계서원의 편액이 모두 옥계가 명명한 것이 게시되어 있었기 때문이다. 숙종 중기 이후 개암이 명명한 남계서원의 편액이 게시됨으로 해서 남계서원의 주도권은 개암파가 장악하였다.

노론 세력화한 일두 후손에 의해 남계서원 묘정비가 건립되자 남인 학통을 무시한 비문으로 인해 파문이 일고 남계서원 건립공로에 개암만 강조하자 풍천노씨 측에서 불만을 품고 비문을 쪼아내는 사태까지 벌어졌다. 옥개시비의 잔영이라고 하겠다.

동계가 별세한 지 1년 뒤 인조 20년(1642)에 일두의 동향이고 동문이며 절친인, 시서화삼절의 대시인 뇌계 유호인과 남계서원의 유사도 지내고 일두의 문묘배향상소를 서울로 모시고 가서 제출한 공이 있는, 배소(陪疏)운동을 벌인 척화파 양대신 동계 정온을 별묘에 개암과 병향하였다.

사림의 끝없는 승배(陞配)운동에 의해 숙종 3년(1677)에 동계가 승향<陞享灆溪文獻公廟>되고, 숙종 15년(1689)에 개암도 숙종대왕의 윤허를 받아 문헌공묘에 승향되어 배향<先生及桐溪鄭先生竝配于文獻公廟>되었다.

개암의 문헌공묘 승배운동을 소치재 강명세와 공동 주도한 춘와 양천익은 <개암집> 보각 사업으로도 바쁜 와중에도 남계서원 별묘에 제향되던 개암을 문헌공묘에 승격, 추향하는 것을 1689년(숙종15) 9월에 상소하여 윤허 받았다. 상소문은 개암 방손 소치재 강명세가 지은 것이다. 그리하여 그토록 갈망하던 문헌공묘 개암 배향 숙원사업이 우암 송시열이 사사되고 석 달 뒤 기사환국(己巳換局)의 남인 집권 때 이루어진 것이다.

개암과 동계의 승배 이후 별묘에는 뇌계만이 남았다. 영조 20년에 별묘를 중수하였다. 제5대 남계서원 원장을 지낸 홍와 노사예(1538~1594)의 제자이며, 일두 종통을 지킨 일두 제4대 종손 송탄 정홍서(1571~1648)를 순조 20년(1820) 별묘에 제향하였다.

7. 남계서원의 별묘 복원 촉구

별묘에 모셔지면 향현사로 타치대상이 되기도 하고 사액서원 사당에 제향되면 국학으로 노타치대상이 된다. 성균관 문묘 제향의 지위와 특권을 나름 누렸다.

남계서원의 문헌공묘는 문묘 16현 서원이라서 존속되고 별묘는 향현사라서 1868년(고종5) 서원훼철령 때 철거되었다. 다른 향현사들이 거의 다 복원되는데 남계서원 별묘가 빈터로 남아 있는 것이 안타깝다. 별묘가 복원되면 남계서원의 유적이 늘어나고 활동이 더욱 다채로울 것이다.

함양군 수동면에만 점필재 김종직의 제자 서원이 네 개 있다. 회헌 임대동의 화산서원, 일두 정여창의 남계서원, 탁영 김일손의 청계서원, 남계 표연말의 구천서원이다. 별묘가 복원되어 뇌계 유호인의 제향이 복구되면 점필재의 함양 5대 제자의 서원 제향인물이 150여 년 만에 완성되는 것이다. 임대동, 유호인, 정여창, 김일손, 표연말이다.

일개면에 사림파의 종장 점필재의 5대 제자가 향사되는 서원이 4개가 있다는 것이 대단하지 않은가. 영남 사림파의 자랑스런 표싱이 될 것이다. 뇌계 유호인을 향사하는 남계서원 별묘를 조속히 복원하기를 촉구한다.

아울러 함양 정신문화의 삼대원천인 고운 최치원<최치원역사공원>, 점필재 김종직, 연암 박지원<연암기념관>에서 함양 5대 제자의 스승인 점필재 김종직을 향사하는 백연서원이 복원되어 영남 사림파의 종장 사제지간의 역사문화유적이 나란히 광망을 발하기를 희망한다.

....
참고원전
....
灆溪書院誌卷之二
○別廟事蹟 附

仁祖十二年甲戌士林會議以爲灆溪乃介菴先生所創而平生 尊慕之地稟定于桐溪先生建別祠于院之東隅以享 介菴集下司 二十年壬午以瀶溪兪好仁桐溪鄭蘊竝享

肅宗三年丁巳桐溪陞配

十五年己巳介菴陞配

英宗二十年甲子春重修 經任案
純祖二十年庚辰松灘鄭弘緖享焉 松灘集

高宗五年戊辰以邦禁毁撤
介菴奉安文 鄭弘緒

道有屯亨不昧者理仰惟先生晚生南紀逈及玉溪道契昭融

造詣年齡無不與同座連香卓固無不宜事有悖理神不苟依 玆建別廟以圖永完肅造新板且祈移安先正攸宇夙昔所履 涓吉擧儀敢告終始

常享文

充乎其積粹然其美沈潛經史探賾義理入孝出悌創院淑士 後學祗崇無忝稬祀

潘溪常享文
忠孝出天文行冠世鄉邦景慕愈久愈新
桐溪奉安文 姜命世

惟先生爲政于家孝友天成移忠於國直道以行扶敘彝倫 久賴始終星斗之仰遠邇攸同矧惟咸邑渭陽之鄉衣被風聲 實弘此疆爰謀揭虔有難別搆合堂潘松與享非苟依歸文

獻志願是遵德旣有隣因不失親精靈宜妥矜式有地尙紹先 哲永啓後士

常享文
剛大之氣文之以學忠節所激彝倫迺植傍隣薰挹敬慕僉同 惠我邦士昭格無窮

松灘奉安文 宋稺圭

天挺盍翁倡明斯文啓迪後人百世功存猗先生作踵武蜚英 孝悌子諒洛頌洋洋餘事黼黻軒軼歐蘇攤經辨志大義暢昭 私淑寒崗德業日進自能溫克戒合存靭工深近裏力著向上 釋褐登朝襟紳鑽仰前程發軔措施可擬儁▼(亻+尨)憸小遂此見 抵江皐弭節匪違初服樂志嘐嘐引進後學寓意圖象亦涉經 緯極深研幾躬踐實地嘉惠鄉邦寔賴至今報祀有議不謀同 心文獻之孫遹追先美鄉祀是創孰與其右爰享別廟潘溪幷 卓禮合情得庶

幾無斁花山嶷嶷溪水漣漣百世聞風遺想依 然尊靈肹蠁尙克右之永世不替肅將祼儀

常享文
承襲家庭薰陶師門德行兼備士林咸仰

潘溪兪先生事實節略

世宗二十七年乙丑某月日先生生于郡西竹館里資禀眞醇學 業夙就其忠孝之性根天而自裕

世祖八年壬午俱中生進遊太學與梅溪曺偉受學于佔畢齋金 先生之門覩其容貌之溫雅聘其議論之雄渾以資求道之域

成宗五年甲午先生嘗偶入宮墻當乘輦前上曰汝能詩乎對 曰粗解上呼一句曰金玉非寶良臣實對曰日月非明聖主

明上大奇之特賜文科以詩爲上所眷遇令善寫以進 在翰院受由歸覲有詩曰北望君臣隔南來母子同成宗遣 中使取覽極稱忠孝嘗與一蠹先生同入院侍講之餘談論剌 剌因語岳陽之事和老杜卜居篇燕山二年丙辰出宰江陽未 及韜迎病卒于官一蠹先生有祭文

仁祖二十年壬午享灆溪別祠

介菴姜先生年譜節略

中宗十八年癸未正月十八日先生生于咸陽郡孝友村三十二 年丁酉以大

人承仕公命就學於唐谷鄭希輔之門學業大進 唐谷嘗稱於人曰龍之飛鳳之
鳴固不待習熟而能此子之變 化氣質若是之速也持養有方學術益明梁九拙
喜盧玉溪禛 李靑蓮後白諸賢共爲道義之交往來切磋硏賾義理之奧焉

　明宗三年戊申築小齋于宅之南扁曰夙夜齋以爲藏修之所七 年壬子始創
蘫溪書院八年癸丑遊登龜愛其宅幽勢阻買田 結茅以爲終老之計別搆小齋
扁曰養眞記在本集十一年丙辰與 吳德溪健林葛川薰論學曰學貴自得非自
得者易至差失十 三年戊午學易于南冥曺先生之門二十二年丁卯吳德溪薦
先生學行于朝除昭格署參奉先生養志守義不喜仕進以 家貧親老將理肅行
忽感疾而卒

　宣祖十四年辛巳享于新溪祠

　仁祖十二年甲戌移享蘫溪別祠

　肅宗十五年己巳陞配

　桐溪鄭先生年譜節略

　宣祖二年己巳二月六日先生生于安陰古縣嶧洞三十七年甲

　辰奉疏入京請從祀五賢三十九年丙午擧進士光海二年庚 戌登別科移拜
司諫院正言啓請還移慶運宮被遞貶鏡城制 官五年癸丑授副司直成均館司
藝病不赴除侍講院弼善兼 春秋館編修官赴召六年甲寅上封事請斬鄭沆追
復永昌大 君立號 封事在本集 兩司齊發議罪按律命大靜安置

　仁祖元年癸亥以司諫院獻納知製敎召陞司諫二年甲子适 亂扈駕公州五

年丁卯金人大擧來侵扈駕南漢山城十 年丁丑上箚請痛斥講和之議以正賣國之罪及大駕出城 進箚辭訣且進處變之道遂南下還鄉十一年戊寅入某里冬 撰一蠹先生神道碑銘十四年辛巳卒十五年壬子三月享灆溪別祠

孝宗入年丁酉賜諡文簡

肅宗三年丁巳陞配

松灘鄭先生事實節略

宣祖四年辛未正月二十二日先生生于介坪舊第三十六年癸 卯蔭顯陵參奉光海元年己酉中增廣司馬自後累除參奉見 時事昏亂不樂仕宦當朝者惡不附已欲擠陷之至於指嗾鬥 孼誣奪宗祀先生知其不可與辨遂移卜于灆溪之東自號松 灘因謁寒岡鄭先生先生亟許大賢有後與知足堂朴明榑思 湖吳長桐溪鄭薀愚伏鄭經世月沙李廷龜默翁權濤諸賢爲 道義之交

仁祖元年癸亥叫閽 疏及禮曹立案在本集 宗祀歸正六年戊辰登別科 陞成均館學諭九年辛未遷學錄元宗追崇時以館儒不卽 停擧配沃川翌年壬申蒙還十四年丙子陞學正以舊患冷痺

不能供職遽棄歸
二十六年戊子卒

純祖二十年庚辰享灆溪別祠

灆溪書院誌卷之二終

남계서원과 황석산성

　　동방오현 일두 정여창을 모시는 남계서원은 함양군 수동면에 있고 정유재란 순국의총의 황석산성은 서하면에 있다. 둘다 국가사적이고 서원은 거기에 더하여 세계문화유산이다. 같이 거론하는 까닭은 책임자 문제 때문이다. 좋은 일의 책임자는 공신이고 나쁜 일의 책임자는 죄인이다. 책임자 처벌은 많이 들어봐도 책임자 포상은 별로 못 들어 봤을 것이다.

　　남계서원 창건의 주역은 조선중기 학자 개암 강익이다. 주역이긴 하지만 혼자 다 한 건 아니고 공동발의, 지원, 협력, 협조자의 도움이 있어서 가능한 거였다. 그래도 혼지 불굴의 의시도 어떠한 비방과 위협에도 초연히 성사시킨 공로는 칭송받아 마땅하다.

　　<개암집>에 보면 1552년(명종7)에 개암 강익이 박승임, 사암 노관, 매촌 정복현, 남계 임희무랑 서원창건을 논의했다고 하였다. 이들을 남계5현이라고 정의하여 기념한다. 같은 5현인 임희무의 <남계집>을 보면 개암이 임희무, 박승원, 사암 노관, 매촌 정복현과 서원창건을 논

의하였다고 했다.

　박승원(朴承元)과 박승임(朴承任), 두 인명이 존재하는데 결론적으로 얘기하면 <개암집>의 박승임은 오자다. <남계집>의 박승원이 맞다. 그는 추정 1516?년생으로 1518년생인 옥계 노진의 죽마고우, 동문수학한 사이로 친하였다. 박승원이 40대에 별세했을 때 옥계가 만사도 짓고 제문도 지어 애도를 표하였다. 박승원은 그 셋째아우 박승남과 동갑인 청련 이후백의 자형이다. 그 아내 연안이씨는 남편 사후 수십 년 동안 고기도 먹지 않고 추모하며 수절한 열녀이다.

　박승원은 옥계, 개암, 남계, 매촌, 그리고 구졸암 양희, 청련 이후백이랑 같이 함양의 큰 스승 당곡 정희보의 알려지지 않은 제자였을 것이다. 반남박씨 명현 춘당 박맹지의 차남 박계간의 사위가 당곡이다. 박승원은 춘당의 증손자이고, 당곡의 처조카이다. 동시에 소수서원을 세운 신재 주세붕의 제자이기도 하니 서원정보 소스는 박승원이 개암에게 제공하여 개암의 남계서원 창건 주동에 일정한 역할을 했을 것이다.

　반남박씨 박승원을 비롯한 남계오현은 말로만 서원창건에 공헌한 것이 아니다. 모두 공사비용 양곡과 서원비치용 서책을 기부하여 찬조하였다. 박승원은 <가례육권>과 벼 두 섬, 콩 세 말, 논 9마지기를 기증, 1556년(명종11)에 벼 한 섬, 콩 한 말을 추가 기증하고, 서산정씨 정복현은 <이락연원록이권>과 <소학삼권> 및 벼 두 섬, 콩 두 말을 기증, 1556년(명종11)에 벼 한 섬을 추가 기증하고, 풍천노씨 노관은 <이

학유편이권> 및 벼 두 섬 8말, 콩 세 말을 기증, 1556년(명종11)에 벼 한 섬을 추가 기증하고, 진주강씨 강익은 <심경일권>과 벼 한 섬, 콩 한 말을 기증, 1556년(명종11)에 벼 한 섬, 콩 한 말을 추가 기증하고, 나주임씨 임희무는 <공자통기이권>과 <주자연보이권> 및 벼 두 섬, 콩 한 말을 기증하고, 1556년(명종11)에 벼 한 섬을 추가 기증하였다. 남계오현이 남계서원의 창건 책임자이고 대표책임자가 개암 강익이다.

박승임은 기부자 명단에도 없다. 박승임으로 저명한 인물에 같은 시기, 같은 반남박씨 소고 박승임이 있는데 그는 영주 출신으로 현풍현감, 진주목사, 창원부사도 지냈지만 함양 서원과는 무관하다.

<개암집>에선 소수서원 창건자 <무릉잡고>를 남긴 신재 주세붕의 호 무릉(武陵)을 무릉(茂陵)으로 오기했다. 오자는 있기 마련인데 고치지 않고 틀린 걸 고수할, 바로잡지 않고 고집부려 지킬 필요가 있나. <개암집> 필사자나 각수가 우연히 오자 낸 것을 실존 의미를 찾을 필요는 없다. 오자는 고치면 된다. 박승임이 아니고 박승원이다.

개암선생은 남계서원을 창건하여 세계문화유산을 남겼는데 <개암문집>은 오자를 1자 남기어 한 사람의, 창건공신 1명의 이름, 명예, 일생, 인생을 말살시켰다. 지금이라도 사과하고 바로잡고 현창해주어야 하지 않을까.

올해 2023년은 세계문화유산 남계서원 창건주역 개암 강익 선생 탄신 500주년이다. 또한 일두의 수제자 기묘명현 신고당 노우명-남계서원 운영주역 옥계 노진의 부친-의 서거 500주기가 된다. 같은 해에 누군 죽어 슬퍼하고 누군 태어나 기뻐하고 인생사 그러하다.

함양군에서는 탄신기념행사를 성대하게 개최한다. 함양군이 지원하고 남계서원이 주최하여 기념식, 학술회의 등을 개최한다. 개암을 도와 공사비를 대준 함양군수 3인에 대한 고마움을 개암은 누누이 서술하였다. 강당건립의 오유당 서구연, 사당건립의 윤확, 동서재건립의 이계 김우홍 3인의 군수가 남계서원 완공에 크게 공헌하였다. 그 후 손들을 찾을 수 있다면 그 고마움을 표시하여 공로패를 드릴 계획이다.

남계서원의 주향 일두선생의 손자 정언남과 그 부인 언양김씨(김중홍의딸) 및 그 아들 정대민-남계오현 임희무의 사위-은 정유재란 때 황석산성 농성정책에 호응하여 입성했다가 함락되자 부부는 순국하고, 그 아들 정대민은 피신하여 생존했는데 죄책감으로 시묘하며 견지하다가 또한 왜적의 칼날에 순절하였다. 일두가문의 절의정신이 숭상할 만하지 않는가.

정유재란이 발발하자 조정에서는 함양군, 안음현, 거창현의 세 고을 백성들을 황석산성에 입성시켜 사수하게 하였다. 그러나 노약자는 나가게 허용하여 전열이 정비되지 않았다. 성에 안 들어간 거창현감 한 형이 성이 부실하다고 한마디 하여 세 고을 사람 10분지 1이나 2 정도밖에 입성하지 않았다. 성이 함락되어 많은 군사와 부녀자들이 전사하고 희생되었지만 몰살된 것은 아니다.

남계서원의 배향, 병자호란의 척화충신 동계 정온은 재란 당시 29세였는데 입성하지 않고 모부인을 모시고 영호남을 유리걸식하였다. 임진왜란의 전쟁일기 <고대일록>을 남긴 고대 정경운도 입성하지 않고 유리걸식하며 생존하였다. 그의 친구 지족당 박명부도 가족이 입성하였다가 노약자 먼저 나가라는 영에 따라 부친 모시고 미리 수령을 하직하고 적상산성에 피난가서 살았다. 감수재 박여량도 의병장으로 입성하였다가 차남이 전사하자 처자식을 이끌고 호서로 피난가서 살았다. 안의 선비 눌계 우형도 가족이 입성하였다가 탈출하였는데 모친이 해를 당하자 복수의 칼날을 갈며 백사림을 참수할 것을 누차 청하였다.

동계의 장인 윤할은 조정의 명령으로 입성하였다가 성이 함락되자 탈출에 성공하여 살았다. 누가 힐난하자 주장이 도망가서 무너졌는데 나 혼자 죽을 이유가 없다고 하니 더 말을 못하였다. 정대익, 정대유 형제도 성이 함락되자 동북쪽으로 탈출하여 용추폭포 쪽으로 오다가 왜적을 만나 모친을 살리고 순절하였다.

함양 선비 유강도 온 가족이 입성하였다가 성이 함락되자 그 모친을 업고 탈출에 성공하였으나 부친(금천 유세홍)이 걷지 못해 성에 있었으므로 그 아우 유가에게 모친을 모시고 가게 하고 유강은 다시 성에 들어가 부친을 업고 나오다가 같이 왜적의 칼날에 순절하였다.

당시 안음현감 존재 곽준은 가족이 다 순국하였고 전 함양군수 대소헌 조종도는 부인과 함께 순국하였고 두 아들에게 조씨 혈통을 이으라고 당부하여 조영한과 조영혼이 탈출하다가 조영한은 포로로 잡혀 왜국에 끌려갔다가 1년 뒤에 송환되었고 그 아우 조영혼은 탈출에 성공하여 대소헌 장례를 치렀다.

일두 손자 정언남과 그 부인 언양김씨(김중홍의딸)이 대소헌 부부와 함께 순국한 것은 같이 훌륭한 절의정신인데 산성 수비 지도자 대소헌과 존재는 시호와 증직과 사액서원 제향의 국가 은전이 내려졌는데 정언남과 유세홍은 아무런 국가 시혜가 없었다.

그래서 동계 정온의 제자 안음 선비 신착이 <용문몽유록>이란 소설을 써서 정언남과 유세홍 등의 억울함을 소설을 빌려 피력하였다. 거기서 언급한 정언남과 유세홍, 대소헌과 존재는 황석사충(黃石四忠)으로 현창할 필요가 있다.

사내종 박은호는 가족과 같이 입성하였다가 성이 함락되자 탈출에 성공하였다. 부친이 성에 있는 것을 알고 다시 성에 들어가 부친을 모시고 나오다가 성 아래에서 왜적의 칼날에 같이 순절하였다.

함양 선비 서계 양홍주도 황석산성에 입성하였다가 성이 함락되자 탈출에 성공하여 유리걸식하며 생존하였다. 그 처참한 양상을 시를 지어 표현하였다. 그렇듯 많은 사람이 탈출하여 생존하였다.

세 고을의 수령 전 함양군수 대소헌 조종도와 안음현감 존재 곽준은 순국하고 거창현감 한형은 군사모집건으로 밖에 있다가 살아남고 그 부인은 남편 찾아 나가면 남편 명예를 실추시킬까 하여 딸과 함께 성을 사수하다가 순국하였다. 일곱 고을 군사와 주민 수만 명이 입성하였다고 하는 소리도 있으나 다른 고을 수령이 누가 들어온 적이 있는가. 낭설이다.

　황석산성이 함락되자 또 책임자 색출이 시작되어 전투부대장 김해부사 백사림이 먼저 탈출, 함락의 빌미 제공자로 낙인찍혀 국민적 원흉이 되어 책임자 처벌의 외침 속에 처벌받고 살아났다. 책임자는 죽여야 된다는 상소가 빗발쳤으나 일사부재리, 윤허가 나지 않아 끝까지 살다가 죽었다. 동계 정온은 처벌강경론자고 그 친구 지족당 박명부는 처벌온건론자였다. 박명부는 한때 성에 있었으니, 백사림과 면식이 있었을 것이다. 알면 평가는 달라진다. 백사림은 무장으로서 도망가서 살아남아 치욕스런 삶을 살았지만 책임자 참수형은 면하였다.
　좋은 일이든 나쁜 일이든 책임질 일은 책임지고 책임자는 응분의 대가나 대우를 받아야 한다. 상벌이 분명하고 적절해야 한다.

　개암 강익 선생 탄신 500주년 기념행사는 남계서원 창건주역에 대한 책임자 포상, 창건공신 현창에 해당하여 크게 경하할 일이다.

　그러나 그 <개암집> 때문에 500년 동안 묻힌 창건5현의 일인, 함양 선비 박승원의 억울함은 어찌할 것인가. 그를 비롯한 5현의 남계서원 창건론 공로에 대해 공적비를 세워주지는 못할망정 함양군수는 공로패라도 추증하여 기리는 것이 어떠한가. 책임자 처벌만 외치는 세상이 좋은 세상인가. 책임자의 공로 포상을 외치는 세상이 아름다운 세상인가.

灆溪五賢의 행적과 남계서원 공적

1. 서론

2. 『介庵集』의 남계오현 朴承任
3. 『灆溪集』의 남계오현 朴承元
4. 灆溪五賢 朴承元의 행적
5. 灆溪五賢의 남계서원 공적
6. 결론

1. 서론

 경남 함양은 동방오현 일두 정여창 선생의 탄생지이고 일두를 모신, 세계문화유산 남계서원의 소재지이다. 동방오현은 桐溪 鄭蘊(1569~1641)이 東方五賢의 切近한 말씀을 엮어『續近思錄』을 만들려고 하다가 미완에 그친 것에서 보듯 서방의 현자에 대하여 동방의 현자를 지칭하고 그중에서도 광해군 때 처음 동방의 5현자를 문묘에 종사하며 동방오현이라고 일컫게 되었다.

동방오현은 조선조 성리학 개척의 대현자 5인으로 그중 4현은 조선 유교순교자로 성인이라고 해도 손색이 없겠다. 일두 정여창, 한훤당 김굉필, 정암 조광조, 회재 이언적은 4성현이다. 일두와 한훤당 중종 때부터 문묘에 종사하자고 선비들이 소청하였으나 실현되지 못하였고 줄기차게 이어진 소청이 선조 때 퇴계를 포함하여 오현의 文廟從祀로 조직화되어 마침내 광해군 2년(1610) 9월에 어명이 내려 문묘에 종사되었다. 이후 오현, 동방오현으로 통칭되었다.

조선유교의 총본산 성균관 문묘에는 고려시대 신라 2현 홍유후 설총과 문창후 최치원이 문묘에 종사되었고 고려말에 회헌 안향이 종사되고 조선 중종 때에 포은 정몽주가 종사되어 고려 2현이 문묘종사되었다. 광해군 때에 동방오현이 문묘종사되고 이후 정조 때에 하서 김인후가 종사되어 6현이 되었다. 숙종 때에 율곡 이이와 우계 성혼이 문묘종사되었으나 이후 당파성 논쟁으로 陞黜이 반복되다가 서인 영구집권으로 고정되었다. 이후 서인 유학자만 종사되었다.

율곡, 우계, 중봉 조헌, 사계 김장생, 신독재 김집 부자간, 우암 송시열, 동춘당 송준길 친족간, 남계 박세채 8현은 모두 서인이고 남계는 유일한 서인 소론이나 영조대왕의 강력한 탕평책으로 문묘종사 상행되었다. 이들을 모두 합하여 동국18현, 문묘18현이라고 한다.

고종 때 서원철폐령이 내렸는데 문묘 18현의 서원과 충신, 공신 충공11현의 서원은 제외되어 27개 서원과 20개 祠宇가 보존되었다. 흥선대원왕이 미워한 화양동서원은 훼철되어 우암의 서원은 보존되지 못하였고 강한사(대로사)란 사우만 남겨졌다. 신독재 김집도 사계와 같은 돈암서원에 모셔졌으므로 부자간에 1개 서원만 보존된 것이다.

문묘18현의 16개 서원과 충공 11현의 11개 서원 모두 27개 서원만 훼철되지 않고 보존되었다. 충신은 고려말 충신 야은 길재(금오서원), 단종 충신 사육신(창절서원), 인목대비 충신 이항복(노덕서원)과 이덕형(용연서원), 병자호란 충신 홍명구(충렬서원)와 윤황(노강서원), 인현왕후 충신 오두인(덕봉서원)과 박태보(노강서원), 연잉군(영조) 충신 노론사대신(사충서원)이다. 공신은 세종성업 공신 황희(옥동서원), 임진왜란 공신 유성룡(병산서원)이다.

함양 남계서원이 27개 서원에 포함되어 보존된 것은 문묘 18현의 서원이란 것이 작용한 것이다. 일두가 문묘에 종사되고 문묘 18현이라서 서원이 보존되고 원형을 잘 유지하여 다른 서원과 함께 9개 서원이 세계문화유산에 등재된 것이다.

일두를 위하여 최초로, 잘 보존된 서원을 건립한 사람은 함양 출신 선비 介庵 姜翼(1523~1567)이다. 개암은 남계서원 창건에 독보적 존재로 일등 공신임은 누구도 부정 못한다. 그러나 창건 초기에 다른 선비 4인과 함께 일두 서원 창건을 주창하였고 그들은 끝까지 협력하여 기초를 다지는 데에 유공하니 이들을 남계오현이라고 하여 그 공을 기리는 바이다.

남계오현은 누구인가. 결론적으로 말하면 介庵 姜翼(1523~1567), 朴承元, 梅村 鄭復顯(1521~1591), 徙菴 盧祼(1522~1574), 灆溪 林希茂(1527~1577)이다. 그런데『介庵集』에는 朴承元이 朴承任으로 되어 있어 모든 기록에 착오가 생기게 하였다. 결론적으로 말하면 朴承任은 오자이고 朴承元이 맞다. 임희무의『灆溪集』에는 朴承元으로 바로 기록되어 있다. 그것을 밝히고 바로잡아 朴承元의 행적 및 남계오현의 위상과 남계서원 공적을 현창하는 것이 본 논문의 목적이다.

2. 『介庵集』의 남계오현 朴承任

선조 29년(1596)년에 개암 강익의 종자 姜渭琇가 지은 介庵先生行狀에

"명종 7년(1552)에 사문을 흥기시키고 유교를 창명함을 자기의 임무로 삼아 朴君承任, 盧徙庵祼, 鄭梅村復顯, 林君希茂와 의논하기를 '우리 고을은 문헌공의 고향인데 문헌공이 몰한 뒤로 이미 50년이건만 아직도 서원을 세워 향사하는 거조가 없으니 실로 우리 고을의 수치이다.' 하고 드디어 문헌공서원을 창립하였다."

하였다. 介庵 姜翼(1523~1567)이 朴承任, 徙庵 盧祼(1522~1574), 梅村 鄭復顯(1521~1591), 灆溪 林希茂(1527~1577)와 더불어 서원 창건을 상의하고 군수에게 건의하여 군수의 지원으로 남계서원 건립에 착수하였다. 그러다가 서군수가 모친상으로 떠나가 지원이 끊기자 공사가 중단되었다. 건립에 우호적인 군수 윤확이 부임하자 9년만에 사당을 완성하고 시원을 원공하였다.

함양 선비 春窩 梁天翼(1638~1711)이 1686년(숙종 12)에 편찬하여 灆溪書院에서 목판으로 간행한 『介庵先生文集』에 실린 「年譜」에

"명종 7년(1552) 선생 30세, 사문을 흥기시키고 유교를 창명함을 자기의 임무로 삼아 朴君承任, 盧徙庵祼, 鄭梅村復顯, 林君希茂와 의논하기를 '우리 고을은 문헌공의 고향인데 문헌공이 몰한 뒤로 이미 50년이

건만 아직도 서원을 세워 향사하는 거조가 없으니 실로 우리 고을의 수치이다.' 하고 드디어 문헌공서원을 창립하였다."

하였다. 위 두 글은 개암 당시의 녹취록이 아니다. 왜냐 하면 서술자의 시점으로 변조가 이뤄졌기 때문이다. 개암 당시는 일두선생에게 문헌의 시호가 내려지지 않았다. 개암 사후 8년 뒤 1575년(선조 8)에 文敬公 김굉필과 함께 일두에게 文獻公이란 시호가 내려졌다. 『개암집』의 강익이 지은 <남계서원기>에서 '惟我文獻公'이라고 한 것도 마찬가지이다.

강익이 朴君承任, 盧徙庵祼, 鄭梅村復顯, 林君希茂와 같이 상의하여 서원을 창립하였다고 하였는데 강익 조카 강위수의 행장의 글을 그대로 사용한 것이다. 그러니 朴承任이 5인에 포함된 것이다. 徙庵 盧祼의 『徙菴逸稿』가 『豊川盧氏世稿』 권3에 수록돼 있는데 10편의 글과 儒行錄의 약력만이 실려 있고 남계서원 일은 기재되어 있지 않다.

梅村 鄭復顯의 『梅村先生實紀』 卷下에 門壻 李碩蕃(1617~1681)이 편찬한 梅村年譜가 있다. 정복현 32세 때인 명종 7년(1552)에 姜介菴, 盧徙菴, 林灆溪, 朴公承任의 여러 군자와 더불어 남계 위에다 一蠹先生 鄭文獻公書院을 창립하였다고 하였다. 이 한 군데 외에는 『梅村先生實紀』의 다른 전기자료에선 더 이상 朴承任의 이름이 등장하지 않는다.

그런데 『梅村先生實紀』 卷下에 실린 南村 宋履錫(1698~1782)이 정조 4년(1780)에 지은 매천 행장에는 朴承任의 이름이 나오지 않으나 정작 송이석의 『南村先生文集』 <梅村鄭公行狀>에는 壬子에 姜介菴,

盧徒菴과 一蠹鄭先生書院을 灆溪에 刱立하였다고 하여 박승임, 임희무의 이름을 뺀 대신 정복현의 차남 鄭吾의 동문록과 사우록을 소개하였다.

동문록의 명단은 盧玉溪禛, 姜介菴翼, 李靑蓮後白, 梁九拙喜, 蘇暘谷世讓, 林灆溪希茂, 盧徒菴祼, 都養性軒希齡, 曺梅菴湜, 梁竹菴弘澤, 鄭竹軒摯 등이니 매촌의 스승 唐谷 鄭希輔(1488~1547)의 문인록을 그대로 쓴 것이다. 陽谷 蘇世讓(1486~1562)은 당곡보다 두 살이나 많고 익산에 살았고 대학자인데 당곡의 문인일 리 없다. 착오이다. 『唐谷鄭先生實紀』에도 문인록에 실려 있으나 착오의 답습이다.

사우록의 명단은 南冥, 林葛川, 吳德溪, 金開巖, 沙溪, 東岡, 鄭嶧陽, 邊桃灘, 成石谷彭年, 朴斯文承任 등이다. 朴斯文承任이란 경북 영주 출신 문신 嘯皐 朴承任(1517~1586)과 구별하는 명칭이다. 朴斯文承任의 존재를 파악하고 명단에 쓴 것인지 의문이다.

남계서원이 편찬하여 1919년에 간행한 『일두선생유집』과 1935년에 초간하고 1962년에 중간한 『灆溪書院誌』 서원사적에는 介菴年譜를 인용하여 서술하니 介菴姜翼, 朴君承任, 盧徒菴祼, 鄭梅村復顯, 林君希茂의 5인 명칭이 그대로 등장한다.

그러나 일두선생의 증손 鄭秀民(1577~1659)과 그 스승 寒岡 鄭逑(1543~1620)가 엮은 『文獻公實紀』에는 남계서원 창건사실과 관련 기록을 싣지 않았다. 『一蠹先生遺集』을 간행하는 1919년에 와서야 비중있게 다루었다.

3. 『灆溪集』의 남계오현 朴承元

灆溪 林希茂(1527~1577)의 외후손, 일두선생의 9세손 鄭重獻(1698~1781)이 정조 1년(1777)에 지은 남계선생행장에

"명종 7년(1552)에 강개암이 선생 및 朴承元, 盧徙庵祼, 鄭梅村復顯과 의논하기를 '우리 고을은 문헌공의 고향인데 문헌공이 몰한 뒤로 이미 50년이건만 아직도 서원을 세워 향사하는 거조가 없으니 실로 우리 고을의 수치이다.' 하고 드디어 힘을 합쳐 남계서원을 창립하였다."

하였다. 여기『남계집』에선 朴承任이『개암집』과 달리 朴承元으로 나온다. 주인공의 이름을 빼곤 관련 문헌에선 모두 박승임, 박승원이 첫 번째로 언급된다. 그러면서도 홀로 호도 없다. 실체가 사라져 잘 모르는 존재 같다. 실제로 함양 고을의 문헌에선 그 존재를 단독으로 기술한 기록은 없다.

함양 지역의 문헌에선 필자가 오자라고 판단한 朴承任은『개암집』의 오자와 그것을 답습한 두어 군데 문헌에서만 출현하고 바른 이름인 朴承元은『남계집』을 비롯하여 여기저기 출현한다.

남계서원을 공동 창건한 朴承任을 경북 영주 출신 문신 嘯皐 朴承任(1517~1586)과 오인 혼동하는데 전혀 아니다. 남계서원 창건 시기 명종 7년(1552)에는 嘯皐 朴承任은 이미 문과에 급제하여 玄風縣監으로 재임중이었다. 함양 선비들과 어울릴 이유도, 여유도 없다. 그러므로 임희무의『남계집』해제에서

"26세 때(1552년) 介庵 姜翼(1523-1567)· 嘯皐 朴承任(1517-?)· 徙庵 盧祼(1522-1574)· 梅村 鄭復顯(1521-1591)을 비롯한 함양 지역 선비들과 함께 灆溪書院 건립을 결의하였다."

하는 서술은 고증부실이다. 그 嘯皐 朴承任과 朴承元이 동시에 한 기록에 등장한 경우가 있었다. 愼齋 周世鵬(1495~1554)이 풍기군수일 때 중종 39년(1544) 4월에 청량산을 유람했는데 그때 함양 선비 문하생 朴承元이 군청에서 전송하였고 가는 길에 영주에 가서 嘯皐 朴承任 형제의 소과 합격 축하연에 참석하고 청량산을 유람하였다. <武陵雜稿 卷之七 遊淸凉山錄>.

소고 박승임의 부친 進士 朴珩의 7子가 다 문인이고 유생으로 소과, 대과에 급제하여 벼슬한 자가 많았다. 박승임이 지은 <贈通訓大夫通禮院左通禮奉直郞洪州判官朴公墓碣-嘯皐先生文集 卷之四>에 보면 그 주인공의 증손으로 承자 형제 7인이 등장한다. 驪州牧使承任謹記。幼學承倫書 忠義承張。訓導承文。察訪承健。正承侃。進士承俊이다. 과거급제자명단에 보면 박승임의 형제가 朴承文, 朴承健[生], 朴承侃[生][文], 朴承俊[進], 朴承仁, 朴承任[生][進][文], 朴承倫이니 박승임은 생원, 진사, 문과 三榜 급제자이고 그의 형 朴承侃은 생원, 문과 兩榜 급제자이다. 嘯皐 朴承任은 반남박씨니 承자 형제가 7인이다. 朴承元도 그 항렬의 반남박씨가 아닐까.

『咸陽郡誌』儒行에 보면 朴承男이 있는데 春塘 朴孟智의 후손으로 守眞樂道하고 不慕榮進하였다고 하였다. 박맹지는 반남박씨니 함양의 반남박씨도 承자 항렬의 인물이 있은 것이다.
『咸陽郡誌』烈行에 보면 李氏가 있는데 判書 李後白의 누이동생이라고 하였다. 선비 朴承元의 아내로서 남편 상에 3년 동안 죽만 먹고 조석으로 제사지내며 반드시 어육을 장만하였다. 어느날 제수가 부족하자 울부짖으며 하늘에 호소하니 집고양이가 산꿩을 잡아 바쳤다. 사람들이 지성감천이라고 하였다. 상이 끝나도 3년 더 채식만 하였다고 하였다.

조선시대 유명한 청백리 吏曹判書 靑蓮 李後白(1520~1578)도 진사, 문과 양방 급제자이고 소고 박승임과 동시대 벼슬아치이다. 이후백의 매부이면 기록이 더 있을 것인데 없었다. 함양의 문신 感樹齋 朴汝樑(1554~1611)이 지은 <天嶺孝烈錄-感樹齋先生文集 卷之五>에는 함양의 효자 24인, 열녀 7인의 약전이 실려 있는데 박승원의 아내 연안이씨도 기록되었다. 이 기록은 『함양군지』보다는 자세하다.

"이씨는 이조판서 청련 이후백의 누이동생이고 선비 박승원의 아내이다. 박군이 죽으매 나흘 동안 물 한 모금도 먹지 않았다. 미음만 먹은 지 3년이었고 고기를 먹지 않은 지 15~6년이었다. 3년 동안 제사음식을 올렸는데 반드시 어육을 갖추었다. 어느날 이바지 못하자 울고 있는데 갑자기 집고양이가 산꿩을 잡아와서 드디어 제수로 바쳤다. 사람들이 정성이 통한 것이라고 하였다. 家廟를 세우고 담장치고 단청하고 빛나게 잘 꾸몄다. 또 묘소에다 석물을 갖추고 절기마다 스스로 묘소에 참배하였다. 선대의 내외 기일을 만나면 기일 앞서 재계하고 마루를 깨끗이 치우고 제사지냈다. 모든 상례, 제례는 다 의리에 맞았으니 女士라고 이를 만하다."

이씨가 남편 박승원보다 15~6년을 더 산 것으로 헤아릴 수 있다. 박여량의 지역 후배인 春睡堂 鄭秀民(1577~1658)이 편찬한 『天嶺誌』(1657)의 烈婦 조에는 "향론으로 여러 번 조정에 정려를 신청하였다."는 말이 덧붙여져 있는데 정려는 받지 못하였다. 뒤따라 자결하였으면 받았겠지만 평생 남편 위하여 산 여자는 열녀로 보지 않은 것이다.

朴承元도 嘯皐 朴承男과 같은 반남박씨일 터인데 연결시킬 기록이 지역사료에 없을까. 필자보다 먼저 연결시킨 문헌이 있었다. 1962년 정순영(鄭淳永) 등이 편찬, 간행한 『藍溪書院尊衛錄』의 <衷寶錄 正單>에 옛날 書院의 衷寶錄을 깔끔히 정리한 것인데 자손들에게 수단하여 명단에 개인정보를 추가하였다. 字와 관향 및 자손 거주지이다.

朴承元은 字는 伯胤이고 潘南人이다. 租 貳石 太 叁斗 畓 九斗落을 기부하였고, 咸陽 德巖에 산다고 하였다. 承자 항렬에 朴承先은 字는 仲胤이고 潘南人이다. 朴承孝는 字는 季胤이고 潘南人이다. 다 자손은 咸陽 德巖에 산다고 하였다. 백중숙계로 보면 반남박씨 형제이다.

문중사료인 『潘南朴氏世譜』를 찾아보니 執義公孟智派에 春塘 朴孟智의 기록이 있었다. 박맹지의 차남에 朴桂幹이 있고 계간의 장남에 朴紝이 있고 박임의 장남이 朴承元이다. 박승원의 부인이 연안이씨이고 그 부친이 李國衡이니 이후백의 부친이다. 열녀 이씨인 것이다. 애석하게도 朴承元의 생몰연대는 기록되어있지 않다. 朴桂幹의 사위가 남해 출신으로 함양에 이주하여 많은 학자를 배출한 교육자 唐谷 鄭希輔(1488~1547)이다.

朴承元의 아우가 『咸陽郡誌』 儒行에 보이는 朴承男이다. 박승남은 생몰이 기록되어 있어 박승원의 연대를 추정해볼 수 있다. 중종 경진(1520)에 태어나고 선조 을유(1585)에 졸하였다. 묘소는 毛看里(수동면 우명리, 원평리) 선영에 있다.

그런데 세보에 박승남이 박승원 다음에 기록되어 있지만 그의 字는 叔胤이다. 박승남 다음이 朴承先이고 그 다음이 朴承孝인데 박승선의 자는 仲胤, 박승효의 자는 季胤이다. 백중숙계 태어난 순서대로라면 박승남은 삼남이다. 박승남이 1520년생이면 연년생이라고 해도 맏이인 박승원은 1518년생이고 격년생이면 1516년이어야 한다. 적어도 1518년이나 1516년 언저리에 태어난 것이다.

<天嶺孝烈錄>에 기록된 정유재란 충신 박선朴艸+巽(?~1597)은 朴承元의 조카로 그의 부친은 박승원의 막내 아우 朴承孝이다. 박손의 충신사적은 광해군 때 편찬 간행한 『東國新續三綱行實圖』 3집 박선매적(朴艸+巽罵賊)에도 실려있다. 박승효의 장인은 德巖書院에 모셔졌던 愚泉堂 禹績(1509~1582)이다.

함양에서 산청으로 이주해 태어난 향토 대학자 龍湖 朴文楧(1570~1623)은 朴承男의 차남의 장남이니 손자이다. 박승남의 삼남은 朴葳(1553~1593)인데 재종숙 朴師和한테 양자로 갔다. 朴葳의 장인은 효자 愚溪 河孟寶(1531~1573)이고 사위는 일두선생의 6세손 생원 夢泉 鄭光漢(1588~?)이다. 박문영은 정광한의 부친 松灘 鄭弘緖(1571~1648)와 친하였다. 박승원의 종증조 박숙지의 증손 박승유의 사위가 남계서원 제4대 원장 효자 홍와 노사예이다.

박승원은 자식이 없이 죽어 그 부인 이씨가 막내 박승효의 차남 朴頛를 양자로 삼았다. 박승효의 두 사위는 이경업과 강위명인데 강위명은 박승원과 같이 남계서원 창건을 주창한 개암 강익의 삼남이다. 察訪을 지냈다.

姜渭明은 西溪 梁弘澍(1550~1610)의 문인이다. 양홍주의 자형이 來庵 鄭仁弘(1536~1623)인데 서로 원수지간이었다. 강위명이 그 사이 사건에 끼어 곤욕을 치렀다. <混定編錄>. 강익의 생질 동계 정온에게 강위명이 表兄으로서 강익의 행장을 청탁하였다. 그런데 강익의 조카 姜渭琇가 지은 강익의 행장에는 강위명의 부인이 主簿 吳珪의 딸이라고 하고, 박승효의 딸 이야기는 없다.

朴承元, 朴承先, 朴承男, 朴承孝 4형제는 朴桂幹의 장남 朴紝의 아들이고 차남 朴純의 아들은 朴承林이다. 박맹지의 아우 朴淑智의 증손자에 朴承兪가 있다. 承자 항렬에 朴承任은 없으니, 박승임은 함양 반남박씨 집안에는 없다. 『介庵集』의 朴承任은 朴承元의 오자이다.

왜 오자가 발생했나 생각해보면 강익의 조카 姜渭琇가 지은 개암 행장에서 "壬子。以興起斯文。倡明儒教為己任。一日。與朴君承任, 盧徙庵祼, 鄭梅村復顯, 林君希茂議曰"이라고 하였는데, 為己任의 任자를 보다가 박승원을 쓰거나 새길 때 任자로 잘못 쓰거나 새기고 교정실수로 벌어진 것이라 추정한다. 오자가 나는 건 形似, 音似가 있는데 딴생각하다가 오자 발생하는 건 思似라고 하겠다.

남계서원은 강익 등 남계오현이 건립을 주창하여 함양군수 烏有堂 徐九淵(1502~1562)의 도움으로 한국최초의 서원 소수서원이 창건된지 10년만인 1552년(명종 7)에 공사가 시작되었다. 서군수가 모친상으로 갑자기 떠남에 강당의 동량만 세우고 공사가 중지되었다. 그뒤의 군수는 몰이해, 비협조적이라서 재개하지 못하였다.

7년이 흐른 1559년(명종 14)에 윤확이 군수로 부임하여 적극 협조하여 강당이 완공되고 사당의 공사에 착수하였다. 1561년(명종 16) 봄에 사당이 완공되어 일두선생의 위패를 봉안하고 낙성식을 성대하게 거행하였다. 이때에 강익이 남계서원 초대원장에 취임하여 학생을 지도하였다.

1564년(명종 19)에 명현 東岡 金宇顒(1540~1603)의 형인 伊溪 金宇弘(1522~1590)이 군수로 부임하여 학생 기숙사인 동재, 서재를 건립하고 연못도 파고 주변에 매화나무, 대나무도 심고 못에 붉고 하얀 연꽃도 가꾸어 서원 환경을 조성하였다.

1566년(명종 21) 6월 15일에 姜翼 등 30여 인의 장고(狀告)를 경상도 관찰사 姜士尙(1519~1581)을 통해 조정에 올리니 명종대왕이 명하여 남계서원으로 사액되었다. 사액은 명칭의 편액만 내리는 것이 아니라 서책, 토지, 노비, 원생면역 등도 내려 운영과 학습을 국고로 지원하는 것이다. 이때 함양 출신 중앙 고위인사 天嶺三傑로 불린 玉溪 盧禛(1518~1578), 九拙菴 梁喜(1515~1580), 靑蓮 李後白(1520~1578)의 협력으로 성사되었다.

1567년(명종 22)에 같은 남명 조식의 제자 동문인 덕계 오건의 추천으로 소격서 참봉으로 부임하게 되어 원장직을 사임하고 부임을 준비하다가 갑작스레 발병하여 별세하였다. 제2대 원장은 옥계 노진의 아우, 남계오현인 徒菴 盧祼(1522~1574)이 맡았다. 이후 원장은 풍천노씨 천국이다.

제3대 원장은 옥계 장남 雲皐 盧士訓(1540~1579), 제4대는 竹軒 鄭摯, 제5대는 옥계 조카 弘窩 盧士豫(1538~1594)이다. 河孟寶, 趙安性을 거쳐 다시 盧士尙(옥계 조카)이 맡고 이어 盧士俶(홍와 아우), 盧士誨(옥계 차남)가 연속 원장을 맡았다.

선조 말엽에 남계서원 원장을 지낸 華齋 李維(1536~1622)의 사우 명단에

寒岡 鄭逑(1543~1620)

龍湖 朴文楧(1570~1623)

游軒 丁熿(1512~1560)

朴承元(1516?~1561?)이 등장한다. 이유의 행장은 弘窩 盧士豫(1538~1594)가 지었다고 해서 그의 『弘窩實紀』에 수록되어 있다. 이유는 노사예의 별세 이후에도 활동했으니 노사예가 지었을 리는 만무하다. 노사예 같은 옥계 노진의 조카가 지은 글이 노사예 글로 오인되어 섞여 들어갔거나 이유 집안에서 노사예의 명성을 빌려 지었다고 할 수도 있는 것이다. 연대가 맞지 않는 두찬이므로 서술을 보류한다.

『灆溪集』의 남계오현 朴承元 기록의 바른 전통을 이어 서술한 문헌으로는 『灆溪書院誌經任案』이다. 경임안은 제5대 원장 盧士豫가 1579년(선조12) 8월에 최초로 편찬하였다. 역대 임원록이므로 계속 보충 서술되어 전해진다. 경임안의 院長進士姜翼仲輔 조에

"가정 31년(1552, 명종7)에 군수 서구연이 부임한 초기에 개암공이 朴公 承元, 鄭公 復顯, 盧公 祼, 林公 希茂 등과 더불어 尊賢養士의 뜻을 고하니 서군수가 듣고서 서원 건립의 논의가 일었다. 크게 공사를 일으켜 먼저 강당 건축에 착수하여 기둥과 서까래만 세웠는데 서군수가 부친상으로 떠나가 중지되었다."

하였다. 여기서 분명히 朴公承元이라 하였으니, 남계서원 건립 초기의 기록인만큼 신빙성이 있다. 남계오현은 朴承元이 바른 이름이다. 남계오현은 개암 강익, 박승원, 매촌 정복현, 사암 노관, 남계 임희무이다.

4. 灆溪五賢 朴承元의 행적

남계오현 개암 강익, 박승원, 매촌 정복현, 사암 노관, 남계 임희무에서 박승원만이 호도 없고, 이름도 다른 기록에 오자로 전해지고, 사적도 분명치 않다. 잊혀진 존재가 되었다. 단편적인 기록을 모아 그의 존재를 복원하고자 한다.

박승원은 반남박씨이다. 정유재란 충신 경재 박손의 백부이다. 박승원은 한국최초의 서원 소수서원을 세운 신재 주세붕의 제자이다. 주세붕이 풍기군수로 부임하여 소수서원을 세우고 2년 뒤 1544년(중종39) 4월에 청량산을 유람할 때 書生으로서 군청에서 전송하였다.

소수서원을 세운 주세붕의 제자 박승원이 남계서원을 창건한 남계오현의 한 사람이니 주창한 개암 강익에게 서원 정보를 일러주어 일두서원 창건의 발상을 심어준 사람일 가능성이 높다.

강우의 대현 남명 조식이 48세에 합천 삼가현에 귀향하여 雷龍舍를 짓고 강학하였는데 이듬해 1549년(명종4) 8월에 감악산 포연대에서 목욕하였다. 그때 함양 선비 남계 임희무와 박승원이 달려와 같이 목욕하고 남명은 <浴川-南冥先生集 卷之一> 시를 지어 기념하였다. 남명의 호쾌한 기상을 엿볼 수 있는 걸작이다.

청백리 명현 청련 이후백의 누이동생 연안이씨와 결혼하였다. 사후 연안이씨는 죽은 남편을 위하여 삼년상을 치르고 채식만 하고 제사상엔 어육을 반드시 장만하여 올리고 사당을 잘 지어 제향하고 15~6년 동안 지극정성 추모의 정을 쏟았다. 열녀로 추천되었지만 정려는 내리지 않았다. 연안이씨는 남편 사후 막내동생 박승효의 아들 박류를 양자로 삼아 집안을 계승시켰다.

박승원이 별세하자 옥계 노진이 만사를 지어 애도하고 제문을 지어 추모하였다. <輓朴伯胤承元>의 제목과 『반남박씨세보』의 박승원 조에서 보아 알 수 있듯이 박승원의 자는 伯胤이나 호는 미상이다. 만사는 다음과 같다.

玉溪先生文集卷之一 / 詩○五言排律 / 輓朴伯胤承元

童稚情親最°心期且不暌°匡山同几案°函丈共提撕°策杖尋幽逕°攜竿俯淥溪°相逢忘抵忤°到處便追蹄°撫古空悲咤°論文幾品題°知心晚更至°歧路去何迷°終世期同好°浮生事不齊°沈痾君鬱鬱°羈宦我棲棲°看月空吟想°還鄕亦解攜°猶期調藥物°將欲謝簪珪°何意阻靑眼°飜成夢白鷄°眞醇容已緬°掩抑志空齎°傳世無孩息°啼闈有弱妻°斯人何倏忽°天意詎端倪°婉晚年光轉°淸凝露氣淒°恩恩向邱北°杳杳隔湖西°遙想輀車逗°何由白馬嘶°題些空佇立°天外暮雲低°

童稚情親最(동자시절부터 가장 정이 친하였다)이라 하였으니 어렸을 때부터 막역한 친구사이였다. 옥계가 1518년생이고 어릴 때부터 가장 친한 사이니 박승원도 비슷한 연령일 것이다. 박승원의 셋째 동생 박승남이 1520년생이니 연년생이면 1518년생이고 격년생이면 1516년생이다. 동갑이라는 표현은 없으니 한두 살 연상일 것인바 1516년이나 1517년생일 것이다.

匡山同几案(서당에서 책상을 같이하며), 函丈共提撕(스승이 함께 지도하였다)라 하였으니 같은 스승이 이끌어준 것이다. 옥계의 스승 당곡 정희보에게 박승원도 어릴 때 함께 배운 것이다.

攜竿俯淥溪(낚싯대를 메고 가 냇물을 굽어보았네)라 하였으니 낚시도 같이 취미로 즐긴 것이다.

沈痾君鬱鬱(병이 깊어 그대는 울적하고), 羈宦我棲棲(벼슬에 얽매여 나는 바빴지)라 하였으니 옥계가 벼슬살이에 얽매여 바쁠 때 박승원은 병이 깊어 울적하게 지낸 것이다.

傳世無孩息(대를 잇는 자식이 없고), 啼閨有弱妻(규방에서 우는 젊은 아내가 있지)라 하였으니 박승원은 젊은 아내를 두고 세상을 버리고 자식도 두지 못한 것이다.

恩恩向邙北(바쁘게 북망산을 향하고), 杳杳隔湖西(아득히 충청도로 격해있네)라 하였으니 박승원은 묘소에 묻히고 그에 앞서 옥계는 충청도로 길을 떠난 것이다. 박승원의 묘소는 족보에 의하면 함양군 수동면 우명리 선산에 있다. 옥계가 충청도에 벼슬살이한 것은 나중에 50세에 청홍도관찰사 된 것 말고는 옥계 연보에 나오지 않으니 벼슬살이가 아니고 임금의 명으로 상경하는 길일 가능성이 있다.

玉溪先生續集卷之二 / 祭文 / 祭朴伯胤文

與君作別° 已三載餘° 頃來自潭° 今訪君居° 君其焉往° 不迎我且° 几筵蕭然° 寢門闃如° 我言不應° 我酌不飮° 無聞無覩° 悄悄懍懍° 嗚呼君乎° 其亡也審° 孑孑孤甥° 呼號伏枕° 婉婉螟蛉° 年纔五穉° 天乎鬼乎° 胡忍已甚° 言念疇昔° 有隕莫禁° 哀不能文° 越以玆諗°

頃來自潭(접때 담양에서부터 돌아왔다)이라 하였으니 옥계가 담양부사 직을 그만두고 함양으로 돌아온 것이다. 옥계는 44세 때 1561년(명종16) 3월에 모친봉양을 상소하니 이웃고을에 임명하라고 명하여 담양부사로 부임했다가 1563년(명종18)에 그만두고 함양에 귀환하여 칩거하였다. 딱 3년이 된 것이다. 이 구절 앞에

與君作別(그대와 작별한 지), 已三載餘(이미 3년이 되었네)라 하였으니 옥계가 담양부사에 부임하는 해에 박승원은 별세한 것이다.

　박승원이 1561년(명종16)에 별세했다면 옥계보다 두 살 많다고 친다면 1516년(중종11)생으로 박승원은 46세에 세상을 떠난 것이다. 그때 옥계는 사은숙배하러 충청도를 통해 상경하는 길에 만사를 지은 것이다.

　婉婉螟蛉(부드러운 뽕나무애벌레(양자의 비유)), 年纔五稔(나이 겨우 5살이네)이라 하였으니 박승원이 별세한 뒤 그 부인이 막내동생 박승효의 박류를 양자로 들였는데 나이 5살이라는 것이다. 1563년(명종18)에 박류가 5세라면 그는 1559년(명종14)에 태어난 것이다.

　남계오현 박승원은 추정한다면 1516년(중종11)에 태어나 1561년(명종16)에 46세로 별세하였다. 천령삼걸인 옥계 노진과 어릴 때부터 절친하여 옥계가 비통하고 간절한 만사와 제문을 지어 추모하였다. 옥계와 같이 당곡 정희보에게 동문수학하였는데 당곡의 문인록이나 당곡 문인들의 사우록에 등장한 적이 없으니 후대 편찬할 때 잊혀졌기 때문일 것이다.

　같은 삼걸인 청련 이후백의 누이동생과 결혼했는데 이후백은 박승원의 셋째 동생 박승남가 동갑이니 서너 살 연상의 매부일 것이나. 이후백의 박승원에 대한 만사나 제문, 기타 시문은 찾아볼 수 없다. 대신 박승원의 사촌아우 朴承林에게 차운 시를 지어주었다.

靑蓮先生文集 卷之一 / 七言絶句 / 次戚從弟朴承林韻

厚祿淸時食不貧 廚中屢煮漢江鱗 自知一飽如籠鳥 遠憶藍溪斫膾人

승구의 廚中屢煮漢江鱗(주방에선 자주 한강의 물고기를 찌지만)이라고 하였으니 벼슬살아 녹봉이 넉넉하여 한강의 물고기를 자주 사서 쪄먹지만 뭔가 미진한 것이다.

결구의 遠憶藍溪斫膾人(멀리 남계 가에서 회를 뜨는 사람을 생각하네)이라 하였으니 박승림과 남계천에서 물고기 잡아 회 떠서 먹은 추억이 있는 것이다. 고향의 물고기 회 맛을 잊지 못해 하는 것이다. 청련 이후백은 남계 가 개평 출생이다.

5. 灆溪五賢의 남계서원 공적

박승원은 남계서원 사당이 완공되는 시점에 별세하였기에 그뒤 역할을 할 수 없었다. 그러나 그때까지는 나름대로 기여하였다. 곧 남계서원에 다른 관계자와 같이 곡식을 기부하고 서책을 기증하였다.

애초에 남계서원은 기부로 설립된 것이다. 남계서원 창건할 때 그 땅을 기부한 이는 16세의 풍천노씨 청년이었다. 천령삼걸 옥계 노진의 맏형인 盧禧의 장남 剛齋 盧士俊(1536~1566)이 그이다. 만 30세에 세상을 떠났으나, 자식들이 임진왜란에 공을 세워 刑曹叁判에 증직되었다.<故贈刑曹叁判盧公墓碣銘-松坡集 卷之一>. 노진은 조카 노사준을 위하여 제문을 지어 애절한 감정으로 추도하였다.

노사준의 아우가 남계서원 제5대 원장 弘窩 盧士豫(1538~1594)이다. 남계오현 사암 노관은 노진의 아우이고 제2대 원장이니 3형제가 공헌한 것이다. 풍천노씨 집안이 가장 많은 기부와 기증을 하였고 원장과 임원도 가장 많이 맡아 봉사하여 남계서원의 기초를 튼튼히 다졌다.

『乙卯年書院袞寶錄』(1555,명종10)에 보면 知禮縣監 盧禛이 租 4石 15두, 進士 姜翼이 1石 太 1두, 幼學 鄭業이 租 1石, 朴承元이 2石, 太 3두, 畓 9斗落을 기부하였다. 남계오현이 다 기부하였다. 鄭復顯이 2石, 太 2斗, 鄭乘이 4斗 8升, 盧祼이 2石 8두, 太 3두, 陳克興이 1石 18두, 太 1두 田 10斗落, 盧欽이 2石, 林希茂가 2石, 太 1두를 기부하였다. 더 이상의 다른 명단은 생략한다. 남계서원 창건 유공자답게 5현이 다 곡식과 전답을 기부하여 남계서원 강당을 건축하다가 중지된 것을 재개하기 위한 기금을 조성하였다. 여기에 盧士俊이 곡식 1石 10두, 太 1두를 기부한 것은 있으나 서원 터 땅을 기부한 내역은 없다.

『丙辰年加袞錄』(1556,명종11)에 보면 다음해에도 기부행렬이 이어졌다. 남계오현만 적시한다. 朴承元이 1石, 太 1두, 盧祼이 1石, 進士 姜翼이 1石, 太 1두, 幼學 鄭復顯이 1石, 林希茂가 1石의 곡식을 기부하였다. 여기 명단에는 특이하게 박승원의 둘째 아우 朴承先과 넷째 아우 朴承孝가 각각 5두씩 기부한 기록도 있다. 더욱 특이한 것은 주세붕의 제자, 박승원과 동문인 안동 출신 芝山 金八元(1524~1569)이 10두를 기부한 것이다. 박승원의 권유로 기부한 것이 아닌가 한다. 명단에 박승임이란 존재는 없다. 임희무도 그 두 아우 林希秀, 林希榮이 곡식을 기부하였다.

『書院袞寶錄』을 보면 함양군수 출신 密陽府使 徐九淵이 朱子語類 五十卷, 竹溪志 三卷, 咸陽郡守 尹確이 朱子大全 十卷, 名臣言行錄 十二卷, 禮記 十六卷, 潭陽府使 盧禛이 十九史略 八卷, 心經 一部를 기부하였고, 남계오현만 추리면 幼學 朴承元이 朱子家禮 六卷, 幼學 鄭復顯이 伊洛淵源錄 二卷, 小學 三卷, 進士 姜翼이 心經 一卷, 幼學 盧祼이 理學類編 二卷, 學諭 林希茂가 孔子通紀 二卷, 朱子年譜 二

卷을 기증하여 교재와 참고서로 쓰게 하였다.

이렇게 기금을 조성하고 새 군수가 원조하여 남계서원 강당과 사당이 건립되어 1561년(명종 16) 봄에 1차 준공된 것이다. 사당 봉안식은 서원건립에 노력하고 기부하고 기증한 박승원은 보지 못한 것으로 추정한다.『개암집』에 오자가 발생하여 그의 이름조차 바로 알려지지 못한 것은 유감이다.

6. 결론

東方五賢의 일두 정여창 선생을 향사하는 남계서원이 2019년에 세계문화유산에 등재되었다. 남계서원은 한국최초의 서원 소수서원에 이어 세워진 두 번째 서원이지만 선비가 세운 한국최초의 서원이라고 하겠다. 남계서원 창건을 주창한 함양 선비 5인이 있었으니 그들을 기념하여 남계오현이라고 하여 그 공을 기리는 바이다.

灆溪五賢은 介庵 姜翼(1523~1567), 朴承元(1516?~1561?), 梅村 鄭復顯(1521~1591), 徙菴 盧祼(1522~1574), 灆溪 林希茂(1527~1577)이다. 그런데『介庵集』에는 朴承元이 朴承任으로 되어있어 모든 기록에 착오가 생기게 하였다. 朴承任은 오자이고 朴承元이 맞다. 임희무의『灆溪集』에는 朴承元으로 바로 기록되어 있다.

朴承元은 반남박씨로 춘당 박맹지의 증손이다. 그 4형제는 朴承元(字伯胤), 朴承先(字仲胤), 朴承男(字叔胤), 朴承孝(字季胤)인데 다들 유학자이다. 그 자손은 咸陽 德巖에 산다고 하였다. 박승원은 소수서원을 세운 신재 주세붕의 제자이니 풍기에서 보고 배우며 터득한 서원

정보를 개암 강익에게 전달하여 일두 서원 창건의 발상을 일깨워준 사람일 가능성이 높다.

　함양의 큰 인물을 길러낸 대교육자 당곡 정희보는 박승원의 조부의 사위로 함양에 이주하여 제자들을 양성한 것이다. 정유재란의 충신 경재 박손은 박승원의 막내아우 박승효의 장남이고 차남 박류는 박승원 사후 양자가 되어 가계를 계승하였다. 산청 지역의 대학자 용호 박문영은 박승원의 셋째아우 박승남의 손자이다. 박승남의 삼남 朴葳는 양자로 가서 일두선생의 6세손 몽천 정광한을 사위로 두었다. 박위의 장인은 남계서원 제6대 원장 효자 하맹보이다. 박승원의 종증조 박숙지의 증손 박승유의 사위가 남계서원 제4대 원장 효자 홍와 노사예이다.

　박승원은 같은 오현인 남계 임희무와 같이 남명 조식의 삼가현 포연대의 목욕에 동참하기도 하였으나 남명에게 집지하지는 않은 듯하다.

　함양의 대학자 3인을 지칭하는 천령삼걸인 청련 이후백의 누이동생 연안이씨와 결혼하였다. 연안이씨는 죽은 남편 박승원을 16년 동안이나 열렬히 애모하여 열녀추천이 있었으나 정려를 받지는 못하였다. 이후백은 박승원의 셋째아우 박승남과 동갑이니 박승원이 서너 살 많은 매부가 될 것이다. 이후백의 문집에는 박승원과 관계된 시문은 없다.

　같은 천령삼걸인 옥계 노진은 박승원과 어릴 때부터 절친한 죽마고우고 어려서 같이 동문수학한 사이니 당곡 정희보의 제자일 것이다. 박승원이 40대에 죽자 만사와 제문을 지어 절절히 애도하였다.

　박승원은 다른 남계오현과 같이 남계서원에 곡식과 전답을 기부하여 건립 기금을 조성하고 서책을 기증하고 형제들에게도 권유하여 기부하게 하였고 주세붕 문하 동문인 김팔원에게도 권유하여 곡식을 기부하도록 하였다. 남계오현에서 개암 강익은 서원준공후 초대원장에 취임하고 사암 노관이 제2대 원장을 맡아 봉사하였다. 박승원은 서원 준공할 때 이미 고인이 되어 더 이상 공헌할 길이 없었으나 그 동안의 공적만큼은 어찌 일실되도록 할 것인가.

   남계서원을 창건하는데 5인이 합심하여 주창하고 기금을 조성하고 서책을 기증하여 완공, 운영되게 하였고, 원장과 임원을 맡아 서원 창건과 운영의 기틀 및 토대를 마련하였으니, 남계서원이 세계문화유산이 된 마당에 남계오현을 위하여 기념표지라도 남겨 그 공을 기려야 하지 않겠는가.

※참고문헌

『介庵集』,『徙菴逸稿』,『豊川盧氏世稿』,『梅村先生實紀』,『唐谷鄭先生實紀』,『灆溪書院誌』,『文獻公實紀』,『一蠹先生遺集』,『灆溪集』,『武陵雜稿』,『嘯臯先生文集』,『咸陽郡誌』,『感樹齋先生文集』,『天嶺誌』,『潘南朴氏世譜』,『東國新續三綱行實圖』,『混定編錄』,『弘窩實紀』,『灆溪書院經任案』,『南冥先生集』,『玉溪先生文集』,『青蓮先生文集』,『松坡集』,『乙卯年書院裦實錄』,『丙辰年加裦錄』,『書院裦實錄』,『灆溪書院尊衛錄』

일두단오제와 남계서원

1. 일두선비문화제
2. 경남의 세계유산
3. 남계서원과 개암 강익
4. 안음현감 일두 정여창
5. 일두손자 정언남과 황암서원
6. 남계서원의 확장과 일두공원
7. 세계문화유산 〈한국의 서원〉 9서원
8. 퇴계의 〈서원십영〉 9서원
9. 한국서원의 초기주인공 서원십현
10. 일두단오제

1. 일두선비문화제

2019년 6월 8일에 2019 일두선비문화제를 동방오현, 문묘종사 동국 18현 일두(一蠹) 정여창(鄭汝昌,1450~1504) 선생을 모신 남계서원 풍영루 앞마당에서 300여 명의 유림과 하객이 모인 가운데 성대히 개최하여 성공작이라고 평가되었다. 주최측의 책임자로서 기쁘고 영광스럽게 생각한다.

　일두선비문화제는 일두탄신제와 선비문화 축제로 이루어졌는데 선비문화는 육예체험이 압권이다. 일두의 스승 점필재나 일두의 동문 한훤당이나 일두나 다 육예를 선비의 기본교양으로 중시하였다. 예악사어서수 육예(六藝)를 체험해보는 것도 재미와 의미가 있는데 승마는 여건이 좋지 않아 시행하지 못하였다.

　일두와 함께 조선성리학의 태두 한훤당 김굉필 선생을 배출하신 선비의 스승 점필재 김종직 선생은 남명선생과 함께 문묘에 종사되는 기회를 놓치었지만 선비문화의 원조이고 동방오현의 정신적 지주이며 정신적 스승인 것은 변함이 없다. 직계 제자들의 기념사업회를 연합하여 추모사업을 공동으로 추진한다면 시너지 효과가 있을 것으로 생각된다.

　같이 참여하여 서로 빛내주는 점필재문인 문화제나 동방오현 문화제가 풍요롭게 전국 도처에서 개최되기를 축원한다. 내년에 일두탄신 570주년 기념 제4회 일두선비문화제를 기약하면서 -570 일두탄신제 2020 일두선비문화제-로 다시 만나뵙기를 기원하며 문화제 대단원의 막을 내렸다.

2. 경남의 세계유산

　유네스코 세계문화유산 남계서원은 경남 함양에 있다. 동방오현 일두 정여창 선생을 모시는 서원이다. 세계문화유산에 포괄 지정된 전국 9개서원에서 경남에 유일한 서원이다. 경남에는 세계문화유산이 남계서원 포함 모두 3개가 있다. 남계서원은 유교문화유산이고 나머지

둘은 불교문화유산이다.

합천의 <해인사 장경판전>(1995년)과 <산사, 한국의 산지승원>(2018년) 세계문화유산칠사(世界文化遺産七寺:부석사,봉정사,통도사,선암사,대흥사,마곡사,법주사) 가운데 불보사찰 양산 통도사이다. 해인사 장경판전, 통도사, 남계서원이 경남 3대세계문화유산(慶南3大世界文化遺産)이다.

경남의 세계기록유산은 합천의 <해인사 대장경판 및 제경판>(2007년)이 있다. <난중일기>(2013년)도 이순신 장군이 통제영에 근무할 때 주로 기록한 것이니 통영이 세계기록유산, 명작의 고향이다. 세계기록유산 <동의보감>(2009년)을 기념하는 동의보감촌이 산청에 있다.

경남의 인류무형문화유산에 <아리랑>(2012년)이 있으니 밀양아리랑이 정선아리랑, 진도아리랑과 함께 삼대아리랑이다. <농악>(2014년)과 <줄다리기>(2015년)도 등재되었는데 <농악>에는 국가무형문화재 진주·삼천포 농악(제11-1호)이 포함되어 있다. <줄다리기>에는 영산줄다리기(창녕군, 국가지정 제26호), 감내게줄당기기(밀양시, 경남지정 제7호), 의령큰줄땡기기(의령군, 경남지정 제20호), 남해선구줄끗기(남해군, 경남지정 제26호) 등 총 4건의 무형문화재가 포함되어 있다.

함양의 고호인 천령군의 태수를 지낸 고운 최치원 선생은 재임시 함양 지리산에서 산삼을 채삼하여 당나라와의 외교 선물로 활용하였고 산삼 시문도 남기니 산삼의 성인이라고 하겠다. 2020함양산삼항노화엑스포의 상징인물로 내세울 만하다.

2020함양산삼항노화엑스포 / 김윤숭

시황제 갈구하여 서복 찾은 불로초라
지리산 캐간 산삼 나당외교 공헌하다
고운은 산삼의 성인 미래 살길 열어주다

산삼아리랑 / 김윤숭

당나라에 산삼 외교 펼치고 / 천령군 태수로 삼을 캐고 / 상림 가꾸어 백성 보듬다
산삼문학의 비조로서 / 삼교를 회통한 고운선생 / 산삼의 성인 삼성이 되다
아리 아리랑 / 쓰리 쓰리랑 / 아라리가 났네

당나라 시대 동아시아 외교 역사와 산삼 외교 기록인 《계원필경》을 남기었으니 세계기록유산으로서의 가치가 충분하다. 세계기록유산으로 지정되게 하고 이를 기념하여 함양에 계원필경촌을 건립한다면 함양이 산삼문학, 고전문화, 한문학의 메카가 될 것이다.

3. 남계서원과 개암 강익

남계서원은 동방오현을 모시는 서원으로는 한국 최초로 건립된 서원이다. 고려 성리학자 회헌 안향 선생을 모시는 한국 최초의 서원 소수서원을 건립하신 분은 물론 신재 주세붕 선생이지만 조선 성리학자 동방오현을 모시는 한국 최초의 서원 남계서원 건립을 주도한 이는 퇴계와 함께 쌍벽의 유현 남명 조식 선생의 제자인 개암 강익 선생이다.

일두 정여창 선생은 동방오현(東方五賢)의 일인이다. 오현은 조선

최초의 문묘종사 조선성리학의 종조(宗祖) 5인을 가리킨다. 일두 정여창(1450~1504), 한훤당 김굉필(1454~1504), 정암 조광조(1482~1519), 회재 이언적(1491~1553), 퇴계 이황(1501~1570)이다. 퇴계 외는 다 조선 성리학의 순교자, 성인이다. 동방오현을 위하여 건립한 서원으로는 남계서원이 한국 최초이다.

동방오현은 포은 정몽주로부터 전해지는 유교 도통의 계승자로 조선 성리학 초창기의 정통 종장들이다. 한훤당과 일두의 스승 점필재는 도통에는 들어있으나 정통 성리학자로 치지 않기에 오현에는 포함되지 않았다. 한훤당의 제자인 모재 김안국(1478~1543)이 오현에 들 뻔하였지만 퇴계의 강력한 주장으로 회재로 고정되었다.

회재는 도통을 퇴계에게 이어주었는데 누구에게 이어받았는가. 회재의 외숙이며 스승은 우재 손중돈이다. 손중돈은 점필재의 제자이니 점필재의 도통이 한훤당을 통해 정암에게 이어지고, 우재를 통해 회재, 퇴계에게 이어진다. 점필재의 도통은 또 일두를 통해 신고당 노우명, 옥계 노진의 가학으로 이어진다. 점필재는 지난 성인을 잇고 올 후학을 열어주신 <繼往開來> 동방의 스승이다.

개암선생은 평생을 일두 현창에 바치신 일두의 제일공신이다. 남계서원 앞마당에 창건주 개암선생을 기리는 공적비 하나 없는 것이 안타깝다. 개암은 일두를 존모하고 일두는 개암이 아니었으면 선구적으로 서원에 모셔지지 않았을 것이니 일두와 개암은 환상의 콤비라고 하겠다. 그 공덕으로 일두 신위 옆에 배향되어 제향받는 것이 마땅한 예우이다.

조선의 서원을 창시하고 소수서원과 문헌서원을 창건한 신재 주세붕이 그 서원에 유공한 대학자니 배향되는 것이 당연지사일 듯하지만 퇴계는 인간적 흠을 들어 반대하였다. 그래도 결국 주세붕은 1633년 (인조 11)에 자신이 창건한 소수서원에 배향되었다. 개암도 그 뒤를 이어 1689년(숙종 15)에 자신이 창건한 남계서원에 배향되었다. 사액서원에 배향되는 것은 왕의 허락을 받아야 하는 것이라 쉬운 게 아니다. 사액서원은 국학으로 공인되어 국가교육기관과 같은 대우를 받아 왕명이 아니면 누구도 마음대로 하지 못하였다.

주세붕은 주자학자로서 주자의 백록동서원 고사를 보고 백운동에 와보고 백록동을 연상하여 백운동서원을 창건한 것이다. 강익은 소수서원을 가보지 않고 소문만 듣고 서원 건설을 설계하고 실행하였다. 창의성이 발휘된 것이다. 불과 50년전의 인물을 서원 주인공으로 삼았다는 것은 혁신성이 발휘된 것이다.

개암은 <남계서원기>에서 남계서원이 소수서원 다음으로 두 번째로 창건한 것이라고 하였고 이후의 문헌에서 동계 정온의 <개암강선생행장>, 본암 김종후의 <남계서원묘정비>에서도, 현재도 답습하여 제2 창건설을 주장한다. 주세붕이 창건한 백운동서원, 수양서원을 일체로 보아 벼슬아치 주세붕이 첫 번째 창건, 선비 강익이 두 번째 창건으로 보면 남계서원이 두 번째 창건이 된다.

배천의 선비 생원 김택(金澤)의 상소에 의하면 신재 주세붕이 황해 감사로 부임하여 수양산 기슭에서 최충의 낡은 사당을 발견하고 향교 서쪽에 이건하고 강당을 세워 문헌당이라 하고 수양서원을 건립하였다. 김택의 상소로 문헌서원으로 사액하여 조선조 세 번째 사액서원이 되었다.

문헌서원은 기존 사당을 이건하고 강당을 신설하여 서원으로 만든 것이니 창립 서원이라기보다 확장 서원이라고 하겠다. 남계서원은 강당과 사당을 신설하여 창건한 것이니 두 번째 서원 창건이라고 해도 손색이 없다. 문헌서원이 주세붕이 두 번째 세운 서원이라는 것을 몰라 엉터리 주장을 하는 것이 아니라 확장 개념이 아닌 창건 역사로 치면 남계서원은 조선 서원사에서 두 번째로 창건한 것이라는 것이다.

개암은 남계서원을 창건하고 건물마다 유교 성리학적 명칭을 부여하였다. 그런데 사당은 이름을 짓지 않았다. 당시 참고한 것은 소수서원이니 소수서원은 회헌 안향 선생의 시호를 따라 사당이름을 문성공묘라고 하였다.

남계서원 창건 당시 일두선생은 시호가 내리지 않았으니 시호를 기다리며 사당 현판 자리를 비워둔 것이 아닌가 한다. 일두와 쌍벽인 한훤당 김굉필도 1568년(선조 1)에 건립된 쌍계서원(도동서원)은 사당 명칭이 없다. 서원 창건 이후 뒤늦게 일두와 동시에 1575년(선조 8)에 시호가 내리었으니 마찬가지 경우일 것이다. 남계서원이나 도동서원을 중건할 때 그 취지를 살려 시호 받은 대로 문헌공묘, 문경공묘라고 현판을 게시해야 함에도 없던 상태를 인습한 것이다

남계서원 원장을 지낸 고대 정경운은 문헌묘(文獻廟)라고 하고 동계 정온의 <문간공동계선생연보>에서도 '남계 문헌공묘'에 승향하였다고 하고 이후 문헌공묘라고 많이 지칭되니 근거없는 말이 아니다. 그렇다면 이제 남계서원 사당을 문헌공묘라고 정하고 현판을 달아야 퍼즐이 완성될 것이다.

*남계서원 창건 연혁과 당대 서원 창건사

1517년(중종 12) 일두 의정부 우의정에 추증되다.

1542년(중종 37) 풍기군수 신재 주세붕 백운동서원(안향) 창건

1549년(명종 4) 황해도관찰사 신재 주세붕 수양서원(최충) 창건

1550년(명종 5) 풍기군수 퇴계 이황의 신청으로 소수서원(紹修書院, 紹述前修) 사액

1552년(명종 7) 개암 30세 남계서원 창건, 함양군수 서구연 강당건립, 서구연 이임

1553년(명종 8) 영천 선비 노수(삼족당,퇴계제자), 김응생, 정윤량 임고서원(정몽주) 창건

1554년(명종 9) 영천 임고서원 사액

1555년(명종 10) 해주 문헌서원 사액

1556년(명종 11) 신재 주세붕 문인 의성 선비 회당 신원록, 모재 김안국 향사 장천서원(빙산서원, 빙계서원) 창건, 1576년(선조9) 사액

1556년(명종 11) 강릉 교수 함헌 구산서원(오봉서원) 창건, 퇴계 구산서원 차운시 지음

1558년(명종 13) 영주 이산서원 창건(인물없어사당세우지않음), 퇴계 기문

1558년(명종 13) 성주목사 노경린 영봉서원(천곡서원) 창건, 퇴계 기문

1559년(명종 14) 개암 37세 군수 윤확 부임, 동쪽 언덕 사당 건립

1561년(명종 16) 개암 39세 사당 준공, 위패 봉안, 남계서원 초대 원장 취임

1561년(명종 16) 경주부윤 이정 서악정사(서악서원) 창건, 퇴계 명명

1564년(명종 19) 개암 42세 군수 이계 김우홍(개암 동문 동강 김우옹의 형) 부임, 동재, 서재 완공, 양쪽 연못 조성, 건물 명명, 매암 조식 큰글씨로 써서 여덟 편액 게시. 남계팔편(灆溪八扁) '明誠堂, 居敬齋, 集義齋, 養正齋, 輔仁齋, 愛蓮軒, 咏梅軒, 遵道門'

1564년(명종 19) 순천부사 구암 이정이 한훤당 김굉필과 매계 조위의 사적을 엮어《경현록(景賢錄)》편찬, 간행, 한훤당과 매계를 향사하는 옥천정사(玉川精舍) 창건, 1568년(선조 1)에 옥천서원 사액

1564년(명종 19) 대구 선비 이대용 화암서원(연경서원) 창건, 1567년 10월 퇴계 기문서후, 서원십영 언급

1566년(명종 21) 44세 7월 강익의 신청으로 남계서원 사액, 8월 개암〈남계서원기〉찬술, '惟我文獻公' 후대변조

1567년(명종 22, 선조즉위) 개암 45세 소격서참봉 임명, 남계서원 원장 체임, 10월 2일 별세, 9월 옥계 아우, 사암 노관 제2대 원장 취임, 제3대 원장은 옥계 아들 운고 노사훈

1567년(명종 22, 선조즉위) 7월 예안 선비 김부필, 조목 등 역동 우탁 모시는 역동서원(초대원장 김부의) 창건, 퇴계 기문

1567년(명종 22, 선조즉위) 밀양교수 배삼익 등 덕성서원(점필서원, 예림서원) 창건, 퇴계 권장서신

1568년(선조 1) 쌍계서원(雙溪書院) 창건, 1573년(선조 6) 사액, 1605년(선조 38) 보로동서원(甫勞洞書院)으로 재건, 1607년(선조 40) 도동서원으로 사액

1570년(선조 3) 선조 어명으로 불세출의 현인(不世出之賢) 김굉필·정여창·조광조·이언적의 기록을 모아《국조유선록》편찬, 간행. 동방사현(東方四賢)의 위상 정립

1575년(선조 8) 일두 문헌공〈'文獻'(道德博聞曰文 聰明睿哲曰獻)〉, 한훤당 문경공〈'文敬'(道德博聞曰文 夙夜警戒曰敬)〉 시호 동시 하사

1576년(선조 9) 학봉 김성일이 한훤당과 일두 자손 방문해 시호 선포식 거행

1577년(선조10) 이조좌랑 조원이 와서 문헌공 시호를 반포한 기록도 있음

1583년(선조 16) 안음현에 사당과 문헌공정선생사당비(문헌공일두

선생사당기, 임훈 찬) 건립

 1610년(광해군 2) 오현(五賢) 문묘종사

 1612년(광해군 4) 정유재란 때 불탄 남계서원을 고대 정경운 등 중건

 1633년(인조 11) 주세붕 소수서원 문성공묘에 배향

 1634년(인조 12) 남계서원 별사 건립, 일두동문 뇌계 유호인, 서원 창건주 개암 강익 병향

 1662년(현종 3) 안음현 일두사당 용문서원 사액

 서원을 처음 세운 신재 주세붕은 회헌 안향이 독서하던 숙수사 터에 백운동서원을 건립하였다. 벼슬아치의 힘도 있지만 땅과 사람이 도와주어 순조로이 완성하였다. 그에게는 황빈이라는 지역유지, 만석군, 독지가가 있었다. 건축비와 운영기금을 찬조하여 어렵지 않게 건축하였고 착공한 땅에서 놋쇠가 나와 팔아서 수백권의 경사자집 서책을 살 정도로 큰 보탬이 되었다. 하늘도 안향 후손 안현을 경상도 관찰사로, 퇴계를 후임 군수로 보내 소수서원 사액과 제반 여건을 조성하였다. 반면 남계서원은 비용과 물자의 부족으로 큰 어려움 속에 간신히 완성할 수 있었다.

 퇴계가 사액을 신청하며 사액이 내려지면 국학이 되어 영원히 전할 바탕이 되므로 사방이 본받아 다투어 서원이 세워질 것이라고 하였다. 그 대상에 최충(문헌서원,1550), 우탁(역동서원,1567), 정몽주(임고서원,1553), 길재(금오서원,1572), 김종직(예림서원,1567), 김굉필(쌍계서원,1568)이 언급되었는데, 정여창은 빠졌으니, 퇴계가 그 존재를 잘 모를 때이다.

 퇴계가 예상한 대로 6현을 위한 서원이 다 세워졌는데 언급 안한 정

여창의 남계서원이 안향, 최충 다음에, 조선 유현으로는 첫번째로 창건되었다. 안향의 소수서원(1542), 정여창의 남계서원(1552)을 합하여 팔현서원(八賢書院)이라고 하겠다. 퇴계 제자 임연재 배삼익이 밀양 교수로서 점필서원(덕성서원->예림서원)을 세우려고 하니 퇴계가 적극 권장하였다.

한훤당의 옛 터에 세운 쌍계서원은 사액서원이 된 뒤 다른 서원들과 같은 운명으로 왜란에 불타 무너지고 재건한 뒤 사액을 거듭 신청하여 받았다. 거듭 사액되었다고 하여 중액(重額)이라고 한다. 선조왕 말년 경상도 관찰사 유영순의 신청으로 경상도의 정여창 남계서원, 김굉필 쌍계서원, 길재 금오서원, 정자와 주자 천곡서원에 중액이 내렸다. 이를 중액4서원(重額四書院)이라고 하겠다.

쌍계서원은 도동서원으로 고쳐 사액되었고 남계서원은 같은 명칭으로 사액되었다. 현판은 여전히 명종어사기가 써있는 것이다. 가정 사십오년병인(1566,명종21)칠월일선사. 도동서원은 새로운 선조어사기, 만력삼십오년(1607,선조40)이월일선사.

개암은 <남계서원기>에서 서원 건립에 유공한 군수 3인의 공덕을 기리고 도움을 준 경상도 관찰사에 대해선 언급하지 않았다. 개암 연보에서 경상도 관찰사 과원 박계현을 만나 서원의 사액을 신청하였다고 했으나《명종실록》에서 경상도 관찰사 월포 강사상을 통해 사액을 신청한 것이 바른 역사이다. 박계현은 개암이 별세하는 해 가을에 부임하여 개암과는 잠깐의 조우밖에 없었을 것이다. 무슨 공헌을 했는지 미상이다.

이에 앞서 경상도 관찰사 이감은 서원에 염전과 어장을 할당해주었다. 이감은 명종 때의 간신 이량과 함께 육간에 속하지만 서원에 대한 공로까지 말살할 필요는 없다. 앞의 사액을 신청한 강사상과 중액을 신청한 유영순 도백까지 남계서원에 유공한 3인의 경상도 도백을 남계3도백(灆溪三道伯)이라고 하여 그 공을 기리는 바이다.

박계현은 경상도 관찰사일 때 함양을 순찰하며 남계서원을 방문했을 것이다. 방문 기념으로 무슨 보따리를 풀었을지 미상이다. 오히려 그가 사천을 순찰하며 구암 이정을 방문했을 때 이정이 고 황강 이희안의 후처가 음행이 있다는 소식을 전하며 처벌하라고 권한 것을 받아들여 사회문제가 발생하였다. 김해부사 양희를 시켜 조사하게 하니 양희는 사위 내암 정인홍을 공동 조사관으로 삼았다. 황강 이희안은 남명 조식, 송계 신계성과 함께 영중삼고(嶺中三高)로 불린 고상한 선비로 3인이 서로 절친이었다.

정인홍이 남명에게 문의하니 남명이 하종악 후처의 음부사건을 언급하며 구암 이정이 자기 관련 인척의 음행을 덮으려고 성동격서책을 쓴 것이라고 비난하였다. 음부사건이 하종악 후처로 옮겨가 남명 문인들이 멋대로 하종악 집을 파가저택하였다. 조정에서 선비들의 무법행위를 징벌해야 한다고 주장하며 남명도 연루시키려고 하여 일대사건이 되었다.

처벌 주장자는 남명이 지리산 유람할 때 길이 어긋나 못 만난 고봉 기대승이고 만류파는 약포 정탁 등이다. 이 일로 처남 매부지간인 내암과 서계 양홍주는 원수지간이 되어 선조 시대 내내 상투하였다. 남명도 하종악 후처를 비호한 구암과 절교하여 사회적 파장을 야기하였다. 결과적으로 박계현은 서부경남에 큰 분란만 안겨준 것이다.

서계는 임진왜란에 아들 진우재 양황과 함께 의병을 일으키고 선조왕한테 달려가 무기를 헌납하여 평양성 탈환에 유공하였다. 함양 유포 출신의 회헌 임대동의 현손, 임란 의병장 임춘계는, 함양군수 최한후의 현손, 함허정 주인 최변과 함께 의병장으로 활동하고 진주성에서 순국하였다.

함양에선 현재 노응규, 문태서, 권석도, 전성범(전주대) 등 한말항일 의병장만 기념하고 임란의병장은 기념하지 않는데 임춘계, 최변, 양홍주, 양황, 충신 경재 박손 등 임란의병장과 임란 초기에 결성한 함양 의병진도 기념해야 할 것이다. 함양의병기념관을 건립하고 대한민국 의병도시협의회에도 가입하여 함양의병을 선양해야 할 것이다. 함양 의병진: 홍와 노사예, 우계 노사상, 정경운, 강린, 박여량, 정경룡, 정순, 노주, 강위로

일두의 외손서 임호신은 1550년(명종 5)에서 52년(명종 7)까지 장례원 판결사를 지냈다. 그때 퇴계가 편지를 보내 일두의 행적을 물었다. 그때 퇴계의 나이는 50~52세로 풍기군수를 지낸 신분이었다. 일두가 어느 고을 사람인지도 몰랐고 과거급제, 벼슬 이력에 대해서도 질의하였다. 안음현감 부임한 사유, 점필재 문인으로 득죄한 구체적인 혐의, 후사는 누구인지, 함경도 어디에 귀양갔는지, 처벌은 언제인지, 어디에 장사지냈는지에 대해 묻고 전기 자료를 빌려 보고 싶다고 하였다.

남명은 가까운 지역이라서 잘 아 것 같다 남명은 1558년(명종 13) 4월에 구암 이정 등과 지리산을 유람할 때 일두의 악양정을 지나며 일두를 천령의 유종(儒宗)으로 학문이 독실하다고 평가하고 조정에서 안음현감으로 나왔다가 연산군에게 살해당했다고 회고하였다. 무오사화에 귀양가고 갑자사화에 부관참시되었지만 귀양가서 죽었으니 살해당했다고 할 만하다.

일두는 중종 때 이미 의정부 우의정에 증직되는 등 조정에서 예우를

받았는데도 불구하고 사대부 사회에선 정보 부족이 만연하였다. 그런 문제를 해결한 것이 미암 유희춘이 1570년(선조 3)에 왕명으로 편찬, 간행한 《국조유선록》이다.

의성현의 선비 신원록이 장천서원을 창건하는데 사당을 완성하기까지 16년이 걸렸으니 시골에서 서원 건립이 어려운 것이다. 남계서원도 강당 창건에서 사당 완공까지 9년이 걸렸고 동서재 건립까지는 12년이 걸렸다. 장구한 세월에 혼신의 힘을 쏟은 것이다. 당시 군수들의 적극적인 협조가 관건이었다. 비협조적인 군수가 부임하면 공사가 중지되는 것이다.

남계서원 건축에 적극 협조한 세 군수(三侯)에 대하여 개암은 감사의 인사를 잊지 않았다. 강당 건립 서구연, 사당 건립 윤확, 동서재 건립 김우홍을 남계삼후(灆溪三侯)라고 하여 그 공을 기리는 바이다. 서구연(1502~1562)은 경북 예천 사람으로 진보현감, 함양군수, 순창군수, 밀양부사를 지내고 밀양부사일 때 급사, 순직하였다. 순창군수일 때도 곡식과 물품을 남계서원에 기부하였고, 밀양부사일 때도 《주자어류》와 《죽계지》를 기부하였다. 함양군수 윤확과 김우홍도 서책을 기부하여 학업을 권장하였다.

박승원(박승임은 오자), 사암 노관, 매촌 정복현, 남계 임희무 및 매암 조식, 죽암 양홍택이 개암 강익과 함께 남계서원 초창기에 협력하여 유공한 함양 선비들이니 남계칠현(灆溪七賢)이라고 하여 그 공을 기리는 바이다. 남계서원의 건물 명칭 현판 글씨를 모두 쓴 매암 조식은 명필이기도 하고 죽헌 정지, 송정 강문필과 함께 셋이 우애가 깊어 매죽송삼우(梅竹松三友)로 불렸다. 죽헌은 남계서원 제4대원장이다. 죽암은 개암이 재정을 담당하게 하였다.

개암은 남계서원에서 사액을 신청하고 여가에 관계자들과 함양 서계(현재 복골)에 유람하기로 약속하였는데 여기 동석자는 사암 노관, 매촌 정복현, 죽암 양홍택, 개암 김우굉, 동강 김우옹이었다. 막상 동참자는 개암, 사암, 매촌, 죽헌 정지, 매암 조식, 개암 김우굉, 사계 김우용, 동강이었다. 이들을 서계팔현(西溪八賢)이라고 하겠다. 동강 형제 외에는 대부분 남계칠현이다.

정유재란에 남계서원이 불타고 중건하였는데 위패를 수호하고 서원을 이건하는데 크게 애쓴 4인을 남계사걸(灆溪四傑)이라 하여 그 공을 기리는 바이다. 정경운, 진경윤, 노사계, 강위로이다. 이들은 북인으로 서인과 운영 주도권을 갖고 대립하고 북인의 영수 내암 정인홍의 지휘를 받아 지역사회, 하동정씨문헌공파 문중 및 당파가 다른 군수와 반목하기도 하였다.

정경운은 62세 때 1617년(광해군 9)에 남계서원 원장이 되었는데 광해군 정인홍 분란 시대에 기록이 멸실되어 몇 대인지는 미상이다. 북인만으로 서원을 운영하니 유사가 부족하여 제향이 순조롭지 못한 것을 내암동문 역양 문경호가 걱정하여 이웃 고을에서 동원하라고 통문을 보내기도 하였다.

개암 강익은 한국서원 역사상 7초(七初)의 신기록을 세우며 남계서원을 창건하였다.

벼슬아치가 아닌 선비로서는 최초로 서원을 창건하였다.
고려 인물이 아닌 조선 인물을 모시는 서원으로 최초로 창건하였다.
전학후묘, 전저후고의 표준서원양식으로는 최초로 창건하였다.

**퇴계학파, 남명학파 통틀어 양대학파에서 최초로 서원을 창건하였다.
30세의 청년선비로 최연소 최초로 서원을 창건하였다.
오자일체의 전무후무 서원 사례로는 최초로 창건하였다.
소지명의 표준서원명칭 사액서원으론 최초로 창건하였다.**

개암의 문제는 아니지만 남계서원 차원에서 보면 갈천 임훈이 지은 서원 권선문 - 천령서원수곡통문 -은 사찰 권선문이 아닌 서원 역사상 최초의 권선문으로 가치가 있다.

오자일체는 서원의 창건자, 사액신청 성공자, 배향자, 초대원장 역임자, 사액서원 초대원장 역임자이다. 개암은 남계서원을 창건하였고 사액을 신청하여 성공하였다. 사후에 자신이 창건한 서원에 배향되었다. 남계서원 초대원장을 지냈고 사액서원이 되어서도 원장으로 재임하여 초대원장이 되었다. 소수서원도 임고서원도 어느 서원도 이런 사례가 없다. 전무후무하다.

소지명이란 도명, 군명이 아닌 작은 지명을 가리킨다. 큰 지명이 아니다. 덕목이나 이념을 나타내는 명칭도 아니다. 인명도 아니다. 남계서원 앞에 사액을 받은 3개 서원은 모두 소수서원 이념, 임고서원 옛 군명, 문헌서원 시호를 가지고 서원명칭을 삼아 사액하였다. 임금에게 사액 신청할 때 삼자택일의 삼망을 올리니 남계서원은 아마도 세 개 이름을 올렸을 것이다. 짐작컨대 남계, 일두, 천령(함양 옛 군명)이 아니었을까 한다. 첫 번째 남계로 낙점된 것이다.

남계서원보다 늦게 사액된 다른 세계문화유산 9서원도 도동서원은 이념이고, 도산, 옥산, 병산은 산명이고, 필암, 돈암은 바위이름으로 소지명이다. 무성서원만 옛 군명이다. 남계는 서원 앞의 냇물이름으로 소지명이다. 이후 옥천서원, 빙계서원, 이산서원, 서악서원 등 소지명으로 서원 명칭을 사액하는 것이 표준 관례가 되었는데 그 최초의 서원이 개암이 창건한 남계서원이다.

　개암 남계서원 창건, 일두 문묘종사, 남계서원 세계문화유산 등재가 3대 대사건이다. 세계문화유산에 등재된 것은 개암이 남계서원을 창건했기에 가능하다. 일두가 존경할 만한 대현이었기에 개암이 서원을 창건한 것이다. 일두가 동방오현으로 문묘에 종사되었기에 대원왕이 훼철하지 않아 보존된 것이다. 보존되었기에 세계문화유산에 등재된 것이다. 일두, 개암, 남계서원, 세계문화유산은 사계순환처럼 유기적인 시너지 관계이기에 가능하였다.

　개암은 30세의 청년 선비로서 지리산 함양이 배출한 성리학의 순교자(개암 당시는 사현, 동방오현이라는 정의가 없었음) 일두 정여창을 모시는 남계서원을 창건하였다. 벼슬아치가 아닌 선비가 그것도 30세의 청년 선비가 서원을 세울 생각을 했다는 것도, 고려 유현이 아닌 조선 유현을 모실 생각을 했다는 것도 파천황의 창의적 모험적 혁신적 발상이다. 아무도 생각 못한 것이다. 찬동하고 협조하는 사람도 있고 이해하지 못하고 비난하고 훼방놓는 사람도 있은 것이다.

　창조자는 역경과 고난을 극복하고 불굴의 의지와 노력으로 성취해낸 사람이다. 개암 강익이 그런 사람이다. 그가 난관을 돌파하여 남계서원을 창건함으로써 오늘날 지리산 자락에 세계문화유산이 우뚝 서게 한 것이다. 비방과 훼방에 포기했다면 어찌 지리산에 세계문화유산이 존재할 수 있었겠는가.

　남계서원 창건초에 비방이 벌떼처럼 일어났으나 개암 강익은 들은 척 안하고 그 공사를 마쳤다. 비방은 그치고 또 따라서 좋아하였다. 한

가지 일을 이룸에는 백 가지 비방이 일어남이 세속의 근심거리이다. 애초에 어찌 비웃고 업신여길 줄 몰랐으리오마는 그만둘 수 없는 일이었다. 남계서원 제5대 원장 홍와 노사예가 한 말이다. 구암 이정이 서악정사를 건립했을 때도 비방을 엄청 들었다. 인간들이 자기는 할 것도 아니면서 남이 뭐하면 끝없이 흠잡고 헐뜯고 비방하고 훼방놓는 짓은 예나 이제나 똑같다.

개암선생은 아무도 생각 못한 혁신사상으로 개척자와 같은 입장에서 갖은 모함과 질시를 무릅쓰고 민립서원 제1호 남계서원을 세운 것이다. 30세 때 남계서원 창건을 주도하다가 비방을 견디다 못해 피신하여 이듬해 1553년(명종 8) 31세 때 마천면 창원리에 양진재를 짓고 은거하였다. 지금 창원마을에 그 터가 있다. 개암이 양진재에서 은거의 심정을 읊은 시조 3수 <단가삼결(短歌三関)>이 전한다. <단가삼결> 시조비와 한시 번안 시조비를 세워 개암시조공원으로 조성하길 바란다.

단가삼결 / 개암 강익

물아 어디 가느냐 갈 길 멀었어라.
뉘누리 다 채와 지내노라 여흘여흘
창해(滄海)에 못 미칠 전이야 그칠 줄이 있으랴.

시비(柴扉)에 개 짖는다 이 산촌에 그 뉘 오리.
댓잎 푸른데 봄새 울 소리로다.
아이야 날 추심(推尋) 오나든 채미(採薇)갔다 하여라.

> 지란(芝蘭)을 가꾸려 하여 호미를 둘러메고
> 전원(田園)을 돌아보니 반이나마 형극(荊棘)이다.
> 아이야 이 기음 못다 매어 해 저물까 하노라.

고향 선현인 일두 정여창 선생을 위하여 온갖 비방과 위협 속에서도 남계서원 건립에 최선을 다한 개암이 서원을 이뤄내지 못할까 지리산 깊은 산골에 은거하면서도 노심초사한 심정을 읊은 것이 제3수에 잘 보인다. 개암은 남명 조식 선생의 제자이다. 그의 스승 남명선생도 가야산에서 지리산으로 이거한 뒤에 <두류산 양단수> 시조로 자신의 심정을 읊은 것이 있으니 사제지간의 시조사랑이다.

척화파의 충신 동계 정온 선생이 일두를 동국오현, 동방오현이라고 칭하였다. 동계는 일두의 신도비명도 지었고 일두 증손 정대민(1551~1598)의 묘갈명을 지으며 동국 오현이라고 일두를 소개하였다. 동계의 연보에선 동계가 주자 이후의 유학자 및 동방 오현(東方五賢)의 절실한 말을 편집하여 《속근사록》을 만들려고 했으나 병으로 완성하지 못했다고 하였다. 동방오현은 조선조의 철안이다.

동계는 남계서원의 창건주 개암선생의 생질이다. 안음 용문서원의 창건주 역양 정유명의 아들이고 초기 창건자 윤할의 사위이다. 동계선생은 일두 서원의 관련자인 부친, 장인, 외숙의 전기 자료를 다 기록하여 남기었다. 동계는 남계서원과 용문서원에 모셔졌고 지금은 남계서원에 외숙 개암선생과 함께 배향되어 있다.

동계의 스승 내암 정인홍은 일두의 묘표 <일두정선생묘표명>을 지어 일두의 서손 위주로 서술하였다. 서손을 우대하여 벼슬도 주선하였다. 일두종손 송탄 정홍서가 내암의 면담을 거절한 보복조치라고 한다. 반면에 그 제자 동계는 일두의 현손 송탄을 편들어 종손 위주로 서술하였다. 동계는 내암의 노선에는 반대하여 배사라고 지탄받았지만 내암의 처형을 반대한 의리파이다.

일두의 외손서 경상도 관찰사 임호신이 1548년(명종 3)경에 일두 묘표(종자 정희삼의 행장)를 세웠지만 종손 위주로 서술되어 서손들이 불만하여 정인홍의 시대에 그 힘을 빌어 그 글을 받아 다시 새로 묘표를 세운 듯하다. 인조반정 후에 종손 측에서 다시 동계에게 글을 받아 신도비를 건립한 것이다. 동계는 벼슬과 덕과 명성이 높은, 지역사회의 영향력이 큰 존재로서 인조반정 이후 문헌공 종손들의 종권 배경이 되어준 강력하고 고마운 존재이다. 그래서 문헌공묘 일두 옆에 배향된 것이다.

남계서원 문헌공묘 위패 배열에 있어 중앙 주향의 문헌공 일두 정선생, 동쪽 배향의 개암 강선생, 서쪽 배향의 문간공 동계 정선생을 3인의 성현, 남계삼성현(灆溪三聖賢)이라고 하여 존현의 예를 표한다. 개암이 시호를 못 받은 것이 유감이니 지금이라도 공론으로 사시(私諡)를 드리어 균형을 맞춤이 어떠한가.

일두선생은 선조 초기에 지정한 동방사현이다. 사현은 무오, 갑자, 기묘, 을사, 사대사화(四大士禍)의 희생자, 성리학의 순교자다. 동방사현은 고매한 인격과 뛰어난 대학자로 유교 성리학의 순교자니 성인이라고 칭해야 마땅하다. 유림들도 중국의 성인 아니면 성인이 아니라는 사고방식을 버려야 한다.

일두, 한훤당, 정암, 회재는 성인이다. 동방사성(東方四聖)이다. 존현이 아니라 존성(尊聖) 운동, 존성(尊聖) 사업을 펼쳐야 한다. 문묘에 배향된 것도 아니고 종사된 사현을 독립적으로 높이어 한국인의 문묘

동방사성묘(東方四聖廟)을 건립해 주향으로 모셔야 한다.

남계서원은 광해군 때는 북인의 영수이며 남명 수제자 내암 정인홍의 제자들이 주도하였다. 내암제자 고대 정경운이 정유재란 때 위패를 피난시키고 불탄 서원을 중건하였다. 인조반정 후에는 남명의 애제자나 퇴계 제자이기도 한 한강 정구와 여헌 장현광의 영향력이 미치며 남인이 표방되었다. 내암의 제자 동계 정온이 활약하고 존숭된 숙종 때까지는 잠재적 북인 시대이다.

숙종 때 남인의 영수 갈암 이현일과 친분이 두터운 소치재 강명세가 개암을 문헌공묘에 올리는 일을 주도한 것을 끝으로 차차 노론 주도로 변화되었다. 노론의 영수 도암 이재가 남계서원 원장으로 《문헌공실기(文獻公實紀)》를 중간한 영조 이후, 남인들의 저항이 있었지만 정조 때 묘정비문을 지은 노론의 영수 본암 김종후, 청탁하여 건립한 일두 11대종손 종암 정덕제 이후에는 확실히 노론 위상이 정립되었다.

*남계서원 중건과 배향 연혁

1563년(명종 18) 개암 양진재 남쪽에 풍영정 건립
1567년(명종 22) 개암 별세
1581년(선조 14) 사당(신계서원, 사액 당주서원)을 세워 옥계 노진 향사, 개암을 배향, 이어 병향.
1612년(광해군 4) 정유재란 때 불탄 남계서원을 중건.
1634년(인조 12) 사림이 남계서원에 별사 건립, 개암 옮겨 뇌계 유호인과 병향.
1635년(인조 13) 춘수당 정수민, 한강 정구 편 《문헌공실기(文獻公實紀)》 간행, 운제 노형필 발문청탁, 여헌 장현광 발문찬술. '崇禎八年乙

亥九月下浣玉山後人張顯光謹跋'

  1642년(인조 20) 1월 동계 별세, 3월 남계서원 별사에 뇌계 유호인, 개암 강익, 동계 병향. '享咸陽灆溪書院別祠°灆溪曾已賜額° 躋配之事° 非邑子所擅° 故就別祠° 與兪濡溪 , 姜介庵幷享''〈文簡公桐溪先生年譜〉

  1677년(숙종 3) 남계서원 문헌공묘에 동계 배향.

  1689년(숙종 15) 남계서원 문헌공묘에 개암 배향. 소치재 강명세 소문찬술, 춘와 양천익 상소.

  1743년(영조 19) 도암 이재, 남계서원 원장수락,《문헌공실기(文獻公實紀)》중간, 도암 이재 중간발문찬술. '崇禎乙亥後百有九年癸亥五月下澣後學三州李縡謹跋'

  1778년(정조 3) 남계서원묘정비 건립, 11대종손 종암 정덕제 비문청탁, 본암 김종후 비문찬술

  1841년(헌종 7) 남계서원 정문 풍영루 건립, 오담 정환필 기문찬술

  1849년(헌종 15) 풍영루 중건, 오담 정환필 기문청탁, 노사 기정진 중건기문찬술

  1919년 남계서원《일두선생유집,속집(一蠹先生遺集,續集)》간행, 간재 전우 속집발문 찬술

  1937년 풍영루 중건, 남계서원 중수, 단운 민병승 중건기문찬술

  여헌 장현광의《문헌공실기》발문, 도암 이재의 중간발, 간재 전우의《일두선생속집》발문이 두집삼발(蠹集三跋)이고, 오담 정환필, 노사 기정진, 단운 민병승의 풍영루 기문이 풍영루삼기(風詠樓三記)이다. 개암 강익의 <남계서원기>, 남계서원 제5대원장 홍와 노사예가 역대임원들을 기록한 <남계서원경임안서(經任案序)>와 <개암원장안>, 갈천 임훈의 <천령서원수곡통문>, 역양 문경호의 <통유함양사림>이 남계서원의 기초자료니 남계오장(灆溪五章)이라고 하겠다.

남계서원에서 간행한 문집은 1686년(숙종12)《개암문집》, 1850년 《송탄문집》, 1919년《일두문집》이다. 그 책판이 서원 장판각에 보존되어 있었다. 통칭 남계삼판(灆溪三板)이라고 하겠다.《송탄문집》의 책판은 존재를 모르고,《개암문집》과《일두문집》의 책판은 경남유형문화재로 지정되어 함양박물관에 이관되어 보존되고 있다.

4. 안음현감 일두 정여창

일두선생은 지금은 같은 고을이지만 옛적 이웃 고을인 안음현의 현감으로 부임하여 <문헌공정선생사당비> 비문을 지으신 갈천 임훈 선생의 표현을 빌리면 "시인정.흥문교(施仁政興文敎) 민.심열이성복(民心悅而誠服), 어진 정치를 베풀고 교육을 일으키니 백성들이 마음으로 기뻐하고 정성으로 복종하였다고 하신 훌륭한 목민관이기도 하셨다.

일두의 기록은 모두 1494년(성종 25)에 안음현감이 되었다고 하고 조선왕실록에 일두는 그 이듬해 1495년(연산군 1)에 안음현감이 되었다고 공초했으니 1년의 차이가 있다. 조선왕조의 인사행정에 있어 정기인사는 6월과 12월에 실시하고 수령이 부임하는 데에는 몇 날 걸리기도 하니 1494년은 연말에 임명된 해이고, 1495년은 연초에 부임한 해로 보면 맞을 것이다. 그러니 일두의 안음현감으로서의 활동은 다 1495년을 기준으로 삼아야 한다. 광풍루도 이때 중건하고, 개칭했을 것이다.

일두선생이 현감으로 부임한 뒤 만드신 <편의(便宜) 수십조>를 그 뒤의 수령들도 준수하여 어진 정치를 폈으니 모범을 보이신 것이다.

봄가을로 양로례를 베풀어 여자는 부인이 맡고 남자는 선생이 맡아 대접하였다. 나이든 처녀에겐 혼수를 장만해주어 때를 잃지 않게 하였다. 백성들 세금도 감면시켜주어 길이 혜택을 끼쳤다.

재판도 공평하고 신통하게 하니 도내에서 자문하러 오고 관찰사도 중시하여 어려운 문제는 질의를 구하였다. 여가에 총명한 자제들을 선발해 가르치니 멀리서도 배우러 오고 성립된 자도 많았다. 선비는 행정에 약하다는 우려를 불식시켰을 뿐만 아니라 선비라야 어진 정치를 잘 펼 수 있다는 것을 시범보이신 것이다.

일두선생이 민심을 얻지 못하였다면 어찌 일두 서거후 전현감 부인에게 안음현민들이 지나다닐 때마다 문안드리고 세시명절마다 일제히 몰려가 세배하며, 별세하자 스스로 와서 장례를 치르는 걸 도와주었겠는가. 일두 선정에 대한 감복, 추모의 정 때문에 그런 것이다.

일두가 안의에서 선정을 베풀었지만 선정비는 세워지지 않았다. 무오사화로 참화를 입었기 때문이지만 세운다고 해도 용납하지 않았을 것이다. 안의현감 연암 박지원이 선정비 세우면 도끼 들고 깨부수겠다고 하며 만류하듯이. 백성들 괴롭히는 일은 하지 않았을 것이다. 본인들이야 거절하겠지만 지금이야 선정기념비를 세워드려도 좋을 것이다.

일두선생이 선화루를 중건하며 광풍루라 개칭하고 광풍제월(光風霽月)의 뜻에 맞게 제월당도 건립하였으니 우암 송시열 선생의 평가대로 성리학자로서의 면모를 보이신 것이다. 광풍루 옆 냇가에 점풍대와 욕기암이 같이 조성되어 있는 것을 보고 주정장주학에서 공자학으로 도달한 일두학이라고 파악하셨으니 탁견이다.

그러나 광풍제월이 단순히 황산곡의 주렴계에 대한 예찬의 의미를 취하여 주렴계의 광풍제월의 기상을 우러러보아 명명한 것이 아니다. 일두는 그 스승 점필재의 광풍제월 가르침을 회고하며 스승을 기리어 건물을 명명한 것이다.《소학》을 읽으면 소학동자에 그치는 것이 아니라 광풍제월의 군자가 될 수 있다는 가르침이다.

점필재가 42세(1472,성종3)에 함양군수로 있을 때 23세의 일두와 19세의 한훤당이 같이 문하생으로 입문하니 점필재가 한훤당에게《소학》을 주며 이 책속에 광풍제월의 의미가 다 담겨있다고 하였다. 그 가르침은 일두도 동시에 받았을 것이다.

그리하여 그 광풍제월의 가르침을 취하여 3년전(1492년, 성종 23)에 별세한 그 스승 점필재를 추모하여 광풍제월로 기리어 광풍루, 제월당이라고 명명한 것이다. 안음현은 그 스승 점필재의 동복 중형이 향교 훈도를 지내어 점필재가 자주 놀러온 곳이기도 한 인연의 땅이다. 일두는 모친상을 마치고 하동 섬진강 어귀에 악양정을 짓고 은거하였으니, 광풍루, 제월당, 악양정을 일두삼루(一蠹三樓)라고 하여 기념할 만하다.

일두가 중건한 광풍루는 당시 영남에 유명하여 창녕현감 우졸재 박한주가 세운 창녕 관아의 추월헌, 의성현령 용재 이종준이 세운 문소루 죽루와 함께 삼현이 산대건축 물(三構)로 일길어졌나. 삼현이 다 점질재의 문인이니 필문삼루(畢門三樓)로 일컬어도 손색이 없다. 도학자의 어진 정치의 상징적 건축물로 기념할 만하다.

일두선생과 고운 최치원 선생은 함양과 악양 2양(二陽)의 공통점이 있다. 고운이 천령군태수를 지낸 함양에서 일두가 탄생하였고, 진주 악양에 은거한 일두선생이 지나다닌 한유한의 낚시 즐긴 취적대가 본디 고운의 피리 불던 취적대이다. 고운은 함양에 학사루를 건립하고 소요음영하였고, 일두는 악양에 악양정을 건립하고 강학독서하였다. 일두는 한유한의 취적대를 지나다니며 올라가봤을 것이다. 한유한, 정여창, 조지서를 남명은 <유두류록>에서 삼군자(三君子)라고 찬양하였으니, 찬양한 남명 조식까지 포함하면 두류사군자(頭流四君子)라고 하겠다.

함양 학사루는 천령군 태수 고운선생이 한림학사를 지낸 것을 기념하여 누가 세웠든지 그리 명명한 것이다. 함양군 서하면 거연정 앞 함양 군자정은 안음현감 일두선생이 도학군자로 거닐던 자취를 기념하여 후학이 짓고 명명한 것이다. 학사루와 군자정은 한림학사 고운과 도학군자 일두를 기념하는 함양 2대누정(咸陽二大樓亭)이라 하겠다.

1597년(선조 30) 9월에 고대 정경운이 군자정을 감상하고 황석산성을 바라보며 존재 곽준을 생각, 눈물을 흘리기도 하였다. 군자정은 도학군자 일두를 기념하여 임진왜란 이전에 건립된 것임을 알 수 있다. 앞의 일두삼루에 군자정을 묶어 광풍루, 제월당, 군자정, 악양정을 일두사대누정(一蠹四大樓亭)이라고 할 만하다.

일두선생은 문화유산만이 아니라 식량자원도 남기셨으니 안음현감일 때 용추폭포 위에는 물고기가 없는 것을 보시고 홍린어(비늘이 붉은 물고기)를 방류하여 번식하게 하였다. 함양 2대사액서원(咸陽二大賜額書院:남계서원.당주서원)의 주인공 옥계 노진 선생이 장수사 절에서 공부하며 날마다 잡아 포식하기도 하였다. 옥계는 박시제물(널리 베풀고 만물을 구제함)의 어짊이라고 감탄하였다. 박시제물은 성인이어야 가능한 일이니 옥계는 일두를 성인으로 추앙한 것이다.

안의삼동(安義三洞)에서 거창에 편입된 원학동에는 일두의 자취가 없고 심진동에는 장수사 용추폭포 위에 홍린어를 번식시킨 공이 있고 화림동에는 공무의 여가에 거연정 앞 너럭바위에서 노닌 자취가 있다. 거기에 정선 전씨들이 추모하여 군자정을 세웠다. 문화재 안내판에는 1802년에 정자를 세웠다고 했는데 산청 선비 이계 박내오(1713~1785)가 삼동을 유람하며 1765년(영조 41)에 군자정에 오른 사실이 있으니 좀더 일찍 건축된 것이다.

함양에 일두를 모시는 남계서원이 세워진 30년 뒤에 안음에도 선비들이 힘을 모아 용문서원을 세웠다. 당초 남계서원을 건립할 때도 함양군수 윤확의 힘만으론 부족함을 안타까워하여 갈천 임훈이 일두의 안음현감 시절의 덕택을 갚기 위하여 불교의 권선문처럼 통문을 지어 찬조금품을 모집하여 돕기도 하였다. 갈천은 용문서원묘정비문을 지어 세우기도 하였다.

과천과 성남 경계의 청계산에 이수봉과 혈읍재가 있다. 그 설명에, "일두 정여창 선생께서 연산군의 무오사화에 스승 김종직과 벗 김굉필과 함께 연루되었으나, 청계산 하늘샘에 깊숙이 은거하시면서 두번이나 목숨을 건졌다 하여 후학인 정구선생이 이수봉이라 명명하였다 합니다." 하였다. 혈읍재도 비슷한 이야기다.

터무니없는 이야기다. 일두선생이나 연산군 세자 스승 지족당 조지서나 다 선견지명이 있어 연산군이 왕이 되기 전에 신수라 천리길 멀리 피신하여 은거하였다. 일두도 45세 때 1494년(성종 25)에 연산군 세자시강원 설서로서 연산군의 싹수없음을 보고 피신차 안음현감으로 멀리 외직으로 나갔다. 임명된 해에 성종이 승하하고 연산군이 즉위하였다. 1495년(연산군 1)에 부임하여 안음현감으로 줄곧 재임하였으니, 청계산에 은거할 일이 없는 것이다.

지방수령의 임기가 6년(만5년)인데 1년 남기고 1498년(연산군 4)에 무오사화가 일어나 서울로 압송되어 심문받고 종성에 귀양갔다. 청계산에 은거할 리도 은거할 수도 없는 것이다. 한강 정구가 편찬한 《문헌공실기》 어디에도 그런 얘기 없으니 한강까지 모욕하는 날조된 설화다. 이런 엉터리 기록은 변명의 여지없이 다 삭제하여 없애야 한다.

성리학에 뛰어나고 인격이 훌륭하여 선정을 베푸신 명현, 그것도 동방오현을 유자광같이 한을 품고 보복이나 일삼는 소인배와 동일시하는 전이(轉移) 증오심의 발로, 날조된 전설의 이야기나 기록물 오봉비 따위는 다 철폐하고 삭제해야 마땅하다.

5. 일두손자 정언남과 황암서원

일두를 향사하는 남계서원, 용문서원 둘다 사액서원이나 대표서원 외는 헐라고 하여 용문서원은 훼철되었지만 묘정비는 남아 있고 용문서원에서 유숙한 원학동 선비 신착/신탁(愼言+卓)동계 정온이 만든 상조회 성신계원)이 지은 《용문몽유록》이란 소설이 전해진다.

《용문몽유록》은 황석선성에서 순국한 안음현감 존재 곽준 선생, 전 함양군수 대소헌 조종도 선생 및 일두 손자 첨지(후에 동지) 정언남 공, 부자가 함께 순절한 금천 유세홍 등 황석사충(黃石四忠)의 충절과 억울한 참화를 하소하는 줄거리이다. 《용문몽유록》에서 정언남이 읊은 애사를 소개한다. 물론 친히 지은 것은 아니고 소설가가 가탁해 지은 것이리라.

정첨지(鄭僉知) 지은 애사(哀詞)

我罪何以 伊至於斯 우리의 죄 어찌하여 여기에 이르렀을꼬,
駈而納城 命耶時耶 몰아서 성으로 들인 것은 운명인가 시세였던가.
孤城半夜 砲火雷馳 고립된 성 한밤중 포화는 우레와 같이 날리고,
白刃一揮 驚魂忽飛 왜적의 칼날 한 번 휘날리자 혼비백산하였네.
身墳陰壑 無斂我尸 육신이 골짜기에 뒹굴어도 시신 거둘 자 없거늘,
空山日暮 魂兮何依 빈산에 해조차 지니 혼백은 누구를 의지할꼬.

정언남 공의 부인이 언양김씨이니 부부 공히 순국하였는바 성평등 시대에 위패도 나란히 모셔야 한다. 피바위 전설의 부녀자는 충신열사의 칭호를 부여하지 않는 것이 부당하니, 황암사에 피바위 순국 부녀자 합동위패를 모셔야 한다. 황암사도 사액서원이니 강당이라도 건축하고 황암서원이라고 서원 명칭을 복원해야 한다.

지금 복원된 황암사에 황석산성 순국선열 제위, 충렬공 안음현감 곽준, 충의공 전함양군수 조종도, 7인의 의사(義士) 유명개, 류강, 정유문, 정용, 정대익, 곽이후, 곽이상의 10위 위패가 모셔져 있다.

문화류씨 3부자 금천 류세홍은 아들 류강, 류가와 함께 산성에 들어갔다가 함락된 날 탈출하다 류가는 모친을 모시고 살아남고 류세홍과 류강은 동시에 왜적의 칼날에 순절하였다. 지족당 박명부의 외종형 류강은 광해군 때 편찬된 《동국신속삼강행실도》 효자도에 실렸다. 효자 류강이다. 류가는 신착의 매부이다.

동래정씨 3형제 행촌 정유문, 정유영, 정유무도 황석산성에 들어갔다가 존재 곽준과 함께 순국하였다. 위패는 행촌만 모셔져 있다. 행촌은 역양 정유명과 함께 일두를 모시는 서원, 용문서원을 건립하는데 주도하였다. 임진왜란이 일어나자 창의 통문을 지었다.

초계정씨 정대익은 아우 정대유와 함께 성이 함락된 날 모친을 모시

고 탈출하여 심진동 입구에서 왜적의 칼날에 모친을 보호하다 순절하니 효자로 칭송되었다. 의사보다는 효자라고 하여야 한다. 그 아우도 마찬가지이다.

정용은 진주성 2차전투에서 순절한 인물이니 진주 창렬사에 모시는 것이 타당하다.

존재 곽준은 충신이지만 그 장남 곽이상과 막내 곽이후는 부친을 엄호하다가 순절하니 효자이다. 그 사적이《동국신속삼강행실도》효자도에 실렸다. 효자 곽이상, 효자 곽이후이다. 그 맏누이는 남편 류문호가 탈출하다 왜적에게 붙잡히자 자결하여 순절하니 열녀이다.《동국신속삼강행실도》열녀도에 실렸다. 곽이상의 아내 거창신씨도 탈출했다가 남편 죽음 소식에 자결하여 순절하니 열녀이다.《동국신속삼강행실도》열녀도에 위 곽씨 앞에 실렸다. 일문삼강(一門三綱)이다.

존재의 사위 강준은 장인에게 탈출을 권유하다가 장모와 아내를 대동하여 탈출하고 이후 현감을 지냈다. 대소헌 조종도의 차남 조영한은 함락된 날 포로가 되어 일본에 잡혀가 있다가 1년 만에 귀국하였다.

일두 증손 정언남, 언양김씨 부부가 황석산성에서 순국하였다. 남자는 충성이요 여자는 정렬이다. 그 아들 정대민도 부모를 모시고 산성에 들어갔다가 어찌하여 혼자 살아남아 회한으로 시묘하다가 왜적의 칼날에 순절하여 효자로 칭송되었다. 존재 곽준 집안만 일문삼강이 아니라 동지 정언남의 충, 언양김씨부인의 열, 장수현감 정대민의 효로 이 집안도 일문삼강(一門三綱)이다. 산성에서 순국한 동지 정언남과 시묘 순절한 효자 정대민의 위패를 당당히 황암사에 모셔야 마땅하다. 동계 정온의 기록이니 정론 직필이다. 그에 의거하여 위패 배향이 다시 이루어져야 한다.

고대 정경운의 친구 송대 정순(지는 사고)도 황석산성에 들어갔다가 함락된 뒤 탈출하였으나 사망하였다. 당시 함양 명사 감수재 박여량도 의병으로 황석산성에 들어갔고 군량운반 통문을 지어 돌렸다. 함락된 날 차자를 잃고 탈출하여 충남 내포로 가서 살았다. 지족당 박명부도 황석산성에 들어갔다가 노약자소개령에 의해 전투 전에 부친을 모시고 이탈하여 무주 적상산성에 들어가 살았다.

동계 정온은 황석산성에서 순국한 희생자들의 억울함과 한을 풀어주기 위하여 전투중 성을 버리고 도망간 백사림을 처형할 것을 강력히 주장하고 그 취지의 글과 희생자들의 전기 자료를 기록하여 남기었다. 관련 기록이 모두 8편이나 된다. 황석팔장(黃石八章)이라고 하겠다. <書郭義士傳後>는 곽준 이야기가 아니라 백사림의 죄상을 기록한 글이다.

백사림은 백의종군령에 처해졌다가 국문을 받았다가 결국 석방되었다. 일본 기록처럼 함락된 날 왜적에게 참수당한 게 아니다. 망령된 일본 기록을 맹신하지 말아야 한다. 백사림은 광해군 4년(1612년)까지 잡아다가 처형하자고 하는 상소가 이어졌다. 처형 상소에 스트레스는 받았겠지만 고종명한 듯하다.

동계의 장인 윤할도 재란 때 황석산성에 들어갔는데 성이 함락되자 빠져나와 숲에 숨었다가 살아남았다. 사람들이 왜 죽지 않았냐고 힐문하니 주장이 도망간 상황에서 책임자도 아닌데 개죽음할 이유가 없었다고 하니 더 이상 말이 없었다. 책임자와 비책임자는 천양지차인 것이다. 비책임자를 똑같이 물어뜯고 헐뜯는 상황과 다르다.

류강, 류가, 은호 〈一鄕呈文 庚子年〉

정대익, 정대유 〈鄭大益, 大有兄弟傳〉
곽준 〈書郭義士傳後 庚子〉
윤할 〈忠義衛尹公墓誌銘 幷序〉
백사림 〈上李相 元翼 書〉
백사림 〈與崔季昇 睍 書〉
정대민, 정언남 〈長水縣監鄭公墓碣銘 幷序〉
정홍서 〈答鄭學正 弘緒〉

정대민은 송탄 정홍서의 부친이다. 일두 손자 정언남과 언양김씨 김중홍의 딸 사이에 태어났다. 정언남의 이름이 신기하다. 선비 언자에 남자 남자이다. 선비 언자는 지명으로는 언양현의 언자이다. 언양김씨의 남자란 뜻이다. 결국 언양김씨 부인을 맞이한 것이다. 정언남 부부는 황석산성에서 순국하였고 정대민도 시묘다가 왜적의 칼날에 순절하였다. 하동정씨 문헌공파 장수공파손은 모두 언양김씨 외손이다. 정언남 공의 부친 정희설 공의 부인, 곧 일두의 사돈 집안도 바로 언양김씨이다. 필자는 언양김씨대종회 부회장이다.

※彦陽金氏族譜: 고려명장 문하시중 김취려 就礪-佺-良鑑-光衍-之甲-憲-承達-餘善(1460,세조6~1463,세조9,안음현감)-守謙-坵-사위鄭希契 河東人 正郎 父文獻公汝昌 子彦男嘉善

고려명장 문하시중 김취려 就礪-佺-良鑑-光衍-之甲-憲-承達-餘善(1460,세조6~1463,세조9,안음현감)-守謙-坵-重泓-사위鄭彦男 河東人 父正郎希契 子大民縣監

언양김씨 가문은 정유재란 때 황석산성에서의 왜구하고만 악연이 있는 게 아니다. 고려말의 사근산성에서도 악연이 있다. 악연은 충절이다. 고려 경신왜란(1380,우왕6) 사근내역 전투에 참전한 사근산성 9원수(沙斤山城九元帥)는 다음과 같다.

배극렴(裵克廉,1325~1392,성주인), 김용휘(金用輝,?~1388,언양인), 지용기(池勇奇,?~1392,충주인, 마천백무동충의각), 오언(吳彦,동복인), 정지(鄭地,1347~1391,나주하동인,광주나주경충사), 박수경(朴修敬,?~1380,고성인), 배언(裵彦,?~1380,경주배씨달성판서공파조), 도흥(都興,성주인,조선개국원종공신), 하을지(河乙址,진주인)

9원수 중 박수경, 배언과 사졸 500여 명이 전사한 혈투의 현장이라서 그곳을 피내, 혈계라고 불렀다. 함양현 감무 장군철도 사근산성을 지키다가 전사하고 산성과 함양읍성은 쑥밭이 되었다. 그러나 이곳에서 진이 빠진 왜구들은 인월역 황산에서 이성계 군에게 대패했으니 사근내역전투는 황산대첩을 이끈 전쟁이라고 하겠다.

이들의 위패가 사근산성 추모사당 연화사에 봉안되어 해마다 사근산성순국선열추모제가 봉행되고 있다. 2011년부터 수동중학교정에서 추모제향이 이루어지다가 2015년에 사근산성 기슭에 추모사당 연화사가 준공되어 사당에서 제향이 거행되고 있다. 2019년 제향에는 사근산성 9원수의 일인인 김용휘 장군 후손 언양김씨대종회(회장 김남전)와 언양대군및사근산성김용휘김상장군숭모회(회장 김윤수)가 후원하였다.

사근산성 9원수 김용휘 장군 및 그 9년 뒤 기사왜란(1389,창왕1)에 구원장으로 함양에 달려와 순국하신 진주목사 김상 장군은 부자간으로 함양에 유공한 언양김씨 직계조상이다. 김상 장군의 묘소와 김용휘 장군의 단소는 전남 곡성군 고달면 대사리 언양김씨묘역에 있다.

500년 세의로서 (사)일두기념사업회 이사장을 맡게 되고 첫 행사인 일두선비문화제를 성공적으로 치러 영광이면서도 숭조사상의 당연한 직분이기도 하다. 필자는 사근산성9원수김용휘장군 및 함양순국진주목사김상장군의 언양김씨숭모회(언양대군및사근산성김용휘김상장군숭모회) 회장이기도 하다.

※彦陽金氏族譜: 고려명장 문하시중 김취려 就礪-佺-良鑑-光啓-奕-用輝-賞-躍-孟甫-涑(直長公)-四知(점필재문인)------勳(仁山醫聖)-侖壽(직장공파종회장)

※高麗史,列傳卷第五十,昌王元年七月: 倭寇咸陽, 晉州節制使金賞往救之, 與戰敗北. 官軍不救, 賞棄馬走, 腸爛而死. 遣體覆別監李雍鞫之, 以副鎭撫河致東, 陪吏波豆等, 嘗不救李贇之死, 今又不救, 斬之. 都鎭撫河就東等十三人, 各杖一百.

6. 남계서원의 확장과 일두공원

남계서원은 먼저 묘정을 정비할 필요가 있다. 남계서원의 공간배치에 있어 묘정비가 서재 앞에 있어 조망을 가린다. 공간 활용도 비좁게 한다. 바라보기 답답하다. 연못 밖으로 이건함으로써 서원 마당을 여유롭게 해야 한다. 문화재청의 조치가 있어야 한다. 영매헌 앞에는 다시 매화나무를 심어야 하고 연꽃도 <애련설>과 원형(池中植紅白蓮花)에 걸맞게 홍련, 백련을 가꾸어야 한다.

남계서원의 확장을 위하여 대원왕 때 훼철된 남계서원 별사(別祠)를 복원하여 점필재의 제자로 일두동문 뇌계 유호인 선생과 일두 현손 송탄 정홍서 공을 다시 모시는 것이 바람직하다. 한가지 보탠다면 천령삼걸을 같이 별사에 추가 배향한다면 뇌계, 옥계, 청련, 구졸, 송탄 등 함양의 명현이 빛날 것이고 남계서원은 함양 명현의 전당이 될 것이다.

천령삼걸(天嶺三傑)은 훼철되어 복원하지 못한 당주서원, 남원 창주서원에 모셔진 옥계 노진, 청백리로 유명하며 강진 박산서원에 모셔진 청련 이후백, 함양 구천서원에 모셔진 구졸암 양희이다. 천령삼걸은 남계칠현(박승원빠짐)과 함께 당곡 정희보의 함양 12제자니 당곡 12현(唐谷十二賢)이다. 노진, 이후백, 양희, 강익, 정복현, 조식, 임희무, 노관, 양홍택, 도희령, 우적, 정지.

문묘에 모셔진 중국 오성(五聖)의 부친 다섯 분을 따로 모시는 계성사(啓聖祠)가 문묘 대성전 서북쪽에 1701년(숙종 27)에 건립되었다. 오성(五聖)은 문묘의 정전에 자리한 다섯 성인이다. 대성 공자(大聖孔子), 복성 안자(復聖顏子), 종성 증자(宗聖曾子), 술성 자사자(述聖子思子), 아성 맹자(亞聖孟子)이다.

다섯 성부 오성부(五聖父)는 공자의 아버지 제국공(齊國公) 공숙량흘(孔叔樑紇), 안자의 아버지 곡부후(曲阜侯) 안무유(顏無繇), 증자의 아버지 내무후(萊蕪侯) 증점(曾點), 자사의 아버지 사수후(泗水侯) 공리(孔鯉), 맹자의 아버지 주국공(邾國公) 맹격(孟激)이다.

성균관 문묘의 계성사 전례와 남계서원 창건 이듬해 장건된 영천의 임고서원의 계현재(啓賢齋) 전례를 따라 일두의 부친을 모시는 계현사(啓賢祠)를 남계서원 별사와 함께 세운다면 충신 정육을, 효자 정여창 부자간의 영혼이 안식할 것이고 충효사상도 선양될 것이다. 계현사를 일두의 조상과 자손들의 문화적 공적을 기리는 기념관 성격으로 만들 수도 있을 것이다. 고직사를 활용하여 개조해도 가능할 것이다.

일두고택의 솟을대문에 다섯 분의 효자, 충신 정문이 게시되어 있다. 두택오정(蠹宅五旌)이라고 하겠다. 오정의 주인공은 효자 정복주, 충신 정윤헌, 효자 정환보, 효자 정재기, 효자 정직현이다. 그들의 정려문이 정문에 일괄 부착되어 높이 걸려있다. 죽당 정복주는 일두의 조부이고 정윤헌은 일두의 9대종손이고 정환보는 13대종손이고 정재기는 14대종손이고 정직현은 15대종손이다.

이들중 정복주, 정환보, 정재기 삼효자의 정려비는 거평마을 삼효각(三孝閣)에 존치되어있다. 경재 박손의 충신정려비각은 새로 단장을 잘했는데 옆에 있는 삼효각은 보수가 필요할 정도로 퇴락하였다. 보수하고 구충각(九忠閣)과 함께 문화재로 지정해야 할 것이다. 충신 정윤헌의 정려비는 다른 8인의 충신 정려비와 함께 일두묘소 가는 길 초입 구충각에 존치되어있다. 일두묘소가 있는 승안동은 하동정씨묘역이다. 거기에 정희운의 묘비(본암 김종후 찬술)와 정윤헌의 묘비(화천 이채 찬술)가 있다. 창주 정광연과 동봉 정희운을 기리는 귀남정사도 효리에 있다.

무신란 의병장 모두 아홉 명의 일두 후손 하동정씨 충신은 정희운과 그의 아들 정중헌(5세조 정대민의 장인 남계 임희무의 행장 찬술), 정상헌, 정사헌을 비롯한 조카뻘 정윤헌, 정찬헌, 정승헌, 정소헌, 손자뻘 정진후이다. 정희운의 충신 정문, 정중헌의 효자 정문, 정환귀 처 거창신씨 열부 정문은 두택오정처럼 효리 고택 대문간에 서있다. 이 또한 일문삼강(一門三綱)이다. 다만 새로 지어 붙여 고색창연한 멋과 문화재적 가치는 없다.

일두 7대손 충신 정희운은 충신과 효자 포함 헌자 항렬 8아들을 두었는데 집안이 번성하고 명사를 많이 배출하였다. 팔헌(八獻)이다. 중헌(重獻), 상헌(尙獻), 사헌(師獻), 조헌(祖獻), 지헌(志獻), 효헌

(孝獻)。 서자 후헌(後獻), 경헌(敬獻)이다. 기념관에 이들의 사적을 모아 소개할 필요가 있다.

남계서원은 다른 세계문화유산 서원들보다는 규모가 크지 않고 볼거리도 풍성하지 않다. 서원 둘레에 일두공원을 조성하여 볼거리, 즐길거리를 확충하고 일두선비교육관이나 일두학연구원도 건립하여 연중 상설 일두학연구, 선비교육의 전당으로 활용되길 기원한다.

<화개현구장도>, <남계서원도> 등 동서고금의 미술, 사진, 서예, 시화로 표현한 예술 작품을 모아 전시하는 공간도 필요하다. 미술관, 박물관, 역사관, 교육원, 연구소를 겸하는 일두기념관이 건립되어야 한다.

뇌계 유호인 <악양정시서>, 과암 이무 주선, 동양위 신익성 글씨, 유명한 산수화가 허주 이징 그림, 1990년 9월 20일 보물 제1046호로 지정되어 국립중앙박물관에 소장되어있는 일두의 악양 별장 그림 화개현구장도(花開縣舊莊圖)는 일두 증손 춘수당 정수민의 창안이다.

일두기념관이 건립되면 국박의 보물 <화개현구장도>를 반환받아 소장해야 한다. 신익성의 발문에 문헌공 서원의 유생이 그림을 부탁한 것이라고 하였고 그림을 완성해 서원에 돌려보낸다고 했으니 남계서원 소장품인 것이다. 서원에서 팔아넘겼을 리는 없으니 유출된 것으로 반환받을 권리가 있다.

남계서원촌을 건립하여 웰니스관광의 기지로 활용하면 서원의 활용도가 높아질 것이다. 템플스테이나 팜스테이 같은 광주 월봉서원의 서원스테이를 남계서원에 확산시킨다. 서원스테이를 알맞게 개발하여 선비의 생활, 음식, 숙박, 일과, 여가, 학습, 제향, 수양(정좌법, 팔단금) 방법의 체험을 통하여 현대인의 정서 안정과 심신 힐링 및 전통 교양의 제고를 도모한다면 서원의 활성화와 전통문화 진흥, 관광산업 및 지역경제 발전에 보탬이 될 것이다. 우선 남계서원 숙박동을 서원스테이에 활용하면 좋을 것이다.

일두는 함양서 태어나 성장하고 묻혔다. 고향에 남계서원이 건립되었다. 관향인 하동에 가서 잠시 은거하였다. 학봉이 영계서원을 건립하였다. 안음에서 현감을 지내며 선정을 베풀었다. 목민관 임지에 용문서원이 건립되었다. 종성에 귀양살이하다가 서거하였다. 유배지, 순교지에 종산서원이 건립되었다. 한양에서 벼슬살이하였지만 서울은 서원같은 거 안 세운다. 일두 주향의 이 네 서원을 일두사대서원(一蠹四大書院)이라고 하겠다. 같이 소개할 만하다.

폭군으로 잘못 불리는 광해군 때에 역사적인 유교대사건이 전개되니 조선 성리학의 종조 5인이 문묘에 종사된 것이다. 이른바 동방오현, 동국오현이다. 《광해군일기》[정초본] 31권, 광해 2년(1610) 7월 16일조에, 예조가 아뢰기를,

"오현(五賢)의 종사(從祀)에 대하여 대신에게 의논하니, 완평부원군 이원익은 '신은 전에 하문하였을 때 이미 모두 진달하였으며, 지금에는 별다른 의견이 없습니다. 이는 오직 성상이 결단하여 시행하는 데 달려 있을 뿐입니다. 다시 무슨 논의가 필요하겠습니까.' 하였고, 영의정 이덕형과 좌상 이항복과 우상 심희수도 따르는 것이 좋겠다고 하였습니다."

하니, 드디어 종사를 허락하였다. 그 성례를 그린 그림이 <오현종사묘정집례계첩(五賢從祀廟庭執禮契帖)>이다. <오현종사묘정집례계첩(五賢從祀廟庭執禮契帖)>의 서문에 의거한 <오현종사묘정집례계첩도>도 그려 전시할 필요가 있다.

남명의 제자 덕계 오건이나 퇴계의 제자 학봉 김성일 같은 현인은 왕명을 받아 시호를 선포하러 갔을 때 그 자손에게 예물로 받은 비단을 그 서원에 기증하였다. 한훤당과 일두는 1575년(선조 8)에 동시에 시호를 하사받지만 그 이듬해 1576년(선조 9)에 학봉이 현지에 가서 선포하였다. 그때 받은 예물 비단을 일두와 한훤당의 서원에 기부하였다.

그때의 시호 선포식 장면(<일두선생 사시도>)이나 그 이전의 서원 사액 선포식 장면(<남계서원 사액도>), 또 <문묘종사 사제고유도>를 그림으로 그려 전시하는 것도 빛을 더할 것이다. 이조좌랑 조원이 시호를 선포하였다고도 하니 고증이 필요하다.

일두의 생애를 나타내는 지역, 지점을 십대 승지로 압축하여 십승(十勝)이라 하고, 일두의 요람에서 무덤까지 일생을 일목요연하게 보여주는 <십승도>를 그려 전시할 필요도 있다.

십승
1개평 탄생. 개평한옥마을 일두고택
2길주 반장. 이시애의 난, 부친 함길도병마우후 순직, 천리반장, 조효동의 효자 천거, 일두의 사직상소, 소격서참봉 임명
3천령 수업. 점필재 함양군수 부임, 문하에서 한훤당과 수업
4태학 유학. 진사합격, 성균관진학
5악양 은거. 모친상 탈상, 형제 재산분배, 하동에 악양정 짓고 은거
6두류 유람. 탁영과 두류산 유람, 천왕봉 등정, 대표시 <악양> 절구 지음
7한림 봉직. 문과급제, 예문관검열 경복궁에서 사관봉직, 세자시강원 설서, 연산군 가르침

8안음 목민. 안음현감 부임, 어진 정치 시행, 광풍루, 제월당 건립, 군자정 터 유람

9종성 유배. 무오사화 국문, 종성귀양, 정로역 수행, 별세

10승안 영면. 승안사지 묘동 반장, 갑자사화 부관참시, 신도비, 묘역 경남기념물 지정

일두는 유교 성리학의 순교자로 성인이라 해도 과언이 아니다. 사후에 군신간에 존모하고 추앙하고 우대하여 영광스러운 지위를 누리고 있다. 6품에서 숭품으로 추증하여 의정부 우의정에 증직하였고,《국조유선록》을 편찬, 간행하여 동방사현의 위상을 정립하였고, 문헌공이란 시호를 하사하였고, 일두를 향사하는 남계서원을 사액하였고, 동방오현으로 문묘에 종사하였고, 남계서원을 세계문화유산에 등재하였다. 6대 존현(尊賢)사업의 완성이니 통칭하여 일두육존(一蠹六尊)이라 하겠다. 여기에 존성 사업이 이루어져 동방사성묘가 건립된다면 일두칠존(一蠹七尊)이 될 것이다.

동방오현이 문묘에 종사된 것은 조선시대 인물로는 1610년(광해군 2) 당시 다섯 명만 문묘에 배향되었다는 뜻이다. 신라의 설총, 최치원 2현, 고려의 안향, 정몽주 2현과 합하여 모두 9현에 불과하다. 한국인은 당시 9인만 문묘에 종사되어 있던 것이다. 일두, 한훤당, 정암, 회재, 퇴계 5현을 합하여 문묘 9현(文廟九賢)의 <문묘구현도>도 그려 일두의 위상을 부각시킬 필요가 있다. 동방오현 이후의 문묘종사는 하서 김인후를 빼곤 모두 서인 학자로 서인의 일당독재로 밀어붙인 것이다.

일두란 호는 정이천의 천지간일두에서 취한 것이다. 농부가 농사지은 걸 먹고 기술자가 만든 기구를 쓰고 군사들이 창칼 들고 지키어 편안히 살고 하는 데 한가로이 세월을 보낸다면 천지간에 한 마리 좀이

될 뿐이라고 한 것에서 민중들의 수고를 고마워하며 사농공상, 사농공병(兵)에서 계급론이 아니라 역할론에서 지식인의, 선비의 역할을 다 하겠다는 다짐으로 자호로 삼은 것이다.

일두의 자호에 나타난 민중을 위하는 삶의 정신, 공공의 소유 정신, 광풍제월, 충효, 도학 정신을 함양의 대표 정신으로 설정하고 일두정신은 함양정신, 함양정신은 일두정신을 표방하며 일두정신을 함양하는 함양군을 상징하여 <일두정신함양>의 기념비를 건립한다. 함양 곳곳에 게시한다.

남계서원의 주인공 일두선생은 《용학주소》, 《주객문답》, 《진수잡저》 등 철학저술은 소실되었고 시문도 몇 편 남지 않았으니 시문을 다 비석에 새겨 비석 책으로 보여줄 필요가 있다. 장서각의 서적은 다 이관하고 비워두었는데 관련 서적을 복제하여 비치하고 관람객에게 서원장서의 실제와 학습내용을 알게 하는 것도 유익할 것이고 볼거리 확장도 될 것이다.

남계서원 유공자나 방문자, 찬술자, 일두선생의 사제와 동문 및 일두현창 유공자, 일두문집 유공자의 시비나 사적비 등을 당색, 학파에 상관없이 총망라, 주변에 건립하여 일두공원을 조성한다면 역사성이 빛날 것이다.

첫째로 일두의 스승 점필재 김종직 선생의 <선비의 스승> 비와 일두의 제자 두문삼당(蠹門三堂) 함양의 신고당 노우명, 초계의 월휘당 이희증, 종성의 낙천당 고숭걸 및 이순 등 문인의 기념비, 퇴계의 시비, 남명의 어록비, 남계사장을 지은 역양 문경호, <남계서원묘정비> 비문을 청탁한 종암 정덕제(경남 문화재자료 제240호 함양 열녀 밀양박씨 지려-임술증처 열녀함양박씨전 실존인물-), <풍영루기>를 지은 오담 정환철, <풍영루중건기>를 지은 노사 기정진, 단운 민병승의 비림이다.

　남계서원의 역대 원장이나 일두현창의 서원 건립자 하동과 나주의 학봉 김성일, 안음의 역양 정유명, 거창의 모계 문위(71세.산장), 합천의 한사 강대수, 상주의 우복 정경세, 일두문집의 편찬자 춘수당 정수민, 한강 정구, 미산 정환주, 서발청탁자 운제 노형필, 찬술자 여헌 장현광, 도암 이재, 간재 전우 등의 비림이다.

　남계서원에는 현재 담 안에 본암 김종후의 <함양부남계서원묘정비>, 담 밖에 2004년 일두 서거 500주년에 세운 최근덕 성균관장의 <문헌공일두정여창선생추모비>가 있고, 일두묘소에 동계의 <문헌공일두정선생신도비>, 구충각 옆에 1926년에 복제해 세운 <일두정선생신도비>, 용문서원터에 <문헌공정선생사당비>가 서있다. 문집에 있는 임호신의 <일두선생묘표>(종자 희삼의 행장), 내암의 <일두정선생묘표명>까지 합하여 일두칠비(一蠹七碑)라고 하겠다. 안의면 광풍루 옆 선정비림에 <안음현감일두정선생선정기념비>를 세운다면 금상첨화일 것이다.

　일두선생은 공문십철처럼 점문십철의 제자이지만 다른 스승이나 스승급 선진에게 배우고 강론하며 학문을 성취하였다. 점필재 김종직(金宗直) (1431~1492)을 위시하여, 율정 이관의(李寬義) 1409년(태종 9)~미상, 추계 윤효손(尹孝孫) (1431~1503), 일로당 양관(梁灌) (1437~1507) 등이다. 율정은 일두의 초기 스승이다. 일두 18세(1467,세조13) 부친 사후 놀러다닐 때 모친의 꾸중을 듣고 배움에 정진하고 율정(당시 59세)에게 나아가 가르침을 받았다. 일로당은 39세, 일두는 26세(1475,성종6) 때 삼괴정 일로당에서 매월 초하루에 일두 및 제자들과 향사례를 거행하고, 《효경》, <상례>, 《소학》을 강론하였다. 추계는 52세, 일두는 33세(1482,성종13) 때 화개동으로부터 남원 중방리로 윤효손을 방문하여 함께 《주서(朱書)》를 강론하였다.

일두선생은 친우들과의 우정이 돈독하였으니 명현의 친우들은 다 명현이다. 책선은 붕우간의 도리라고 하였다. 벗과는 선으로 인도하기 위하여 충고해야 하는 것이다. 일두는 탁영과 보름간 지리산을 유람하며 천왕봉을 오르고 함양, 산청, 하동을 두루 겪고 섬진강으로 배 타고 내려왔다.

그 등산 길에 점필재의 제자이며 일행과 친구인 회헌 임대도 동행했지만 유림면 회동에서 집으로 돌아가고 천왕봉 등정에는 동참하지 않았다. 일두 정여창과 탁영 김일손만 천왕봉을 등정한 것이다. 이에 앞서 점필재의 제자 추강 남효온도 단독으로, 그에 앞서 한훤당 김굉필도 그 친구 신정지와 함께 천왕봉을 등정하였다.

그들 맨앞에는 그들의 스승 사림파의 종장 점필재 김종직이 뇌계 유호인, 매계 조위, 진사 한인효와 함께 천왕봉을 등정하고 <유두류록>을 남겨 사림파의 천왕봉 등정과 유람록 찬술의 전통을 세운 것이다. 점필재와 함께 또는 점필재의 문인으로 천왕봉을 등정한 9인을 통칭 천왕봉구현(天王峰九賢)이리고 하겠다.

일두와 탁영이 영신사를 방문하였을 때의 일이다. 거기에 명필로 유명한 안평대군의 시서화 삼절(三絶)의 <가섭존자도찬>이 있었다. 탁영은 산골에 천대받는 명품이 아까워 가져가려고 하니 일두는 사유보다는 절이라도 공공의 소유로 두어 유람객들이 감상하도록 하는 게 낫다고 하자 탁영은 포기하였다. 마치 남명선생이 한훤당 병풍을 집안에 두지 말고 서원에 소장하라고 권유한 것과 같으니 일두정신이 계승된 것이다.

일두가 안음현감일 때 한훤당이 방문하자 금으로 만든 금잔에 술을 따라주니 한훤당이 무익한 일을 만들어 뒷사람을 오도할 것이라고 질책하였다. 과연 그뒤 수령이 횡령하여 장물죄로 처벌받는 지경에 이르렀다. 일두는 그야말로 황금보기를 돌같이 하여 황금 술잔에 술을 먹어도 황금으로 보지 않는데 뒷 관원은 황금으로 여겨 탐하였다가 낭패 본 것이다. 일두는 탐진치 삼독(三毒)이라는 감정에 의한 과실은 잘 절제하였다.

한훤당도 감정을 주체 못할 때가 있었다. 희천에 귀양살 때 모친에게 보내려고 어물을 마련해 건조시키는데 종을 시켜 보게 하였다. 수리가 나타나 채어가자 몹시 화가 나서 종을 크게 욕하였다. 정암선생이 조용히 군자의 태도가 아니라고 하니 사과하고 정암더러 그대가 나의 스승이라고 찬탄하였다.

일두공원에 우정의 동산을 조성할 만하다. 일두와 한훤당(지동암,소학당,이연서원,도산서원), 일두와 탁영(속두류록,운계정사,자계서원,청계정사,청계서원), 일두와 회헌(속두류록,화산서원), 일두와 뇌계(제유뢰계문, 악양정시서, 뇌계공원), 일두와 정영수(계정유람), 일두와 남계(구천서원), 일두와 매계(모친상위로), 일두와 목계(시문토론), 일두와 대봉(과거급제축하시,종성전별서문), 일두와 우졸재(일두,한훤당,우졸재=필문삼현(畢門三賢),필문삼루), 일두와 노계 안우(후임 안음현감) 등이다. 뇌계는 뇌계공원에 있는 성종 어제시조비 제1수에 이어 제2수의 성종 어제시조비를 세우면 족하고, 한훤당은 그 시조 한 수 새겨 세우면 족하지 않을까?

어저 내일이야 / 성종대왕의 유호인을 위한 어제시조

어저 내일이야 그릴 줄을 모르더냐
있으라 하더면 제 구태여 가랴마는
보내고 그리는 정은 나도 몰라 하노라

삿갓에 도롱이 입고 / 김굉필

삿갓에 도롱이 입고 세우(細雨) 중에 호미 메고
산전(山田)을 흩매다가 녹음에 누웠으니
목동이 우양(牛羊)을 몰아 잠든 나를 깨우도다

　일두와 함께 함양 출신이면서 점필재 문하의 동문인 필문육군자를 종합적으로 기리는 기념관도 고려해볼 만하다. 육군자에서 정여창은 남계서원, 유호인은 송호서원(송계 이지번과 교유하였으니 송호서원에 병향하면 좋을 듯함, 선조의 고향 전북 장수에 창계서원 배향), 표연말은 구천서원, 임대동은 화산서원, 청도 출신 일두의 친구로 청계정사를 건립하고 기거한 탁영 김일손은 청계서원, 일두의 스승 점필재 김종직은 백연서원(복원요망, 고향 밀양에 예림서원 향사), 일두의 제자 신고당 노우명은 도곡서원에 모셔졌다. 이를 통칭하여 일두사우 7서원(一蠹師友七書院)이라고 하겠다. 각 서원의 행사에 늘 같이하면 의미가 있을 것이다.

필문육군자(畢門六君子)
일두 정여창(鄭汝昌) 개평 거주, 남계서원

뇌계 유호인(兪好仁) 죽장 거주, 남계서원 별사
남계 표연말(表沿沫) 상백 거주, 구천서원
회헌 임대동(林大同) 회동 거주, 화산서원
훈도 도영창(都永昌) 구라 거주
진사 한인효(韓仁孝) 대관림 거주

중국은 오성(五聖)이 있다. 조선 유림은 현인만 있고 성인은 왜 없는가. 한국인이 중국인보다 열등해서 그런가. 성인이라고 칭할 용기가 없어서이다. 염치가 많아서이다. 한국인이 한국인을 염치없이 어찌 성인이라고 하겠는가의 의식이다. 과감히 낡은 의식을 버리고 성인이라고 부를 만하면 성인이라고 칭해야 한다.

왕실종친 이심원이 상소하여 우리나라도 현인이 있다고 하며 추천한 인물이 함양의 정여창(鄭汝昌), 태인의 정극인(丁克仁), 은진의 강응정(姜應貞)이고 그들을 성현의 무리라고 칭송하였다. 이때가 1478년(성종 9)이니 일두가 29세 때의 일이다. 무리 도(徒)자는 겸사고 그들의 인격은 이미 삼성현(三聖賢)인 것이다. 이들은 모두《소학》을 중시하였다. 강응정을 공자, 박연(朴演)을 안자로 추앙하고 사성십철(四聖十哲)을 표방하였다. 중종 때도 그런 풍조가 있었으니, 규암 송인수를 공자, 소재 노수신을 안자로 떠받들기도 하였다.

성리학의 순교자 동방사현은 성인이라고 칭해도 손색없다. 중간 단계로 성현이라고 칭한다. 함양상림에 있는 함양역사인물공원 11현(咸陽歷史人物公園十一賢: 오성현 및 조승숙,양관,유호인,강익,이병헌,문태서) 가운데 필자가 상정한 다섯 성현, 통칭 오성현은 함양사목과 함양이대사액서원주인공 일두와 옥계이다. 경산시의 원효, 설총, 일연을 기리는 삼성현역사문화공원(三聖賢歷史文化公園) 같은 옛 위인

기념 오성현역사공원을 일두공원 안에 같이 조성할 만하고 오성현문화제를 일두단오제와 더불어 종합 개최할 만하다.

오성현(五聖賢)

대성현(大聖賢) 고운(孤雲) 최치원(崔致遠) 천령군태수, 학사루, 상림, 상련대, 최치원기념관, 천령문화제(2019년 제58회 명칭복원)

복성현(復聖賢) 점필재(佔畢齋) 김종직(金宗直) 함양군수, 엄천사다원, 함양읍성나각, 이은대, 백연서원, 천왕봉, 유두류록

종성현(宗聖賢) 일두(一蠹) 정여창(鄭汝昌) 안음현감, 광풍루, 제월당, 군자정, 용추폭포 홍린어, 일두고택, 남계서원, 청계정사

술성현(述聖賢) 옥계(玉溪) 노진(盧禛) 당주서원, 효자비각, 장수사

아성현(亞聖賢) 연암(燕巖) 박지원(朴趾源) 안의현감, 하풍죽로당, 백척오동각, 학사루, 흥학재, 연암사적비, 물레방아공원, 함양연암문화제(2019년 제16회)

함양은 한국 선비의 수난사 제1장 연산군 무오사화의 처음과 끝이라고 할 만하다. 유자광이 시를 지어 학사루에 게시한 것을 함양군수로 부임한 점필재가 비루한 인간의 글을 걸어둘 수 없다고 하여 떼어 버리게 하였다. 그 소식을 듣고 유감을 품은 유자광이 두고보자 하다가 조의제문 사초를 왜곡해 밀고한 것이다.

무오사화가 일어나고 체포령이 내려 탁영 김일손의 고장 청도로 금부도사가 달려갔다. 함양의 청계정사에서 요양중인 것을 알고 함양으로 와서 체포해갔다. 탁영이 청계정사를 지을 때는 그의 백형 동창(東窓) 김준손이 함양군수로 있고 친구 일두는 안음현감으로 있었다.

청계정사는 탁영이 건립하고 일두가 명명한 것이다. 탁영이 잘 있으라고 하자 일두도 나도 잡혀갈 것이라고 예언한 대로 압송되어 국문받고 종성에 귀양갔다가 순교하였다. 학사루와 청계정사가 역사의 현장이다. 남계서원이 내어준 땅에 1906년에 청계정사를 중건하고 <탁영김선생유허비>를 세우고 1921년 청계서원이 건립되어 남계서원과 병립하였다. 친구지간의 서원이 나란히 있는 것도 유례가 없을 것이다.

위에서 언급한 고운, 점필재, 일두, 연암은 어진 정치 선정과 위대한 자취를 남긴 함양의 4대목민관으로 함양사목(咸陽四牧)이라고 하겠다. 고운과 점필재를 모시는 백연서원이 복원되지 못한 것이 아쉬울 뿐이고 복원된다면 연암도 같이 모시면 목민정신의 전당이 될 것이다. 함양사목의 목민정신은 현대의 지자체장에게도 귀감이 될 것이다.

7. 세계문화유산 <한국의 서원> 9서원

7월 6일에 아제르바이잔에서 개최된 세계유산위원회에서 남계서원이 <한국의 서원>으로 세계문화유산에 등재되었다. 이배용 이사장이 이끄는 <한국의 서원> 유네스코 추진단과 한국문화, 한국교육, 한국유교의 쾌거이다.

경북 영주 안향 소수서원, 안동 이황 도산서원, 유성룡 병산서원, 경주 이언적 옥산서원, 대구 현풍 김굉필 도동서원, 경남 함양 정여창 남계서원, 전남 장성 김인후 필암서원, 전북 정읍 최치원 무성서원, 충남 논산 김장생 돈암서원이 세계문화유산 9서원(世界文化遺産九書院)이다. 충북과 경기, 강원은 없다. 충북 괴산의 화양서원은 보존되었으면 세계문화유산이 되었을 것인데 대원왕의 증오로 파괴되어 물거품이 되었다.

　9서원에서 병산서원의 유성룡만 문묘종사 인물이 아니다. 문묘9현에서 설총 서악서원, 정몽주 임고서원, 조광조 심곡서원이 빠졌다. 임고서원은 훼철, 복원된 서원이라 후보자격이 없다.

　대원왕 때 훼철되지 않고 보존된 47개서원이라 하지만 20개는 사당만 있는 것이니 서원이라 하기 힘들고, 실제 보존된 것은 27개 서원이다. 27개 가운데 11개는 충신, 공신의 서원이고 문묘종사 18현의 서원은 16개 서원이다.

　사계 김장생, 신독재 김집 부자는 돈암서원에 공향하니 1개다. 우암 송시열의 중심 서원 화양동서원은 훼철되고 강한사(대로사)만 보존되어 문묘 18현 서원이 아니고 유일한 사당이 되었다. 우암의 서원을 없애고 그 강한사를 20개 공신충신 사당에 편입시킨 것은 대원왕의 우암증오범죄이다.

　문묘18현은 신라2현 설총, 최치원, 고려 2현 안향, 정몽주, 동방오현 정여창, 김굉필, 조광조, 이언적, 이황, 퇴계 친구 김인후, 서인8현 이이, 성혼, 조헌, 김장생, 김집, 송시열, 송준길, 박세채이다. 보존 서원 11곳의 주인공 충신, 공신은 통칭 충공11현이라고 하겠다. 노론사대신과 사육신은 각기 1현으로 셈함. 29개 서원이 보존되어야 하시만 두 서원이 빠져 27개 서원이 되었다.

　덕봉서원 오두인(인현왕후충신), 사충서원 노론사대신(영조충신), 노강서원 박태보(인현왕후충신), 용연서원 이덕형(임진왜란공신), 노강서원 윤황(정묘병자척화파충신), 금오서원 길재(고려말충신), 옥동서원 황희(세종공신), 병산서원 유성룡(임진왜란공신), 충렬서원 홍명구(병자호란충신), 창절서원 사육신(단종충신), 노덕서원 이항복(임진

왜란공신)

9월 20일 소수서원에서 열린 한국의 서원 세계유산 등재 기념행사에 함양 남계서원(원장 이창구) 참가단의 일원으로 다녀왔다. 9서원 관계자들이 다 집결하고 대표자가 자기 서원을 소개하고 등재의 감회를 펴는 등재사를 발표하였다.

영주시는 곳곳에 등재 축하 현수막을 걸었다. 함양군은 현수막도 빈약하다. 영주시는 또 소수서원에 <최초의 서원 소수서원>을 강조하여 여기저기 게시하였다. 함양군은 남계서원이 선비가 세운 최초의 서원이라는 걸 자부하고 강조하길 바란다. <최초의 선비 서원 남계서원>이라고 자부하고 강조하면 합당하다.

서원의 발상지 중국은 3개의 세계문화유산 속에 3개의 서원이 포함되어 있지만 한국처럼 서원 단일 항목의 세계문화유산은 없다. 한국이 서원의 본 고장 중국보다 먼저 완정한 형태의 서원으로 세계문화유산에 등재된 것은 유교 전통을 잘 보존한 것을 반영한다고 하겠다.

廬山國家公園: 白鹿洞書院
皖南古村落(西遞和宏村): 南湖書院
鄭州天地之中歷史建築群: 嵩陽書院

중국 서원의 원조 백록동서원이 여산 세계문화유산 속에 포함된 것처럼, 한국도 일찍이 다른 세계문화유산에 등재된 것에 포함된 서원이 세 곳이 있었다. 거듭 따로 이번에 일괄 지정된 것이다.

세계문화유산 <한국의 역사마을 : 하회와 양동>(2010년) 하회는 하회마을과 병산서원으로 구성되어 있으며, 양동은 양동마을과 동강서원(우재 손중돈), 옥산서원(회재 이언적), 독락당으로 구성되어 있다. 동강서원(東江書院)은 경북기념물 제114호, 숙종 21년(1695) 창건, 고종 5년(1868) 서원철폐, 그 뒤 1925년과 1960년에 복원하였다. 동강서원은 <한국의 서원> 9서원에는 포함되지 못했지만 세계문화유산 속에 있는 서원이니 세계문화유산 10서원에 해당한다.

개암 강익이 좌절하지 않고 불굴의 의지로 남계서원을 완성하였기에 지리산 함양에 세계문화유산이 탄생한 것이다. 지리산 지역 유일의 세계유산이다. 세계문화유산에 등재된 <한국의 서원> 9서원에서 남계서원은 두 번째로 창건된 것이다. 유네스코 ID도 도동서원 외에는 창건순으로 부여하였는데 역시 두 번째가 남계서원이다.

세계문화유산에 등재된 <한국의 서원> 9서원을 창건순으로 열거한다.

1소수서원 1542년(중종 37) 풍기군수 주세붕(周世鵬)이 창건(최초의 서원), 1550년(명종 5) 사액

2남계서원 1552년(명종 7) 창건, 1566년(명종 21) 사액(賜額)

3도동서원 1568년(선조 1) 쌍계서원(雙溪書院)으로 창건, 1573년(선조 6) 사액, 1605년(선조 38) 보로동서원(甫勞洞書院)으로 재건, 1607년(선조 40) 도동서원으로 사액

4옥산서원 1573년(선조 6) 창건, 1574년(선조 7) 사액

5도산서원 1574년(선조 7) 창건, 1575년(선조 8) 사액

6필암서원 1590년(선조 23) 창건, 1662년(현종 3) 사액

神宗皇帝萬曆十八年庚寅(1590,선조23) 建書院于長城之岐山,門人卞成溫等° 刱建°

毅宗皇帝崇禎甲申後十五年 孝宗大王九年 戊戌(1658,효종9) 全羅道 儒生˚上疏請書院賜額˚蒙允˚

十九年 顯宗大王三年 壬寅(,현종3,1662) 宣額筆巖書院˚遣官賜祭˚

7병산서원 1613년(광해군 5) 정경세(鄭經世)가 존덕사(尊德祠)를 창건, 1863년(철종 14) 사액, 미선액〈西厓先生年譜卷之二: 哲宗癸亥˚蒙額屛山書院˚而哲宗昇遐˚竟不得宣額˚士林至今痛惜˚〉

8무성서원 1615년(광해군 7) 창건, 1696년(숙종 22) 사액

9돈암서원 1634년(인조 12) 창건, 1660년(현종 1)에 사액

세계문화유산〈한국의 서원〉9서원을 사액순으로 열거한다.

1소수서원 1542년(중종 37) 풍기군수 주세붕(周世鵬)이 창건(최초의 서원), 1550년(명종 5) 사액

2남계서원 1552년(명종 7) 창건, 1566년(명종 21) 사액

3도동서원 1568년(선조 1) 쌍계서원(雙溪書院)으로 창건, 1573년(선조 6) 사액, 1605년(선조 38) 보로동서원(甫勞洞書院)으로 재건, 1607년(선조 40) 도동서원으로 사액

4옥산서원 1573년(선조 6) 창건, 1574년(선조 7) 사액

5도산서원 1574년(선조 7) 창건, 1575년(선조 8) 사액

6돈암서원 1634년(인조 12) 창건, 1660년(현종 1)에 사액

7필암서원 1590년(선조 23) 창건, 1662년(현종 3) 사액

8무성서원 1615년(광해군 7) 창건, 1696년(숙종 22) 사액

9병산서원 1613년(광해군 5) 정경세(鄭經世)가 존덕사(尊德祠)를 창건, 1863년(철종 14) 사액,미선액<西厓先生年譜卷之二: 哲宗癸亥。蒙額屛山書院。而哲宗昇遐。竟不得宣額。士林至今痛惜。>

〈한국의 서원〉 유네스코 ID 순서는 다음과 같다.

1498-001 소수서원 경상북도 영주시
1498-002 남계서원 경상남도 함양군
1498-003 옥산서원 경상북도 경주시
1498-004 도산서원 경상북도 안동시
1498-005 필암서원 전라남도 장성군
1498-006 도동서원 대구광역시 달성군
1498-007 병산서원 경상북도 안동시
1498-008 무성서원 전라북도 정읍시
1498-009 돈암서원 충청남도 논산시

유네스코 ID 순서는 세계문화유산을 신청할 때 창건순으로 한 것을 반영한 것이다. 창건순에 잘못 고증한 것도 있으니 도동서원이 3번에 위치했어야 했다. 도동서원 창건 연대를 중건한 보로동서원 기준으로 하면 1605년이 되어 6위가 된다. 쌍계서원을 창건한 1568년으로 하면 1573년 창건의 옥산서원보다 빨라 순위가 3위가 되었을 것이다. 사액도 마찬가지이다. 도동서원이 3위가 되면 창건순, 사액순으로 질서정연하게 배치된다.

서원은 선현의 유적에 추모 시설과 교육 시설을 함께 건립한 것이다. 현대의 기념관과 교육원의 통합 기능이다. 기념관에 신앙이 깃들면 성당, 교회, 절, 도관, 신사 등의 기능을 발휘하여 기복신앙의 장소로 정신적 위안을 주게 될 것이다. 유교는 종교적 기능이 약하여 선현을 기념할 뿐이다. 제향이 기념하는 의례 외에 작디작은 기도와 위안을 주는 역할에 그칠 것이다. 서원이 세계문화유산에 등재된 것은 흐

못한 일이나 종교적 사원으로 발전하지 못한 것은 종교학자로서 아쉬운 대목이다.

8. 퇴계의 <서원십영> 9서원

한국의 서원 발전에 크게 기여한 퇴계 이황은 서원교육학자라고 해도 무방하다. 당시 창건된 9개 서원을 읊은 <서원십영(書院十詠)>을 남기었다. <서원십영>이지만 9개 서원을 읊은 것이다. 현재 북조선의 해주 문헌서원은 제외하고 세계문화유산에 등재된 9서원과 중복되는 것은 소수서원과 남계서원뿐이다. 대원왕이 훼철하지 않았으면 모두 세계문화유산에 등재되었을 것이다.

대원왕의 서원훼철은 주먹구구식 조선정책을 잘 보여준다. 정몽주의 숭양서원보다는 임고서원이 더 오래고, 김굉필의 도동서원보다는 옥천서원이 더 빨리 사액되었고, 조광조의 심곡서원보다는 죽수서원이 더 오래되었는데 역사성은 반영 안하고 즉흥적으로 취사선택, 결정한 혐의가 있다. 아까운 세계문화유산감만 파괴한 것이다.

退溪先生文集卷之四 / 詩 / 書院十詠

1竹溪書院 豊基 ->白雲洞書院 ->紹修書院 *1542년(중종 37) 창건, 1550년(명종 5)사액
竹溪風月煥宮牆。 肇被恩光作國庠。 絃誦可能追白鹿。 明誠誰似導南康。

2臨皐書院 永川 *1553년(명종 8)창건, 1554년(명종 9)사액
圃翁風烈振吾東。 作廟渠渠壯學宮。 寄語藏修諸士子。 淵源節義兩堪宗。

　3文憲書院 海州 <-首陽書院 *1550년(명종 5) 창건, 1555년(명종 10) 사액

　海陽儒學蕩城塵。野草春風燒更新。不向山林思變作。謾將書院謗叢臻。

　4迎鳳書院 星州 ->川谷書院 *1558년(명종 13) 창건, 1573년(선조 6) 사액

　鳳山儒館極恢張。聚訟賢祠挾謗傷。但願諸賢明此學。閒爭浮議自消亡。

　5丘山書院 江陵 ->五峰書院 *1556년(명종 11) 창건, 미사액

　人材淵藪古臨瀛。闢學丘山澗石清。降聖千年名已近。乞靈今日敎將明。

　6灆溪書院 咸陽 *1552년(명종 7) 창건, 1566년(명종 21) 사액

　堂堂天嶺鄭公鄕。百世風傳永慕芳。廟院尊崇眞不忝。豈無豪傑應文王。

　7伊山書院 榮川 *1558년(명종 13) 창건, 1574년(선조 7) 사액

　地靈人傑數龜城。創立儒宮事亦貞。諱避不須生院號。絃歌猶待樹風聲。

　8西岳精舍 慶州 ->西岳書院 *1561년(명종 16) 창건, 1623년(인조 1) 사액

　東都賢祀謗何頻。變置眞成學舍新。但使菁莪能長育。涵濡聖澤屬儒紳。

　9畫巖書院 大丘 ->硏經書院 *1564년(명종 19) 창건, 1660(현종 1) 사액

　畫巖形勝畫難成。立院相招誦六經。從此佇聞明道術。可無呼寐得群醒。

　總論諸院

　白首窮經道未聞。幸深諸院倡斯文。如何科目波飜海。使我閒愁劇似雲。

서원십영 9서원(書院十詠九書院)은 풍기의 죽계서원(1542,소수서

원), 영천의 임고서원(1553), 해주의 문헌서원(1549), 성주의 영봉서원(1558,천곡서원), 강릉의 구산서원(1556,오봉서원), 함양의 남계서원(1552), 영주의 이산서원(1558), 경주의 서악정사(1561,서악서원), 대구의 화암서원(1564,연경서원)이다.

 퇴계는 소수서원 사태를 바로잡는 글에서 서원은 현인을 존모하고 선비를 양육하며(尊賢養士) 인재를 즐거이 길러내는(樂育人材) 땅이라고 정의하였다. 소수서원이 창건되고 15년 만에 개원공신이며 유사인 김중문이 원생들을 모욕하여 동맹휴학이 일어나자 그에게 사과시키어 해결하라고 하였다. 원장을 산장, 동주라고 불렀다.

 위 9서원에서 퇴계의 영향력이 미치지 않은 서원은 남명 제자 개암이 창건한 남계서원 하나일 것이다. 조선 팔도의 서원에서 당시에 퇴계가 직간접으로 간여하지 않은 서원이 없을 정도로 퇴계는 서원을 중시하였다. 한국서원의 창건자인 주세붕보다는 퇴계 이황이 한국서원의 아버지라고 할 만하다. 구암 이정, 금계 황준량, 학봉 김성일, 한강 정구 등 퇴계 제자들의 서원 건립운동의 활약이 컸기 때문이기도 하다.

창건순

 1竹溪書院 豊基 ->白雲洞書院 ->紹修書院 1542년(중종 37) 창건, 1550년(명종 5) 사액

 2文憲書院 海州 <-首陽書院 1550년(명종 5) 창건, 1555년(명종 10) 사액

 3灆溪書院 咸陽 1552년(명종 7) 창건, 1566년(명종 21) 사액

4臨皐書院 永川 1553년(명종 8) 창건, 1554년(명종 9) 사액

　5丘山書院 江陵 ->五峰書院 1556년(명종 11) 창건, 비사액

　6迎鳳書院 星州 ->川谷書院 1558년(명종 13) 창건, 1573년(선조 6) 사액

　7伊山書院 榮川 1558년(명종 13) 창건, 1574년(선조 7) 사액

　8西岳精舍 慶州 ->西岳書院 1561년(명종 16) 창건, 1623년(인조 1) 사액

　9畫巖書院 大丘 ->硏經書院 1564년(명종 19) 창건, 1660(현종 1) 사액

사액순

　1竹溪書院 豊基 ->白雲洞書院 ->紹修書院 1542년(중종 37) 창건, 1550년(명종 5) 사액

　2臨皐書院 永川 1553년(명종 8) 창건, 1554년(명종 9) 사액

　3文憲書院 海州 <-首陽書院 1550년(명종 5) 창건, 1555년(명종 10) 사액

　4灆溪書院 咸陽 1552년(명종 7) 창건, 1566년(명종 21) 사액

　5迎鳳書院 星州 ->川谷書院 1558년(명종 13) 창건, 1573년(선조 6) 사액

　6伊山書院 榮川 1558년(명종 13) 창건, 1574년(선조 7) 사액

　7西岳精舍 慶州 ->西岳書院 1561년(명종 16) 창건, 1623년(인조 1) 사액

　8畫巖書院 大丘 ->硏經書院 1564년(명종 19) 창건, 1660(현종 1) 사

액

9丘山書院 江陵 ->五峰書院 1556년(명종 11) 창건, 비사액

9. 한국서원의 초기주인공 서원십현

서원십현(書院十賢) 나려오현(羅麗五賢)의 서원

1설총 西岳精舍 慶州 ->西岳書院 1561년(명종 16) 창건, 1623년(인조 1) 사액

2최치원 武城書院 井邑 1615년(광해군 7) 창건, 1696년(숙종 22) 사액

3최충(문묘미종사) 文憲書院 海州 <-首陽書院 1550년(명종 5) 창건, 1555년(명종 10) 사액

4안향 竹溪書院 豊基 ->白雲洞書院 ->紹修書院 1542년(중종 37) 창건, 1550년(명종 5) 사액

5정몽주 臨皐書院 永川 1553년(명종 8) 창건, 1554년(명종 9) 사액

崧陽書院 開城 1570년(선조 3) 창건, 1575년(선조 8) 사액

선조 3 1570 경오 隆慶 4 - 開城士人들이 선생의 舊居인 花園 북쪽에 서원을 세우다.

선조 8 1575 을해 萬曆 3 - 崧陽書院으로 賜額되다. ○ 都事 李敏이 선생의 遺像을 奉安하다.

隆慶四年庚午(1570,선조3) 開城府士人建書院于花園。此亦先生舊宅也。越五年

萬曆乙亥(1575,선조8)。上敎曰。文忠公以東國儒宗。矧其節義可

貫日月。今旣新建書院。予欲遣官致祭。於是遣承旨往祭之。賜扁曰崧陽書院。又賜朱子語類。是年。都事李敞以公遺像奉安。

서원십현(書院十賢) 동방오현(東方五賢)의 서원

6일두 정여창 灆溪書院 咸陽 1552년(명종 7) 창건, 1566년(명종 21) 사액

7한훤당 김굉필 玉川書院 順天 <- 玉川精舍 1565년(명종 20) 창건, 1568(선조 1) 사액

雙溪書院 玄風 -> 甫勞洞書院 ->道東書院 1568년(선조 1) 창건, 1573년(선조 6) 사액, 1605년(선조 38) 재건, 1607년(선조 40) 사액.

8정암 조광조 竹樹書院 和順 1570년(선조3) 창건, 1594년(선조 27) 사액

선조 3 1570 경오 隆慶 4 - 綾州에 竹樹書院이 建立되어 享祀되다.

四年庚午 建竹樹書院於綾州 卽先生結纓之地。而因朝令。移奉中條山祠版建之文。因沙溪金先生議。配梁公學圃。○萬曆癸丑。重修書院。靈巖郡守趙纘韓著記。○院之西麓。舊有臺。庚戌。監司朴承宗。名以天□。仍著記。

深谷書院 龍仁 1605년(선조 38) 창건, 1650년(효종 1) 사액

선조 38 1605 을사 萬曆 33 - 墓下에 深谷書院이 건립되어 향사되다. *47개존속서원

三十三年乙巳 建深谷書院於先生墓下

효종 1 1650 경인 順治 7 - 7월, 深谷書院에 賜額되다.

9회재 이언적 玉山書院 慶州 1573년(선조 6) 창건, 1574년(선조 7)

사액

　10퇴계 이황 陶山書院 安東 1574년(선조 7) 창건, 1575년(선조 8) 사액

　서원 십현은 초기 서원의 주인공들이다. 문묘 9현에 신재 주세붕이 최초 창건한 백수서원(백(운동)수(양)서원)의 최충을 포함한다. 십현의 서원 가운데 창건순으로는 고려의 안향 소수서원, 최충의 문헌서원 다음으로 일두 정여창의 남계서원이 세 번째이다. 사액순으로는 안향의 소수서원, 정몽주의 임고서원, 최충의 문헌서원, 다음이 남계서원으로 네 번째이다. 공식 순위로 세 번째나 네 번째에 해당한다.
　고려가 아닌 조선 인물로는 일두의 남계서원이 창건순이나 사액순이나 어디나 첫 번째에 해당한다. 일두의 절친 한훤당의 서원은 남계서원이 사액된 2년 뒤에 옥천서원으로 사액되었으니 다섯 번째 사액 서원이 될 것이다. 일두의 남계서원은 탄생지이고 한훤당의 옥천서원은 순교지이다.
　남계서원은 개암 강익이라는 30세의 청년선비가 최연소 창건한 서원으로도 유례가 없는 7초(初)의 최초 신기록 보유 서원인 동시에 불굴의 의지 소산, 세계유산이다.

10. 일두단오제

　전통의 세계문화유산은 한계가 있는 것이다. 소재가 고갈되면 더 이상 발굴할 수가 없을 것이다. 새로이 만들어놔야 후대에 세계문화유산에 등재될 것이다. 호주의 오페라하우스가 그 이상적 건축물이

다. 1973년 10월 20일에 문을 연 시드니 오페라 하우스(Sydney Opera House)는 2007년 유네스코 세계문화유산에 선정되었다. 남계서원 옆에 일두공원이나 일두기념관을 세계문화유산급 건축물로 건립하여 세계문화유산 후보를 남겨줄 필요가 있다.

일두선비문화제도 중봉문화제처럼 일두문화제로 명칭을 단순화하고 서원향례, 명현제례의 선비문화의 전통과 계승을 잘 반영하는, 선비문화제의 전형을 잘 보여주는, 특색있는 축제로 승화시킨다면 유네스코 인류무형문화유산에의 등재도 가능할 것이다.

일두의 탄신일이 단오일이다. 유교 명현의 단오제는 시기도 분명하고 유례가 없는 특색이 있으니, 강릉단오제 같은 민속의, 유림 민속의 일두단오제도 가능하다. 일두단오제에 탄신제와 선비문화제, 육예축제로 삼분하여 거행해도 괜찮겠다. 일두단오제로 개칭하면 독특한 성현 명가 축제, 유림 민속 축제가 될 것이다. 세계문화유산 남계서원, 인류무형문화유산 일두단오제의 쌍벽이 이루어지길 기원한다.

-570 일두탄신제 2020 일두단오제-

남계서원은 세계문화유산 / 김윤숭

선비가 세운 서원 최초로 창건되고
일두는 문묘 종사 최대한 예우하네
누리에 유네스코 올려 최고조로 기리네
서른 살 젊은 선비 혁신적인 사고 여네
성리학의 순교자 모실 서원 창안하네
한 평생 불굴의 의지에 문화유산 빛나네

4- 일두는 성인이다

◐○◐●●○◎
◐●◐○◐●◎
◐●◐○○●●
◐○◐●●○◎
◐○◐●○○●
◐●◐○◐●◎
◐○◐●●○◎

-문묘에 제향되는 이는 다 성인이어야 한다. 모두 성인이다. 그러니 일두(정여창 1450~1504))는 성인이다.-

500년전 함양에 무슨 일이- 정여창과 황금 술잔

황금 보기를 돌같이 하라.
비슷한 것은 가짜다라는 말도 있지만 뭐 같이 하는 것은 훌륭한 덕목이 될 수 있다. 위와 같이 하면 훌륭한 인물이 되지 않겠는가. 최영(1316~1388) 장군이 그런 위인(偉人)이다.

한강 하류 양천에 투금탄 (投金灘)이란 지명 전설이 전해진다. 고려 후기 다정도 병인 양하여 잠 못 들어 하노라라는 시조 <다정가>로 유명한 이조년(1269~1343)과 그 형 이억년 두 형제는 어느 날 길을 가다 우연히 금덩이를 주워 사이좋게 나눠가졌다. 그리고 양천나루에서 배를 탔는데 배가 강 가운데 이르자 아우가 갑자기 금덩이를 강물에 던진다. 형이 이유를 묻자 금덩이 때문에 우애를 해칠 것 같아 버렸노라고 말한다. 그 말을 들은 형도 자신의 것을 강에 던진다. 그 후 이 여울을 두고 투금탄이라 불렀다.

그 아름다운 형제 우애 전설의 주인공 이억년은 고려말에 벼슬을 그만두고 지리산 함양에 은거하여 묻히었다. 묘소가 함양군 휴천면 문정리에 있다. 함양에 다시 한번 황금 전설의 주인공이 등장하니 황금 술잔, 금잔(金盞) 이야기의 일두 정여창 선생이다.

정여창(1450~1504)은 호를 일두(한 마리 좀)라 하는 조선 성리학자요 성리학의 순교자 4대성인이다. 조선 초기 문묘에 종사된 동방오현이다. 동방오현 최초의 서원 남계서원은 세계문화유산이다. 정여창은 이시애의 난에 순국한 부친 정육을의 시신을 18세의 청년으로 함경도 길주에서 함양까지 천리길을 운송하여 반장하였다. 삼년상을 시묘하고 모친도 지극 정성으로 모시었고 돌아가시자 다시 3년 동안 시묘하였다.

효자로 천거되어 벼슬이 내렸으나 사양하였다. 성종대왕의 강권으로 소격서 참봉에 임명되었으나 이왕 벼슬하려면 자력으로 하지 부모 덕으로 하겠나 하면서 과거에 응시하여 급제하고 친구 탁영 김일손의 추천으로 사관이 되었다.

정여창은 세자시강원 설서로서 세자 연산군의 스승이었다. 당시 연산군을 가르친 다른 스승도 있었으니 허침(1444~1505)과 조지서(1454~1504)이다. 조지서는 정여창과 같이 동료가 되어 연산군을 가르쳤으나 인성교육에는 실패하였다고 하겠다. 명현이 가르쳐도 포악성은 개량하지 못하였다. 인성은 교육이 되는가 천성인가 하는 의문이 든다.

정여창은 연산군의 싹수없음을 보고 피난차 중앙을 벗어나 지방관

직에 자원하여 함양 이웃고을 안음현감에 부임하였다. 무오사화에 연루되어 붙들려가기 전까지 4년 동안 선정을 베풀었다. 합천에 처가가 있어 자주 왕래한 한헌당 김굉필(1454~1504)과 안음현감 정여창은 점필재 김종직의 제자로 동문수학한 절친이어서 가끔 근처에서 상봉하여 즐기었다.

어느날은 김굉필이 친구 안음현감 정여창을 찾아왔다. 관아에서 술자리가 벌어지자 그때 김굉필은 깜짝 놀랐다. 현감이 황금 술잔 금잔(金盞)에 술을 따라주는 것이 아닌가. 책하며 "나는 자네가 이런 무익한 것을 만들 줄 꿈에도 몰랐네. 후세에 반드시 이것 때문에 사람을 그르칠 것이네" 하였다. <景賢錄 / 事實>

김굉필은 예언자적 지혜가 있었다. 이 금잔 사건도 그렇고 당시 선비의 풍조가 청담을 일삼던 죽림칠우의 진풍(晉風)과 같아 사림의 화가 일어날 것이라고 하여 무오사화를 예견한 것도 그러하였다. <一蠹先生遺集卷之二 / 附錄 / 事實大略 / 十一年 燕山四年>

무오사화(1498, 연산군4)로 정여창이 떠난 지 20년 만에 김굉필의 예언대로 금잔 때문에 사단이 발생하였다. 중종 14년(1519) 4월 4일에 전 안음현감 윤효빙이 사간원의 탄핵을 받았다. 상중이라 체직되어 떠나며 봉쇄된 관아 창고를 임의로 열어 조정도 알고 있는 금잔, 은잔을 훔쳐갔다는 것이다. 장물죄 피의자로 진주 옥에 갇혔다가 담을 넘어 도망가고 말았다. 경차관 남세준과 진주목사 신영홍은 윤효빙과 교분이 두터워 일부러 도망가게 한 것이다. 그래서 윤효빙은 장물죄 처벌을 면하고 신영홍은 우정을 과시하였다.

그런데 그 다음해가 1520년(중종15) 지금으로부터 딱 500년전이다. 9월 9일에 윤효빙의 아들이 상소하여 자기 부친이 아전들의 모함으로 누명을 쓴 것이라고 억울함을 진정하였다. 향리(鄕吏) 임종(林從)이 전부터 윤효빙을 미워하였으므로 모함한 것이다. 요새말로 자기 방어권을 위하여 탈옥한 것이라는 것이다. 결론이 어찌 났는지 《중종실록》에는 관련 기록이 없다.

후대 문헌에 진주의 인물로 윤효빙이 소개되어 있는 것으로 보아 잘 처리된 것 같다. 황금 술잔을 탐하여 훔쳐갔는지 아전의 모함으로 누명을 쓴 것인지 씨씨티비를 돌려보면 알겠지만 당시에 없으니 진실공방, 음모론, 진영논리로 판단할 수밖에 없는 사안이다.

여기 윤효빙이 경상도관찰사 모재 김안국의 명으로 1517년(중종12)에 <동몽수지(童蒙須知)> 안음본(安陰本) 초간본을 발행한 안음현감 윤효빙(尹孝聘)이다.

정여창이 의전용 황금 술잔을 만들어 전한 것이 김굉필의 지적대로 잘못한 것인지 잘한 것인지 모르겠다. 그러나 눈앞에는 무수한 유혹 거리가 있다. 유혹 거리가 많다고 해서 다 유혹당하지 않는다. 금잔이 있어도 탐하지 않으면 되는 것이다.

가령 금은방을 터는 강도가 있다 하자. 금은방이 나쁘다고 다 없애라고 해서야 되겠는가. 스스로 양심을 지키는 것이 지도자의 덕목이다. 극기복례가 그것이요, 징분질욕이 그것이요 존천리(천리를 보존함), 알인욕(인욕을 막음)이 그것이다. 성리학적 인격수양이 된 사람은 황금 술잔 보기를 토기 잔처럼 여길 것이다. 정여창은 황금 술잔을 토기 잔 같이 보는 인격수양을 실현한 것이다. 탐심을 잘 절제한 것이다. 인격수양의 승리이다.

500년이 지난 지금 시대에 눈앞에 금잔이 있다고 하자. 공적 지도자가 의전용으로만 쓸 것인가, 몰래 훔쳐가 자기 집안에서 쓸 것인가, 탄핵받아 뇌물죄로 처벌받고 망신당할 것인가, 안 들키고 남몰래 므흣 술 마시며 즐길 것인가. 스스로의 양심과 법 앞에 처신을 잘해야 한다는 것을 보여주는 황금 술잔 금잔 이야기이다.

일두(一蠹)는 성인이다

지난 6월11일 2022 일두선비문화제가 함양 남계서원 풍영루 앞에서 개최되었다.

4부로 구성된 문화제의 제1부는 572주년 일두탄신제(생신은 음력 단오), 제2부는 제3회 일두시조문학상 시상식, 제3부는 일두와 선비정신 특강, 제4부는 일두주제곡 축하공연이었고 기타 수상작 작품전시와 육예체험이 동시에 이뤄졌다.

필자는 일두선비문화제를 주최하는 (사)일두기념사업회 이사장으로 명칭에 불만을 품고 있지만 이사장이라고 맘대로 할 수는 없는 노릇이다. 필자의 주장대로라면 일두선비문화제가 아닌 일두성인문화제라야 한다.

일두는 성인이다. 이 무슨 소리인가. 많은 유교인들의 이목을 해괴하게 만드는 소리이다.

유교는 명분이 강하고 성인의 정의에도 엄격하다. 그 정의에 따르면 유교의 성인은 공자뿐이다. 공자 이전은 요·순·우·탕·문·무·주공이 있을 뿐이다. 내성외왕의 형식적 성인조건이 부합해야 한다. 공자는 외왕의 자격은 미달하지만 소왕이란 칭호로 다소 형식에 부합한다.

공자는 사성과 함께 오성으로 칭한다. 사성이라 하여 복성 안자, 종성 증자, 술성 자사자, 아성 맹자가 있지만 시호의 칭호가 강한 느낌이다. 필자는 유교인으로 자부하지만 천주교의 성인의식을 부러워한다.

1984년 교황 요한 바오로 2세는 방한하여 한국 순교자 103위 성인 시성식을 서울 여의도광장에서 거행했다. 순교자의 기적을 교황이 면책하여 가능하였다. 한국 천주교 200주년 기념대회 자리였다. 그 교황 요한 바오로 2세는 2005년에 선종했지만 2개의 기적이 인정되어 2014년에 성인으로 추대되어 시성식이 거행되었다.

일두 정여창(1540~1504) 선생은 점필재 김종직 선생의 제자로 동문인 한훤당 김굉필 선생과 함께 한국유교 최초의 무오사화에 희생되었다. 순교자이다. 그 뒤로 기묘사화에 희생된 순교자 정암 조광조 선생이 있고 을사사화의 잔영 정미사화에 희생된 순교자 회재 이언적 선생이 있다. 이 네 분을 지칭하여 동국사현이라고 한다. 그 4현의 자료를 국가에서 편찬한 것이 <국조유선록>이다.

천주교의 순교자의 시성에 비견되는 것이 유교의 문묘종사이다. 광해군 2년(1610)에 퇴계 이황 선생과 함께 동방 4현이 성균관 대성전, 문묘에 종사되었다. 이때부터 동방오현이라고 통칭한다.

그런데 퇴계는 한국 성리학의 집대성자로 추앙된 것이지 순교자는 아니다. 이후 문묘에 종사된 분중에 순교자는 우암 송시열 선생뿐이다. 중봉 조헌 선생은 임진왜란 금산전투 순국자이다. 나머지는 다 성리학의 대성자로서 문묘에 종사된 것이다.

문묘종사는 선비의 최고 존위요, 성리학자로서의 최고 영광이었다. 문묘에 종사되지 못한 선비 유현 중에 조선왕조 말까지 문묘종사운동이 전개된 이가 많다. 그중 대표적 인물이 점필재 김종직 선생과 남명 조식 선생, 한강 정구 선생, 여헌 장현광 선생이었다.

고려시대에는 해동공자라고 칭해진 최충 선생도 문묘종사되지 못하였다. 왜냐면 성리학자가 아니었기 때문이었다. 이제는 엄격성을 다소 완화하여 이분들을 제2의 문묘, 대한문묘를 건립하여 공자 사당에 배향하여야 한다.

현재의 문묘는 심산 김창숙 선생이 개혁하여 성균관 문묘 동무와 서무에 모셔진 공자의 72제자와 역대 유학자 및 대성전에 배향된 공문십철 등의 위패를 철거하고 송조 6현과 동국 18현을 배향하였다. 나중에 공문십철은 복원되었다. 오성과 10철, 6현, 18현 등 도합 39인이 문묘에 제향되고 있다. 공자를 배향하는 현인이 38명인 것이다. 적어도 이 38인은 성인이라고 칭해야 한다. 성인이라고 칭해도 손색이 없다. 대성 공자를 배향하는 이가 성인이 아니고 누구이겠는가. 대성인을 배향하는 이는 다 성인이어야 한다.

송조 6현 곧 주돈이 주자, 정호 백정자, 정이 숙정자, 소옹 소자, 장재 장자, 주희 주자는 송조 6성이라고 칭하고, 동국 18현 곧 문창후 최치원, 홍유후 설총, 문성공 안향, 문충공 정몽주, 문경공 김굉필, 문헌공 정여창, 문정공 조광조, 문원공 이언적, 문순공 이황, 문정공 김인후, 문성공 이이, 문간공 성혼, 문열공 조헌, 문원공 김장생, 문경공 김집, 문정공 송시열, 문정공 송준길, 문순공 박세채는 동방오성 및 동국 18성이라고 칭해야 한다. 성균관장은 24현의 성인 추존식을 열고 24성, 성인으로 선포해야 한다.

성균관 대성전 문묘에는 39인의 성인이 제향되고 있다. 성균관 대성전 문묘는 39성이 제향되는 유교의 성전이다는 인식이 보편 타당하게 정립되게 하여야 한다. 문묘에 제향되는 이는 다 성인이어야 한다. 모두 성인이다. 그러니 일두는 성인이다.

광풍루(光風樓) 제월당(霽月堂)
530주년 기념 주련차운(柱聯次韻)

1. <u>光風樓霽月堂530周年紀念柱聯次韻</u> / 金侖嵩

安陰三洞武陵天
안음삼동은 무릉도원의 하늘이고

國儲之師臨遠邊
세자의 스승이 먼 변방에 임했네

◐◐◐○◐◑◑

君子亭中希聖哲
군자정 가운데에서 성인을 기약하고

◐○◐●●○◎

龍門院址感風煙

용문서원 터에서 바람 안개에 느껍네

◐○◐○●○●

學庸三著型如岳

용학주소 등 세 책은 전형이 태산 같고

◐●○◐○●◎

官吏十條政似川

관리 지침 수십조는 정치가 냇물 같네

◐●○○●●●

霽月光風誠敬得

광풍제월은 정성과 공경으로 터득한 것

◐○◐●●○◎

顧名思義慕年年

명칭 따라 뜻을 생각해 해마다 흠모하네

*압운: 天邊烟川年 / 칠언율시 평기식
*시법: 칠언율시(칠언사운) / 압운 / 평기식 평기평결 / 측기식 측기측결 / 이사부동이륙동 / 홀짝부동짝홀동 / 중련대우

2. 일두순교 520주기, 안음현감 부임 530주년, 광풍루 제월당 건립 530주년

일두 정여창은 동방오현이다. 세계문화유산 남계서원의 주벽이다. 1498년(연산군4) 무오사화에 희생되어 1504년(연산군10)에 순교한 성현이다. 2024년이 순교 520주기이다. 절친 동문 한훤당 김굉필과 함께 오대사화 순교성인이며 조선성리학의 개창자이다.

일두는 그 10년 전 1494년(성종25)에 안음현감으로 부임하여 관아 객사 문루인 선화루를 중창하고 광풍루로 개칭하고 제월당을 금천 언덕에 세우고 광풍루와 짝이 되게 하였다. 염계 주돈이의 기상을 산곡 황정견이 묘사한 광풍제월 문구에서 따와 명명하였다. 올해가 광풍루 제월당 530주년이니 기념할 만한 해이다.

일두는 안의지역에 세 건의 건물을 지었다. 관아 건물인 광풍루와 제월당이고 사적 건물인 서상에 있는 군자정이다. 광풍과 제월은 주돈이의 기상을 묘사한 용어에서 취한 것이고 군자는 주돈이의 대표작 <애련설>에서 蓮은 花之君子也에서 취한 것이다. 연꽃은 본디 불교의 상징화였는데 주돈이가 <애련설>을 지은 뒤로 유교 선비의 꽃으로 변하였다. 군자란 용어가 등장하면 연꽃이 배경에 있는 것이다.

군자정은 1802년에 정선전씨 선비들이 세운 것이라고 설명하는데 그 터는 원래 일두가 노닐던 곳이었다고 했으니 정자인지 석대인지 불명확하다. 그러나 일진왜란의 일기 <고대일록>을 남긴 고대 정경운의 기록에 의하면 정유재란 때도 군자정은 건재하여 1597년 9월 27일에 우락동에서 군자정을 구경하였다고 하였다. 이때 건재한 군자정은 악양에 악양정을 지어 은거했던 일두가 지은 것으로 추정한다. 서상에 군자정을 짓고 주돈이의 연꽃을 사랑하며 공무의 여가에 쉬던 곳이라고 짐작한다.

제월당은 변천이 복잡하고 연혁의 오류도 많다. 일두는 금천 언덕 위, 지금의 제월대 위에 제월당을 창건하였다. 연산군 때 역신의 물건으로 몰려 헐렸을 것이고 중종 때 중창했는데 이때 원위치에 복구 안 하고 광풍루에 연이어 지었다. 중종 25년(1530년)에 새로 증보, 편찬된 〈신증동국여지승람〉에 "霽月堂은 光風樓에 連構하였다"고 하였다.

임진왜란에 다시 불탔을 것으로 추정된다. 암행어사 박문수의 증조부인 구당(久堂) 박장원(朴長遠,1612~1671)이 인조 21년(1643) 2월에 안음현감으로 부임하고 〈광풍루기(光風樓記)〉를 짓고, 고을의 명망에 부합하지 않는, 향교 근처에 세운 향유의 사우를 헐어 제월당을 원위치인 제월대 위에 중건하였다. 향유의 사우는 수승대 주인인 요수(樂水) 신권(愼權,1501~1573)과 후학 석곡(石谷) 성팽년(成彭年,1540~1594)을 병향하는 사당이다. 나중에 수승대 근처에 건립한 구연서원의 원조이다.

인조 23년(1645) 1월 20일 갑진 1번째 기사에, 예조가, 경상도로 하여금 안음(安陰)의 유생 신경직(愼景稷)·성경창(成慶昌) 등의 죄를 다스리게 할 것을 청하니, 상이 따랐다.

"처음에 신경직·성경창 등이 자기들의 조상인 신권(慎權)·성팽년(成彭年)을 위하여 자기들 스스로 향교 가까운 곳에 사우(祠宇)를 건립했는데, 현감 박장원(朴長遠)이 온 고을의 공론에 따라 그 사우를 철거하고, 그 재목으로 제월당(霽月堂)【선현 정여창(鄭汝昌)이 창건한 당이다.】을 옛터에 옮겨 지었었다. 그런데 신경직 등이, 박장원이 체임되어 돌아간 때를 틈타서 다시 제월당을 부수어 철거했으므로 감사가 신경직 등을 가두고 그 사실을 보고하니, 곧 그 죄를 다스릴 것을 명하였다."

박장원의 후임으로 1645년에 부임한 안음현감 김극혜(金克譓)가 감독하여 옛터에 중건하였다. 이후 기록은 모두 원문을 잘못 해석하여 김극혜가 광풍루에 연이어 지었다고 오기하였다. 광풍루와 제월당이 따로 존재하다가 다시 제월당을 광풍루에 연이어 지은 이는 안음현감 장세남(張世南, 1642~1700)이다. 1685년(숙종11)에 장세남이 중건하고 그 스승 우암 송시열에게 지어달라 하여 <안음현광풍루기>를 받아 게시하였다. 자신도 칠언율시를 지어 시판에 새겨 게시하였다. 지금은 그 시가 주련으로 게시되어 있다. 그 주련은 다음과 같다.

光風樓 柱聯 / 張世南

三洞名區別有天 삼동명구별유천
안음삼동의 명승은 별천지인데

一樓風月浩無邊 일루풍월호무변
광풍루의 바람 달은 넓어 가이없네

◐◐◐●◐●●
西園竹樹宜疎雨 서원죽수의소우
서쪽 동산 대숲에 부슬비 내리고

◐●◐◐◐●◎
東嶺山嵐和暮烟 동령산람화모연
동쪽 고개 아지랑이 저녁 연기 섞였네

◐●◐◐●●
漠漠田間飛白鷺 막막전간비백로
아득한 밭고랑에 백로가 날아가고

◐◐●●●◐◎
磷磷石上瀉晴川 린린석상사청천
반짝이는 돌위에 맑은 냇물 흐르네

◐◐◐◐●●
蠧翁去後今吾至 두옹거후금오지
일두가 가시고 지금 내가 이르니

◐◐◐◐●◎

此樂寥寥二百年 차락료료이백년
이 즐거움 적막한 지 200년이 되었네

*압운: 天邊烟川年 / 칠언율시 측기식
*시법: 칠언율시(칠언사운) / 압운 / 평기식 평기평결 / 측기식 측기측결 / 이사부동이륙동 / 홀짝부동짝홀동 / 중련대우

3. 광풍루 주련 시비

지금 안의면 광풍루에 위 칠언율시가 주련으로 걸려 있다. 그런데 캐나다에 사는 자칭 한학자란 이가 민원을 제기하여 주련의 순서가 <안의읍지>에 실린 것과 틀리니 <안의읍지>에 실린 순서대로 다시 게시해야 한다는 것이다.

주련은 수련, 함련, 경련, 미련으로 게시되어 있다. <안의읍지> 제영 광풍루 조에는 수련, 경련, 함련, 미련의 순서대로 잘못 바뀌어 게재되었다. 압운이 天邊烟川年이 아니고 天邊川烟年의 순서로 잘못 게재되었다. 중련의 함련<烟>과 경련<川>이 뒤바뀐 것이다. 서각가가 군의 청탁으로 서각하여 게시할 때 함련과 경련이 뒤바뀌어 실린 것을 간파하고 바로잡아 게시하였다.

민원인은 <안의읍지>에 실린 것은 <화림지>에 실린 것을 저본으로 삼은 것이니 절대로 순서를 바꿔선 안된다는 것이다. 틀린 것은 바로잡아 게시할 수 있는 것이지 절대로 안된다는 게 어느 나라 논리인가.

그런데 1931년간 <화림지>에는 실리지 않았고 1966년간 <안의읍지>에 처음 실린 것인데 앞에 O표시도 생략된 채 급히 게재한 의심이 드는 편집상 잘못 순서 매겨 실린 것이다. 함련과 경련이 뒤바뀐 것이니, 주련 판목을 떼어 놓은 것을 옮기어 적다 보면 얼마든지 순서가 잘못 바뀔 수 있는 것이다. 압운은 맞추지만 평측은 못 맞출 수도 있는 것이다.

<화림지>에 실리지도 않은 것을 <안의읍지>가 <화림지>를 저본으로 실은 것이니 순서를 바꿔선 안된다고 우기는 것은 무슨 경우인가.

<안의읍지> 순서대로 하면 칠언율시 측기식의 평측에 안 맞는다. 그리 얘기하니 파격으로 쓸 수도 있지 뭐가 문제냐고 억지를 부린다. 그러면서 안의현감 연암 박지원(1737~1805)의 문체반정 빌미, 실용주의, 파격적 자유분방의 한시, 가령 연암의 <田家(어느 농가)> 같은 시도 있을 수 있으니, 장세남이 그리 지은 것일 수도 있다, 바꿔선 안된다고 한다.

燕巖集卷之四 / 映帶亭雜咏○詩 / 田家

翁老守雀坐南陂°
粟拖狗尾黃雀垂°
長男中男皆出田°
田家盡日晝掩扉°
鳶蹴鷄兒攫不得°

群鷄亂啼匊花籬°
小婦戴棬疑渡溪°
赤子黃犬相追隨°

그러면서 연암의 <전가>가 "2,4,6,8행의 끝 글자 압운이 수,비,리,수로 들쭉날쭉 쓰고 싶은 뜻이 중요하지 운이 맞지 않아 뜻이 좋아 쓰고 싶어도 못쓰는 적폐를 과감히 청산하고 압운 규칙을 무시하고 있다"고 하였다.

민원인이 한학자는 맞는가 하는 의문이 든다. 어찌 운자를 한글로 파악하는가. 4행도 아니고 5행의 운자가 다 운통에 맞는 것이다. 어찌 들쭉날쭉이라 하는가. 운서를 한번도 안 본 사람의 궤변이다.

陂, 垂, 籬, 隨는 上平 支자운이고 扉는 上平 微자운인데 통운으로서 사용해도 무방하다. 압운은 운통에 맞는 것이고 들쭉날쭉 압운 규칙을 무시한 것이 아니다.

다만 연암의 <전가>는 압운은 맞는데 중련대우와 평측이 안 맞다. 그리고 연암이 지은 칠언율시는 모두 7편인데 하나 빼고 나머지 6편은 시법에 맞는 시를 지었다. <전가>가 파격시라 하지만 실상은 압운, 평측, 대우법을 맞추어가기 전에 일단 지어놓고 차차 시법에 맞추어가는 것인데, 미처 맞추지 못하고 끝난, 미처 진행되지 않은 미완성작인 것이다.

파격시라 하면 틀린 것이다. 파격이라면서 압운은 정확히 맞춘 것이니, 압운은 왜 맞추나? 파격으로 지을 것 같으면 뒤죽박죽 아무 글자나 놓지. 그리고 나머지 6편은 왜 시법에 맞게 짓는가. 다 파격으로 엉터리로 짓지.

연암보다 100년 전 사람인 장세남이 연암처럼 연암의 선구자로 파격시를 지을 수도 있다니, 무슨 황당한 이론인가. 장세남의 시는 필사 과정에서 뒤바뀐 경련과 함련을 함련과 경련으로 바로잡으면 압운, 대우, 평측 등의 시법에 맞는 정확한 시가 되는 것이다. 파격적인 요소가 하나도 없다.

시법을 모르거나 몰라서 무시하거나 하면 바른 한시를 지을 수 없다. 어법이나 문법에 안 맞는 말이나 글을 지으면 어불성설인 거와 마찬가지로 한시도 시법에 맞게 지어야 하는 것이다. 시법에 맞는 한시를 바로잡지 말고 억측, 억지로 방치해야 한다는 것은 무슨 경우인가.

시법에 맞는 한시라고 설명해도 수용하지 않고 어설픈 지식으로 궤변을 일삼으며 스스로 전문가연하면서 잘못 필사한 원문을 금과옥조로 사수하며 악성 민원을 끝없이 제기하면 누가 옳은지 일반인이 어찌 알겠는가. 어느 전문가에게 물어 해결하겠는가.

4. 광풍루 주련 차운시 방증

장세남의 시는 시판으로 누각 안에 게시되고 언제인가 주련으로 게시되기도 한 것이다. 지금 광풍루 안에는 장세남의 시판은 없다. 하영규(河榮奎)의 <광풍루중수운> 시판(小序포함)이 게시되어 있다. 하영규(河榮奎)는 고종 43년 병오(1906) 10월 11일에 안의군 주사(安義郡主事)에 임용되었고, 1926년에는 안의면장을 지냈다.

아석(我石) 정문섭(鄭文燮,1859~1929)이 안의군이 폐지된 뒤 광풍루를 보존시키고 수리하자 하영규는 면장이 되기 전인 1925년 을축년 여름에 광풍루 중수할 때 시서를 지었다. 함양읍성 망악루의 함화루 이건, 개칭, 보존에 공이 있는 노덕영을 기리듯 광풍루도 정인섭의 문화유산 보존 공을 기려야 할 것이다. 1925년 을축하(乙丑夏)에 쓴 소서는 생략하고 시만 옮긴다.

光風樓重修韻 / 河榮奎

樓下平湖碧一天
누각 아래 호수 푸른 하늘

花林勝狀在斯邊
화림동의 명승 여기에 있네

翠甍照耀龍門日
파란 용마루 용문서원 해 비추고

丹榭交橫武峽烟

붉은 정자 골짜기 안개 어른거리네

....

命名遺躅如喬嶽

명명하신 유적은 태산 같고

講道眞源障百川

도를 강론한 참 진리 이단 막네

古蹟相存應有數

고적 보존도 운수가 있으니

幾回嗣葺又今年

몇 번이나 중수했나 또 올해도

*압운: 天邊烟川年 / 칠언율시 측기식, 평기식
*시법: 칠언율시(칠언사운) / 압운 / 평기식 평기평결 / 측기식 측기측결 / 이사부동이륙동 / 홀짝부동짝홀동 / 중련대우 *특이하게 측기식에서 평기식으로 전환, 전운

이 <광풍루중수운>은 전운(轉韻)을 도모했는데 차운이란 용어는 안 썼어도 장세남의 시에 차운한 시이다. 정확히 天邊烟川年의 압운에 맞춰 차운하여 지은 것이다. <안의읍지>의 天邊川烟年 압운 순서와는 다르다. 당연하지 않은가. 주련의 압운 순서가 맞는 것이기 때문이다. 민원인이 금과옥조로 받드는 <안의읍지>에는 이 시가 실려 있지 않으니 보충하여 속집이나 증보본에 실으면 큰일나는가.

해장(海藏) 신석우(申錫愚, 1805~1865)가 철종 6년(1855)에 경상도 관찰사로서 지방 순행할 때에 안의현에 들러 광풍루에 올라 장세남의 원운에 차운시를 지었다. 측기식을 따랐다. 차운이란 용어를 안 써도 같은 압운이니 차운시인 것이다.

光風樓 / 申錫愚

霽月光風別洞天
제월당과 광풍루 별천지에 있는데

先賢氣像浩無邊
선현의 기상은 넓어 가이없네

◐○◐●○○●

攀梯一上餘丹艧
사다리 잡고 올라가니 단청이 남았는데

◐●○○●●◎

開戶平臨濕翠煙
창을 열고 임하니 푸른 안개 젖어드네

◐●○○●●●

未了仙緣遲出峽
신선 인연 못 마치고 더디 골짝 나가

◐○●○●●◎

將尋往蹟逝如川
지난 자취 찾으려니 시간이 냇물 같네

◐○○●●○●

十分春色名亭酒
가득한 봄빛이 유명 정자의 술잔에 고이니

◐○○●○●◎

何似湘江宴幸年
어찌 소상강 수령들 잔치 벌린 해와 같을까

*압운: 天邊烟川年 / 칠언율시 측기식
*시법: 칠언율시(칠언사운) / 압운 / 평기식 평기평결 / 측기식 측기측결 / 이사부동이륙동 / 홀짝부동짝홀동 / 중련대우

일제 강점기에서 현대까지 활동한 학자 치당(恥堂) 심상복(沈相福, 1871~1951)은 확실히 시판을 보고 차운시를 지었다. 원운은 측기식인데 압운은 따르되 법식은 따르지 않고 평기식으로 지었다.

登光風樓次板上韻 / 沈相福

光風飄灑洞中天
빛나는 바람 상쾌한 골짝의 하늘

百尺元龍活水邊
높은 누각이 남강천 가에 있네

四野桑麻當肇夏
사방 들에는 뽕, 삼이 첫 여름이고

◐○○◐●●◎
千家楊柳羃淸煙
천 채 집 버들은 맑은 안개에 덮였네

◐○○◐○○●
堪憐先輩優遊地
선배들이 유람하던 곳 어여쁘나

◐●○○●●◎
可惜光陰逝似川
세월이 냇물처럼 가는 게 안타깝네

◐●○○○●●
自此尋眞知未遠
이로부터 심진동 멀지 않음 아는데

◐○○◐●○◎
山如太古日如年
산은 태고적, 하루 해는 한 해 같네

*압운: 天 邊 烟 川 年 / 칠언율시 평기식
*시법: 칠언율시(칠언사운) / 압운 / 평기식 평기평결 / 측기식 측기측결 / 이사부동이륙동 / 홀짝부동짝홀동 / 중련대우

위 3인의 시는 모두 압운이 天 邊 烟 川 年으로 주련의 압운과 일치한다. <안의읍지>에 실린 天 邊 川 烟 年과는 다르다. 이는 압운은 운통으로 보기에는 문제가 없지만 함련과 경련이 바뀌어 있는 것을, 평측이 틀린 것을 알아보지 못해 사단이 발생한 것이다. 읍지에 옮길 때 잘못 필사한 것이니 자세히 살펴보고 바르게 알아보는 것이 안목이다.

모든 책에는 오류가 있으니 교정하는 것은 필요하다. 하영규의 시판은 <안의읍지>에 수록되지 않았다. 누락된 것이다. 누락되었으면 <안의읍지>는 절대불변의 원전이니, 증보에 채록하면 안된다고 할 것인가. 아니라면 <안의읍지>에 순서가 바뀌어 실린 중련의 선후를 바로잡아 주련을 게시한 것은 잘한 일이라고 칭찬해야 할 것이다. 읍지 증보에 교정을 반영해야 할 것이다.

위 3인의 시는 모두 天 邊 烟 川 年으로 장세남의 원시와 일치되게 수련, 함련, 경련, 미련의 순서대로 압운이 정확히 이루어졌고 그 운에 맞춰 차운이 이뤄진 것이다. 위 3인의 시로서 주련 순서가 맞다는 것을 증명할 수 있는 것이다.

필자의 시는 장세남의 원운에 차운한 것이지만 심상복처럼 원운의 측기식을 따르지 않고 평기식을 따라 지은 것이다. 시는 측기식과 평기식의 법식이 있고 차운시는 압운만 따르면 측기식이든 평기식이든 무방한 것이다.

5. 光風樓霽月堂530周年紀念柱聯次韻 전국한시지상백일장

광풍루와 제월당이 함양 안의에 있으니 안의향교(전교 김경두)와 함께 (사)일두기념사업회는 성균관, 성균관유도회총본부, 지리산문학관의 후원으로 '광풍루제월당 530주년기념 주련차운 전국한시지상백일장'을 개최하여 공모하고 금년 4월말까지 인터넷으로만 접수하여 한시강사 대학교수가 심사하여 선발할 계획이다.

필자의 시는 일주일 구상하고 한두 시간에 짓고 다듬은 것이다. 각촉부시의 시재는 부족하지만 신음퇴고의 시편이 필요한 것이다. 지상백일장은 한시를 잘 짓는 시인을 선발하는 게 목적이 아니다. 일두정신을 선양하고 광풍루와 제월당을 현창하는, 잘 지은 시를 선발하는 게 목적이다.

장원 100만원 1명, 방안 50만원 2명, 탐화 25만원 10명, 입선 인산죽염치약 10개(5만원상당) 20명을 선정하고 2024년 6월 8일(토) 개최 예정인 일두선비문화제에서 시상할 계획이다. 전체 응모작은 한시집을 발행하여 배포할 것이다.

고운과 일두

신라 시대 한림학사로 천령군태수를 지낸 문창후 고운 최치원 선생. 조선 시대 문신 학자로 옛 천령군, 함양군에 태어난 문헌공 일두 정여창 선생.

이 두 분은 600년의 시간차를 두고 네 번의 조우를 갖는다.

첫째는 문묘다. 고운은 1020년 문묘에 종향된다. 당시는 동서무에 종사하는 문묘종사가 아니고 공자 모신 정전 안에 종향하는 한국인 최초 유일무이한 전내종향이다.

일두는 1610년(광해군2)에 동방오현으로 문묘에 종사되었다. 두 분은 해방후 대성전에 동국18현이 종향될 때 같이 공자 곁에서 혈식군자로 제향받고 있다.

둘째는 함양이다. 고운은 천령군 태수일 때 지리산 산삼을 공납하여 나당외교에 공헌하고 산삼 시문을 남겨 산삼의 성인이 되었고 학사루를 지어놓고 올라가 공무의 여가에 소요 음영하였다.

일두는 함양에서 태어나 그 스승 점필재 김종직이 함양군수일 때 학문을 배웠으니 학사루에 올라 깊은 사색에 잠기기도 하고 대관림을 거닐며 미래를 구상하였을 것이다.

셋째는 하동이다. 하동은 하동정씨 일두의 관향이고 고운은 쌍계석문 휘호에 진감국사비문을 지은 곳이고 청학동 신선이 되어 선인과 교유한 곳이다.

특히 일두가 지어놓고 은거 강학한 악양정 앞 강가에 있는 취적대는 고운과 일두가 모두 피리 불며 낚시하며 세상을 잊고 소요유한 곳이다.

하동 일대에 취적대, 쌍계석문, 세이암, 화개동, 청학동, 환학대 등 고운의 발자취가 많이 남았는데 고운이 찾은 청학동을 고운이 천령군 태수로 있던 함양 출신 선비 일두 정여창 선생도 좋아하여 하동 악양에 은거할 때 소 타고 쌍계사와 청학동을 왕래하기도 하였다. 옛 진주 땅 지금은 하동땅인 화개동은 고운과 일두가 모두 스쳐가며 시를 지은 곳이다. 동국화개동과 사월화개맥이추가 그것이다.

고운은 함양에 있을 때는 해인사 주지 희랑의 화엄경 강설을 축하하는 <증희랑화상> 10절을 지어 보내기도 하였고, 쌍계사에 있다가 떠났을 때는 호원 상인에게 시<寄顥源上人>를 지어 부치기도 하였다.

넷째는 합천, 고령의 가야산이다. 합천군 가야면은 일두의 절친 한훤당 김굉필 선생의 처향이다. 지금 소학당 자리에 한훤당 서당이 있어 두 분이 만나 강학한 곳이다. 그뒤 이연서원을 세워 두 분을 병향하였다. 고령군 쌍림면 가야산 아래 안림천 가의 벽송정을 고운이 짓고 읊기도 하였는데 일두도 찾아 읊기도 하였으니, 일두는 고운을 흠모하여 그의 자취를 찾아다닌 게 아닐까 의문도 든다.

조선 후기의 학승으로 고승인 연담 유일(蓮潭有一, 1720~1799)은 시에서 고운과 일두를 병칭하였다. <蓮潭大師林下錄卷二 / 花開洞次

金上舍福鉉韻〉 오언율시 2수인데 절구로 인용해본다.

  孤雲與一蠹 고운과 일두는
  曾住此江皐 일찍이 이 강가 언덕에 머무셨네
  人歸如水逝 사람 돌아감이 물이 감과 같으나
  名在並山高 이름은 남아 산과 더불어 높구나

  함양 출신 일두와 그 지역 목민관 천령군태수 고운은 모두 불우한 시대를 만났으나 정도를 걸어 천고의 성현, 만세의 귀감이 되어 유교의 도로서 세인의 흠앙을 받고 있다.

일두 아호와 일두문화상

일두(一蠹)란 아호를 쓰는 이가 있으니 일두 정여창 선생이다. 일두는 동방오현이고 세계문화유산 남계서원의 주인공이다. 일두란 한 마리 좀이란 뜻이다. 천지간에 한 마리 좀이라 자칭하는 것이다. 좀은 해충이다. 나는 한 마리 해충이다, 나는 한 마리 모기이다, 나는 한 마리 빈대이다-천지간일비(天地間一蜚,빈대비)라고 한다면 그것이 겸손의 뜻인가. 일두란 용어를 한결같이 겸손의 호칭으로만 해석하니 황당하다.

일두의 스승 점필재 김종직의 점필과 일두의 동문 절친 한훤당의 한훤은 겸손을 나타내는 겸사이다. 점필이란 뜻은 글 내용도 잘 모르면서 그냥 읽는다는 뜻이고 한훤은 평범히 안부나 묻는다는 뜻이다. 특별한 게 없다는 겸사의 아호를 지었다. 일두란 호는 그보다 더 겸손한 표현이라고 여기는데, 아니다.

호에는 산, 물, 마을, 집, 동식물, 도덕 등의 용어를 사용하여 짓는다. 그러나 벌레, 그것도 해충을 호로 삼은 경우는 없다.

일두는 1467년(세조13)에 18세 때 《이정유서(二程遺書)》를 보다가 정이천의 '천지간일두(天地間一蠹)'라는 말에서 느낀 바 있어 일두를 아호로 삼았다.

정자, 정이천은,

"지금 농부들이 심한 추위와 무더위와 장마에 깊이 밭 갈고 잘 김매어서 파종한 곡식을 내가 먹고 있다. 온갖 기술자들이 그릇과 도구를 만들어서 내가 쓰고 있다. 군사들이 갑옷을 입고 무기를 들고 국토를 지키어 내가 편히 지낸다.

공덕이 사람에게 미치지 못하고 부질없이 세월만 보내면 일없이 천지간에 한 마리 좀이 된다. 오직 성인의 남긴 글을 모아 엮는다면 거의 도움이 될 것이다."

하고, 《역전(易傳)》과 《춘추전(春秋傳)》을 지었다. 책을 보다가 문구에 감동하여 호로 삼은 경우는 후대 소재 노수신도 같다. 소재가 38세 때 1552년(명종7)에 귀양지 진도에 소재란 서실을 지은 것은 주자의 <지락재명(至樂齋銘)>을 보다가 감명받아 여병득소(如病得穌)에서 소자를 취하여 호로 삼은 직후다.

봉건사회는 사농공상 - 사대부, 농민, 공인, 상인의 수식석 계급질서의 신분제 사회이다. 그러나 사농공상을 신분으로만 해석할 필요없다. 사농공상은 역할의 문제이다. 차별이 아니다. 수평적 역할 질서로 봐야 한다. 각자의 할 일에 맞는 역할을 잘 수행해야 하는 것이다. 정자가 생각한 사대부는 저술활동이 본업이다. 농사짓는 농민, 도구를 만드는 기술자, 국토수호의 군인 등 역할 사회를 건설하는 것이다.

일두는 정자와 같은 사대부로서 저술활동이 그의 역할이다. 그래서 그도 《용학주소(庸學註疏)》와 《주객문답(主客問答)》과 《진수잡저(進修雜著)》를 저술하여 세상에 공덕을 끼치려고 하였다. 그러나 무오사화의 수난 속에 소실되었다.

일두란 아호는 나는 천지간에 한 마리 좀이라는 겸손의 표현이 아니라 세상의 좀이 되지 않고 공덕을 끼치는 사대부가 되겠다는 결의에 찬 의지의 표현, 역설적 표현의 아호이다. 일두란 호 속에 농민의 쌀에 고마워하고, 기술자의 그릇에 고마워하고, 군인의 창칼에 고마워하고, 사대부의 저서에 고마워하는 감사의 정신이 깃들어 있는 것이다.

일두란 호를 보면 우리는 아, 일두는 한 마리 좀이, 자신을 좀이라고 겸손히 표현하는 겸손한 인물이구나 감탄할 게 아니라 한 마리 좀이 되지 않겠다, 세상에 공덕을 끼치는 역할을 다하겠다, 라는 성인의 자세를 우러러 본받아 우리도 그리 살아야 하는 것이다.

사단법인 일두기념사업회는 일두를 위하여 공덕을 쌓는 것이다. 사단법인을 창건한 것도 공덕이고 일두선비문화제와 일두선비아카데미를 창설하여 일두정신을 선양한 것도 큰 공덕이다. 필자는 사단법인 일두기념사업회 제4대 이사장이 되어 일두주제곡을 만들어 행사 때마다 공연하게 하였고, 일두시조문학상을 제정하여 일두정신을 문학적으로 형상화하여 보급하였는데 지속시키지는 못하였다.

역대 이사장이나 임원들은 일두학술세미나를 개최하였고 일두문헌을 편찬, 발행하였고, 일두문화기행을 추진하였다. 일두 관련 포괄적 문화상이 없었다. 함양 지역에는 함양군민상, 함양교육상, 함양예술

인상, 함양체육인상이 있고 한때 연암문학상(소설,삼천만원), 최치원문학상(시,삼천만원)이 있었으나 문화상은 없다.

　일두문화상의 일두문화란 일두학술, 일두예술, 일두정신선양, 일두사회사업, 일두기념사업을 포괄하는 용어이다. 지리산문학관 후원으로 해마다 일두문화의 보급과 선양에 공이 있는 인사를 선정하여 시상하고 작지만 상금을 지급하여 격려하는 일두문화상을 제정하여 지속시키고자 한다. 독지가나 지자체와 손잡고 국내 손꼽히는 상금 규모의 크고 무거운 상으로 확대하여 누구나 타고 싶은, 일두문화에 공을 세워 받고 싶은 상으로 발전시킬 수도 있을 것이다.

일두홍보관의 오류 시정

 청안문학회 40여 명이 함양에 문학기행 와서 최치원상림공원과 일두고택, 남계서원, 지리산문학관, 지리산조망공원을 탐방하고 문학강연과 시낭송회의 시간을 가졌다. 일두홍보관에서 일두의 행적을 둘러보면서 의문을 표하였다.
 동방오현, 세계문화유산 남계서원의 주향 일두 정여창 선생의 일두 종택에 가면 입구에 일두홍보관이 있다. 몇 가지 오류가 있어 시정해야 한다.
 일두홍보관은 작지만 큰 역할을 해오고 있다. 하지만 큰 역할 속에서도 작지 않은 오류도 많다. 시정되어야 하는데 방치되고 있다. 물론 동방오현 일두선생의 위상에 비기면 부처님의 손바닥만한 소규모의 기념관이다. 그래서 기념관도 아닌 홍보관이다.
 홍보관은 일두의 행적과 공덕을 선양하고 널리 알리는 홍보기능을 제대로 수행해야 정상이다. 그러니 그 내용은 사실을 바탕으로 바르게 서술한 것이라야 가치있을 것이다. 그런데 틀린 설화를 기록하여 행적으로 만들고 일두의 행적을 왜곡하여 망신시키고 있다. 10년이 다 되어가는데 고치지 않고 있다.

*일두홍보관—일두의 발자취를 따라서—1청계산이수봉 2혈읍재 3함양일두고택 4악양정

여기에서 가장 큰 오류는 혈읍재 이야기다.

청계산에 일두사적이 있는 것이 기특하여 이수봉 비문은 사실과 부합하지 않아도 전설이니까 봐줄 수는 있다. 그렇지만 후학인 정구(鄭逑)선생이 이수봉이라 명명하였다고 한다는 오류다.

없는 사실을 기념하여 명명할 수는 없을 것이다. 명명할 리 없다. 관련 기록은 전혀 없고 구전이라고 할 것이다. 구전이라 하면 이수봉 기념비 세울 때 한강 정구선생이 현신하여 축사했다 해도 믿어야 하는가.

더구나 혈읍재 이야기는 엉터리라서 시정하지 않으면 안 된다. 그 오류를 지적한다.

"일두가 청계산에 은거하고 있을 때 무오사화가 일어나"

무오사화가 일어났을 때 일두는 안음현감으로 재직하고 있었다. 친구 탁영 김일손도 함양 청계정사에서 요양중이었다. 무오사화가 일어나자 의금부도사가 탁영 고향 청도로 잡으러 갔다가 함양으로 다시 와서 잡아갔다. 잡혀갈 때 일두가 전송하니 탁영이 잘 있으라고 인사하자 일두가 나도 뒤따라갈 것이라고 예언하였다.

"스승 김종직이 부관참시당하고 친분이 깊은 김일손이 억울한 죽음을 당하게 되었다. 소식을 들은 일두가 이곳을 넘나들면서 너무나 통

분해서 울었는데, 그 피울음 소리가 산 멀리까지 들렸다고 하여 <일두유집>을 편찬한 정구(鄭逑)가 혈읍(血泣)재라 불렀다고 한다."

일두와 한강의 기록에는 이런 기록이 없다. 일두는 당시 안음현감이었고 뒤이어 끌려가 탁영과 같이 신문받고 처벌받았다. 탁영은 처형되고 일두는 함경도 종성으로 귀양갔다. 김종직의 부관참시도 동시에 집행된 것이다. 국사에 분명하다.

당당한 무오사화의 순교성인이 혈읍재에서 하릴없이 통분해하며 피눈물이나 흘릴 리 없다. 일두 망신시키는 설화다. 그러니 그 지역의 전설에 불과할 것이다. 그런 사실이 없는데 그런 명명을 할 리 없으니 한강 정구의 권위를 끌어들여 신빙성을 높이려는 엉터리 의도에 불과하다.

그리고 <일두유집>은 1919년에 편찬된 것이고 한강은 75세(1617광해군9)에 일두증손 춘수당 정수민과 같이 <문헌공실기>를 편찬하였다. <문헌공실기>를 편찬한 정구가 맞지만 혈읍재라 명명한 적은 없을 것이다. 명명한 기록도 없을 것이다

국사와 문집도 무시하는 엉터리 전설을 신봉하여 일두홍보관에 기술해놓아야 되겠는가. 과천향토사연구회가 청계산 일대에 설명판을 써붙여 놓았는데 시정을 요구해야 할 것이다. 아무리 향토사라지만 역사를 왜곡하는 서술을 서슴없이 하면 되겠는가.

*일두유적으로 소개시켜 줄 곳도 많은데 하필 엉터리 전설담을 소

개해놓을 게 무언가.

다른 소개유적을 추천하면

일두가 30대에 은거 강학한 하동 악양정 앞 강가에 있는 낚시터 취적대와 스승 점필재 김종직의 광풍제월 도학군자 기상을 흠모하여 세운 광풍루, 제월당, 군자정 또는 일두가 절친인 한훤당 김굉필과 강학한 도동서원 근처의 현풍 이노정, 일두와 한훤당을 병향한 이연서원터 근처의 합천 소학당과 지동암, 일두와 한훤당을 병향한 도산서원터 근처인 거창 수포대가 절경이기도 하니 적당하다.

다른 오류도 지적한다.

*일두홍보관―일두를 배향한 서원

일두를 배향한 서원이란 제목부터 틀린 것이다. 용어의 오염이 심하다. 배향(配享)이란 사전적 정의로 "종묘나 문묘 또는 서원에 공적이나 학덕이 있는 신하의 신주를 모심"이다. 여기서 종묘나 문묘는 배향이 맞다. 그러나 서원은 맞기도 하고 틀리기도 한다. 서원의 배향은 주향이 아니면 맞는 말이나 주향이면 배향이란 용어를 쓰면 안 된다. 주향은 서원의 주인공이고 배향은 서원의 보좌진이라 보면 된다.

엄격히 정의하면 배향과 종향이 다르다. 문묘나 서원의 제향은 주향이 1등급, 배향이 2등급, 종향(종사와 동의어)이 3등급의 위계질서가 엄격하다. 주향은 독향과 병향 또는 열향, 연향, 합향이 있다. 문묘는 공자가 주향, 사성이 배향, 나머지 십철, 육현, 십팔현이 종향이다.

남계서원은 일두가 주향이고 배향은 없고 개암과 동계가 종향이다. 도남서원은 오현(포은,한훤당,일두,회재,퇴계)이 병향으로 주향, 소재 노수신은 종향, 서애 유성룡은 배향, 창석 이준과 우복 정경세는 합향 했는데 성격은 미상이다.

일두는 모신 서원에서 주향이고 병향, 열향, 연향, 합향으로 주향이다. 문묘에는 종향되었으나 배향된 서원은 하나도 없다. 일두는 어느 서원이든 주향이나 병향이다. 일두를 제향한 또는 향사한 서원이라고 제목을 써야 맞다. 본문에서도 일두를 배향 운운 쓰면 안 된다.

퇴계는 성주의 정자와 주자를 모신 천곡서원에서 한훤당을 배향해선 안 되고 종향해야 한다고 했을 만큼 위계질서에 엄격하였다. 그러나 지금은 정자, 주자, 한훤당이 모두 문묘종사, 전내종향 인물이니 서원을 복원한다면 병향해야 할 것이다.

첫 번째 소개에
영계서원이 있는데, 그 설명

"1579년(선조12) 학봉(鶴峯) 김성일(金誠一)이 순무사(巡撫使)로 하동(河東)에 왔을 때 그곳이 일두의 관향(貫鄕)이라는 점을 주목하여 여러 유림들과 합심하여 그를 배향하고자 건립하였."

1920년 완간한 <일두유집> 포증사전 선조 12년(1579,기묘)에 학봉 김성일이 순무사로서 하동에 일두의 관향이라는 이유로 영계서원을 세우고 나중에 배향되었다고 <김학봉집>을 근거로 서술하였다. 그 부록에는 <영계서원 춘추 제향 축문 [김성일]>까지 실었는데 일문이 아니고 이름을 멋대로 무릅쓴 것이다.

<학봉집>에는 그런 기록이 전혀 없다. 1579년 당시 김학봉은 장령이었고 순무사를 역임하지 않았다. 오히려 <학봉문집연보>에는 숙종 25년(1699,기묘) 11월에 하동에 영계서원을 세우고 일두를 봉안하고 학봉을 배향하였다고 바로 서술하였다. 1935년에 간행된 <남계서원지>에도 숙종기묘(1699,숙종 25) 건립으로 바로잡아 서술하였다. 함양 출신 일두 제자 신고당 노우명의 증손 노륜의 사위, 성주 출신 문신 고촌 배정휘(1645~1709)가 영계서원 봉안문을 지었으니 창건 때 지은 것이다.

이연서원에 대해서 그 설명

"1586년(선조19)에 한사(寒沙) 강대수(姜大遂)가 일두와 한훤당의 학덕을 기리고자 지방유림들과 협력하여 합천군 야로면 구정리에 사당을 지어 위패를 모신 일로부터 시작되었다."

<일두유집> 포증사전 선조 19년(1586,병술)에 한사 강대수(1591~1658)가 합천 선비와 함께 선생과 한훤당을 사모하여 합천 야로현에 서원(이연서원)을 건립하였다고 하였다. 그러나 이 해는 한사가 태어나기 5년 전이니 어불성설임을 알 수 있다. 그 부록에 <이연서원춘추향축문[강대수]>이 실려 있는데 <한사집>에도 <이연서원한훤당김선생봉안제문>, <이연서원일두정선생봉안제문>, <한훤당선생춘추향사축문>, <일두선생춘추향사축문> 등이 실려 있다. <한사선생연보>에

보면 한사 56세 때(1646,인조24) 이연서원을 창건하였다고 하였다.

이걸 보면 한사가 창건자로서 글을 지은 것임을 알 수 있다. 결국 병술년을 잘못 추정하여 선조 19년(1586,병술)으로 착각한 것인데 실상은 그 60년 뒤인 1646년(인조24,병술)이다. 병술년의 연대추정을 잘못하여 한사의 이연서원 창건 공로가 묻힌 것이다. 하동 영계서원도 기묘년(숙종25,1699)을 잘못 추정하여 두 갑자를 소급해 선조 12년(1579, 기묘)으로 착각한 것이다. 비창건자가 창건자가 되고 후학의 글이 창건자의 글이 된 것이다. 둘다 청나라 연호 거부사태의 후유증이다.

*일두홍보관―동방오현과 문묘배향―문묘배향(文廟配享)

"일두는 1574년(선조7) 부제학 미암(眉巖) 유희춘(柳希春)의 건의로 문묘배향이 발의되었고, 시호는 문헌(文獻)으로 정하였다. 그리고 1610년(광해군2)에 문묘에 배향되었다."

미암 유희춘의 발의로 문묘배향이 이뤄진 것이 아니다. 오히려 미암은 유생들의 문묘발의를 말리라고 당부할 정도였다. 1573년(선조6) 8월 22일에 성균관 유생들이 상소하여 네 분 유현(儒賢)을 문묘에 배향하기를 청한다는 말을 듣고서 "반드시 정일두(鄭一蠹 정여창)의 행장(行狀)을 태상시(太常寺)에 바친 뒤에 시호(諡號)를 논의하고, 시호가 하사된 뒤에《유선록(儒先錄)》을 인쇄하여, 주상께서 자세히 보신 뒤에 배향을 청원할 수 있다. 질서를 무시하면서 서둘러서는 안 된다."라고 하며 대사성(大司成) 구봉령(具鳳齡)에게 편지를 보내 타일러 말리게 했다.

미암의 일기에 의하면 정여창 등 사현(四賢)의 문묘배향 청원은 1568년(선조1,무진) 4월 15일에 성균관 유생들에 의해 시작되었다.
十五日°太學儒生詣闕上疏°請趙光祖, 李彦迪, 金宏弼, 鄭汝昌四先生文廟從享云云°〈眉巖先生集卷之五 / 日記 删節○上經筵日記別編 / 戊辰皇明隆慶二年我宣廟二年 *1568,선조1,무진년〉

그리고 일두에게 시호를 내리라 명한 것은 1575년(선조8,을해)이다. 도덕박문(道德博聞)을 문(文)이라 하고 총명예철(聰明睿哲)을 헌(獻)이라 한다고 주기하였다. 1577년(선조10,정축)에 이조좌랑 조원이 사신으로 와서 시호를 반포하였다. 반포가 끝나야 시호가 내린 것이다. 사액서원도 마찬가지로 사액하라 명한 것은 사액이 아니다. 편액 게시 행사를 치러야 사액이 내린 것이다. 사액의 명령 연대와 편액 게시 연대가 틀린 것은 그 때문이다.

*일두홍보관—역사적 평가—남계서원(灆溪書院)

남계서원의 남자는 풀 초두의 오리김치 람(藍)이 아닌 물 수변의 물 맑을 람(灆)을 써야 맞다.

"**1566년(명종21) 6월, 남계서원(灆溪書院)이라는 편액과 서책을 하사받게 되었으며, 이것은 소수서원(紹修書院)에 이은 두 번째의 사액서원(賜額書院)이다.**"

1552년(명종7)에 개암 강익을 위시한 남계오현이 남계서원을 창건한 지 1년 뒤 1553년(명종8)에 영천의 유생 노수(盧遂), 김응생(金應

生), 정윤량(鄭允良)이 포은 정몽주를 향사하는 임고서원을 창건하고 1년 만에 완공하고 1554년(명종 9)에 사액을 신청하여 받았다. 영세한 함양 선비들의 10년에 걸친 서원건립과는 비교가 안 되는 것이다. 영천의 임고서원이 조선조 두 번째 사액서원이다.

조선조 세 번째 사액서원은 해주의 문헌서원이다. 문헌서원은 소수서원 창건자 신재 주세붕이 황해도 관찰사 시절 조선조 두 번째 건립한 서원이다. 사액은 임고서원 다음에 받아 세 번째 사액서원이 되었다.

생원(生員) 김택(金澤) 등의 상소를 예조에 내리고, 이어 전교하였다.

"편액(扁額)과 서적(書籍) 등의 일을 한결같이 임고서원(臨皐書院)의 예대로 하라."

함양의 남계서원은 1566년(명종21)에 사액되었으니 소수서원, 임고서원, 문헌서원에 이은 네 번째 사액서원이다. 창건순으로는 소수서원, 문헌서원에 이어 세 번째다. 사당·강당 일체건립형 서원으론 소수서원이 첫 번째이고, 남계서원이 두 번째이다. 문헌서원은 원래의 사당에 강당을 추가하여 세운 것이다. 남계서원은 벼슬아치가 아닌 선비가 세운 서원으론 한국 최초이고 임고서원이 두 번째이다.

조선조 두 번째 건립 서원인 남계서원은 사찰의 권선문 같은 서원의 권선문으론 최초인 <천령서원수곡통문>을 남기었다. 정여창이란 조선인물을 최초로 제향하는 사당의 서원이기도 하고, 명성당이란 독자적 명칭을 최초로 부여한 강당 명명 서원이기도 하다.

*일두홍보관—일두의 학문

일두의 학문에 대해서도 이미 학계의 결론이 난 것이다. 1920년 완간한 <일두속집> 잡저에 긴가민가하는 자료 「이기설(理氣說)」, 「선악천리론(善惡天理論)」, 「입지론(立志論)」을 일두의 저작이라고 고증 못하고 일단 수록하였다. 이것이 일두의 성리학 학설로 연구되어 회자되었다. 인제대학교 김영우 교수의 2013년 <일두 정여창의 성리설 고찰>이란 논문에서 곤재 정개청의 <우득록>의 글임이 입증되었으니, 이 세 편을 바탕으로 논술한 일두의 학문은 더 이상 의미가 없다. 다시 새롭게 서술되어야 한다.

<우득록>의 글은 <당곡정선생실기>에도 혼입되었다. 경상대학교 최석기 교수는 <唐谷 鄭希輔는 어떤 인물인가>란 논문에서 당곡 정희보의 저작이라는 성리잡저와 역학도상총론의 학술을 논한 29편은 정개청의 글이라고 입증하였다. 필자가 찾아보니 일두 친구 남계 표연말의 문집 <남계선생문집>의 유일무이 잡저 <논학>도 <우득록>의 <논학>과 똑같다. 이런 것은 표절이 아니고 한두 글자 고쳐 그냥 전재(절도)한 것이다. 모두 한말의 세기말적 위작 풍조에 엮인 것이다. 문집 위조 전문 브로커의 농간에 당한 것이다.

*오류가 아닌 보충할 사적도 있다.

일두의 발자취는 일두연표인데 선생 39세 (1488,성종19) 섬진강 어귀에 악양정을 짓고 은거 강학한 사적이 누락되었다. 선생 41세(1490,성종21) 사섬시정 조효동이 효행으로 추천하여 첫 번째 벼슬살이 소격서 참봉에 제수된 사적이 누락되었다.

그리고 선생 45세(1494,성종25) 세자 연산군과의 불화로 조정에서 물러나 안음현감에 부임했다고 했는데, 어찌 신하가 군상과 불화할 수가 있나. 성현의 품성에 어울리는 표현이 아니다. '세자가 좋아하지 않자 외임을 청하여 안음현감으로 부임하였다'가 순화된 표현이다. 안음현감 부임후 제자를 길러 기묘명현 신고당 노우명(옥계노진부친)을 양성한 사적도 언급함이 좋다. 종성의 제자 월휘당 이희증과 낙천당 고숭걸도 거론하면 더 좋다.

일두사후 중요 사적인 1552년(명종7) 남계서원 창건이 누락되었다. 1566년(명종21) 남계서원 사액도 주요한 사실인데 누락되었다. 2019년 남계서원 세계문화유산 등재도 새로이 기록하여 선양해야 할 것이다.

수필의 날과 일두선비문화제

지난 6월 15~16일 고창군 신림면 작은문학관 책이있는풍경에서 개최된 수필의날 고창대회에 참석하여 심포지엄에서 논평자의 소임을 잘 마치었다. 6월 16~17일 세계문화유산 함양 남계서원에서 (사)일두기념사업회가 주관하는 일두선비문화제에 참석하여 이사장으로서 개회사를 하였다. 또 6월 23~24일에는 한국수필가협회 나주심포지엄에서 이종범 교수의 <기다림의 문예 공간, 누정(樓亭)> 논문에 대한 논평을 해야 한다.

3시에 열린 고창대회에서 고창군수는 오후 2시에 열리는 고창복분자와 수박축제에 참석하여 오지 않고 부군수가 대신 와서 축사를 하였다. 그 말 중에 고창군은 세계유산 7관왕이라고 자랑하여 크게 흥미로와 찾아보았다.

수필의날 개회식에 이어 심포지엄에서 공광규 시인이 '종이책과 장소의 친화적 협업을 위한 상상'을 발표하고 이어 박영진 평론가(책풍촌장)가 '아름답고 행복한 동행 책이 있는 풍경'을 발표하였다. 필자는 박촌장의 글에 논평하였다. 한국의 평론가가 뽑은 가장 아름다운 글인

이효석의 <메밀꽃 필 무렵>의 칠십리의 밤길 묘사에 대해 박촌장도 극찬을 아끼지 않았고, 이 글과 함께 조정권의 <독락당> 시를 평설했는데 이 두 가지 작품의 공통점이 하나 있다.

학폭문제에 못지 않은 성폭문제이다. 허생원과 성서방네 처녀와의 순진무구한 로맨스야 감동할 만한 이야기지만 후과를 생각 않는 무책임과 여자의 생고생은 성폭이나 다름없다. 독락당의 주인공 동방오현 회재 이언적 선생도 젊은 시절 관기와의 사이에 낳은, 변방 유배지에서 처음 만난 31세의 아들, 관기를 가로챈 조윤손 장군의 칠삭둥이 아들로 그 집안 냉대 속에 자란 아들을 키운 관기의 처지는 어찌 말로 형언할 수 있으리오. 현실을 외면한 미사여구의 문학은 반성해야 한다고 논평하였다.

고창군은 정말로 유네스코가 인정한 세계의 보물 7개(세계문화유산 고인돌, 세계자연유산 고창갯벌, 인류무형문화유산 판소리 및 농악, 행정구역 전체 생물권보전지역, 세계지질공원, 세계기록유산 동학농민혁명기록물-무장포고문)를 보유하고 있다.

이로써 고창군은 유네스코 세계자연환경 프로그램 3관왕(자연유산·지질공원·생물권보전지역)을 보유하고 특히 '대한민국 유일' 유네스코 세계문화유산(고창지석묘), 세계자연유산(고창갯벌), 인류무형문화유산(고창농악, 고창판소리)을 모두 보유한, 진정한 '유네스코 세계유산도시'가 되었다.

고창군에 비해 함양군은 세계문화유산 한국의서원 남계서원 하나 있다. 일두선비문화제를 체계화한 일두단오제를 인류무형문화유산으로, 최치원의 <계원필경>을 확보하고 세계기록유산으로, 국립공원

제1호 지리산을 세계자연유산으로 등재시키면 세계유산 4관왕을 달성할 수 있다. 남계서원을 바탕으로 세계서원엑스포를 개최하면 소프트웨어, 문화콘텐츠 방면에서도 선두가 될 수 있다.

함양군립 축제가 3개 있다. 천령문화제, 함양산삼축제, 함양연암문화제이다. 천령문화제는 한문학의 비조 천령군태수 고운 최치원 선생의 애민정신을 기리어 함양군의 문화예술 종합축제로 매년 개최하고 있다. 함양산삼축제도 산삼의 성인 천령군태수 고운 최치원 선생의 산삼시문과 산삼외교의 산삼보국정신을 선양하고, 산삼산업진흥을 통한 국민건강을 도모하는 축제이다. 함양연암문화제는 실학의 종장 안의현감 연암 박지원 선생의 실학정신을 구현하는 축제이다.

함양에는 3대 문화제가 있다. 천령문화제, 일두선비문화제, 함양연암문화제이다. 일두선비문화제만 함양군립축제가 아니라서 소규모로 개최되고 있다. 이제 7회째 개최되고 있으니 함양군립축제로 승격시켜 산청군의 남명선비문화축제에 못지 않은 국가적 축제로 승화시킬 필요가 있다.

일두선비문화제의 주인공, 세계문화유산 남계서원의 주벽, 일두 정여창 선생은 지리산의 정기 받은, 함양이 낳은 최고의 인물이다. 조선조 성리학을 개창하고 조선조 인물로 최초 문묘종사된 동방오현이고 문묘18현이다. 세계유산 7관왕 고창군에 없는 것이다. 동방오현의 최초 서원, 문묘18현 조선인의 최초 서원, 조선조인물 최초의 서원, 벼슬아치가 아닌 선비가 세운 한국 최초의 서원 남계서원도 고창군에 없는 것이다. 정신문화의 긍지를 가질 만하다.

그런데 정작 긍지와 자부심을 갖고 선양작업에 박차를 가해야 할 함양군에서는 소규모 축제나 지원하고 별다른 현창사업도 없으니 안타깝다. 일두선비문화제의 구호가 '일두정신을 함양정신으로'이다. 일두정신 선양사업을 펼쳐야 한다.

가시적으로 우선 고속도로 입구 로타리에 일두 정여창 선생 동상을 우람하게 세워 함양이 일두의 고향임을 알려야 한다. 일두선비문화제를 함양군립 축제로 승격시키는 일이 시급하다. 일두기념관도 번듯하게 세워야 한다.

만세삼창처럼 '일두정신을' 선창하고 '함양정신으로' 제창하길 세 번 반복하고 개회사를 마치었다.

일두사대누정과 군자정신

일두가 뭐지 할 사람이 있을 것이다. 일두는 일두 정여창이라고 동방오현으로 일컬어지는 선비 현인, 유현이다. 동방오현은 조선 유현 최초로 문묘에 종사된 조선성리학의 상징인물 다섯 분이다. 한훤당 김굉필, 일두 정여창, 정암 조광조, 회재 이언적, 퇴계 이황이 동방오현이다.

일두사대누정은 일두 정여창이 지은 네 채의 누정이다. 대표적인 게 안음현감 시절 안음현 객사 누각 선화루를 중건하고 개칭한 광풍루이다. 금천 냇가 언덕에 새로 세우고 명명한 제월당과 젊은 시절 지리산 남쪽 악양현에 세운 악양정이 있다. 나머지 한 채는 무엇인가 하면 일두의 처가 마을인 안음현 서하 봉평에 건립된 군자정이다. 위의 세 채는 일두가 직접 세운 건물이고 나머지 한 채는 후인이 흠모하여 지은 것이란다.

광풍루와 제월당의 명칭은 광풍제월의 의미에서 취한 것이다. 전국 문화관광 유적지에 가면 광풍 제월의 의미에서 명칭을 붙인 건축물이 많이 있다. 전남 담양의 소쇄원에 가도 광풍각과 제월당이 있다. 삼송의 하나인 제월당도 있다.

광풍제월의 의미는 송나라 초기 성리학 창시자 주렴계, 주자가 찬미한 육군자(六君子)인 염계선생 주돈이를 지칭하는 것이다. 소동파와 함께 시문으로 유명하여 소황으로 불린 황정견, 곧 황산곡이 주렴계를 만나보고 와서는 광풍제월의 기상을 느꼈다고 하였다. 광풍은 빛나는 바람, 제월은 말게 갠 날의 달이니 기상이 청초하며 광명정대한 것을 나타낸다. 이후 광풍제월은 군자의 기상을 나타내는 성리학의 상징요어가 되었다.

일두가 누정을 건립하며 광풍제월에서 취하였다는 것은 성리학자임을 반영한 것이다. 성리학의 창시자 주렴계를 존모하고 체득하기 위하여 건축물에 상징어 명칭을 붙인 것이다. 안음현에 부임하여 붙일 권한이 생긴 것을 활용한 것이다. 이후 아무도 개칭하지 않고 지금까지 유지되고 있다.

제월당은 일두가 금천 언덕 위에 세웠는데 뒤에 안음현감 장세남이 이건하여 광풍루와 잇닿게 하였다. 장세남보다 40년전 부임한 안음현감 구당 박장원이 금천 언덕 위에 중건하였다. 고을에서 요수 신권과 석곡 성팽년을 향사하는 구연사를 안음향교 옆에 창건했는데 여론이 비등하자 구당이 헐고 그 재목으로 제월당을 중건한 것이다. 구당이 이임한 뒤 그들 후손 신경직과 성경창이 제월당을 멋대로 철거하여 처벌되었다. 그 기사가 인조 23년(1645) 1월 20일조 <인조실록>에 실려 있다.

악양정은 지금은 하동군 악양면이지만 조선시대는 진주목의 속현이었다. 일두는 산을 등지고 섬진강과 더 멀리 바다를 향한 악양현을 좋아하여 거기에 은거하며 학업을 닦았고 몇 년 살다가 벼슬하느라 떠났다. 이후 여기에 은퇴할 계획이 있었지만 이루지 못하였다. 일두 서거 3년전에 태어난 남명은 일두를 존모하여 악양현에서도, 함양 남계 서원에서도 흠모의 발언을 쏟아냈다.

　악양이란 지명은 중국의 동정호에 있는 악양과 같다. 그 악양에 황학루, 관작루, 등왕각과 함께 중국 사대누각 악양루가 있다. 중국 모방 지명일 것이다. 악양에 건립한 정자라고 굳이 악양정이라고 이름붙일 필요는 없다. 왜 악양정이라고 하였을까. 송나라 명재상 범중엄의 악양루기의 정신을 본받아 붙인 것이 아닐까. 범중엄의 악양루기에,

"인인군자는 선천하지우이우(先天下之憂而憂)하고, 후천하지락이락여(後天下之樂而樂與)인저"

　하였으니, 인인군자는 천하의 근심에 앞서 근심하고, 천하의 즐거움에 뒤서 즐거워한다는 뜻으로 군자의 포부를 나타낸다. 악양정이란 명칭은 단순히 지명을 따와 붙인 것이 아니라 일두의 선우후락(先憂後樂)의 군자정신의 표상일 것이다. 불교로 말하면 지옥의 중생이 다 구제될 때까지 성불하지 않겠다고 서원한 지장보살의 보살정신일 것이다.

　함양군 서하면 봉전리 화림동 계곡에 경상남도 문화재자료 제380호 함양 군자정이 있다. 이 마을은 일두의 처가 동네이다. 일두가 여기에서 노닌 것을 기념하여 정선전씨 화림재공파 5대손인 서강 전세걸과 전세택이 선생을 기리고 후학을 양성하기 위해 1802년 경에 세운 정자, 군자가 머물던 곳이란 뜻으로 군자정이라 하였다고 문화재 안내판에 쓰여 있다.

　함양 군자정이 1802년 임술년에 전세걸 등이 건립하였다면 그 이

전의 기록에는 군자정이 등장하지 않아야 한다. 그런데 그에 앞서 니계 박내오(1713~1785)가 선배 묵재 김돈(1702~1770)과 함께 영조 41년(1765) 8월에 안음삼동을 유람하며 군자정에 올라 시를 지었다. 니계도 일두가 유람한 곳이라서 군자정이라고 했을 것이라고 짐작하였다.

일두의 8세손 무신란(1728)의 충신 농와 정중헌(1698~1781)은 어느해 봄에 안음에 있는 군자정을 유람하고 오언율시 1수, 칠언절구 1수를 지어 기념하였다. "정류군자호亭留君子號, 인설고후유人說古侯游" 정자는 군자의 호칭을 남기고, 사람들은 옛 원님이 노닐었다 얘기하네란 뜻이다. 연대는 알 수 없지만 농와가 죽기 전인 1781년 이전에 군자정이 있었다는 증좌이다.

송곡 유세창(1657~1715)도 남계서원과 군자정에 와서 시를 지었고, 주담 김성운(1673~1730)도 덕유산 화림동을 유람하며 군자정을 읊었는데 그 시에 남계 신명구(1666~1742)가 차운하여 시를 남기었다. 1700년대초 군자정이 존재하였음을 증명하는 것이다.

그 이전에도 있었다. 고대 정경운이 정유재란 끝나고 한 달쯤 뒤에 쓴 일기인 <고대일록> 9월 27일조에 "오현(梧峴)을 지나 우락동(雨落洞)에서 군자정을 구경했다. 머리를 들어 산성을 바라보고 굽어 적진을 바라보다가 양정(養靜, 존재 곽준)의 죽음이 생각나서, 나도 모르게 눈물이 흘러내렸다."고 하였으니 1597년 정유재란의 불길에도 군자정은 소실되지 않고 건재했던 것이다. 그렇다면 임진왜란 이전에 건립되었다는 것인데 언제 건립된 것인지 모를 일이나 병자호란 이후 봉평에 터잡은 전시서가 오기 전에 군자정은 존재했던 것이다.

군자정에 걸린 현판 <군자정중수기>에도 화림재 전시서가 인조 19년(1641)에 쓴 <화림재기>에 군자정을 언급하였으니 군자정은 적어도

380년의 역사를 지닌 정자이다. 이에 근거하여 과감히 추정해본다면 군자정도 일두가 건립한 것이다.

　일두가 안음현감 시절 광풍루, 제월당을 건립하고 이후 군자대, 군자암 위에 군자정을 건립하고 소요, 음영한 것이다. 근세에 허물어진 것을 1802년에 전시서의 5대손 전세걸이 다시 중건한 것이라고 하겠다.

　일두가 군자정을 건립한 뜻은 어디에 있을까. 일두가 주렴계를 존모했으니 주렴계의 <애련설>의 "연(蓮)은 꽃의 군자이다"에서 취하여 군자정이라고 했을까. 주자의 군자정 시에서 취했을까. 다들 그렇게 생각하나 냇물에 연꽃을 심기는 힘들다.

　그렇다면 공자가 물가에서 물구경을 좋아하고 수재수재(水哉水哉)라고 감탄한 것에 취한 것이 아닐까. 물이 쉬지 않고 흘러 바다에 이르듯 내면이 충실해야 덕을 이루는 법이니 지나친 명성을 군자는 부끄러워한다는 군자의 자세를 유념하여 물구경하기 좋은 바위 위에 일두가 공자의 군자정신을 본받아 군자정을 건립하고 물의 정신, 군자정신을 음미, 완상한 것이 아닐까.

　일두의 인생 최종 목표도 우암 송시열이 지적한 대로 주정장주에서 공자로의 도달이었을 것이다. 일두사대누정에는 일두의 군자정신이 깃들어 있다. 누정에 올라 경치만 감상할 게 아니라 일두의 군자정신을 되새기는 기회도 가져봄이 어떨까.

일두와 술

미개봉 술 / 김윤숭

세상에 다시 없을 달콤한 술이었지
시음할 곳 찾다찾다 개봉도 못해보고
반백년 익은 그 술은 뉘 갤러리 비장됐나

영동문학관 개관식에 참석하고 그 앞에 있는 영동와인홍보관을 방문하였다. 술을 잘 마시지 않는 사람으로서 방앗간도 아닌데 들르게 되었다. 함양 일두종택 앞에도 솔송주홍보관이 있어 시음에는 익숙하다. 여러 와인을 조금씩 시음하며 이 술로 인하여 멋진 글이 나올까 상상하였다.

술술 잘 넘어가는 것이 술이다. 잘 넘어가니 술로 인해 필름이 끊긴 인간성의 막장을 보게 되는 바 술은 성악설을 방증하는 물건이다. 우 임금은 술을 발명한 의적의 술을 먹어보고 폐지령을 내리지 않았지만 술로 인해 나라를 망치는 자가 나올 것이라고 예언하였다. 주지육림에 빠져 나라를 망친 자가 하나둘인가.

술 중엔 어느 술이 가장 좋을까. 나비야 꽃술이 좋을 것이고 연인은 입술이 가장 좋을 것이다. 술꾼은 어느 술일까. 입맛에 맞는 술, 결국 입술이다.

술에 의한 피해는 사람만이 아니다. 동물도 마찬가지다. 동물학대의 학살이다. 첫 학살극이 김유신 장군의 애마 참살이다. 애매하게 아니 억울하게 희생된 명마일 것이다. 기생 천관에 얽힌 이야기는 다 알 것이니 생략한다. 말이 무슨 죄일까. 말에게 죄를 뒤집어씌워도 되나. 그렇다고 자기 팔다리를 자를 수는 없으니 말이 누명을 쓰고 희생될 수밖에 없다.

억울하게 죽임을 당한 김유신 장군의 말은 이름도 없다. 살아 삼국 통일의 현장을 같이 누볐으면 항우의 오추마나 관우의 적토마 같은 명마로 이름을 날렸을 것이다. 술이 말 한 마리 명마될 역사를 말살하였다.

조선 성종 때 진정한 술꾼이 있었으니 물재 손순효다. 워낙 술을 좋아하기에 성종이 걱정하여 앞으로는 술 석 잔까지만 마시라고 엄명하였다. 일이 있어 불러들이니 술에 만취한 모습이었었다. 석 잔 마시고는 그럴 리 없다고 여긴 성종이 어찌 왕명을 어기고 만취되도록 마셨느냐 힐문하니 임금이 하사한 은잔을 가늘게 펴서 큰 대접을 만들어 석 잔을 마신 것이었다. 그래도 외교문서 총책으로서 대명 외교문서를 짓고 직접 쓰기까지 하였는데 한 자도 틀린 것이 없었다.

그 자리에서 임금이 운자를 부르며 시를 지으라 하니 응구첩대하여 멋진 시를 지어내었다. 술을 더 하사하여 실컷 마시라고 하였다. 대취하여 어전에서 잠들자 임금은 비단옷을 벗어 덮어주고 들어갔다. 군신 간의 아름다운 고사이다. 또 술에 취한 척 어좌에 쓰러지면서 이 옥좌가 아깝습니다라고 연산군을 빗대어 말하였다. 감찰 신하들이 어좌를 침범할 죄를 묻고자 하니 술에 취하면 천자도 몰라보는 법이라고 불문에붙이라 하였다. 성종은 참으로 어진 임금이다.

그 어진 성종과 술로 얽힌 신하가 또 있으니 일두 정여창이다. 일두는 조선 성리학의 개척자로 동방오현에 추앙되고 문묘종사되었다. 그가 조선조 인물로서 최초로 서원에 향사되니 그 서원이 선비가 세운 한국최초의 서원 남계서원이다. 세계문화유산 한국의 서원 9개서원의 하나이다.

일두의 부친은 이시애의 난에 순국한 충신이고 일두는 홀로 된 모친을 극진히 모신 효자이다. 효자로 추천되어 벼슬에 임명되자 사양하는 상소를 올리니 그 상소를 성종이 보고 눈물을 흘리며 벼슬을 강권하여 취임하였다.

성종이 일찍이 술을 하사한 적이 있었다. 일두가 땅에 엎드려 "신의 어미가 살아계실 때 술 마심을 책망하신 적이 있어 신은 어미에게 술을 마시지 않겠다고 맹세하였습니다. 그래서 감히 술을 마시라는 명을 받들지 못하겠습니다." 하니 임금이 차탄하며 허락하였다.

모친 생존시 소주를 과도하게 마셔 모친이 크게 걱정하신 뒤로 드디어 종신토록 술을 마시지 않았고 임금의 술도 사양하는 경우까지 있었다. 또 향촌 모임에서 소를 죽여 고기를 제공했는데 나라 금령을 어긴 죄로 고발당해 죄를 받게 되자 모친이 놀라 자기 일처럼 여기신 뒤로 소고기도 일체 먹지 아니하였다. 아이러니하다. 술도 안 마시는 분인데 문묘에서 춘추로 술잔을 받으시고 소고기도 안 드시는 분인데 문묘에서 혈식군자로 희생을 받으시니 세상사 모순이다. 서원도 마찬가지이다. 남계서원에서 춘추로 향사받을 때 술과 고기는 빠지지 않는다.

다만 소고기가 아닌 돼지고기이다.

　남계서원의 사당은 명칭이 없는데 옛날에는 통상 문헌공묘라고 했으니 문헌공묘 편액을 게시하는 것이 옳을 것이다. 강당은 명성당이다. 서원창건주 개암 강익이 명명한 것이다. 그러나 서원운영에 크게 공헌한 옥계 노진은 강당명을 <맹자>의 어짊은 사람의 넓은 집이라는 仁人之廣居에서 취하여 광거당이라고 하였다. 한 100여 년간 그 편액이 게시되었다가 개암의 명성당으로 대체되었다.

　개암이 명명할 당시에는 일두의 서간이 발견되지 않아 일두의 사상을 강당명에 붙일 수 없었다. 일두는 박언계에게 보낸 서신에서

　"학문 지향은 정성으로써 하고 자신 규율은 공경으로써 한다." 하였다. 진실무망한 정성과 주일무적의 공경을 아우른 성경(誠敬)이 일두의 기본사상이다.

　남명 조식을 향사하는 산청 덕천서원은 남명의 경의사상에서 취하여 강당명을 경의당이라고 하였다. 함양 남계서원도 일두의 성경사상에서 취하여 성경당이라고 강당명을 명명해야 한다. 강당은 성경당(誠敬堂), 동재는 향학재(向學齋), 서재는 율신재(律身齋), 사당은 문헌공묘가 바른 명칭이다. 일두의 성경사상을 본받아 바른 선비가 되게 하는 교육장소가 되어야 한다.

　일두는 술을 마시지 않았지만 안음현감 시절 손님 접대를 위하여 황금술잔(금잔)을 만들어 술을 대접하였다. 절친인 한훤당 김굉필이 놀러 와서 보고 크게 책망하였다. 이 술잔으로 인하여 망하는 자가 있을 것이라고 예언하였다. 그대로 여러 대 뒤에 부임한 윤효빙 안음현감이 금잔도난사건으로 진주옥에 갇히는 사건이 발생하였다. 유감을 품은 아전의 모함으로 알려지고 흐지부지되었다.

일두는 술을 마시지 않았지만 술을 상상하며 멋진 시를 지어 선현을 찬미하였다. 이태백이 주태백이 되어 수백 편의 명작 시들을 남긴 것과는 비교할 수 없지만 조금 과장된 술 이야기로 지은 시이다. 중국에서 목화씨를 비밀리 구해와 의복혁명을 일으키고 크게 공헌한 문익점을 찬미한 시이다.

〈목면화기(木綿花記)〉에 써붙임 / 정여창

一介前朝諫大夫 일개 전왕조의 간의대부
衣民功與泰山高 백성에게 옷 입힌 공은 태산보다 높네
歸來日飮杯三百 돌아와 날마다 삼백 잔의 술 마시고
醉臥乾坤氣象豪 천지간에 취해 누우니 기상이 호방하네

정분전(鄭苯傳), 500년만의 귀환

鄭苯傳

鄭汝昌作

有坦禪者, 少與吾父遊。 父旣沒, 數來見我, 仍語曰: '鄭苯之守廬也, 始與相交。 及付處光陽, 亦往從之。 一日邑人來言: '有朝官自京下來。' 俄而官差來, 促苯入縣, 苯沐浴, 具冠帶, 出其先世神主, 再拜訖, 剖破焚之, 遂脫冠帶, 服雨裝衣, 帶手巾, 與妻永訣而出, 其妻牽衣而哭。 苯止之曰: '朝命難拒。 身後事汝其治之。' 官差又促, 苯卽隨去。 自京來監刑官, 將以明日行刑, 欲拘係, 督入官, 苯不從, 却立門外曰: '何必入去? 在此死耳。' 監刑官與縣官, 令人將絞, 苯曰: '死等耳, 然名節有異。 吾若有二心, 死後晴天依舊, 不然, 必有天變。' 旣死, 忽雲合雨作。 兩官張傘入縣, 我護喪至蟾津告去。 苯妻泣謂我曰: '家翁爲西京觀察使, 待僧甚款, 正爲今日也。'

此僧之言, 不可信也。[1]

---

[1] 연려실기술 제4권 / 단종조 고사본말(端宗朝故事本末) / 단종조의 상신 /

정분(鄭苯) 조에 인용된 《장빈호찬(長貧胡撰)》의 내용은 정여창의

1. 머리말

<정분전(鄭苯傳)>은 동방오현 문묘18현 일두 정여창이 지은 전기문인데 일문(逸文)으로 <연산군일기>에서 찾아 복원한 것이다. 정분(鄭苯, 1394~1454)은 단종충신으로 다른 단종충신 사육신과 같은 존재로 사육신의 전기문 <육신전>을 지은 추강 남효온과 정여창은 점필재 김종직의 동문제자이고 같은 단종충신을 입전한 동지친우이다.

<정분전>과 같다. 유전된 것을 인용하였을 가능성도 있다.
"○ 적소에 있을 때에 중 탄선(坦禪)이란 자가 같이 있었는데, 하루는 읍사람들이 전하기를, "경관(京官)이 왔다." 하였다. 조금 있다가 관원이 공을 잡으러 왔는지라, 공이 목욕하고 관디를 갖추고 조상의 신주에 재배한 뒤에 신주를 태우고, 관디를 벗고 우장 옷을 입고 수건을 쓰고 그 아내와 영결하니, 그 아내가 공을 붙들고 통곡하매,공이 말리며 말하기를, "조정의 명령이니, 항거할 수 없다. 죽은 뒤에 일은 그대가 다스리라." 하고, 드디어 잡혀갔다. 감형관(監刑官)이, "내일 형을 집행하겠다."고 하며, 관아에 가두려 하자, 공이 따르지 않고 관아 문밖에 서서 말하기를, "관아에 들어갈 것이 있느냐, 여기에서 즉시 죽겠다." 하였다. 감형관이 형을 집행할 때에 목을 끈을 매려 하니, 공이 말하기를,"죽는 것은 마찬가지지만, 명분이 다르다. 내가 만일 두 마음이 있다면 죽은 뒤에 맑은 하늘이 그대로 있을 것이고, 그렇지 않으면 반드시 이상이 있을 것이다." 하고 형을 받아 죽으니, 홀연히 구름이 끼고 비가 쏟아져서 형관과 지방관이 우산을 받고 성에 들어갔다."《병자록》 《장빈호찬(長貧胡撰)》
*장빈거사호찬(長貧居士胡撰) 윤기헌(尹耆獻,1548~미상) 지음. 윤기헌의 자는 원옹(元翁), 호는 장빈자(長貧子), 본관은 남원(南原)이다. 호조 판서를 지낸 윤자신(尹自新)의 아들인데, 선조 때 사마시에 합격, 선조 33년(1600) 죽산 현감(竹山縣監)으로 시작하여 뒤에 한성부 좌윤을 지냈고, 성군(龍城君)에 봉해졌다. 이이(李珥)의 문인으로서 성리학에 특히 밝았고 문명이 높았다. 《장빈거사호찬》 은 약칭 《장빈호찬(長貧胡撰)》으로 불리운다. '호찬(胡撰)'이란 말은 되는 대로 지었다는 뜻이니 자기의 찬술에 대한 겸사로 붙인 이름이다.

<정분전(鄭苯傳)>은 정여창의 저술로 광해군 때 편찬한 <문헌공실기>와 1920년에 편간한 <일두문집>에도 빠진 새로 발견한 문장이다. 그것도 <육신전>과 같은 단종충신의 한 사람을 입전한 전기문으로 중요한 가치를 지닌다.

정여창에게 <정분전>의 소스를 제공한 승려 탄선사는 정분과 친하였고 또한 정여창의 부친 무관 정육을과도 친하였다. 정분의 죽음을 장례 치르고 정육을과 상종하다가 정육을의 순국 이후 정여창과도 교분을 유지하였다. 자기가 목격한 정분의 죽음 기적을 정여창에게 들려주었는데 정여창은 합리적인 유학자라서 우연이라고 생각하거나 있을 수도 있는 일 정도로 치부하였지만 기록으로 남기어 현창하였으니, 기적을 보여준 하늘의 뜻을 저버리지 않은 것이다.

당시 1453년(단종 1년) 11월 10일 (음력 10월 10일) 수양대군이 김종서, 황보인, 정분 등을 제거하고 반대파들을 숙청하여 정권을 장악한 계유정난(癸酉靖難)에 김종서, 황보인은 참살되고 다음날 우의정으로 하삼도 도체찰사 직무를 수행한 정분은 지방순시를 마치고 귀경길에 충청도에서 귀양지 낙안에 압송되었다.
그전에 정분은 단종즉위년(1452) 음력 12월 11일에 우의정에 임명되었다. 당시 영의정 황보인, 좌의정 김종서와 함께 계유정난 단종충신 삼상신에 기록되었다. 삼상신은 세 명의 상신 곧 대신으로 삼정승을 말한다. 사육신과 같은 충신의 의미로는 계유정난 단종충신 황보인, 김종서, 정분을 가리킨다.

이러한 단종충신을 정여창이 입전한 것은 충신으로 신원되지 않고 역적으로 몰려있는 당시 상황에서 대단히 용기있는 문학창작이 아닐 수 없다. 이것은 정여창의 스승 점필재 김종직의 <조의제문>과 동문 추강 남효온의 <육신전> 및 탁영 김일손의 사초수록과 같은 사림파 절의정신의 발로이다.

여말충신 덕곡 조승숙의 한시 작품은 남아있으나 정여창의 <정분전> 같은 전기문학의 한문학은 함양 역사상 처음 창작된 것이니 함양 한문학의 효시 작품이라고 하겠다. 조선왕조실록에 잔영이 남아있어 발굴한 것이니, 500년만의 귀환이라고 하겠다.

<정분전>의 전문은 미상이나 조선왕조실록에 남아있는 작품은 정분의 죽음에 대한 에피소드를 기록한 것을 초록한 것이다. 실록을 중심으로 경개를 서술한다.

2. 조선왕조실록 <연산군일기>에 초록된 <정분전>

연산군일기 30권, 연산 4년 7월 19일 계축 3번째기사 1498년 명 홍치(弘治) 11년

사초 사건의 주모자 김일손의 행적에 관한 이종준·정여창 등의 공초 내용

정여창(鄭汝昌)은 공초하기를,

"지난 기유(1489,성종20) 연간에 일손과 더불어 지리산에서 노니는데, 말이 선가(禪家)의 일에 미쳐서 신이 일손에게 말하기를 '탄(坦)이라는 선사(禪師)는 젊어서 우리 아버지와 놀던 사이로, 아버지가 작고한 뒤에도 자주 나를 찾아 왔다. 그가 말하기를 「정분(鄭苯)이 여묘(廬墓)를 지키고 있을 적에 처음 사귀게 되었고 그가 광양(光陽)으로 부처(付處)되어서도 역시 찾아가서 상종했다. 하루는 고을 사람이 와서 말하기를 『조관(朝官)이 서울로부터 내려온다.』하더니, 이윽고 관차(官差)가 와서 정분더러 고을 안으로 들어가자고 재촉하자, 정분은 목욕하고 관을 쓰고 띠를 띠고 그 선대 신주(神主)를 끌어내어 두 번 절한 다음에 쪼개서 불태워 버리고, 드디어 관대를 벗어 버리고 비옷을 입고 수건을 동이고 아내와 더불어 영결하고 나가니, 그 아내가 옷자락을 잡고 곡하므로 정분은 말리며 말하기를 『조정의 명령을 거역하기 어려우니 나 죽은 뒤에는 모든 일을 네가 다스리라.』하였다. 관차가 또 재촉하므로 정분은 곧 따라가니, 서울로부터 내려온 감형관(監刑官)이 장차 내일 형을 집행할 계획으로써 구금하고자 하여, 관에 들어올 것을 독촉하였다. 정분은 응하지 아니하고 물러가 문 밖에 서며 말하기를, 『어찌 반드시 들어가야만 하느냐. 이 자리에서 죽겠다.』하니, 감형관이 현관(縣官)과 더불어 사람을 시켜 장차 목을 매려 하자, 정분은 말하기를, 『죽는 건 마찬가지다. 그러나 명절(名節)은 다름이 있으니, 내가 만약 두 마음이 있었다면 죽은 뒤에 날씨가 여전히 청명할 것이요, 그렇지 아니하면 반드시 천변(天變)이 있을 것이다.』하였다. 그가 죽고 나자 갑자기 구름이 뭉치고 비가 내리기 시작하니, 두 관원은 우산을 받치고 현내(縣內)로 들어가고, 나는 호상(護喪)하여 섬진강에 와서 작별을 고하니, 정분의 아내가 울며 나에게 이르기를 『가옹(家翁)이 평안 관찰사가 되었을 때 중[僧]을 대우하기를 몹시 정성스럽게 하더니 정히 오늘을 위한 것이었나보다.』라고 하였다.」고 했습니다.

을묘(乙卯, 1495, 연산군1)년에 신이 안음 현감(安陰縣監)이 되자 일손이 신에게 편지를 통하여, 탄(坦) 선사의 일을 기록해서 보내달라고 청하므로, 신의 생각에, 중이란 본시 농담이 많아서 믿기가 어려울 뿐더러, 그 말한 바 청명한 하늘에 갑자기 비가 내린 것과 명일에 형을 집행하려 하다가 정분이 문에 들어가지 않았기 때문에 당일로 형을 집행하였다는 등의 일이 실지가 아닌 것 같아서, 처음에는 써서 보내 주려고 아니했다가, 마침내 정분이 조용히 사형장에 나아갔고 탄(坦)도 가히 취신(取信)할 만한 것이 있으니, 전(傳)을 만들어도 좋을 것 같아서 써서 보냈습니다. 그리고 드디어 그 말미에 쓰기를, '이 중의 말을 꼭 믿을 수는 없다.' 하였습니다.

그 후에 황간 현감(黃澗縣監) 김전(金詮)이 신의 임소(任所)에 찾아와서 '일손이 수사(修史)하면서 탄 선사(坦禪師)의 일을 초기(草記)하였다.'고 말하므로, 신은 놀라며 말하기를 '그 일은 믿기 어려운데 어떻게 쓴단 말이냐' 하였습니다. 신은 종직에게 일찍이 수업한 바는 없고, 다만 신의 어미가 함양(咸陽)에 사는데 종직이 본군의 군수로 왔으므로 때때로 찾아가 보았을 따름이오며, 그 시문집은 당시에 보지 못했으니, 이른바 '육군(六君)'이란 말은 어느 사람을 지적한 것인지 알지 못하옵니다."[12]

3. 실록기사의 분석

1452년(단종 즉위) 10월 10일 밤, 마침내 유숙(柳淑)·양정·어을운(於乙云) 등을 데리고 김종서의 집으로 찾아가 간계를 써서 철퇴로 쓰러뜨렸다. 그리고 황보 인·조극관(趙克寬)·이양(李穰) 등 여러 대신을 왕명으로 밀소(密召)하여 궁문에서 퇴살(推殺)하였다.

---

2 연산군일기 30권, 연산 4년 7월 19일 계축 3번째기사 1498년 명 홍치(弘治) 11년

鄭汝昌供:
"去己酉年間, 與馹孫遊智異山。 語及禪家事, 臣語馹孫云: '有坦禪者, 少與吾父遊。 父旣沒, 數來見我, 仍語曰: '鄭苯之守廬也, 始與相交。 及付處光陽, 亦往從之。 一日邑人來言: '有朝官自京下來。' 俄而官差來, 促苯入縣, 苯沐浴, 具冠帶, 出其先世神主, 再拜訖, 剖破焚之, 遂脫冠帶, 服雨裝衣, 帶手巾, 與妻永訣而出, 其妻牽衣而哭。 苯止之曰: '朝命難拒。 身後事汝其治之。' 官差又促, 苯卽隨去。 自京來監刑官, 將以明日行刑, 欲拘係督入官, 苯不從, 却立門外曰: '何必入去? 在此死耳。' 監刑官與縣官, 令人將絞, 苯曰: '死等耳, 然名節有異。 吾若有二心, 死後晴天依舊, 不然, 必有天變。' 旣死, 忽雲合雨作。 兩官張傘入縣, 我護喪至蟾津告去。 苯妻泣謂我曰: '家翁爲西京觀察使, 待僧甚款, 正爲今日也。'
乙卯年臣爲安陰縣監, 馹孫通書於臣, 請錄示坦禪事。 臣意謂, 禪本該諸難信, 而其所言晴天忽雨, 及明日欲行刑, 而以苯不入門, 卽日行刑, 似不實。 初不欲書送, 竟以苯從容就死, 坦有信可取, 宜作傳, 乃書送, 遂書其末云: '此僧之言, 不可信也。'

其後黃澗縣監金銓過臣任所, 而言馹孫修史藁, 記坦禪事。 臣驚曰: '其事難信, 何以書之?' 臣於宗直, 未嘗受業。 但臣母居咸陽, 而宗直來守本郡, 時時往見而已。 其詩文集時未見, 所謂六君, 不知指何人也。"

단종실록 8권, 단종 1년 10월 11일 갑오 2번째기사 1453년 명 경태(景泰) 4년

상호군(上護軍) 이효지(李孝智)·선공감 정(繕工監正) 최중겸(崔仲謙)·부지통례문사(副知通禮門事) 송처검(宋處儉)·사선서 령(司膳署令) 홍연(洪演)을 의금부(義禁府) 가정 낭관(加定郞官)으로 삼고, 지정(池淨)을 영암(靈岩)에, 정분(鄭苯)을 낙안(樂安)에, 조수량(趙遂良)을 고성(固城)에, 이석정(李石貞)을 영일(迎日)에, 안완경(安完慶)을 양산(梁山)에 안치(安置)하고, 또 백호(百戶)를 보내어 한숭(韓崧)을 여연(閭延)에, 황귀존(黃貴存)을 강계(江界)에 압송(押送)하여 종으로 만들었으니, 모두 이용(李瑢)의 당(黨)이었다. 그때에 정분(鄭苯)은 하삼도 도체찰사(下三道都體察使)로 충청도에 이르고, 지정(池淨)은 새로 충청도 절제사(忠淸道節制使)를 제수하여 부임하지 않았는데, 이때에 이르러 도망하여 숨고 나타나지 않았다.

계유정난이 일어난 지 하루 만에 정분은 귀경하던 도중 충청도 충주에서 전라도 낙안으로 압송되어 유배되었다. 실록에선 낙안으로 귀양 보내고, 탄선사의 목격담을 서술한 <정분전>에선 광양이 귀양지라고 하였다. 뒤에 보듯 <연려실기술>에선 영광군이라고 하여 다르지만 실록을 위주로 하는 것이 정설이다.

연려실기술 제4권 / 단종조 고사본말(端宗朝故事本末) / 단종조의 상신 / 정분(鄭苯)

정분은, 자는 자유(子㽔)이며, 본관은 진주(晋州)인데, 고려의 검교 찬성(檢校贊成) 교은(郊隱) 정이오(鄭以吾)의 아들이다. 태종 병신에 문과에 오르고, 임신에 우의정이 되었으며, 계유에 영광(靈光)으로 귀양가서 사사하였다. 낙안(樂安)으로 귀양갔다고도 한다. 시호는 충장공(忠莊公)이다. 숙종조에 관작을 회복시키고 영조 무인에 시호를 주었다.

정여창이 탄선사의 이야기를 바탕으로 정분의 전기를 지은 것은 정분의 충절을 현창하려고 한 것이다. 그 죽을 때의 기적-마른 하늘에 비 내림 -을 강조하여 하늘도 무심치 않다는 하늘에 관한 신앙을 부각시키고 있는 것이다.

4. 정분과 그 후손

<위키백과>

정분(鄭苯, 1394~1454)은 조선초기 세종·문종·단종때의 문신이며 삼상신(三相臣) 중 한병이고 문종의 고명대신이다. 지는 자유(子㽔), 호는 애일당(愛日堂), 시호는 충장(忠莊), 본관은 진주(晋州)이다. 할아버지는 정신중(鄭臣重). 아버지는 판충추부사 정이오(鄭以吾)이다. 그의 외아들이고, 부인은 하동 정씨 정흥인의 딸이며 정인지의 누나이고 1452년 이전에 사별(死別)했으며 이 사이에는 아들이 없었다. 지정(池淨)은 생질(甥姪)이고 정지산(鄭之産) 1423년(세종 5)~1469년(예종 1)은 종질이며 봉사손이다. 정분(鄭苯)은 정치적 수완이나 권력 탐욕(貪

慾)에는 관심이 없었고,.문신으로는 드물게 토목.건축에 뛰어난 관리 능력을 발휘하였다. 하삼도도제찰사로 임무 수행 중 계유정난(癸酉靖難)을 맞아 충주에서 낙안으로 압송되어 이듬해 교형을 당했으며, 영조 22년(1746년) 복관된 후 시호는 충장(忠莊)이다. 우의정 충장공 정분(右議政忠莊公 鄭苯)으로 공주 요당서원(蓼堂書院)에 제향되고 장릉(단종)배식록에 수록되었다.

 공주 의당면 월곡리 출신 김종서는 좌의정으로 우의정 정분, 영의정 황보인과 함께 삼상신이다. 공주 의당면 요룡리 요골 마을에는 김종서(金宗瑞)를 제향하는 '요당서사(蓼塘書社)'가 세워져 요당서원(蓼塘書院)으로 승격하고 삼상신을 병향하였다. 또 육종영(六宗英)을 추향하였다. [3]요당서사의 일맥이 충의공 김문기의 김녕김씨 후손에 의해 경

---

3 고종실록 41권, 고종 38년 5월 19일 양력 2번째기사 1901년 대한 광무(光武) 5년

 特進官李重夏疏略:
 故右贊成河寧君臣李穰, 以開國元勳義安大君之孫, 在太宗朝, 錄佐命勳, 世篤忠亮, 德業俱顯. 竟殉難於端廟癸酉, 卽當時六宗英之一也. 其子若孫及從子從姪, 同被慘禍, 闔門正氣, 烈烈炳炳, 直可以磨星斗而貫虹霓, 毅然成仁之跡, 實伯仲於三相、六臣. 粤我肅廟, 以'兩世文勳, 一門旌節'八字, 特賜宸翰, 配享於莊陵 忠臣壇, 又妥靈於公州 招魂閣、蓼塘書院. 故處士南孝溫所著有曰: '一門十六人, 竝被癸甲之禍, 攷諸國朝, 宗英特挺出表著者.' 故相臣申欽亦曰: '癸甲之變, 李穰等之貞忠大節, 皆黯昧不傳. 然芳臭難混, 天理孔昭, 雖無文字之載錄, 世間人口, 有未嘗可掩者.' 此可見自古忠臣義士, 無不流涕. 當時立殣諸賢, 均蒙追褒之恩. 而惟李穰, 以皇室懿親, 勳業忠節, 如彼卓爾, 而尙闕易名之擧, 非但爲輿論齊鬱, 豈不有欠於聖朝旌礪之典乎? 伏願聖明下臣此章, 令政府博攷舊獻, 特賜美諡, 仍施以不祧之典, 以樹百世風聲焉.
 批曰: "疏辭令政府稟處."

상도 의성군으로 옮겨가 덕양서원(德陽書院)으로 계승되었다.[4]

<한국민족문화 대백과사전>에선

"1746년(영조 22)김종서·황보 인과 함께 관작이 복구되었다. 1786년(정조 10) 장흥의 충렬사(忠烈祠)에 배향되었고, 1791년(정조 15) 장릉(莊陵) 충신단에 배식(配食)되었다.

1804년(순조 4) 충신을 표창하기 위해 그 집 앞에 정문을 세웠다. 1808년 신창(新昌) 진사 이기선(李基善) 등의 상소로 조상의 신주를 옮기지 않는 부조지전(不祧之典)을 받았다. 시호는 충장(忠莊)이다."

하였다. 서로 공주의 요당서원, 장흥의 충렬사 기록은 제외하였다. 정분의 양자 정지산(鄭之産)에 대해 <한국민족문화 대백과사전>에선

" 1453년(단종 1)에 수양대군(首陽大君)이 계유정난을 일으켜 황보 인(皇甫仁)·김종서(金宗瑞)와 그의 양아버지인 정분을 죽이자 벼슬을 버리고 공주 동혈(銅峴)에 들어갔다.

세조가 그의 재주를 아껴 몇번이나 불렀으나 끝내 나아가지 않았다.

---

4 덕양서원(德陽書院)은 원래는 1805년 공주지방 유림의 협조를 받아 김녕김씨 문중에서 건립한 것으로, 요당서사(蓼塘書社)라고 하였는데 김문기를 비롯하여 단종의 삼정승, 성희, 조순생, 윤원, 정천경, 윤각 등 세조가 왕위를 찬탈할 때 순절한 충신들을 함께 배향한 사묘입니다. 서원 철폐령에 의해 철폐되었다가 1930년 김녕김씨 종가가 합천에서 의성군 춘산면으로 이주함에 따라, 공주와 의성지역의 유림과 문중의 공의로 1948년 현재의 위치로 이건, 복원하였습니다. 상충사, 사당, 제물대, 경의당, 동재, 서재, 유의문 등이 남아 있으며 전학후묘의 배치양식을 하고 있습니다. <고을학교 제71강 '잃어버린 고대왕국' 조문국(召文國) 의성고을>

양어머니 정씨(河東鄭氏)를 그곳에 모셔 지성으로 봉양하니 사람들이 그 집을 가리켜 충효의 가문이라 하였다. 단종이 비명에 죽자 항상 영월 쪽을 향하여 앉아서 옛 임금을 사모하였다.

1459년(세조 5)에 김시습(金時習)과 함께, 단종과 단종을 위하다가 죽은 충신들의 넋을 동학사(東鶴寺)숙모전(肅慕殿)에 초혼하여 제향하였다. 산채와 어류를 캐고 잡아 숙모의 제향을 받들면서 「채미가(採薇歌)」와 「자규사(子規詞)」를 지어 읊기도 하였다.
뒷날 정조 때 판서에 증직되고, 충신·효자의 정려가 내려졌다. 장릉(莊陵) 충신단과 동학사 숙모전 서무(西廡)에 배향되었다."

하였다. <한국민족문화 대백과사전>에선 정분의 혈손 적자 정광로(鄭光露)[5]항목이 없고, 장흥의 충렬사(忠烈祠) 항목에서 언급되었다.

<대한민국 구석구석>에 정분의 유적 고로서원이 소개되었다.

---

5 기년편고 (紀年便攷v7) / 鄭苯
鄭苯[주:茂古字]晉州人以吾子字子㫌號愛日堂
太宗丙申以敬承府丞登親試素有器局
文宗朝官至右贊成端宗癸酉拜右相
金宗瑞被禍後苯以全慶都體察使還至忠州有京官馳馹來謁云有傳旨下馬再拜曰可就驛館受刑否曰某受旨押去配所耳仍與赴樂安配所同行十餘日不問朝廷事有山僧坦禪徍從之一日邑人傳言京官來捉苯謂坦禪精具一飯祀先祖
沐浴具冠服出其神主再拜焚之遂脫冠帶與其妻訣就刑曰吾若有二心死後晴天依舊不然必有異常旣死忽雲合雨作本官及京官張雨傘入城
英祖丙寅(1746,영조22)金宗瑞皇甫仁後孫鳴籲苯無子孫共訴乃於復官傳敎中鄭苯一體復官事漆書下戊寅(1758,영조34)贈諡忠莊
純祖甲子(1804,순조4)旌閭戊辰(1808,순조8)命不祧[주:子光露見下旣云無子孫而光露載其譜]

372 김윤숭 수필집

"고로서원(古老書院)

위치   충청남도 공주시 사곡면 능계길 60-67 (사곡면)

우의정으로 단종을 보필하다가 계유정난(癸酉靖難)으로 사사(賜死)된 정분과 그의 양자 정지산을 배향하는 사당으로서 1808년(순조 8)에 건립되었다. 1924년 제각(祭閣)인 경모재(敬慕齋)가 지어졌고, 1931년 중수하면서 부여의 외산(外山)에서 발견된 정분의 영정을 모사하여 봉안하였다. 1982년 정분의 충절과 정지산의 효행을 기린다는 뜻에서 충효사라고 명명하였고, 공주시에서 사당 전방에 정려(旌閭)를 짓고 사당에 걸려 있던 명정을 이전하였다. 정려는 1997년 공주시 향토문화유적 제18호로 지정되었다.

1994년 공주 지역의 유림(儒林)과 후손들이 사우와 삼문(三門)을 세워 고로서원(古老書院)이라 명명하고 정분을 주향으로 하여 정지산을 함께 배향하고 있다. 사당은 정면 3칸, 측면 2칸의 맞배지붕 구조이고, 30칸의 담장이 둘러져 있다. 삼문에는 의재문(義在門), 사당에는 충효사(忠孝祠) 현판이 걸려 있다. 사당 안의 왼쪽에 정분의 영정이 있고, 중앙에 정분과 정지산의 신위가 봉안되어 있다. 사곡면의 진주정씨 문중에서 관리하고 있으며, 고로사(古老寺)라는 절을 고쳐 재실(齋室)로 이용하고 있다."

영조실록 / 영조 44년 무자(1768) 12월 23일(정축)에 정분의 아들 정광로의 출현에 대하여 기록을 남겼다.

"홍봉한이 말하기를,
'단묘조(端廟朝)의 세 대신(大臣)을 복관(復官)한 뒤에, 정분(鄭苯)의 자손 가운데 확실한 자를 찾지 못하였습니다. 요즘 듣건대 장흥(長興) 정성(鄭姓) 사람이 마가(馬哥)와 송사(訟事)함으로 인하여 관에서 정성 사람의 선대(先代)의 묘(墓)를 파 보니 지석(誌石) 두 조각을 찾았는데, 바로 정광로(鄭光露)의 묘이고 정광로는 바로 정분의 아들입니다. 대저 정광로가 당시의 일이 어려움을 알고 거짓으로 미쳐서 자취를 숨겼는데, 그가 죽음에 이르러 그 아들이 비록 지석(誌石)을 묻었으나 유계(遺戒)로 인하여 그 내력을 비밀로 하였기 때문에 손자 이후로부터는 누구의 자손인지를 아득히 알지 못하였습니다. 지금 수백년 뒤에 비로소 옛 정승의 혈손(血孫)임을 알았으니, 조가(朝家)에서 표이(表異)의 거조가 있어야 마땅합니다.'

하니, 임금이 말하기를,

'기이한 일이다. 결원을 기다려서 조용(調用)하라.'

하였다."

결국 정분은 아들이 없었다는 전제하에 공주에 양자 정지산이 존재하고 지석에서 기록을 발견하여 장흥에 혈손 적자 정광로가 존재하여 각기 후손이 계승되었다. 진주정씨 충장공파라고 하겠는데 공주파와 장흥파로 양분할 수 있다. 공주의 요당서원과 고로서원 및 장흥의 충렬사가 그 정신적 구심점이라고 하겠다.

5. 마무리

정분의 충절은 실록 기사만으로도 충분하지만 정여창의 <정분전>으로 인해 하늘이 인정하는 충절의 기적이 현창되었으니 남효온의 <육신전>과 같은 충신전의 쌍벽이라고 하겠다. 그들 스승 김종직의 <

조의제문>과 같이 단종에 대한 충성을 표현한 사림파의 절의정신을 대변하는 대표 문학작품, 3대 절의문학 작품이라고 할 수 있다.

함양 산삼항노화 엑스포와 일두 선비문화제

추석연휴에 최신영화 올드를 티비로 감상하였다. 공포영화라고 하여 봤는데 아니었다. 설정은 독특한 상상력에 기초하고 있다. 다국적 거대 제약사가 운영하는 리조트로 놀러온 가족들은 특정 해변에 유도되어 놀러갔다가 다 죽는데, 그 해변은 속성 수명, 폭발적 노화수명의 블랙홀 같은 곳이다. 그 해변세계에서의 1시간은 일반세계의 2년에 해당한다. 거기서 하루를 보내면 48년을 후딱 산 셈이다. 도끼자루 썩는 줄 모르는 선계와 반대이다.

이런 천혜의 환경을 다국적 제약사는 투숙객을 상대로 신약개발 생체실험을 자행한다. 탈출이 불가능한 구조에서 탈출에 성공한 사람에 의해 폭로되어 정의가 구현된다. 백신은 생체실험이 아닌가. 화학약품이 10년 지나면 온갖 부작용이 드러나 금지약품이 되는 것과 같다. 살충제도 그렇고 항생제도 그렇다.

중국은 유불도 삼교가 정립되어 발전하였는데 가장 강하게 노화에 저항한 종교는 도교이다. 도교는 불로불사의 존재, 신선이 되어 살아서 영생을 누리는 것을 목표로 한다. 유교는 살아서 정의로우면 만사형통이다. 노화에 저항하지 않고 자연스럽게 평안하게 늙어죽는 것을 가장 고귀한 가치로 여겼다. 고종명이 그것이다. 불교는 출생, 노화, 질병, 사망을 다 고통 곧 사고팔고로, 업보의 결과로 보아 그 고리를 끊어야 한다고 설파한다. 극락에서는 사고팔고가 없이 영생하여 불교는 극락왕생을 추구하니 불교는 피안에서의 불로불사를 추구하는 종교이다.

중국인들의 노화 저항, 사망 저항의 불로불사, 세속적 욕망, 특별한 염원이 신선이란 존재를 설정하고, 신선을 믿고 신선이 되고자 하는 도교로 형성되었다. 중국의 고대 왕들이 불로불사를 추구한 것은 엄연한 역사적 사실이다. 가장 유명한 존재가 진시황과 한무제이다. 그들을 설득하여 신선이나 불로초, 불사약을 구해다 바치겠다는 방사들이 활약하였다. 그중에 저명한 존재가 서복이다. 한중일, 심지어 동남아시아에서까지 서복이 자기동네에 왔다, 살았다고 주장하는 지역이 많다.

이번 2021.9.10~10.10 함양산삼항노화엑스포에서도 경남연구원이 주관하는 <한중일 서복문화와 항노화 산업의 가치와 관광·경제 협력 방안> 학술회의가 열렸다. 서복의 도래는 전설일 뿐이고 자기 지역에 도래했다는 것도 아전인수 주장이고 그 불로초가 산삼이라는 것은 새로운 설일 뿐이다.

한국에서 가장 확실하게 산삼의 기록을 남기고 산삼을 외교에 활용한 역사적 존재는 고운 최치원이다. 당나라 유학생으로 지리산에서 캐어보낸 산삼을 고관에게 선물하여 국제우호교류를 체결하였다. 마침내 그 지리산 산삼의 고장 함양군, 천령군태수로 부임하여 산삼을 캐어 조정에 공납하여 나당외교에 이바지하였으니 실존의 산삼인이다. 전설상으로도 가야산 신선, 청학동 신선으로 항노화의 완성자가 아닌가.

　산삼의 고전 최치원의 <계원필경>을 세계기록유산에 등재하고, 고운선생을 산삼의 성인으로 추앙하여 엑스포의 상징인물로 형상화하고, 산삼의 직업 보호신으로 강조하고 문창궁 삼성전(蔘聖殿)에 봉안하고 고유하면 합당한데 의견이 채택되지는 않았다. 네 개 분야 학술회의 외에 최치원과 산삼외교란 학술회의를 추진했으나 무산되었다. 산삼의 국제행사에 산삼의 성인 고운이 설 자리가 없었다.

　함양산삼항노화엑스포 연계 행사로 일두선비문화제를 주관하였다. 제5회이다. 가을에는 제6회 일두선비아카데미도 개최한다. 필자가 일두 제4대 이사장으로서 연속사업을 계승하는 한편 새로이 일두시조문학상을 제정하여 올해 2회째 공모전을 개최하였다. 올해는 또 일두 정여창 선생의 사상, 학술, 예술, 서원, 사회문화 방면의 탁월한 업적을 심사하여 시상하는 일두문화상을 제정하여 시행하고자 한다.

　올해 5월 27~29일에 열린 함양의 대표 전통축제 제60회 천령문화제에는 수석부위원장으로서 개막선언을 하였고 함양문화예술법인 상설전시를 제안하여 실행되었다. (사)일두기념사업회, (사)남계서원, (사)인산학연구원지리산문학관, (사)함양문화원, (사)다볕문화의 작품이나 홍보물의 전시나 상영이 축제기간중에 진행되었다.

　함양에서 함양산삼항노화엑스포를 개최한 것은 대단한 일이다. 물론 그전에 2006 경남고성공룡세계엑스포, 2011 합천대장경천년세계문화축전, 2013산청세계전통의약엑스포가 성공적으로 개최됨에 힘입었다. 내년에 2022 하동세계차엑스포, 뒷날 거창국제승강기엑스포가 개최된다면 서부경남은 엑스포의 메카가 될 것이다. 함양은 선비가 세운 한국최초의 서원 세계문화유산 남계서원을 활용하여 함양세계서원박람회를 개최한다면 다시한번 도약의 기회를 잡을 것이다.

孤雲與一蠹 고운과 일두는
曾住此江皐 일찍이 이 강가 언덕에 머무셨네
人歸如水逝 사람 돌아감이 물이 감과 같으나
名在並山高 이름은 남아 산과 더불어 높구나

　연담 유일(蓮潭有一, 1720~1799)의 시에 고운과 일두를 병칭하였다. 일두는 고운의 산삼 고장 함양에서 탄생, 고운이 청학동신선으로 있는 악양에서 은거했으니 고운을 경모한 듯하다. 거기에 점필재 김종직과 연암 박지원을 더하면 함양사대목민관이 된다. 고운은 상림, 점필재는 다원, 일두는 광풍제월, 연암은 하풍죽로를 조성하고 애민정책을 시행하여 목민관 명예의 전당에서 나란히 명성을 드날리고 있다. 특히 연암은 산삼을 불사약이라고 정의하고 관아 뜰에 지리산 산삼을 캐다가 심어 산삼밭을 만들었다. 당뇨에 활용하였다.
　일두는 안음현감으로서 춘추로 양로례를 거행하여 경로사상을 실천하였다. 항노화냐 경로냐? 항노화만 강조하면 노화를 추악시하여 혐오증을 유발할 수 있다. 항노화와 경로를 병행해야 한다. 항노화는 인산의학이 대안이 될 수 있나. 아름다운 노화 웰빙의 삶도 즐기고 경로분위기에 노인들이 평안한 여생을 보낼 수 있는 사회를 만들어가는 경로정책도 육아정책 못지않게 중요하다. 일두의 경로사상을 본받을 필요가 있다.

5- 국가기록도 검증하라

-최치원 자료 (한국학 중앙연구원)-

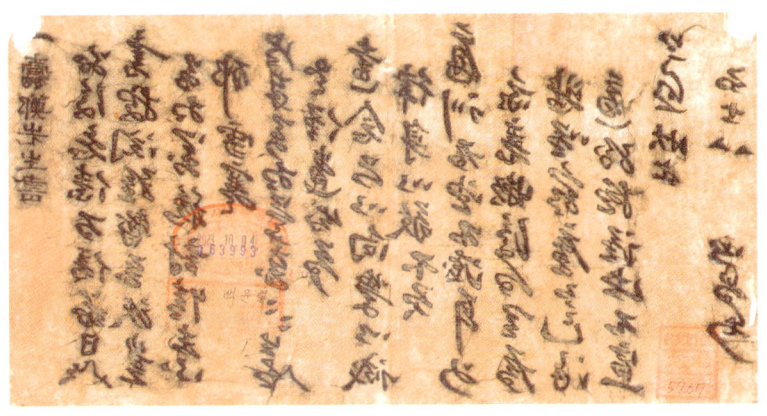

-조선왕조실록처럼 국가기록은 밀봉하는 법을 만들어야 한다. 전 정권의 비리를 캐기 위해 기어이 열람하게 하거나 처분이 두려워 아예 다 소각처리 하여 남기지 않게 하는 일을 원천 방지하려면 밀봉하고 백년 뒤의 역사판단에 맡겨야 한다. -.

도동서원은 세 번째다

울산바위 /김윤승

필암이니 돈암이니
바위 따라 세운 서원

울산바위 쳐다보며
울암서원 구상하네

얼마나 큰 서원이라야
저 바위에 어울릴까

2019년에 한국의 서원 9개 서원이 세계문화유산에 등재되었다. 한국유교의 자존감이다. 9개 서원의 주향 인물은 병산서원의 서애 유성룡 외에는 모두 문묘종사 유현이다. 병산서원 외에는 모두 사액서원으로 대원군의 서원훼철령에 제외된 존속서원이다. 사액의 윤허는 받았으나 편액은 못 받고 문묘종사도 안된 병산서원이 대원군의 서원훼철령에 안 걸리고 존속서원에 포함된 것은 서애의 임진왜란 극복 공로, 탁월한 공훈이 인정되어 보존된 것이고 세계문화유산이 된 것이다.

성군 세종을 보좌한 탁월한 공훈이 있는 방촌 황희의 상주 옥동서원도 존속서원으로 지금도 고색창연한데 한국의 서원에는 포함되지 않았다. 동춘당 송준길의 대표서원 상주의 흥암서원도 고색창연한 존속서원인데 9개 서원에는 제외되었다. 구미의 고려말 충신 야은 길재의 금오서원도, 경주의 신라 대학자 문묘종사 홍유후 설총의 서악서원도 존속서원이지만 제외된 것이다. 동방오현의 존속서원이 세계문화유산에 미포함된 건 경기도의 정암 조광조의 심곡서원(1605)뿐이다. 서악서원(1560년), 금오서원(1572년), 옥동서원(1580년), 흥암서원(1702년)

대원군의 서원철폐 시 훼철되지 않고 존속한 서원이 47개라고 하지만 실상 20개는 사당이고 27개만이 서원이다. 그러므로 존속서원은 27개 뿐이다. 대원군 철폐시 문묘종사 유현은 16명이고 우암 송시열의 대표서원 화양동서원은 철거되고 강한사(대로사)라는 사당만 존속시켜 15개 서원에 공신 서원 2개 합 17개이고 나머지 10개 서원은 탁월한 충신서원이다. 향현사니 충렬사니 하는 사당의 일종에 불과하고 서원이라고 하기엔 미흡한 존재도 있다.

선산 금오서원(고려말충신 야은 길재), 영월 창절서워(창절사-단종충신 사육신), 김포 우저서원(임진왜란충신 중봉 조헌, 중봉은 1883년(고종20) 문묘종사), 북청 노덕서원(인목대비충신 이항복), 포천 용연서원(인목대비충신 이덕형), 김화 충렬서원(충렬사-병자호란충신 홍명구), 노성 노강서원(병자호란충신 윤황), 양성 덕봉서원(인현왕후충신 오두인), 과천 노강서원(인현왕후충신 박태보), 과천 사충서원(영조충신 노론사대신)

9개 서원은 창건순으로 배치되었다.

소수서원(1543년), 남계서원(1552년), 옥산서원(1573년), 도산서원(1574년), 필암서원(1590년), 도동서원(1605년), 병산서원(1613년), 무성서원(1615년), 돈암서원(1634년)

9개 서원을 장소의 이동과 명칭의 변경 차원에서 살펴보기로 한다. 옥산서원과 도산서원은 장소의 이동도 명칭의 변경도 없이 시종 일관 그대로 존속하고 있다. 병산서원은 장소의 이동은 없고 풍악서당을 이건하여 풍악서원이라 부르다가 병산서원으로 개칭하였다. 사당 존덕사를 1610년부터 지어 1614년 완공, 봉안하여 사당 강당 구비의 서원이 되었다. 남계서원, 필암서원, 돈암서원은 장소의 이동은 있으나 명칭의 변경은 없다. 소수서원은 백운동서원이 개칭된 뒤에, 무성서원은 태산서원이 개칭된 뒤에 사액서원으로선 명칭의 변경이 없고 장소의 이동도 없다.

장소의 이동과 명칭의 변경이 있는 것은 도동서원이 유일하다.

성종 때의 도학자 한훤당 김굉필과 일두 정여창은 단짝이요 절친이다. 성종에서 연산군까지 살면서 비슷한 삶의 궤적을 남겼다. 살아서는 단짝이었고 같은 해에 죽었고 사후 증직과 증시도, 문묘종사도 같은 때에 이뤄졌다. 현대의 세계문화유산 등재도 같은 날이다. 그러나 서원은 차이가 많다. 고향 선비들이 서원을 세운 건 일두는 한국최초의 서원 소수서원이 건립된 지 10년 뒤인 1552년(명종7)이고 한훤당은 남계서원이 창건된 지 16년 뒤인 1568년(선조1)이다.

일두 고향 서원인 남계서원은 함양 선비 남계오현이 주축이 되어 건립하였다. 끝까지 불굴의 의지로 완공한 사람은 개암 강익이다. 그러나 한훤당 고향 서원인 쌍계서원 창건을 주도한 현풍 선비들은 누구인지 관련 기록이 전혀 남아 있지 않다. 쌍계삼현인지 쌍계오현인지 알 길이 없다.

남계오현(灆溪五賢)
반계(潘溪) 박승원(朴承元)[1516?~1561?] 潘南
매촌(梅村) 정복현(鄭復顯)[1521~1591] 瑞山 / 영빈서원
사암(徙庵) 노관(盧祼)[1522~1574] 豊川
개암(介庵) 강익(姜翼)[1523~1567] 晋州 / 남계서원
남계(灆溪) 임희무(林希茂)[1527~1577] 羅州 / 화산서원

일두를 모시는 남계서원이 1566년(명종21)에 사액이 내리어 사액서원이 된 소식이 현풍 선비들에게 큰 자극을 주어 분발하여 쌍계서원 건립을 추진한 것으로 보아야 한다. 쌍계서원의 중건 서원인 도동서원을 완공한 사람은 한훤당 외증손 한강 정구이다. 개암이나 한강이나 둘다 남명 조식의 제자이다.

한강은 묘하서원을 주장하여 한훤당 묘소 아래 지금의 도동서원을 건립하는데 강력히 주도하였고 그에 유추하면 원터를 버리고 새터를 잡은 남계서원을 묘소 아래 쪽으로 옮겨 중건하게 하여 묘하서원을 만든 주역은 한강이 아닌가 추정한다. 그 묘하서원 남계서원을 한강이 참배한 것이지 현재의 자리 남계서원을 참배한 것은 아니다.

한강은 쌍계서원 터가 도심과 가까워 시끄럽고 한훤당과 아무런 연고도 없는 곳이라고 싫어하였다. 심지어 한강이 〈한훤당김선생연보〉를 편찬했는데 쌍계서원 창건 연대도 표기하지 않았다. 『경현록』에서 보로동서원을 표기하면서 언급했을 뿐이다. 한강 정구의

연보에,

한강연보 제1권 / [연보(年譜)] / 32년 우리나라 선조 37년 갑진(1604) 선생 62세

○ 현풍(玄風) 사류들과 의논하여 송림(松林)에 서원을 세웠다. - 현풍현 동쪽에 지난날 쌍계서원(雙溪書院)이 있었다. 이곳은 한훤당 김 선생을 향사하는 곳이었는데 임진년 전란에 불타 버렸다. 이때에 이르러 선생이 김 선생의 무덤 밑(墓下)에 터를 잡아 서원을 옮겨 세웠다. 방백(方伯)이 계청(啓請)하여 도동서원(道東書院)이라 사액(賜額)하였다. -

묘하서원 도동서원도 초건 쌍계서원을 계승하여 중건한 것임을 알 수 있다. 새로운 창건이 아닌 것이다. 현풍 쌍계서원은 〈선조실록〉 선조 6년 계유(1573) 11월 28일(갑진)에 경주 옥산서원, 영주 이산서원과 함께 사액된 사액서원이다. 사액서원인데도 창건기나 사액상소나 사액제문이나 관련기록이 전혀 없다.

쌍계서원은 한강의 주장에 따라 현재의 자리인 오설리, 송림, 보로동 묘하에 중건하였고, 보로동서원으로 불리다가 다시 도동서원으로 사액받아 도동서원이 되었다. 장소의 이동이 있었고 명칭의 변경이 있었으나 역사는 계승된다. 쌍계서원의 강당명이 중정당이고 문이 환주문으로 도동서원과 같다. 계승한 것이다.

서원은 지명 명칭이 원칙이나 사액과정에서 소수서원, 소현서원, 도동서원, 도남서원, 경현서원, 상현서원, 충현서원, 숭현서원, 홍현서원, 인현서원, 역동서원, 연경서원, 문헌서원, 문회서원, 충렬서원, 의열서원, 창절서원, 사충서원처럼 의미명 명칭도 가끔 존재한

다. 도동서원은 사액서원으로 지명 명칭에서 의미명 명칭으로 변경된 사례로는 9개 서원에서 유일하다.

쌍계서원터는 달성군 유가읍 쌍계리 산16번지인데 다리 건너 입구에 작은 표지석이 있을 뿐이다. 현풍향교와 쌍계서원터 사이에 대구경북과학기술원이 존재하니 공부하는 학생들의 학교 자리 배움터임을 먼저 증명한 것이다.

〈선조실록〉 선조 39년 병오(1606) 12월 26일(경신)에, 경상 감사 유영순(柳永詢)의 치계로 인하여, 임란에 불타버린 네 서원의 사액을 다시 내려주도록 하였다. 천곡(川谷)·금오(金烏)·쌍계(雙溪)·남계(藍溪) 등 네 서원은 옛 편액 이름은 그것으로 쓰되, 본도로 하여금 고증해 계문하게 한 뒤에 특별히 거듭 하사하도록 하였다. 그런데 그 과정에서 지명의 이동이 있어 쌍계 자리가 아닌데 명칭이 같을 수 없다고 논란이 되고 명칭의 변경이 있어 유독 여기만 도동서원으로 새 명칭의 사액이 있었던 것으로 추정된다.

그런 예가 생길 뻔한 것이 선산의 금오서원이다. 금오산 자락에 있어 금오서원으로 사액되었는데 현재의 남산(藍山) 자락에 이건하여 장소의 이동이 있었다. 한때 남산서원이라고 하였다 다시 사액을 신청할 때 무심코 옛 사액명칭으로 신청하여 받았다. 받고 보니 장소의 이동을 고려하지 않은 것이라서 논란이 있었다. 한강 정구에게 문의하니 장소의 이동은 명칭의 변경이 불가피하다고 답하였다.〈寒岡先生文集 答金烏院生〉 명칭 변경 사액 신청을 다시 해야 하는데 그게 어디 쉬운 일인가 흐지부지하다가 금오서원 그대로 유지되었다.

남명과 퇴계의 제자 이조정랑 덕계 오건이 정미사화 순교유현 충재 권벌의 시호 사시관이 되어 1571년(선조4)에 창녕현감으로 있는 충재의 아들 권동보에게 가서 시호 선포식을 하고 선물로 받은 비단을 쌍계서원에 기증하였다. 영조 때『덕계집』을 만들 때 쌍계서원이라고 놔둬야 하는데 당시 명칭인 도동서원으로 고쳐 판각하였다. 같은 것으로 인식되었던 것이다.〈德溪集 有與道東書院儒生書〉산청 사람 덕계가 고향 근처인 일두의 남계서원에 기증했으면 좋았지 않았나 생각해본다.

　학봉 김성일도 1576년(선조9)에 이조좌랑으로 김굉필의 시호 사시관이 되어 현풍 본가에 가서 시호 선포식을 하고 기념으로 받은 예물 비단을 쌍계서원에 기증하였다. 학봉은 일두의 시호도 받들고 함양 본가에 가서 시호 선포식을 하고 받은 예물 비단을 똑같이 남계서원에 기증하였다고 하였다. 그러나 일두의 시호는 1577년(선조10) 9월 9일에 이조좌랑 운강 조원이 사시관으로 와서 선포하였다는 기록이 있다. 시호의 수여가 윤허되고 1년 뒤에 한훤당은 받고 2년 뒤에 일두가 받은 것은 후손들의 접수 준비상황에 좌우되는 것이다. 현장 접수가 완료되어야 시호가 내렸다고 하는 것이다. 사액도 마찬가지다.

　아무튼 도동서원은 쌍계서원을 계승한 것이다. 장소의 이동과 명칭의 변경이 있었으나 그 역사는 계승된 것이다. 도동서원의 역사는 쌍계서원의 창건 역사를 계승해야 한다. 한 뿌리이기 때문이다. 만약에 금오서원이 장소의 이동을 고려해 남산서원으로 다시 사액되어 명칭의 변경이 있었다면 금오서원의 창건 역사는 빼고 남산서원의 중건 역사만으로 서술했을까. 아닐 것이다. 마찬가지로 도동서원도 쌍계서원 창건 역사는 외면하고 도동서원 중건 역사를 창건 역사처럼 서술하면 부당한 것이다. 쌍계서원 창건 역사가 바로 도동서원 창건 역사다. 도동서원은 1568년(선조1)에 창건되었다.

9개 서원을 창건순으로 다시 배치하면 다음과 같다.
소수서원(1543년), 남계서원(1552년), 도동서원(1568년), 옥산서원(1573년), 도산서원(1574년), 필암서원(1590년), 병산서원(1613년), 무성서원(1615년), 돈암서원(1634년)

필암서원의 삼산 시대 연표

머리말

　전남 장성의 필암서원은 세계문화유산이다. 필암서원의 주인공 하서 김인후는 문묘종사 동국십팔현이다. 김인후는 도학자이다. 도학의 최고봉 퇴계 이황의 친구이다. 도학의 연원 도맥상으로도 영남의 퇴계와 함께 호남을 대표하는 호남도맥의 정점이다.
　김인후의 일생은 중대사를 논하면 삼대 요약어로 제시할 수 있다. 마당극에서의 세 마당(三場)과 같다. 김인후는 출처의 전형으로서 바른 출처로 칭송된다. 또한 호남의 도통을 계승하여 전승시킨 도학군자이다. 도학자로서 퇴계와 마찬가지로 민간교화를 위한 시가를 많이 창작하여 남기었다. 특히 국문학 방면에서 단가 곧 시조를 창작하여 보급하였다. 출처, 도통, 시가 이 셋을 묶어 하서삼장이라고 명명하여 하서의 상징어로 삼는다.
　우암 송시열은 신도비문에서 하서에 대해 도학, 절의, 문장의 삼조를 구비했다고 극찬하였다. 하서와 우암은 모두 사림의 인격완성인 삼조(도학, 절의, 문장)구비의 인물인 것이다. 우암은 존모의 염을 담아 하서를 위해 많은 문장을 지어주었고 필암서원 문루인 확연루의 편액을 써주었다.

하서(河西) 김인후(金麟厚,1510~1560)와 그 제자 겸 사위 고암(鼓巖) 양자징(梁子澂,1523~1594)을 모신 세계문화유산 장성 필암서원의 창건과 이건의 역사를 간추린다. 필암서원은 기산(岐山,장성읍기산리), 증산(甑山,황룡면필암리증산동), 추산(秋山,필암리필암서원로)의 세 시대로 나뉜다.

1. 필암서원 기산(岐山) 시대 (1590,선조23~1597,선조30) 창건

1587년(선조 20)에 부임한 전라도 관찰사 오음(梧陰) 윤두수(尹斗壽,1533~1601)와 하서 수제자 송강(松江) 정철(鄭澈,1536~1593)이 필암서원의 건립 주체로 인정된다. 하서의 제자 호암(壺巖) 변성온(卞成溫,1540~1614)이 주도하여, 금강(錦江) 기효간(奇孝諫,1530~1593), 망암(望菴) 변이중(邉以中,1546~1611), 사암(思巖) 서태수(徐台壽,1520~1590이후?) 등이 협력하여 창건하였다. 서원에 홀로 배향된 하서 문인 겸 사위 고암 양자징도 관여했을 것이나 기록은 없다.

1590년에 필암서원이 완공되다. 추담 김우급의 기록에 의하면 오음 윤두수와 의론하였다고 하였으니, 1587년(선조20)에 전라도 관찰사로 부임한 윤두수에게 하서문인들이 하서를 위한 서원 건립 논의를 제기한 것으로 보인다. 그것이 무르익어 1590년에 하서의 제자들에 의해 결실을 본 것이다.

송강 정철이 서원에 참배하였다. 송강은 신묘사화(1591,선조24)로 강계에 귀양갔고 전란중에 서거했기에 다시는 서원 참배를 못했을 것이다. 송강의 <회하서(懷河西)> 시도 필암서원 참배할 때 지은 것이 아닌가 추정한다.

　사암(思巖) 서태수(徐台壽,1520~1590이후?)가 필암서원 춘추 석채 축문을 짓다.

　제봉(霽峯) 고경명(高敬命,1533~1592)이 헌관으로서 목욕재계하며 하서집을 읽고 시를 짓다.

　중봉(重峯) 조헌(趙憲,1544~1592)이 참배, 송강 시에 대한 차운시를 짓다.

　석주(石洲) 권필(權韠, 1569~1612)이 참배 시를 짓다.

　1597년 정유재란 필암서원 소실

　1617년(광해군9) 5월에 서경(西坰) 유근(柳根, 1549~1627)이 참배 시를 짓다. "歸然祠宇瞻如在"라는 구절을 보면 난후 사당이 복원되어 있었다고 추정된다.

　1618년(광해군10) 봄에 반환당(盤桓堂) 홍천경(洪千璟, 1553~1632)이 참배하고 권석주와 유서경의 시에 대한 차운시를 짓다.

　2009년 옛터에 노강 박래호가 기양정사 건립, 서당 활동

2. 필암서원 증산(甑山) 시대(1624,인조2~1672) 중건, 사액

　1624년(인조2)에 추담(秋潭) 김우급(金友伋,1574~1643)이 필암서원 중건 상량문과 소감 시를 짓다.

　1659년(효종10)에 필암서원 등 8개 서원에 사액이 윤허되다.

　1662년(현종3)에 사액이 내려지다. 사제하다. <필암서원> 어사 편액을 게시하다.

1671년(현종12)에 동춘당(同春堂) 송준길(宋浚吉,1606~1672)이 필암서원 원장으로서 이건 고유문을 짓다.

3. 필암서원 추산(秋山) 시대(1672,현종13~현대) 이건, 양자징배향, 문묘종사, 세계문화유산등재

1672년(현종13)에 송암(松巖) 기정익(奇挺翼,1627~1690,우암문인)이 현재의 위치로 필암서원 이건할 때 사당 상량문을 짓다.

1672년(현종13)에 우암(尤庵) 송시열(宋時烈,1607~1689)이 필암서원 이건한 뒤 하서를 봉안하는 봉안문과 축문 및 하서 신도비명을 짓다.

1675년(숙종1) 가을에 자연당(自然堂) 김시서(金時瑞,1652~1707)가 확연루(廓然樓)에 올라 오언절구 2수를 짓다.

1710년(숙종36) 9월 청절당에 백록동서원학규(白鹿洞書院學規,백록동학규,주자발문,하서오언고시<독백록동규>)를 새긴 현판 및 숙종 신미(1691,숙종17) 비망기 전교 현판 게시

1752년(영조 28)에 확연루 중건(몇년전소실). 역천(櫟泉) 송명흠(宋明欽,1705~1768,송준길의현손)이 상량문을 짓다

1760년(영조36)에 초천(苕泉) 김시찬(金時燦, 1700~1767)이 <확연루기>를 짓다.

1775년(영조51)에 강수청을 설립하다. 전주 오목대에 사는 전 참판 목산(木山) 이기경(李基敬,1713~1787)이 기문을 짓다.

1786년(정조10)에 호남의 선비들이 양자징을 필암서원에 배향할 것을 청하여 윤허받아 4월 추배하다.

1796년(정조20)에 오는 11월 6일에 문정공(文正公) 김인후(金麟厚)의 집에 어제사제문을 내려 치제(致祭)하고 이어 문묘종사 교서(敎書)를 내리며 필암서원의 위판(位版)도 고친 시호 문정(文正)으로 바꿔 쓰라고 명하다.

1802년(순조2) 10월에 집강 김정휴가 입의를 지어 경장각 열쇠는 집강이 관장한다고 하였다.

1853년(철종4)에 수종재(守宗齋) 송달수(宋達洙,1808~1858,우암8대손)가 필암서원 춘추향 고암 양자징 축문을 짓다.

1905년(광무9)에 필암서원묘정비 비문 연재 송병선 짓다.

1930년 필암서원 계생비 글씨 쓴 송재(松齋) 송일중(宋日中,1632~1717) 이름 추각

1941년 7월에 사당을 중수하다. 화동(華東) 김한익(金漢翼)(1863~1944)이 중수기와 환안축문을 짓다.

1953년 8월 산앙계 창립

1954년 청절당에서 춘추제향후 강학하다.

1962년경에 경장각 정조 어필 편액 처마에 사렴(紗簾)-부시(罘罳) 설치

1964년 우동사 편액 게시

1970년 장서각 건립

1971년 장판각 건립

1975년 4월 23일 대한민국의 사적 제242호 장성 필암서원(長城 筆巖書院)으로 지정되다.

2008년 유물전시관인 『원진각(元眞閣)』과 호반정자 『삼연정(三然亭)』을 준공하다.

2010년 원진각(元眞閣) 뒤편에 청소년·유림들의 한학교육 및 선비체험 교육 공간 목적의 평생교육센터인 『집성관(集成舘)』을 준공하다.

2019년 <한국의서원> 9개서원(소수,남계,옥산,도산,필암,도동,병산,무성,돈암) 세계문화유산에 등재되다.

꼬리말

세계문화유산 한국의서원 9서원의 명칭을 살펴보면
덕목: 소수서원, 도동서원
내이름: 남계서원, 쌍계서원(도동서원의 전신 사액명칭)
메이름: 옥산서원, 도산서원, 병산서원
잣이름: 무성서원
바위이름: 필암서원, 돈암서원

에서 필암서원의 명칭은 붓바위 필암(筆巖)이라는 바위에서 유래한다. 그 유래의 바위에 필암이란 글씨가 새겨져 필암서원 가는 길가에 우뚝 서 있다. 돈암서원의 명칭 유래가 되는 돈암-원래 돼지바위라는 돈암(豚巖)이었다-이 돈암서원 이건 전의 옛터에 돈암(遯巖)이란 글씨가 새겨져 잡초속에 존재한다. 이 유래 바위들을 문화재로 지정하고 공원화하여 잘 보존하여 물려줘야 한다. 도기념물이라도 지정하여 보호조치가 이뤄지길 촉구한다.

필암서원의 송강시판

1천 글자를 조합하여 하룻밤 사이에 지은 주흥사의 천자문이 대단하긴 하나 글자가 많다고 다 좋은 것은 아니다. 1자라도 귀하니 일자천금이요 1자 말씀이라도 스승 삼을 만하니 일자사이다. 마찬가지로 한 글자만 봐도 실상이 어떠한지 파악할 수 있으니 한 글자로 척도를 삼을 수 있다. 일자척도라고 하겠다.

문묘18현 하서(河西), 일호 담재(湛齋) 김인후(金麟厚, 1510~1560)를 모신 장성 필암서원에 가면 강당인 청절당에 여러 시판이 걸려 있는데 하서의 제자 송강(松江) 정철(鄭澈, 1536~1593)의 「회하서(懷河西)」란 시와 병자호란 척화대신 청음(淸陰) 김상헌(金尙憲, 1570~1652)의 「오산잡영 하서선생」 시가 초서체(아마도 친필)로 한 판에 새겨져 게시되어 있다. 시제는 없고 저자 호만 친필로 써 있다. 『하서집』과 『청음집』을 참조하면 두 문집에 실린 시는 글자 하나 틀리지 않게 맞다. 먼저 청음 시를 우리말로 옮긴다.

湛翁風節是吾師 담옹의 기풍과 절의는 나의 스승

健筆淸詩更擅奇 굳센 필체 맑은 시는 더욱 신기해
莫恨當時俱未識 당시에 모두 몰라봐도 한하지 말라
後來還有子雲知 후세에 반드시 알아주는 이 있으리
淸陰

<송강·청음 판각시문>에 실린 필자미상의 「회하서(懷河西)」 글을 보면 「회하서」를 탈초하여 옮긴 것이 있다.

"동방무출처 東方無出處 동방에는 그 출처가 없더니
지유담재옹 只有湛齋翁 오직 담재옹 한 분 있었네
연년칠월회 年年七月回 매년 7월 초하루가 돌아오면
통곡난산중 痛哭卵山中 온 산에 통곡소리 가득했네"

국립광주박물관, 『하서 김인후와 필암서원』, 그라픽네트, 2007, 64쪽에 송강, 청음 시의 탈초, 번역문이 실려 있다. 송강 시는 日자를 回자로 잘못 탈초하였고 청음 시는 子자를 別자로 잘못 탈초하여 번역하였다. 자운(子雲, 인명)을 별운(別雲)이라고 하였으니 오역이다.

한시는 압운과 평측을 생명으로 한다. 위 시에서 翁과 中은 압운이다. 평성 동(東)자운이다. 운자가 있는 시구 끝 자에서 운자가 아닌 곳은 평성이 아니라 측성이 와야 한다. 處자와 回자는 측성이어야 한다. 그런데 回자는 측성이 아닌 평성이다. 그러니 잘못 탈초하여 옮긴 것이다. 원자는 일(日)자이다. 한시의 법칙을 아는 사람이라면 回자는 아니고, 다른 글자일 것이라고 짐작할 수 있다.

이 시를 지은 송강 정철의 문집 『송강집』에는 다음과 같이 글자가 3자가 틀리게 실려 있다.

회하서(懷河西)

동방무출처 東方無出處
독유담재옹 獨有湛齋翁
연년칠월일 年年七月日
통곡만산중 痛哭萬山中

『송강집』의 이 시를 그대로 베껴 새긴 『하서전집』에는 한 글자도 틀리지 않게 실었고 정철이라고 저자 표기가 더 있을 뿐이다. 獨자가 只자보다 뜻이 더 강하지만 의미는 같은 것이다. 월일이라고 한 것은 정확한 것이다. 압운 구절 사이 측성이 와야 할 자리에 정확히 日자가 놓인 것이다.

만산(萬山)이라니 1만 산이라는 의미인가? 의미가 엄청 어긋난다. 만산이 고유명사 지명이라면 무관하지만 만산이란 지명은 찾을 수 없다. 많은 산이라는 뜻의 만산이라면 잘못된 것이다. 어찌 온갖 산에서 통곡할 수 있는가. 하서 혼자서? 하서가 모든 제자에게 명해 수많은 산에서 같이 통곡하자고 했다면 모르지만. 홀로 가서 통곡한 것이다.

세자시절 인종의 스승이었던 하서는 인종이 승하하자 슬픔에 겨워 해마다 승하일인 7월 초하루에는 자기 집 남쪽 산에 들어가 통곡하였다고 한다. 자기 집 남쪽 산이라면 이름이 있을 것이다. 그것이 만산인가? 아니다. 난산(卵山)이다. 시판의 초서 시 원문 난산(卵山)이 정확한 것이다. 시판의 글씨가 송강의 친필이라면 난산(卵山)이 원문이고 『송강집』은 탈초를 잘못하여 잘못 새겨 실은 것이다. 『하서전집』은 원문을 검토하지 않고 잘못을 답습하여 잘못 실은 것이다.

『하서선생전집부록』에 실린 「하서연보」를 보면 선생 37세(명종1년, 1546) 7월 인종의 기일에 술을 갖고 집 남쪽 난산(卵山)에 들어가 한 잔 마시고 한번 곡하고 종일 통곡하다가 저녁이 되어서야 돌아왔다고 하였다. 연보에는 난산이라고 정확히 서술하고, 제현시문에선 정철의 시를 필암서원 시판 원문을 검토하지 않고 만산이라고 전재하니 잘못의 인습이다.

하서가 산에 가서 통곡했다는 그 난산이 하서 산소와 하서 고택터 백화정 중간 남쪽 관동천의 난산교 지나 난산정 마을에 있다. 거기에 난산비가 있는데 정조 때 문신 학자 석재(碩齋) 윤행임(尹行恁, 1762~1801)이 비문을 지은 것이다. 『석재고』에 실린 「난산비명(卵山碑銘)」을 보면,

"성자산의 서쪽 15리에 필암서원이 있고 사당 옆에 원당곡이 있어 하서선생의 산소가 있고 산소 남쪽에 알 모양의 산이 있어 난산이라고 한다. 인종 기일에는 북망하며 통곡하고 저녁에야 귀가하였다."

하였다. 전라남도 문화재자료 제241호 장성 김인후 난산비(長城金麟厚卵山碑)이다. 비석 측면에는 윤행임의 아들 침계(梣溪) 윤정현(尹

定鉉, 1793~1874)이 비석 세울 때 지은 추기가 새겨져 있다. 산꼭대기에는 하서가 통곡한 것을 표시한 통곡단이 석축되어 있다.

난산(卵山)은 오자가 나기 쉽다. 卵과 卯는 형체가 비슷하니 묘산(卯山)으로 오기할 수 있다. 『연려실기술』 인종조의 명신 김인후 조에 매양 인종의 제삿날을 당하면 곧 집 남쪽 묘산(卯山) 속에 들어가 해가 질 때까지 통곡하다가 돌아와 의지할 곳이 없는 듯이 하였다고 하였다.

우암(尤庵) 송시열(宋時烈, 1607~1689)은 귀양지에 찾아온 제자와의 문답에서 묘산이 아니고 난산이 맞냐고 묻고, 광주 제자인 안촌(安村) 박광후(朴光後, 1637~1678)는 하서가 살던 집 남쪽 산이름이 난산이라고 확실히 대답하였다.

우암은 하서의 행위를 본받아 효종대왕의 기일에 심산에 들어가 통곡하고 돌아왔다고 하였다.

국가 사적 괴산 송시열 유적 (槐山 宋時烈 遺蹟)이 있다. 그중에 읍궁암(泣弓巖)이 있는데 우암이 매년 5월 4일인 효종의 휘신(諱辰)에 반드시 이 바위에서 서쪽을 바라보고 곡을 하였기 때문에 읍궁(泣弓)이라 이름한 것이다. 우암의 절구시를 새겨 읍궁암비(泣弓巖碑)를 세웠다.

"송자대전 제2권 / 시(詩)○오언 절구(五言絶句) / 5월 4일〔五月四日〕

이날이 무슨 날이던고 / 此日知何日
외로운 충정 상제께서 내려다보시리 / 孤衷上帝臨
새벽에 통곡하고 나서 / 侵晨痛哭後
무릎 안고 다시 길게 시 읊었노라 / 抱膝更長吟

[주-D001] 5월 4일 : 효종(孝宗)의 기일(忌日)이기 때문에 우암에게 특별한 의미가 있는 날이다.
ⓒ 한국고전번역원 | 홍기은 (역) | 2019"

하서의 인종에 충성, 우암의 효종에 대한 충성은 같은 애절한 충절인 것이다. 우암은 신도비문에서 하서에 대해 도학, 절의, 문장의 삼조를 구비했다고 극찬하였다. 하서와 우암은 모두 사림의 인격완성인 삼조(도학, 절의, 문장)구비의 인물인 것이다. 우암은 존모의 염을 담아 하서를 위해 많은 문장을 지어주었고 필암서원 문루인 확연루의 편액을 써주었다.

「하서집서」
「장성필암서원이건후봉안하서김선생문」
「이선후춘주향사죽문」
「하서김선생신도비명병서」 *전라남도 기념물 제219호 장성 김인후 신도비(長城金麟厚神道碑)임

송강은 하서의 실상을 정확하게 시로 묘사하였다. 송강의 한시 시판 친필 한 글자(卵)가 모든 문헌의 오자(萬)를 바로잡아 주니 금석문만

소중한 것이 아니라 목판도 소중한 자료이다. 예술품 못지않게 역사기록으로서도 귀중한 유물이다.

회하서(懷河西)

동방무출처 東方無出處 동방에는 바른 출처 없는데
지유담재옹 只有湛齋翁 다만 하서선생만이 있네
연년칠월일 年年七月日 해마다 7월 초하루에는
통곡난산중 痛哭卵山中 난산에 들어가 통곡하였네

필암서원의 우동사(祐東祠)와 청절당(清節堂)

전남 장성의 필암서원은 세계문화유산이다. 필암서원의 주인공 하서 김인후는 문묘종사 동국십팔현이다. 김인후는 도학자이다. 도학의 최고봉 퇴계 이황의 친구이다. 도학의 연원 도맥상으로도 한훤당 김굉필-정암 조광조-회재 이언적을 이은 영남의 퇴계와 함께 한훤당 김굉필-모재 김안국-하서 김인후-고봉 기대승을 잇는 호남을 대표하는 호남도맥의 정점이다.

필암서원을 참배하면 특이한 점이 눈에 띈다. 강당과 사당이 마주보는 형태이다. 학생 기숙사인 동재와 서재가 그 사이에 위치한다. 보통 강당 앞에 동서재가 양쪽에 있고 강당 뒤로 사당이 있는 일반적인 서원구조와 다르다. 전학후묘의 양식은 같으나 강당이 사당을 향한 구조가 특이한 것이다.

또 특이한 것은 강당 현판이 많이 게시되어 있는데 시에 대한 현판 곧 시판(詩板)이 많다는 것이다. 세계문화유산 9개 서원에서 필암서원에 시판이 가장 많이 걸려있다. 필암서원의 시판을 수록한 것이 『필암서원지』의 「청절당제영」이다. 그런데 제영과 시판이 자구가 일치하지 않는 것도 있다.

장성 필암서원의 사당 편액은 우동사(祐東祠)이고 강당의 편액은 청절당(淸節堂)이다. 이 명칭은 모두 우암 송시열의 문장에서 취한 것이다. 우암은 <하서김선생신도비명(河西金先生神道碑銘)>에서 하늘이 우리 동방을 도우사(天佑我東)이라 하였고, 그 청풍대절은 진동하여(至其淸風大節聳動震耀)라고 하였는데, 동춘당이 강당 명칭을 청절당이라고 명명하고 편액 글씨를 써서 게시하였다. 사당은 의중에 없었다.

우동사(祐東祠)

  일반적으로 서원에 가면 강당 전면에 서원명칭 편액이 게시되어 있다. 강당명칭 편액은 안쪽에 걸려 있다. 지금 필암서원에 가면 그렇게 되어있다. 강당 전면이 대문을 향하지 않고 사당을 향해 있는 것이 특이할 뿐이다.
  서원명인 필암서원 편액은 서원의 일반적인 양식대로 강당 전면에 게시되어 있고 강당인 청절당 편액은 안쪽에 걸려있다. 그런데 이런 현상은 수십 년밖에 안 된다.
  1964년에 사당명칭 우동사 편액이 게시되기 전까진 오늘날과 달랐다. 필암서원 편액은 이전엔 사당에 걸려있었다. 그러면 당연히 사당명의 편액은 없었던 것이다.
  1950년대 초에 소장학자 산암 변시연(1922~2006)이 사당명칭을 여러 대학자에게 상의하였다. 보성 죽곡정사(竹谷精舍) 주인 회봉(晦峰) 안규용(安圭容, 1873~1959)은 우동사와 이양사(尼陽祠), 고창 현곡정사(玄谷精舍) 주인 현곡(玄谷) 유영선(柳永善, 1893~1961)과 양재(陽

齋) 권순명(權純命,1891~1974)은 필암사(筆巖祠), 하서 본손 월담(月潭) 김재석(金載石,1895~1971)은 집성사(集成祠)를 제안하였는데 필암사는 서원명칭과 사당명칭이 같을 수 없다는 반대가 있어 최종 우동사가 채택되었다.

  1964년에 사당에 우동사 편액이 게시되었다. 그 10여 년 전에 김재석이 사당에 서원 편액이 걸려있는 것은 체면에 어긋나니 강당에 옮겨 걸자고 주장했는데, 박하철(朴夏轍,1889~?)은 선대에 이미 정한 일을 후학이 감히 망령되이 평가하느냐고 소리 지르며 사당에 게시되어 있던 필암서원 편액은 그대로 두고 옮기지 말자고 반대하였다. 그래도 결국 강당에 옮겨 게시되고 사당편액이 새로이 게시되어 오늘날의 모습이 되었다. 일반적인, 상식적인, 정상적인 서원편액 게시양상이 비로소 구현된 것이다.

  필암서원은 1590년(선조23)에 전라도관찰사 오음 윤두수와 하서의 제자 송강 정철 및 다른 제자들-변성온(卞成溫), 기효간(奇孝諫), 조희문(趙希文), 양자징(梁子澂)-에 의해 건립된 뒤로 1964년까지 무려 370여 년간 사당명 편액은 없었다. 1964년 이전 선비들은 필암서원에 사당 편액이 없는 것을 특별한 거라고 자랑하지 않았을 것이다. 하서는 1662년(현종3)에 필암서원에 사액되고 7년 뒤에 문정공이란 시호가 내렸다.

  동방오현 일두 정여창의 남계서원과 한훤당 김굉필의 도동서원에는 사당의 편액이 없다. 사당명 편액이 없는 것이 무슨 특별한 양상인 것처럼 자랑할 거리는 아니다. 필암서원은 1964년에 소장학자의 노력으로 과감히 사당명 편액이 게시된 뒤로 그것이 정상으로 인식되고 정상적인 면모가 되었으니, 남계서원과 도동서원도 과감히 사당명 편액을 게시할 필요가 있다.

남계서원은 소수서원 문성공묘를 본따 사당명을 시호에서 취하고자 했을 것이다. 서원 창건초에는 일두의 시호가 내리지 않았다. 남계서원 사액이 1566년(명종21)에 이뤄지고 일두에게 문헌공이란 시호가 1575년(선조8)에 윤허, 1577년(선조10)에 내려졌다. 창건자 개암 강익(1523~1567)이 별세하여 시호가 내린 뒤에는 문헌공묘라고 사당명 편액을 게시할 주체가 없었다.

후인들은 남계서원 사당을 지칭할 때 일반적으로 문헌공묘라고 하였다. 남계서원의 두 배향 인물 동계 정온도 배향될 때 남계의 문헌공묘에 승향하다라고 하였고, 개암 강익도 문헌공묘에 동계와 개암을 나란히 배향할 것을 신청하였다고 하였다. 문성공묘를 잇는 문헌공묘이니 사당명으로 적당하다.

문제를 인식한 사람이 주체가 되는 법이다. 지금이라도 남계서원에 문헌공묘라는 사당명 편액을 게시하여 서원의 정상적인 면모를 되찾아야 한다.

청절당 (淸節堂)

필암서원 강당인 청절당에는 여러 현판이 걸려있다. 시를 새겨 게시한 현판인 시판(詩板), 글을 새겨 게시한 문판(文板), 시문을 같이 새겨 게시한 시문판(詩文板), 공지사항을 새겨 게시한 공지판(公知板), 건물명을 새겨 게시한 편액(扁額) 등이 있다.

청절당에는 정면에 필암서원 편액, 강당 안쪽에 청절당 편액과 원중집강기, 강수재 강장기, 집사분정기의 공지판, 서원의 기본인 백록동학규를 비롯하여 사제문, 숙종신미 전교, 문묘종사교서, 문묘종사반교문, 고암선생추배시유림상언비답, 필암서원중수기(유사명단), 어제사제문 등의 문판이 걸려있다.

　백록동서원학규(白鹿洞書院學規) 현판에는 하서의 <독백록동규(讀白鹿洞規)>라는 오언고시가 부각되어 있으니 시문판이라고 하겠다.

　시판(詩板)만을 살펴본다. 청절당은 5칸으로 이루어졌다. 동서 양끝 2칸은 방으로 되어있고 가운데 3칸은 대청이다. 그 3칸을 청절당 3자로 명칭을 붙여 구별하고자 한다. 청절당 편액을 기준으로 동쪽 청간, 중간 절간, 서쪽 당간으로 획정한다.

　청간에
　송강(松江) 정철(鄭澈, 1536~1593)과 청음(淸陰) 김상헌(金尙憲, 1570~1652)의 시가 1판에 각자(刻字), 게시되어 있다.
　제봉(霽峰) 고경명(高敬命, 1533~1592)의 시판 1개 있다.
　반환당(盤桓堂) 홍천경(洪千璟, 1553~1632)의 시판은 권석주와 유서경의 시에 대한 차운시가 1판에 각자(刻字), 게시되어 있다.
　추담(秋潭) 김우급(金友伋, 1574~1643)의 시판은 유서경의 시에 대한 차운시와 서원 중영청의 제시(題詩)가 1판에 각자(刻字), 게시되어 있다.
　일재(一齋) 어윤중(魚允中, 1848~1896)의 시판 1개 있다.

총 5개 있다.

절간에
서경(西坰) 유근(柳根, 1549~1627),
석주(石洲) 권필(權韠, 1569~1612),
온재(韞齋) 김진옥(金鎭玉, 1659~1736)의 시판
총 3개 있다.

당간에
초천(苕泉) 김시찬(金時粲, 1700~1766),
병계(屛溪) 윤봉구(尹鳳九, 1683~1767),
삼연(三淵) 김창흡(金昌翕, 1653~1722)의 시판
총 3개 있다.

필암서원을 읊은 시가 수록된 것이 『필암서원지』의 <청절당제영>이다. <청절당제영>에 있는 중봉(重峯) 조헌(趙憲, 1544~1592)과 관찰사 민영철(閔泳喆)의 시를 새긴 시판은 청절당에 없다. 일재 어윤중의 시는 <청절당제영>에 수록되지 않았다. 반환당 홍천경의 시는 <청절당제영>과 시판에 있으나 『하서전집』에는 수록되지 않았다. 실수인지 당색 문제로 인한 고의누락인지는 미상이다.

아무튼 필암서원에는 모두 12인의 11개 시판이 청절당에 게시되어 있다. 하서의 시를 붙여 새긴, 부각한 시문판까지 포함하면 모두 13인의 12개 시판이 걸려있다. <청절당제영>에 있으나 청절당에 없는 시

판은 복구하여 다시 게시할 필요가 있다.

  함양 남계서원의 강당인 명성당에도 옛날에는 시판이 다수 걸려있었다. 지금은 하나도 없다. 체모에 어긋나는 것이다. 분실된 것이다. 어찌 아는가. 남계서원에서 퇴계의 시판 시에 차운하다, 모재의 시판 시에 차운하다, 개암의 시에 차운하다란 시가 있으니, 강당에 게시된 시판을 보고 차운하여 지은 것이다.

  함양향교를 읊은 모재 김안국의 칠언절구, 남계서원을 읊은 퇴계 이황의 칠언절구와 개암 강익의 칠언절구가 <일두집>에 실려 있는데 후인의 시는 이에 차운한 것이다. 퇴어당 김진상과 삼주 이정보의 칠언절구는 차운시이고, 화서 김학순의 오언율시는 별본이다. 이 시들도 <일두집>에 실려있다. <남계서원지> 제현시장(諸賢詩章)에도 실려있는데 정작 모재의 시는 누락되었으나 차운의 모본이다.

  남계서원에 방문한 선비들이 강당에 앉아 쳐다보면서 차운하여 짓는 견본이 되었던 명현, 명사들의 시판이 하나도 없다는 것은 서원의 품격에 손상이 가는 것이다. 이 시들의 시판을 다시 새기어 강당인 명성당에 걸어놓아야 원모를 복구하는 것이 될 것이다.

필암서원과 하서시조

1. 송강 시판

　1천 글자를 조합하여 하룻밤 사이에 지은 주흥사의 천자문이 대단하긴 하나 글자가 많다고 다 좋은 것은 아니다. 1자라도 귀하니 일자천금이요 1자 말씀이라도 스승 삼을 만하니 일자사이다. 마찬가지로 한 글자만 봐도 실상이 어떠한지 파악할 수 있으니 한 글자로 척도를 삼을 수 있다. 일자척도라고 하겠다.

　문묘18현 하서(河西), 일호 담재(湛齋) 김인후(金麟厚, 1510~1560)를 모신 장성 필암서원에 가면 강당인 청절당에 여러 시판이 걸려 있는데 하서의 제자 송강(松江) 정철(鄭澈, 1536~1593)의 <회하서(懷河西)>란 시와 병자호란 척화대신 청음(淸陰) 김상헌(金尙憲, 1570~1652)의 <오산잡영 하서선생> 시가 초서체(아마도 친필)로 한 판에 새겨져 게시되어 있다. 시제는 없고 저자 호만 친필로 써 있다. <하서집>과 <청음집>을 참조하면 두 문집에 실린 시는 글자 하나 틀리지 않게 맞다. 먼저 청음 시를 옮기고 우리말로 풀이한다.

湛翁風節是吾師 담옹의 기풍과 절의는 나의 스승
健筆淸詩更擅奇 굳센 필체 맑은 시는 더욱 신기해
莫恨當時俱未識 당시에 모두 몰라봐도 한하지 말라
後來還有子雲知 후세에 반드시 알아주는 이 있으리
淸陰

모 잡지에 실린 필자미상의 〈회하서(懷河西)〉 글을 보면 〈회하서〉를 탈초하여 풀어 옮긴 것이 있다.

"동방무출처 東方無出處 동방에는 그 출처가 없더니
지유담재옹 只有湛齋翁 오직 담재옹 한 분 있었네
연년칠월회 年年七月回 매년 7월 초하루가 돌아오면
통곡난산중 痛哭卵山中 온 산에 통곡소리 가득했네"

한시는 압운과 평측을 생명으로 한다. 위 시에서 翁과 中은 압운이다. 평성 동(東)자운이다. 운자가 있는 시구 끝 자에서 운자가 아닌 곳은 평성이 아니라 측성이 와야 한다. 處자와 回자는 측성이어야 한다. 그런데 回자는 측성이 아닌 평성이다. 그러니 잘못 탈초하여 옮긴 것이다. 원자는 일(日)자이다. 한시의 법칙을 아는 사람이라면 回자는 아니고, 다른 글자일 것이라고 짐작할 수 있다.

이 시를 지은 송강 정철의 문집 〈송강집〉에는 다음과 같이 글자가 3자가 틀리게 실려 있다.

<u>회하서</u>(懷河西)

동방무출처 東方無出處
독유담재옹 獨有湛齋翁
연년칠월일 年年七月日
통곡만산중 痛哭萬山中

<송강집>의 이 시를 그대로 베껴 새긴 <하서전집>에는 한 글자도 틀리지 않게 실었고 정철이라고 저자 표기가 더 있을 뿐이다. 獨자가 只자보다 뜻이 더 강하지만 의미는 같은 것이다. 월일이라고 한 것은 정확한 것이다. 압운 구절 사이 측성이 와야 할 자리에 정확히 日자가 놓인 것이다.

2. 난산비

만산(萬山)이라니 1만 산이라는 의미인가? 의미가 엄청 어긋난다. 만산이 고유명사 지명이라면 무관하지만 만산이란 지명은 찾을 수 없다. 많은 산이라는 뜻의 만산이라면 잘못된 것이다. 어찌 온갖 산에서 통곡할 수 있는가. 하서 혼자서? 하서가 모든 제자에게 명해 수많은 산에서 같이 통곡하자고 했다면 모르지만. 홀로 가서 통곡한 것이다. 위 인용문에서 난산을 온 산으로 풀이한 것도 만산(滿山)이란 의미니 난산의 존재를 모르고 한 말이다.

만산이란 오기는 <송강집>과 <하서전집>의 송강 시 인용에만 그치지 않고 조선왕조실록에도 반영되어 있다. 현종 9년(1668)에 김인후에게 이조판서를 추증한 기사에, '해마다 칠월이면 온 산중에 통곡소리[年年七月日 慟哭萬山中]'라는 시구를 인용한 것도 오류의 답습이다.

세자시절 인종의 스승이었던 하서는 인종이 승하하자 슬픔에 겨워 해마다 승하일인 7월 초하루에는 자기 집 남쪽 산에 들어가 통곡하였다. 자기 집 남쪽 산이라면 이름이 있을 것이다. 그것이 만산인가? 아니다, 난산(卵山)이다. 시판의 초서 시 원문 난산(卵山)이 정확한 것이다. 시판의 글씨가 송강의 친필이라면 난산(卵山)이 원문이고 <송강집>은 탈초를 잘못하여 잘못 새겨 실은 것이다. <하서전집>은 원문을 검토하지 않고 잘못을 답습하여 잘못 실은 것이다.

<하서선생전집부록>에 실린 <하서연보>에 보면 선생 37세(명종1년, 1546) 7월 인종의 기일에 술을 갖고 집 남쪽 난산(卵山)에 들어가 한 잔 마시고 한번 곡하고 종일 통곡하다가 저녁이 되어서야 돌아왔다고 하였다.

연보에는 난산이라고 정확히 서술하고, 제현시문에선 정철의 시를 필암서원 시판 원문을 검토하지 않고 만산이라고 전재하니 잘못의 인습이다.

하서가 산에 가서 통곡했다는 그 난산이 하서 산소, 신도비와 하서 유허비 위 집터 중간 남쪽 관동천의 난산교 지나 난산정 마을에 있다. 거기에 난산비가 있는데 정조 때 문신 학자 석재(碩齋) 윤행임(尹行恁, 1762~1801)이 비문을 지은 것이다. <석재고>에 실린 <난산비명(卵山碑銘)>에 보면,

"성자산의 서쪽 15리에 필암서원이 있고 사당 옆에 원당곡이 있어 하서선생의 산소가 있고 산소 남쪽에 알 모양의 산이 있어 난산이라고 한다. 인종 기일에는 북망하며 통곡하고 저녁에야 귀가하였다."

하였다. 전라남도 문화재자료 제241호 장성 김인후 난산비(長城金麟厚卵山碑)이다. 비석 측면에는 윤행임의 아들 침계(梣溪) 윤정현(尹

定鉉, 1793~1874)이 비석 세울 때 지은 추기(침계유고<난산비발>)가 새겨져 있다. 그의 문집에도 선친의 <난산비명>의 고사를 언급한 발문(침계유고<효릉휘신술회시발>)이 있다. 산꼭대기에는 하서가 통곡한 것을 표시한 통곡단(망곡단)이 석축되어 있다.

난산(卵山)은 오자가 나기 쉽다. 卵과 卯는 형체가 비슷하니 묘산(卯山)으로 오기할 수 있다. <연려실기술> 인종조의 명신 김인후 조에 매양 인종의 제삿날을 당하면 곧 집 남쪽 묘산(卯山) 속에 들어가 해가 질 때까지 통곡하다가 돌아와 의지할 곳이 없는 듯이 하였다고 하였다.

우암(尤庵) 송시열(宋時烈, 1607~1689)은 귀양지에 찾아온 제자와의 문답에서 묘산이 아니고 난산이 맞냐고 묻고, 광주 제자인 안촌(安村) 박광후(朴光後, 1637~1678)는 하서가 살던 집 남쪽 산이름이 난산이라고 확실히 대답하였다.

우암은 효종대왕의 기신이 하서의 칠월일과 같다고 하며 하서의 행위를 본받아 효종 기일에 홀로 심산유곡에 들어가 통곡하고 돌아왔다고 하였다.

하서의 인종에 충성, 우암의 효종에 대한 충성은 같은 애절한 절의 정신인 것이다. 우암은 신도비문에서 하서에 대해 도학, 절의, 문장의 삼조를 구비했다고 극찬하였다.

하서와 우암은 모두 사림의 인격완성인 삼조(도학, 절의, 문장)구비의 인물인 것이다. 우암은 존모의 염을 담아 하서를 위해 많은 문장을 지어주었고 필암서원 문루인 확연루의 편액을 써주었다. 아래 우암이 지은 이건 후의 글들은 필암서원 원장 동춘당의 부탁으로 지었을 것이다.

<하서집서>

<장성필암서원이건후봉안하서김선생문>

<필암서원춘추향축문>

<하서김선생신도비명병서> *전라남도 기념물 제219호 장성 김인후 신도비(長城金麟厚神道碑)

3. 신도비와 백화정

하서의 신도비는 문화재로 지정되었는데 옛것만 문화재일 것이다. 새것은 우암이 지은 옛글을 새기고 합천의 대학자 추연 권용현이 지은 추기를 새겨 1982년에 서쪽에 세웠다. 이왕이면 추연 글만 따로 하나 더 세웠다면 좋았을 것이다. 신구 신도비가 다 우암 원문 증이조판서로 표제되어 있는데 추기의 증영의정을 부각시켜 신신도비를 세움이 더 영광스럽지 않겠는가.

우암이 지은 신도비문에는 천우아동(天祐我東)이라는, 필암서원 사당의 명칭인 우동사(祐東祠)의 유래 문자 및 청풍대절(淸風大節)이라는, 강당의 명칭인 청절당(淸節堂)의 유래 문자가 실려 있다. 현재 청절당의 편액은 필암서원의 원장으로서 현재의 자리에 이건을 주관한 동춘당 송준길이 쓴 것이다. 우암이 신도비문을 지을 때는 동춘당은 생존하지 않았으니 그렇다면 우암이 동춘당의 용어를 부연한 것이다.

백화정(百花亭)은 하서 생가의 사랑채이다. 송강이 소싯적에 스승 하서를 찾아 백화정에서 문안인사를 올리고 같이 산보하는데 바라보니 신선 같았다고 흠모의 정을 토로한 유적이다. 생가는 터만 있고 백화정은 현존한다. 백화정 아래 길가에 유허비가 있고, 유허비에서 동쪽으로 필암서원 가는 길, 붓다리교 건너기 전에 필암이란 글씨가 새겨진 작은 바위가 길가 기슭에 서있는데 우암의 재전제자 병계 윤봉구의 글씨라고 한다. 필암의 정기가 하서 같은 위대한 도학군자를 배출하여 세계문화유산 필암서원에서 영원히 숭앙되며 흠향하게 하는 것인가?

4. 훈몽재와 대학암

송강은 장성고을 하서 김인후의 제자이다. 순창의 점암촌에 가면 하서가 은거 강학한 훈몽재가 복원되어 있는 데 여기서 어린 송강이 공부하며 <대학>을 수학하였고 송강의 친필 석각 대학암(大學巖)이란 바위도 남아 있다.

훈몽재는 하서의 현손 자연당 김시서가 복원하여 거주하고 또 세월이 오래되어 폐허되었다. 그 자리에 사당을 세워 김인후와 그 제자 송강 정철, 그 후손 자연당 김시서를 제향하였다. 나중에 송강 친구로 하서를 존모한 율곡 이이도 배향하였다. 사당 앞에 강당으로 훈몽재를 복원하여 서원의 규모를 갖추고 어암서원이라고 하였다. 고종 때 서원 훼철령으로 철거되고 유허비가 있다.

훈몽재는 서당으로 존속하여 호남의 거유 간재 전우가 64세(1904, 갑진년) 때 거기에서 강회를 열기도 하였고 그해에 훈몽재강안서(訓蒙齋講案序)를 지어주기도 하였다. 훈몽재는 육이오 때 불탔고 2009년에 순창군이 복원하여 한학과 예절 교육기관으로 삼고 고당 김충호를 산장으로 초빙하여 가르치게 하였다.

5. 바른 출처

송강은 하서만이 아니라 광주고을 고봉 기대승의 제자이기도 하고 또 나주고을 송천 양응정의 문인이기도 하다. 송강은 호남의 도학 명현 또는 문장 명현에게 학문을 전수받아 맑고 곧은 기상을 형성하였다.

송강은 하서의 바른 출처를 높이 존모하여 찬양하였다. 하서의 출처는 송강만이 아니라 율곡 이이 같은 성현도 이구동성으로 찬양한 것이다.

출처란 벼슬하거나(出) 그만두거나(處)의 명분을 잘 지킨 것을 가리킨다. 하서는 중종과 인종 때 벼슬하고 명종 때 그만두고 은거한 것이 출처의 바른 태도로 후세의 칭송을 받은 것이다.

송강은 하서만이 동방의 바른 출처라고 단언했는데 어찌 하서만이 있으랴. 함양 남계서원의 주인공 일두 정여창 선생도 연산군의 스승으로서 지인지감으로 성종 말년에 외직을 청하여 지방으로 물러간 것은 이은(吏隱)의 처세라고 하겠다. 연산군 같은 폭군이 아니라면 굳이 잡아다가 죽일 일은 없는 것이다. 시대를 잘못 만나 같은 출처에 결과가 다른 것이다.

송강은 하서의 실상을 정확하게 시로 묘사하였다. 송강의 한시 시판 친필 한 글자(卵)가 모든 문헌의 오자(萬)를 바로잡아 주니 금석문만 소중한 것이 아니라 목판도 소중한 자료이다. 예술품 못지않게 역사기록으로서도 귀중한 유물이다.

회하서(懷河西)

동방무출처 東方無出處 동방에는 바른 출처 없는데
지유담재옹 只有湛齋翁 다만 하서선생만이 있네
연년칠월일 年年七月日 해마다 7월 초하루에는
통곡난산중 痛哭卵山中 난산에 들어가 통곡하였네

6. 필암서원 연혁

하서 김인후와 그 제자 겸 사위 고암 양자징을 모신 세계문화유산 장성 필암서원의 연혁을 간추린다. 필암서원은 기산(岐山,장성읍기산리), 증산(甑山,황룡면필암리증산동), 추산(秋山,필암리필암서원로)의 세 시대로 나뉜다.

*기산(岐山) 시대(1590,선조23~1597,선조30)
하서의 제자 호암(壺巖) 변성온(卞成溫,1540~1614)이 주도하여, 금강(錦江) 기효간(奇孝諫,1530~1593), 망암(望菴) 변이중(邊以中,1546~1611), 사암(思巖) 서태수(徐台壽,1520~1590이후?) 등이 창건하였다.

김우급의 기록에 의하면 오음(梧陰) 윤두수(尹斗壽,1533~1601)가 발의하였다고 하였으니, 윤두수가 전라도 관찰사로 부임한 1587년(선조20)에 하서를 위한 서원 건립 논의를 제기한 것으로 보인다. 그것이 무르익어 1590년에 하서의 제자들에 의해 결실을 본 것이다.

송강 정철이 서원 건립후에 참배하였다. 송강은 신묘사화(1591,선조24)로 강계에 귀양갔고 전란중에 서거했기에 다시는 서원 참배를 못했을 것이다. 송강의 <회하서> 시도 필암서원 참배할 때 지은 것이 아닌가 추정한다.

사암(思巖) 서태수(徐台壽,1520~1590이후?) 河西先生全集附錄卷之二 / 筆巖書院春秋釋菜祝文

정유재란 필암서원 소실

*증산(甑山) 시대(1624,인조2~1672) 사액
추담(秋潭) 김우급(金友伋,1574~1643)
秋潭先生文集卷之八 / 上樑文 一 / 筆巖書院(祠宇)上樑文
秋潭先生文集卷之七 / 詩○七言四律 / 筆院重修後

효종실록 효종 10년 기해(1659) 윤 3월 28일(무자) 필암서원 등 8개 서원에 사액이 윤허되다.

"命賜金長生、金集同享書院額號曰遯巖。 李珥、李穡、金淨、宋麟壽同享書院額號曰莘巷。 金麟厚書院額號曰筆巖。 宋麟壽、鄭□同享書院額號曰魯峯。 李滉、鄭逑同享書院額號曰硏經。 李珥書院額號曰松潭。 盧禛祠宇額號曰溏洲。 李恒福書院額號曰花山。"

현종 3년(1662)에 사액이 내려지다. <필암서원> 어사 편액을 게시하다.

河西先生全集卷首 / 賜祭文 顯廟壬寅(현종3,1662)。筆巖書院宣額時。○知製敎申泂製 "維歲次壬寅二月乙巳朔十六日庚申。國王遣臣禮曹正郎尹衡啓。諭祭于先正臣金麟厚之靈。"

*추산(秋山) 시대(1672,현종13~현대) 양자징배향, 세계문화유산
동춘당(同春堂) 송준길(宋浚吉,1606~1672) 同春堂先生文集卷之

十六 / 祝文 / 長城筆巖書院移建告由文 院享河西金先生

院宇地勢不便。久議移建而未果。今歲夏雨。大被損壞。詢謀僉同。因欲移刱於秋山之下重登之村。敢告事由。

同春堂先生文集卷之十三 / 書 / 與金久之(金壽恒字) 辛亥(1671,현종12) "今夏。其院宇諸室。皆爲雨壞。將擬因此而移刱於去舊院數馬場秋山之下淸溪之上竹林之中。工已始矣。"

우암(尤庵) 송시열(宋時烈,1607~1689) 宋子大全卷一百五十一 / 祝文 / 長城筆巖書院移建後奉安河西金先生文, 宋子大全拾遺卷之八 / 祝文 / 筆巖書院春秋享祝文

송암(松巖) 기정익(奇挺翼,1627~1690,우암문인) 松巖先生文集卷五 / 筆巖書院祠宇上樑文

정조실록 정조 10년 병오(1786) 2월 26일(경자) 호남의 선비들이 양자징을 필암서원(筆巖書院)에 배향할 것을 청하여 윤허받다.

일성록 정조 20년 병진(1796) 10월 18일(경인) 오는 11월 6일에 문정공(文正公) 김인후(金麟厚)의 집에 치제(致祭)하고 이어 문묘종사 교서(教書)를 내리며 필암서원(筆巖書院)의 위판(位版)도 고친 시호 문정(文正)으로 바꿔 쓰라고 명하다.

수종재(守宗齋) 송달수(宋達洙,1808~1858,우암8대손) 守宗齋集卷之十 / 祝文 / 筆巖書院. 皷巖梁公春秋享祝文.

2019년 <한국의서원> 9개서원(소수,남계,옥산,도산,필암,도동,병산,무성,돈암) 세계문화유산 등재

7. 신동방도통

〈동방도통9현〉 / 김윤숭

**세상에 청출어람 스승보다 제자 낫지
스승만한 제자 없다 똑같이 뛰어나다
훤두가 점필재보다 뛰어나다 하려나**

**동방의 이학 비조 포은 이은 야은이지
강호와 점필재는 야은 이은 부자 도학
삼현이 빠진 문묘라 끊긴 도통 방치하네**

**사계와 신독재도 부자지간 문묘 모셔
밑동 없는 나무가 존재할 수 있는가
9현은 도통의 근본 문묘배향 완성이다**

성균관 문묘에 배향된 동국18현에서 포은 정몽주 다음은 한훤당 김굉필과 일두 정여창이다. 정암 조광조, 회재 이언적, 퇴계 이황을 포함하여 동방오현으로 동방도통이 계승되고 퇴계 연원으로 율곡 이이와 우계 성혼으로 전승된다. 포은에서 건너뛰어 한훤당으로 직결되는 것이 아닌 포은의 제자 야은 길재, 강호 김숙자, 점필재 김종직, 한훤당과 일두로 계승되는 빈 도통을 채워넣어야, 그러는 문묘종사가 성사되어야 동방도통이 완성되는 것이다.

그리하면 포은에서 야은, 강호, 점필재, 일두, 한훤당, 정암, 회재, 퇴계, 율곡, 우계, 중봉, 사계, 신독재, 우암, 동춘당, 문묘 막내 우암 문인 남계 박세채까지 동방도통이 만세일계로 이어진다. 그런데 정조 때 문묘종사된 하서 김인후는 만세일계에서 예외다. 퇴계와는 친구이긴 하지만 사승에선 고독한 존재이다.

하서는 한훤당의 제자인 모재 김안국의 제자이다. 모재가 전라도관찰사일 때 소학을 배운 것이다. 동시에 한훤당의 제자인 신재 최산두의 제자이기도 하다. 오롯이 한훤당의 적전의 재전제자이다. 어려서 또 다른 기묘명현 복재 기준의 가르침을 듣기도 하고 임금님 붓을 선물받아 의관을 전수했고, 삼인대(三印臺)의 명현 눌재 박상에게도 가르침을 받기도 하였다. 하서는 모재, 신재, 복재, 눌재의 기묘명현의 도학 전수 문인으로 우뚝한 것이다.

하서는 퇴계의 고족인 고봉(高峯) 기대승(奇大升, 1527~1572)의 스승이기도 하니 도학으론 고봉, 문학으론 송강(松江) 정철(鄭澈, 1536~1593), 충절로는 건재(健齋) 김천일(金千鎰, 1537~1593)과 제봉(霽峯) 고경명(高敬命, 1533~1592), 단전(單傳)제자론 금강(錦江) 기효간(奇孝諫, 1530~1593)→도암(韜庵) 오희길(吳希吉, 1556~1623), 혼맥제자론 고암(鼓巖) 양자징(梁子澂, 1523~1594), 월계(月溪) 조희문(趙希文, 1527~1578), 지역문인으론 사암(思巖) 서태수(徐台壽, 1520~?), 영응(永膺) 이지남(李至男, 1529~1577), 고반(考槃) 남언기(南彦紀, 1534~?), 호암(壺巖) 변성온(卞成溫, 1540~1614), 망암(望菴) 변이중(邊以中, 1546~1611)→추담(秋潭) 김우급(金友伋, 1574~1643) 등으로 학통이 계승된다고 하겠다.

하서의 스승 모재와 하서의 제자 고봉의 제2의 문묘, 문묘종사가 성사되면 한훤당, 모재, 하서, 고봉으로 이어지는 동방도통의 호남학맥이 계승된다. 기존의 동방도통의 영남, 기호학맥과 함께 동방도통이 쌍벽으로 전승됨이 구현되는 것이다. 동쪽에 퇴계, 서쪽에 하서가 양립하여 동방도학이 대대로 쌍벽으로 전승되는 정통 - 신동방도통을 확립하게 되는 것이다. 포은, 야은, 강호, 점필재, 일두, 한훤당, 모재, 하서, 고봉의 신동방도통9현이 정립되는 것이다.

8. 하서 시조

하서는 퇴계, 남명, 율곡, 송강처럼 국문학 시조에도 조예가 깊고 3수나 창작하였으니, 그 가르침은 어려서 배운 면앙정(俛仰亭) 송순(宋純, 1493~1582)에게서 전수받아 송강 정철에게 전수해준 것이 아닌가 한다.

하서는 퇴계나 율곡 등 도학자들과 궤를 같이하여 시조를 사랑하고 지었다. 인종 승하후 을사사화와 정미사화로 많은 선비가 희생된 것을 안타까워하며 특히 친구 금호 임형수를 애도하는 시조를 지어 술회하였다. 서원이 왜 한문만 중시하는가. 하서의 국문학정신을 강조할 필요도 있다. 필암서원 경내에 하서의 시조비를 세우거나 시조 현판을 새겨 게시하는 것도 의미 있을 것이다.

〈도임사수원사가(悼林士遂寃死歌)〉 / 김인후(金麟厚)

엊그제 버힌 솔이 낙락장송(落落長松) 아니런가.
적은 덧 두던들 동량재(棟梁材) 되리더니,
어즈버 명당(明堂)이 기울면 어느 남기 바치랴.

〈自然歌〉 / 金麟厚

靑山自然自然 綠水自然自然

山自然水自然 山水間我亦自然
已矣哉 自然生來人 將自然自然老

청산도 절로절로 록슈도 절로절로
산 절로 슈 절로 산슈간에 나도 절로
이 듕에 절로 자란 몸이, 늙기도 절로절로 하리라.

〈백구가(白鷗歌)〉 / 김인후(金麟厚)

노화(蘆花) 깊은 곳에 낙하(落霞)를 비끼 띄고
삼삼오오(三三五五)히 섞여 노는 져 백구(白鷗)ㅣ야.
무엇을 잠착(潛着)하였관대 나 온 줄을 모르나니.

<자연가>는 우암 송시열이 작자로 표기된 곳도 있으나 한역시가로 볼 때 김인후 작가설이 더 타당하다. 다만 한역가는 산수운(山水雲) 삼연(三然)의 뜻을 취해 지은 것이라는 것인데 여기선 인(人)인 것이 다르다. 훈몽재 입구의 정자 이름이 여기서 취했으나 산수인(山水人)으로 삼연정이라고 하였다. <백구가>는 <청구영언(靑丘永言)>의 편찬자 조선가객 남파(南坡) 김천택(金天澤)의 작품으로 표기한 곳도 있다. 하서시조는 정미사화의 희생 친구를 애도하는 것 1수와 벼슬에서 물러나 산수간에 은거하는 은자의 낙을 읊은 것 2수가 전하고 있다.

북학파와 북벌론 녹봉서원

조선시대 학맥은 스승의 선택과 선택의 여지없는 전승으로 이어졌다. 충청도 노론과 소론 시대 경상도와 전라도는 변방이었으므로 중앙은 충청도, 나머지는 지방이었다. 경북의 퇴계학맥도 마찬가지로 경북이 중앙 스승이고 나머지는 지방 스승이다. 함양에서도 지방 스승에게 배우고 충청도로 경북으로 중앙 스승을 찾아 유학하여 학맥을 계승하였다.

황고(黃皐) 신수이(愼守彝,1688~1768)가 지방 스승 유탄도에게 배우고 50세의 늦은 나이로 중앙 스승 도암(陶庵) 이재(李縡,1680~1746, 문헌공실기개편중간)에게 집지한 것은 학맥의 계승이었다. 녹봉 유언일도 황고의 수제자이면서도 굳이 중앙 스승 역천(櫟泉) 송명흠(宋明欽,1705~1768,월성초당중건)에게 배운 것도 같은 이유라고 하겠다.

녹봉(鹿峯) 유언일(劉彦一,1725-1797)은 함양 심진동 출신의 대학자이다. 함양군 안의면 하비에 녹봉서당을 세우고 많은 학생들을 가르쳤다. 진사, 문과, 교서관 정자 유덕개(劉德蓋,1537~?)의 5세손이고, 난곡(蘭谷) 우석일(禹錫一,1612~1666)의 손서이다. 우석일의 셋째 아들이 자연당(自然堂) 우공(禹灡,1660,현종1~?)이고 우공의 사위가 유언일이다. 우공의 아들 사유헌(四有軒) 우홍점(禹洪漸,1686,숙종 12~1763)과 처남매부지간이 유언일이다. 우홍점의 아들이며 유언일의 처조카가 신천(新泉) 우사흠(禹師欽,1702,숙종28~?)인데 나이차가 23세나 연상이다.

유언일의 아들은 유호(劉瑚,1749,영조25~?)와 유련(劉璉)이고 유련은 뒤에 유언인(劉彦仁)에게 양자갔다. 사위는 평촌(坪村) 박지순(朴之淳,1749~1810)인데 지족당(知足堂) 박명부(朴明榑,1571~1639)의 6세손이다.

황고는 성팽년의 후손, 녹봉 제자 성여채 등이 녹봉을 위하여 서당을 지어주자 기문을 지어주며 격려하였다. 녹봉서당은 안의삼동 유람객들의 숙소로도 활용되었다. 1795년(정조19) 9월 당시 남원 땅 현재 장수군 선비 명은(明隱) 김수민(金壽民 1734-1811 자字 제옹濟翁, 본관 부안)이 안의삼동을 유람하였다.

김수민의 여정을 더 살펴보면 우정전가(禹廷全家)에서 삼박, 당시 현감 연암(燕巖) 박지원(朴趾源 1737~1805, 1792~1796재임)이 지은 연상각(煙湘閣), 하풍죽로당(荷風竹露堂) 등을 보고 풍자시를 짓고 안의향교를 지나 지대촌(止垈邨 안의현 지대면知代面, 안의면 신안리)에서 사박, 23일에 녹봉서당(鹿峯書堂 안의면 하원리 하비마을)으로 녹봉(鹿峯) 유언일(劉彦一 1725~1797, 황고 신수이 문인)을 방문하고, 심진동에 들어가 장수사(長水寺)에서 오박, 24일에 용추폭포(龍湫瀑布)를 보고 용추암(龍湫庵)에서 서산(西山), 송운(松雲), 무학(無學), 문곡(文谷)의 영정을 친견하고, 도솔암(兜率庵)에 올랐다가 녹봉서당에서 육박, 25일에 위천면 상천리(上川里)에서 칠박, 26일에 면우곡(眠牛谷 위천면 강천리 면동)에서 팔박, 27일에 수승대(搜勝臺)를 거쳐 갈천동(葛川洞)에서 구박, 28일에 남령(藍嶺)을 넘어 영각사(靈覺寺)에서 십박, 29일에 화엄판전(華嚴板殿)을 보고 육십령(六十嶺)을 넘어 귀가하였다.

김수민이 10년 연하사로서 사칠이기론에 대해 녹봉에게 질의하며, 퇴계와 율곡이 각기 입론이 있는데 어느 것을 따르냐고 물으니 녹봉은 기호학파답게 율곡의 논의를 위주하라고 답하였다.

녹봉의 일관된 사상은 북벌사상이다. 북학파 실학자 수령 안의현감 연암 박지원과 교유하였지만 우암학파답게 10세에서 73세까지 초지일관 북벌을 주장한 것은 실학만능의 시대에 이채로운 일이다. 북벌론을 반청숭명(反淸崇明)이라는 전통적 화이관, 주자학적 의리관, 명분론에 입각한 것이라고 비판하고 그와 대립되는 사상을 북학파라고 호평해온 것이 사실이다.

북학파의 종장 연암 박지원이 안의현감으로 재임하였고, 그보다 앞서 북학파의 학자 아정 이덕무가 사근도찰방에 재임하여 함양 지역이 북학파의 경륜 실천 무대였다. 그때 토박이로서 북벌론의 기치를 높이 든 학자가 있었으니 심진동의 대학자 녹봉 유언일이었다. 청나라가 쇠퇴기에 접어든 시기에 북학이 아닌 북벌을 추진하여 100년을 준비했다면 청일전쟁에서 승리한 일본보다 먼저 청나라를 점령했을 것이다.

북벌의 역사(압록강두만강돌파)

묘청의 북벌론(1135)
공민왕의 북벌(1370,요동성점령)
최영의 북벌(1388,위화도회군)

정도전의 북벌(1398,피살종료)
효종의 북벌(1659,서거종료)
유언일의 북벌론(1796)
맥아더의 북벌론(1951)

　황고는 녹봉에게 마음 심을 강조한 심자통운의 절구<贈劉子精 彦 一○二首>를 2수나 지어주며 격려하였다. 녹봉도 차운시 <次黃皐愼先生韻二首>를 지어 화답하였다. 황고는 황석산성 유적인 황암사의 주관인 이성혁의 요청으로 사당의 중수기<황암사우중수기>를 짓고 상량문<황암사우중수상량문>과 춘추 향제 개축문(改祝文)<황암사우춘추향개축문>을 지었다. 황암서원에는 수령이 아닌 순국자를 위하여 별묘를 세워 제향하였다. 그 별묘를 중수할 때 기적문(記蹟文)<황암별묘중수상량시기적문>과 개축문<황암별묘춘추향개축문>을 짓기도 하였다. 황고의 제자 녹봉은 강당의 중수 상량문<황암서원강당중수상량문>을 지었다.
　역천이 지리산 유람할 때 쫓아간 녹봉에게 불교문자를 섞어 장난삼아 지어준 시<劉子精 彦一 追至智異山後 爲誦其送友詩求和 戲作禪語以答之>가 남아있다.
　녹봉은 당시 안의현감 연암 박지원과 동시대에 살았다. 어진 사람과 문헌을 찾아다닌 연암의 특성으로 보아 녹봉을 방문하고 예를 표했을 것으로 보이나 아직 관련 사항은 미상이다.
　연암이 현감으로 부임하고 용추폭포에서 기우제를 지낼 때 노학자 유처일(劉處一)이 축관으로 참여한 적이 있는데 그가 입은 학창의를 연암이 입고 있다가 되놈옷 입었다고 누명을 쓴 일이 있었다. 언(彦)과

처(處)는 글자가 유사하니 유언일의 오자일 가능성이 높으나 증명할 문헌이 없다.

<녹봉선생유사실록>에서 용추폭포 기우제에 참석했다는 기록은 없으나 녹봉이 안의현감 조광규와 박지원에게 원로 대우를 받고 숨김없이 충고를 해주어 유모같은 선비를 본 적이 없다고 감탄할 정도였으니, 유처일은 오자고 유언일이라고 봄이 합당하다. 연암이 존숭한 원로 학자가 유언일이고 그 옷 학창의를 본따 지어 입었다가 비난을 듣게 만든 사건의 배경 인물이다. 은밀히 비난한 사람은 박지원이 절교를 선언한 함양군수 윤광석이었다고 한다.

녹봉서당은 한때 녹봉서원으로 불리기도 하였다. 녹봉 생전에 지은 녹봉서당에 사후 제자들이 사당을 지어 추모했으니, 서원의 규모는 갖춘 것이다. 1843년(헌종9) 감모재(感慕齋) 노광두(盧光斗 1772~1859)가 녹봉서원(鹿峯書院) 상량문을 지었다. 노광두는 함양 출신으로 옥계(玉溪) 노진(盧禛)의 아우의 후손으로 황고 손자 황강(黃岡) 신성진(愼性眞 1752~?)의 문인이고 이계(尼溪) 박내오(朴來吾 1713~1785))의 외손이다. 문과 급제하고 호조 참판까지 지냈다.

산청 선비 병와(病窩) 송심명(宋心明 1788~1850)이 1847년(헌종 13) 4월 함양의 정동응(鄭東膺) 및 안의 성북의 박정기(朴禎箕) 등과 함께 산천 유람을 떠났다. 수망령(水望嶺)을 넘어 함양의 은신암(隱身庵), 장수사(長水寺), 용추폭포, 풍류암(風流巖), 녹봉서원(鹿峯書院), 월연암(月淵巖), 대고대(大高臺)를 거쳐 산청을 지나 귀가하였다. 송심명은 남명의 연원으로 존양재(存養齋) 송정렴(宋挺濂)의 6대손이며 삼가의 유전(柳田)에서 정조 12년에 태어나 철종 1년에 별세하였다. 감모재 노광두와 이종(姨從)으로 친하였다. 성리학과 서법에 뛰어나고 산수 유람을 좋아하였다.

진주목 종화리 현 하동군 옥종면 종화리 출신 선비 월촌(月村) 하달홍(河達弘,1809~1877)이 안의삼동을 유람하고 심진동기를 지었는데 심진 기행 때 심진동 첫 방문지가 녹봉서원이었다. 심원정, 용추폭포, 은신암을 탐방하였고, 수승대의 갈천 임훈, 모리의 동계 정온, 월성의 동춘당 송준길의 역사유적이 유명한데 용추폭포는 명현이 없어 지역이 불우하다고 탄식하였다. 남계서원 초대 별유사(1847~1849)는 정동휴(鄭東休)인데 하달홍과 같이 전국유람을 다녔다.

명현이 없는 게 아니라 홍보가 덜 되어 알려지지 않은 것이니, 용추폭포 지역의 불찰이다. 안음현감 동방오현 일두 정여창이 폭포 위에 물고기를 방류하여 일두어라 불리고 번식이 잘되어 장수사 유학생 옥계 노진이 다 잡아먹을 뻔하였다고 뒷날 장수사를 유람하며 회고하였다. 연암 박지원도 안의현감으로서 용추폭포에서 기우제를 지냈으니 어찌 명현이 없다고 할 것인가. 잘 몰랐을 뿐이건만.

지금 그 터엔 축사 폐수에 찌들은 순조 19년(1819)에 세운 녹봉서당 비만 서있는데 녹봉 아들 유호의 청탁, 녹봉 문인 신성항(황고의손자)의 글, 유방의 전액, 우하성의 글씨로 남아 있다. 북벌론의 큰 기상과 기개가 서려 있던 녹봉서원이 빈터조차 지키지 못하고 축산폐수에 황폐화된 채로 방치되고 있으니 북벌의 의지조차 황폐화된 것 같아 씁쓸하다.

녹봉의 문집과 자료들이 간행되지 못하고 필사본 초고 상태로 서울대학교 규장각에 보존되어 있다.

한 집안이나 한 고을의 문풍, 학풍, 사풍은 당사자의 문집을 간행하여 보급하고 서원을 세워 향사하는 것으로 대표성을 갖는다. 일두 정여창 선생의 <문헌공실기>가 <일두문집>으로 간행된 것은 크게 유의미한 일이다. 한국고전번역원에서 원문정보 제공하는 한국문집총간에 <일두문집>이 수록되어 보급됨으로써 일두연구에 큰 공헌을 하고 있기 때문이다.

 일두 주향의 세계문화유산에 등재된 남계서원에는 선비가 세운 최초의 서원에 조선인물 최초로 향사되는 광영이 빛난다. 안의 선비들이 선정과 학덕을 기려 세운 용문서원은 갈천 임훈이 짓고 세운 문헌공정선생사당비만이 외로이 서있는데 서원을 복원하여 안의 유교문화의 전통을 회복하는 일이 시급하다. 갈천이 남계서원을 위해 지은 한국 최초의 서원 권선문도 선양할 필요가 있다.

 안의삼동의 유교학자 9현 곧 안의구현을 손꼽았는데 원학동에서 갈천 임훈, 첨모당 임운, 석곡 성팽년, 동계 정온, 황고 신수이 등이고 심진동에서 녹봉 유언일, 화림동에서 지족당 박명부, 속천 우여무, 난곡 우석일 등이다. 안의 지역의 대표서원 용문서원에는 일두 주향에 갈천 임훈, 첨모당 임운, 동계 정온이 배향되었고, 용문서원장을 지낸 지족당 박명부나 유공한 속천 우여무는 배향이 추진되지 않았다.

 동계는 일두 사대 사액서원인 함양의 남계서원, 안음의 용문서원, 거창의 도산서원, 종성의 종산서원에 모두 배향되었다. 명망이 높은 인물임을 방증하는 것이다. 가까운 고을 합천의 이연서원에 배향되지 않은 것은 석연치 않다.

 일두 삼전제자 석곡 성팽년과 요수 신권이 병향된 구연서원에는 황고 신수이가 배향되었고, 난곡 우석일은 배향이 추진되다가 무산되었는데 지금이라도 재추진하여 성사시킬 필요가 있다. 일두 삼전제자 대소헌 조종도가 존재 곽준과 병향된 황암서원에는 진주성에서 순국한

의병장도 배향되어 있으니 황석산성에서 순국한 일두 손자 정언남과 효자로 순절한 일두 증손 정대민을 황암사에 배향할 필요가 있다. 황암사에 강당과 동서재를 건립하여 황암서원으로 복원할 일이 유교 서원 부흥을 위하여 필요하다.

안의지역의 서세동점 서인노론의 서원 성천서원은 한때 안의에 은거하였던 동춘당 송준길이 주향이고 경상도관찰사 이숙이 배향이다. 1811년 동춘당 후손 역천 송명흠을 추배하였다. 도암 이재와 황고 신수이도 배향이 추진되다가 서원금령에 걸려 무산되었다. 성천서원이 안의면 향교 옆 옛터에 복원된다면 황고와 역천의 문인, 성천서원에서 강론한 녹봉 유언일도 배향될 자격이 충분하다.

일두 정여창-신고당 노우명-옥계 노진-석곡 성팽년-동계 정온 및 지족당 박명부, 옥계 노진-대소헌 조종도로 학맥이 이어졌다. 일두 사전제자 지족당 박명부는 일두 재전제자 옥계 노진의 신계서원(사액 당주서원)을 중건하고 필요한 사항을 해결한 공신이고 녹봉 유언일은 황암서원에 공헌하였으니 배향될 요건은 갖춘 셈이다.

갈천은 일두를 위하여 한국최초의 서원권선문을 지었고 문헌공사당비문을 짓는 등 일두를 존모하고 행동했으니 일두의 사숙제자라고 할 만하다. 일두의 사숙제자 갈천의 제자에 석곡이 있고 석곡의 제자에 동계와 지족당이 있다. 그 동계의 제자에 부자지간인 속천과 난곡이 있다. 영정조 때 황고와 그 제자 녹봉이 있어 안의학풍을 이끌었다.

한국고전번역원의 한국문집총간에 수록된 문집은 연구에 편리하다. 본고의 9현에서 임훈의 갈천집, 임운의 첨모당집, 정온의 동계집, 신수이의 황고집만 문집총간에 수록되었고, 성팽년의 석곡집, 박명부의 지족당집, 우여무의 속천집, 우석일의 난곡유고, 유언일의 녹봉집은 제외되었는데 수록되도록 노력할 필요가 있다.

심진동의 대학자 녹봉 유언일의 문집 자료가 규장각에 필사본 초고 상태로 보존되어 있는 것도 영인, 번역의 보급, 연구 활성화가 시급하다. 녹봉서원상량문을 지은 함양 선비 노광두의 <감모재집>이나 그 족제 노광리의 <물재집>, 화림동의 대학자 전병순의 <부계집> 등등 함양 선비들의 문집이 한국고전번역원의 한국문집총간에 소외된 것이 많이 있는데 다수 수록되어 연구에 편리하게 이바지되도록 함양군 차원에서 수록 촉구에 노력을 경주할 필요가 있다.

이번에 학자원 출판사에서 녹봉선생전집으로 영인본 출판을 할 수 있게 되어 기쁘게 생각하며 이 책은 규장각에 소장되어 있는 유언일의 녹복선생문집, 녹봉선생유사실록(녹봉서재기는 유사실록 상하권의 하권에 해당한다)을 모아 전집으로 출판하는 것으로 안의학 내지 함양학, 함양노론학맥, 황고녹봉학의 연구에 기여함이 있길 바란다.

2025년은 녹봉이 탄생한 지 300주년이 되는 해이다. 탄신 300주년을 축하하는 기념사업으로 이 번 녹봉집 영인을 추진한 것이다. 이 책을 바탕으로 활발한 연구가 이루어져 심진동의 대학자, 안의의 참 선비 녹봉 유언일의 진가와 북벌사상이 발휘되기를 소망한다. 북벌사상은 지금은 간도회복 및 고구려발해영토수복의 다물정신으로 등치, 계승하여 성공시켜야 한다.

국가기록도 검증하라

　한국은 1997년 훈민정음, 조선왕조실록부터 2017년 조선왕실 어보와 어책, 국채보상운동 기록물, 조선통신사기록물까지 세계기록유산 16종을 보유하고 있다. 기록은 남겨야 사료도 되고 문화재도 되고 세계기록유산도 되는 것이다. 천재지변으로 손실되는 거야 어쩔 수 없지만 인위적으로 파괴하지는 말아야 한다.
　그런데 작금의 상태는 매우 우려스럽다. 원전 서류 폐기로 인해 산자부 공무원이 기소되는 사건이 있었다. 정권에 불리하다고 책임회피를 위해 다 불태워버리면 어찌 후세에 세계기록유산이 나올 수 있겠는가.
　조선왕조실록처럼 국가기록은 밀봉하는 법을 만들어야 한다. 전정권의 비리를 캐기 위해 기어이 열람하게 하거나 처분이 두려워 아예 다 소각처리하여 남기지 않게 하는 일을 원천 방지하려면 밀봉하고 백년뒤의 역사판단에 맡겨야 한다. 조급증을 방지해야 한다.
　역사와 고전을 연구하려면 국가기록에 의존한다. 많은 국가기관이 기록을 저장하여 공개하고 있다. 편리하고 고맙게 이용하면서도 거짓과 오류가 난무하여 민망할 때가 많다. 틀린 것을 틀렸다고 지적하여 시정조치를 바라고 싶어도 번잡하다고 아예 민원창구를 봉쇄한 곳도 있다.

자기들의 오류를 인정하고 즉시즉시 시정조치하는 국가기관으로는 한국고전번역원이 가장 우수하다. 오류신고란에 하루에도 수십건씩 오류가 지적되면 담당자가 검토하여 반영한다. 잘못 오류를 지적하는 경우도 있으므로 부결의 사유를 설명하기도 한다.

국사편찬위원회, 한국학중앙연구원, 한국고전번역원, 서울대학교 규장각한국학연구원, 한국국학진흥원(국가기관아니나동일시함), 문화재청, 국립중앙도서관, 국립중앙박물관, 국가보훈처, 국가기록원 등이 역사적으로 중요한 국가기록기관이다. 이들이 정리하여 국민에게 제공하는 기록은 모두 국가기록이다. 그만큼 엄중하고 정확하고 신빙성과 책임성이 있어야 한다.

문화재청의 문화재검색에 수많은 설명문이 저장되어 제공하는데 여기 국가기록이 아마도 가장 오류가 많을 것이다. 편리하게도

"시도지정 및 문화재자료는 각 지자체 담당부서에서 문화재정보를 입력·수정 관리하고 있습니다. 문의사항이 있을 경우, 아래 지자체 담당부서로 연락하시기 바랍니다. 상 세 문 의 : 시도 시군 문화관광과 043-730-3413, 3415"

라고 지방기관에 핑계대고 떠넘기고 책임을 미루는데 이것은 부당하다. 국가기관이 제공했으면 국가기관이 책임지고 거짓이나 오류가 없도록 검증하고 제공해야 하며 오류신고를 받아 시정조치해야 한다. 그러지 않을 거면 국민서비스 제공의 국가기관이 왜 필요한가. 문화재청 문화설명문의 오류를 예시한다.

대구광역시 문화재자료 제30호 이노정(二老亭)의 설명문은 본래,

"조선 성종때 대유학자인 한훤당 김굉필(金宏弼) 선생과 일두(一蠹) 정여창(鄭汝昌)선생이 무오사화때 화를 당하여 낙향하였으며, 1504년(연산군 10)에 두분이 이곳에서 만나 시를 읊고 풍류를 즐기면서 후학에게 강학하였던 곳으로 일명 제일강정이라고도 한다."

하였는데, 역사적 사실과 거리가 멀어 시정요구가 많아 달성군청에서 고쳐 안내판을 새로 만들고 문화재청에도 보고하여 다음과 같이 바뀌어 상향식 시정조치가 이뤄졌다.

"조선시대의 대학자인 한훤당(寒暄堂) 김굉필(金宏弼, 1454~1504)과 일두(一蠹) 정여창(鄭汝昌, 1450~1504)이 서로 교류하며 시를 읊고 풍류를 즐기며 후학에게 학문을 가르쳤던 곳이다. 건물 이름인 '이노'(二老)는 한훤당과 일두를 가리켜 부르는 것이다. 이노정을 '제일강정'(第一江亭) 또는 '제일강산'(第一江山)이라고도 하는데, 이름에 걸맞게 풍광이 아름다운 곳에 자리하고 있다.

건물이 처음 지어진 시기는 일두가 함양의 안음현감으로 부임한 1495년부터 무오사화 때 화를 입어 두 사람이 유배된 1498년 사이일 것으로 짐작된다. 그 후 1885년에 영남 유림에서 두 분을 기리기 위해 다시 지었고, 1904년에도 건물을 수리했다는 기록이 있다."

충북 옥천군에 있는 창주서원과 같은 이름의 다른 창주서원이 남원시에 있다.

"전라북도 문화재자료 제51호 창주서원(滄州書院)"

제목부터 오자는 옥천 창주서원(滄州書院)과 같다. 창주는 창주(滄洲)로 써야 한다. 현판 사진을 제시해놓고 대조하지는 않은 잘못이다.

"창주서원은 선조 12년(1579)에 남원시 금지면에 고룡서원(古龍書

院)으로 지었으나 선조 33년(1600) 나라에서 '창주'라는 현판을 내려 창주서원으로 이름이 바뀌었다. 고종 때 흥선대원군의 서원철폐령으로 폐쇄되었으나, 1959년 지금 있는 자리에 복원하였다."

　현존 복원 창주서원은 원래 남원시 서쪽 끝 금지면 고룡에 있던 본명 고룡서원과 거리가 멀다. 고룡서원 옛터는 풍천노씨 묘소가 들어서 있다. 흥선대원군이 서원훼철령의 대못박기를 위하여 서원터에 무덤 쓰기를 허용하여 영구적으로 복구하지 못하게 조치한 후유증이었다.

　한국민족문화대백과사전-창주서원(滄洲書院)과 디지털남원문화대전-창주서원도 모두 1600년(선조 33)에 '창주서원'으로 사액되었다고 기술하였다. 언제인가 경자년에 사액되긴 했는데 그것이 이때는 아니다.

　서원등록 / 현종(顯宗) / 현종(顯宗) 원년(1660, 경자년) / 9월 16일조에 전남도(全南道) 남원(南原)에 있는 노진(盧禛)의 사우(祠宇)에 사액(賜額)을 청하는 것을 시행하지 않는 건이 실려 있다.

　지금 문효공 노진의 서원이 함양(咸陽)에 있는데, 이미 액호<1660년 사액 당주서원>를 내리는 은전을 시행하였으므로, 남원에 있는 노진의 사우에 사액하는 것은 마땅하지 않은 듯하다고 방계(防啓)하여 "그대로 전지(前旨)에 따라서 시행하지 않는 것이 옳다."라고 계하(啓下)함으로써 고룡서원의 사액은 무산되었다. 따라서 '선조 33년(1600)의 창주서원 사액 역사' 주장은 거짓이고 오류이다.

　국가의 사무와 회계의 오류와 실수는 감사원의 감사를 통하여 적발되고 시정조치된다. 역사적 국가기록도 감사원 같은 국가기관을 통하여 오류시정조치가 있어야 한다. 국가기록의 오류시정 컨트롤타워 같은 국가기관의 설립을 모색해야 한다.

국가기록검증원을 설립하여 국가기록의 거짓과 오류를 검증하여 시정하게 하는 중심체가 되게 해야 한다.

당주서원(溏洲書院) *함양의 서원 항목해설

1. 서원의 위치

경상남도 함양군 지곡면 공배리 593-2

2-1. 주향

옥계(玉溪) 노진(盧禛) 1518년(중종 13)~1578년(선조 11)
　노진에 대해서는 디지털함양문화대전 노진(盧禛)조에 신은제의 서술이 자세하니 인용하여 대체한다.

　"[가계] 경상남도 함양군 북덕곡 개평촌[지금의 지곡면 개평리]에서 태어났다. 증조는 예조참판 송재(松齋) 노숙동(盧叔仝)[1403~1463], 조부는 졸존재(拙存齋) 노분(盧昐)[1437~1478], 부친은 참봉 신고당(信古堂) 노우명(盧友明)[1471~1523]이다. 모친은 삼괴당(三槐堂) 권시민(權時敏)[1464~1523]의 딸이다. 자는 자응(子膺), 호는 옥계(玉溪)·칙암(則庵)이다. 본관은 풍천(豊川)이다.

[활동 사항]

(盧禛)[1518~1578]은 당곡(唐谷) 정희보(鄭希輔)[1488~1547]의 문하생으로, 1537년(중종 32) 생원시에 급제하고 1546년(명종 1) 증광 문과에 을과로 급제하였다. 승문원(承文院)[조선 시대에 외교에 관한 문서를 맡은 관청]의 천거로 박사가 되고, 1549년에 성균관 전적·예조 낭관을 거쳐 1555년 지례현감(知禮縣監)으로 나갔다. 1556년(명종 11) 홍문관 부교리에 임명되었으며, 이조좌랑을 거쳐 홍문관 부수찬이 되었다. 이후 사헌부 장령, 집의 등을 역임하다가 관직이 승정원 우부승지에 이르렀다. 1558년(명종 13) 필선·부응교가 되고 1559년에 장령·검상·사인·집의·직제학을 지냈다. 1560년(명종 15) 형조참의를 거쳐 도승지가 되었지만 시골에 계신 늙은 어머니의 봉양을 위하여 외직을 지원하고 담양부사·진주목사를 지냈다. 1567년 상경하여 이조참의와 부제학 등을 역임하였다. 1571년(선조 4) 노모 봉양을 위하여 다시 외직을 청하고 곤양군수에 임명되었다가 1572년에 상경하여 경상도 관찰사·대사헌 등을 역임했다. 1575년 예조판서에 올랐으나 사직하였다. 이때 모친상을 당하여 3년 동안 여묘살이를 하였다. 탈상한 뒤 공조판서·대사헌·이조판서에 연속하여 임명되었으나 병으로 관직에 나아가지 못한 채 병사했다.

[학문과 저술] 문집으로 『옥계문집(玉溪文集)』이 있다.

[상훈과 추모] 1579년(선조 12) 노진의 고향 인근 경상남도 함양군 지곡면 공배리 신의재(申義齋)에서 향사하고, 남원 고룡서원(古龍書院)[지금의 창주서원(滄州書院)]을 짓고 향사하였다. 1581년 신계서원(新溪書院)[사액 당주서원(溏州->洲-書院)]에 배향되었다. 1629년(인조 7) 문효(文孝)라는 시호를 받았다."

위 해설에서는 문효공(文孝公)이라는 시호를 받은 배경인 효자정려 사실이 누락되었다. 선조 14년(1581)에 예조판서 이우직의 아룀으로 선조왕의 특명이 내려 효(孝)로써 정려(旌閭)가 세워졌다. 효자정려비는 지곡면 교수정 앞길에 있다. "萬曆九年 我宣宗昭敬大王十四年辛巳。朝廷以尙未旌孝爲歉。禮曹判書李友直啓曰。卒吏曹判書盧禛。事親終始。誠孝無間。非但出於本道觀察使啓本。至今朝廷上下。莫不追慕。特加旌表。用勸末俗。何如。自上卽命旌閭。"<玉溪集年譜>

노진에 대해 경력과 사액서원에 향사된 것만 기술하고 비록 성사되지 못했지만 문묘종사운동이 전개된 것은 서술하지 않아 미흡하다. 선비의 광영은 서원에 향사되는 것이고 그 서원이 사액되는 것이고 최후에 문묘에 종사되는 것이다.

정조 21년(1797) 12월에 영호남 유생들이 노진의 문묘종사 청원을 위하여 남원 실상사에 모여 회의를 열었다. 정조 22년(1798) 1월 16일에 고룡서원(古龍書院)에서, 정조 22년(1798) 3월 16일에 다시 실상사에서 모여 역할 분담하고 안후(安珝)를 상소책임자로 하여 4월 25일에 상경하여 성균관의 농의를 받으려고 하였는데 반장(泮長,성균관학생 회장)이 석 달간 나오지 않아 무산되고 귀환하였다. 정조 23년(1799) 1월에 또 상소하려다가 국가에 일이 많아 취소되었다.

"正廟二十二年丁巳(1797,정조21)十二月日。嶺南章甫。以文孝公陞廡事通文來到本道。答通後。南原儒林都會于古龍。以爲湖嶺兩道合議。然後可以徹疏云。而走通于慶尙道。又發通于本道。道會于實相寺。本孫不可無接待之道。故宗會于是冬。而擇定有司。

都有司盧廷植。掌財盧廷夔。幹事別有司盧敬寬。又儒會于古龍。即戊午正月十六日也。兩道會于實相寺。即同年三月十六日也。道會時。湖中通文又至。已定徹疏之議。而會員則幾千餘員也。會三日。分定執事。疏廳都有司。南原進士崔溟翼。公事員。淳昌進士楊宋楷。晉州幼學趙得愚。色掌。羅州羅學愼。掌議。光州幼學柳在淵。咸陽幼學鄭鎭鼎。色掌。全州幼學李濟万。三嘉幼學許泌。製疏。南原進士許昌。星州進士鄭東直。寫疏。南原進士金聖求。丹城進士柳文龍。奉疏。雲峯柳 。山淸幼學朴孝大。讀疏。南原幼學李致英。丹城幼學金濯漢。曹司。居昌幼學尹柏。昌平幼學高恒鎭。陪疏。宜寧幼學安德文。餘員不盡記。在本草中。道會後。疏廳治行所。定于南原鄕校。治行別有司金樂圭。疏首安玥。四月二十五日。啓行。其時泮長以罪免。三月不出。故未得謹悉。七月下來。己未正月。再擧疏行。國家有事。又無泮長。以爲空還。二道儒林齎恨。更欲徹疏。"<玉溪先生續集卷之四 外集 / 詩○五言排律 / 議從享事事蹟>

위의 문묘종사 상소는 임금님 귀에 들리지 않고 성사가 무산된 것이다. 한때 편의를 우해 중봉 조헌(趙憲,1544년~1592년)과 옥계 노진(盧禛,1518~1578)의 연합 승무(陞廡, 문묘종사)운동도 전개했으나 조헌은 나중에 문묘종사되고 노진은 성사되지 않았다. 공식으로 상소가 올라간 것은 고종 시대이다.

"顧惟。重峯趙先生諱憲。自幼嗜學。以道自任。其學發軔於朱書。精力又盡於庸 , 學。

至若玉溪盧先生諱禛。以大學修齊治平之道。佐理宣廟。賁餙人文。豊亨世道。官至吏判。有至孝。宣廟特命旌閭。仁廟欽其學行。命謚文孝。顯廟嘉其道學。命賜院額曰溏洲。
　先生又與重峯趙先生。學符同時。先生在憲長時。啓請有還趙先生北配之擧。則當時兩先生道義許心。炳烺於後載也。
　噫五賢師旣歿之後。有若趙重峯盧玉溪兩賢道學而私淑諸人。出爲世用。其所以咨迪彝倫。矜式士類者。早可與享於羣賢之末。而殆二百載章甫之泯默者。良以斯文有旺衰之運。時勢有遲速之宜耳。
　湖南安珝，嶺南鄭鎭昇，湖西李進彬，京畿李晩錄已上儒林一千二百人。盍以趙重峯並享事。發此通文。"<玉溪先生續集卷之四 外集 / 詩○五言排律 / 通館學文 >

　호남(湖南)의 오현(五賢)으로 문경공(文敬公) 이항(李恒), 문절공(文節公) 유희춘(柳希春), 문효공(文孝公) 노진(盧禛), 문충공(文忠公) 박순(朴淳), 문헌공(文憲公) 기대승(奇大升)을 묶어 문묘종사 청원 상소를 팔도(八道) 유생 대표 백몽수(白夢洙) 등이 고종 21년(1884) 3월 15일에 상소하였으나 왕의 의례적인 거절 핑계, 문묘종사는 중하니 뒷날의 공의를 기다리라는 것으로 끝나고 나라도 망해 더 이상 문묘종사운동이 전개되지 못하였다.
　"八道儒生白夢洙等疏略: "湖南有五賢焉: 曰文敬公臣李恒、文節公臣柳希春、文孝公臣盧禛、文忠公臣朴淳、文憲公臣奇大升也。其道學之淵精、德業之弘大, 固非後生之所可蠡測, 而略以前賢之撰述者, 擧槪仰籲。 伏願聖明垂察焉。 李恒, 卽文敬公臣金宏弼之嫡傳也; 柳希春, 卽文憲公臣金安國之門人也、先正臣金麟厚之道義交

也; 盧禛, 卽文獻公臣鄭汝昌之淵源嫡傳也、文純公臣李滉之道義交也; 朴淳, 卽文康公臣徐敬德之淵源也、文成公臣李珥之道義交也; 奇大升, 卽文純公臣李滉、文正公臣金麟厚之淵源嫡傳也。 伏願聖明特命有司, 遄擧五賢從祀文廟之禮。" 批曰: '陞廡, 禮之重也, 何可遽施? 更待後日公議。 爾等退修學業。"<고종실록 21권, 고종 21년 3월 15일 庚寅 4번째기사>

현대에 들어와 성균관장 최근덕 박사가 제2의 문묘건립운동을 전개하여 문묘종사를 성립시키고자 시도하였으나 불발되었다. 지금은 왕명의 역할을 성균관장이 수행하니 성균관에서 제2의 문묘를 건립하고 남명 조식이나 옥계 노진 등 문묘종사 미완의 선현을 문묘배향하여 역사적 사명을 완수했으면 하는 바람이다.

2-2. 별사 제향

당곡(唐谷)정희보(鄭希輔) 1488(성종19)~1547(명종2)
정희보에 대해서는 디지털함양문화대전 정희보(鄭希輔)조에 김동석의 서술이 자세하니 인용하여 대체한다.

"[가계] 정희보(鄭希輔)[1488~1547]의 자는 중유(仲猷), 호는 당곡(唐谷)이다. 본관은 진양(晉陽)이다. 1488년(성종 19)에 경상남도 남해군 이동면 초곡리에서 출생하였다. 부인 나주박씨와 슬하에 4남 2녀를 두었다.
[활동 사항] 정희보는 조선 성종 때부터 명종 때까지 교육에 전념한

삼남[충청도·전라도·경상도] 지방의 대학자로, 문학에 뜻을 두고 학문을 익혔다. 17세에 경상남도 남해에서 함양으로 옮겨 당곡에 살면서 자호를 당곡이라 하였다. 정희보는 정주학(程朱學)에 조예가 깊었으며, 1522년(중종 17) 35세 때 자택에서 100보 정도 되는 곳에 서재를 지어 강습하였다. 정희보의 제자로는 이조판서를 지낸 옥계(玉溪) 노진(盧禛)[1518~1578]을 비롯하여 청련(靑蓮) 이후백(李後白)[1520~1578], 구졸(九拙) 양희(梁喜)[1515~1581], 개암(介庵) 강익(姜翼)[1523~1567], 덕계(德溪) 오건(吳健)[1521~1574], 매촌(梅村) 정복현(鄭復顯)[1521~1591], 매암(梅庵) 조식(曺湜)[1526~1572], 남계(灆溪) 임희무(林希茂)[1527~1577], 사암(徙庵) 노관(盧祼)[1522~1574], 양성헌(養性軒) 도희령(都希齡)[1539~1566], 죽암(竹庵) 양홍택(梁弘澤), 우천(愚泉) 우적(禹績), 죽헌(竹軒) 정지(鄭摯), 도탄(桃灘) 변사정(邊士貞)[1529~1596] 등이 있다. 노진과 양희 등 함양을 대표하는 문인을 배출하였다. 영남·호남 선비의 절반이 정희보의 문인이었다고 할 정도로 당시 사화로 인하여 침체된 함양 지역의 학풍을 다시 진작시켜서 후학을 가르친 훌륭한 지방 교육자로 평가되고 있다.

[학문과 저술] 정희보의 저술로 『당곡정선생실기』가 전하여 온다.

[상훈과 추모] 정희보의 사당은 1853년(철종 4) 경상남도 남해군 서면 화방로 550-20[중현리 1024]에 창건되었다. 흥선대원군의 서원철폐령으로 철거되었다가, 1874년(고종 11)에 운곡사(雲谷祠)라는 사당(祠堂)을 다시 지었다. 운곡사는 현재 경상남도 문화재자료 41호로 등록되었다. 당주서원의 별사에는 당곡 정희보를 배향하였다가 1868년(고종 5)에 철폐되었다. 지금은 그 터에 위당(爲堂) 정인보(鄭寅普)[1893~1950]가 글을 지은 유허비(遺墟碑)만 서 있다."

위 해설은 당주서원 별사가 언제 건립되었는지 명기하지 않았다. 순조 31년(1831)에 당주서원 서쪽에 별사 일명 향현사(鄕賢祠)를 건립하여 향사한 것이다. 문효공묘에 왕명을 받지 않고 맘대로 향사할 수 없으니 국학의 기능을 하는 사액서원이기 때문이다. "純廟辛卯(1831,순조31)道論齊發하야立享于溏洲祠하다."<唐谷鄭先生實紀下 [附錄] 事實大略>, "歲辛卯에士論齊發하고本裔致力하야創鄕祠於溏洲國學之右하야始揭虔而擧縟儀하야遂百年闕失之禮하고伸士林抑鬱之歎하니實斯文大幸也라"<唐谷鄭先生實紀下 [附錄] 雲谷書院新創記>

옥계 노진의 백씨 경암(敬菴) 노희(盧禧,1494~1550)의 후손인 물재(勿齋) 노광리(盧光履,1775~1856)가 당주서원의 별사인 향현사(鄕賢祠) 상량문(上樑文)을 지었다. 정희보에 대한 춘추 상향축문(春秋常享祝文)은 노진의 아우 사암(徙菴) 노관(盧祼,1522~1574)의 후손인 감모당(感慕堂 또는 感慕齋) 노광두(盧光斗,1772~1859)가 지었다. <唐谷鄭先生實紀下 [附錄]>

서원은 사액을 받아야만 국학으로서 자격을 갖춰 비로소 서원으로 승격하여 서원이라 칭할 수 있는 것이고 서원이 아니면 향현사라고 칭하는 것이다. 당주서원도 사액을 받기 전까진 고을에선 서원이라고 불러도 공식적으론 향현사인 것이다. 당주서원이 사액받기 전에는 함양에는 사액받은 남계서원만 서원이고 당주서원은 그냥 향현사라고 칭하였다. 현종 때 사액받은 뒤에 정식 서원으로 불린 것이다.

순조 31년(1831)에 별사를 세워 정희보를 향사할 때 한편으론 당곡과 남명의 제자 남계(灆溪) 임희무(林希茂,1527~1577)를 배향하자고 일두의 후손 만강재(晩康齋) 정덕하(鄭德河,1782~1854), 별사 상향축문을 지은 감모재(感慕齋) 노광두(盧光斗,1772~1859), 일두의 종손 복재(復齋) 정환보(鄭煥輔,1783~1834) 등이 주창했으나 성사되지 못하였다. "唐谷鄭先生揭虔之儀實出於百年抑鬱之餘吾鄕未遑之事次第修擧斯文增重吾黨與榮仍惟親炙於唐翁門下者大而國學小則鄕祠無不有崇報之典而惟我灆溪林先生以道學文章之姿侍侃誾之列受端的造詣淵永本立孝弟餘事文章

崇德報祀無其儀則已旣曰有之舍先生奚取哉況今是弟之躋配是師神理人情脗然同得列邑儒論鎭日沓至顧惟生等忝居有道之鄕薰沐芬澤者尤不容更議伏願僉君子恢張公道敦定縟儀以爲繼今躋享之地爲斯文大幸"<灆溪集附錄卷之二 / 附錄 / [通文] / 本邑發文>

3. 서원 위치

당주서원 유허비가 있는 현 장소가 서원 자리로 볼 때 남계천 서안에 있었다. 남계서원 맞은 편 남계천 서쪽 길에서 남쪽으로 5분 거리에 당주서원이 있었다. 거의 지금 수동메기매운탕 식당의 맞은편에 속한다. 200m 되는 공배 마을 뒷산에서 동쪽 기슭 평지에 서원이 있었으니 언덕에 사당, 평지에 강당 및 동서재가 있었을 것이다.

4. 서원의 역사와 변천

당주서원에 대해서는 디지털함양문화대전 당주서원(溏洲書院)조에 김석환의 서술을 먼저 인용하고 문제점을 보정한다.

"[설립 목적] 당주서원은 1581년(선조 14)에 경상남도 함양군 출신 옥계(玉溪) 노진(盧禛)[1518~1578]을 배향하기 위하여 창건되었다. 나중에 노진 스승인 당곡(唐谷) 정희보(鄭希輔)[1488~1547]를 배향하였다.

[변천] 1581년에 창건된 서원으로, 1660년(현종 원년)에 '당주(溏洲)'라는 편액을 받은 사액(賜額) 서원이다. 별도의 사당을 두고서 노진의 스승 정희보를 배향하였다. 그러나 1869년(고종 6)에 흥선대원군의 서원철폐령으로 훼철(毁撤)되었다. 초기에는 노진과 정희보 제자들이 많이 활동하였으나 노진 직계 후손들이 전라북도 남원 지역으로 이주한 뒤 점차 교육 역할은 줄어들고 제향만 봉행하게 되었다.

[현황] 1868년에 서원 철폐령으로 훼철되고 난 후 복원되지 못하였다. 현재는 당주서원 터에 위당(爲堂) 정인보(鄭寅普)[1893~1950]가 글을 지은 유허비만 남아 있다."

이 항목의 해설은 한국민족문화대백과사전의 1995년 이동춘 글의 당주서원(溏注->洲-書院)조와 엇비슷하다.

"당주서원(溏注書院)
내용
1581년(선조 14)에 지방유림의 공의로 노진(盧禛)의 학문과 덕행을 추모하기 위해 창건하여 위패를 모셨다. 1660년(현종 1) '당주(溏洲)'라고 사액되어 사액서원으로 승격되었으며, 별사(別祠)에는 정희보(鄭希輔)를 배향하여, 선현배향과 지방교육의 일익을 담당하여왔다. 그 뒤

흥선대원군의 서원철폐령으로 1869년(고종 6)에 훼철된 뒤 복원하지 못하였으며, 현재는 유허비(遺墟碑)만 남아 있다."

위 두 사전의 해설대로 당주서원은 선조 14년(1581) 가을에 건립되어 노진을 향사하였다. 배향 운운은 잘못된 용어다. 당주서원은 노진 독향(獨享)이니 배향이 원래 없는 것이다. 제향이나 향사란 용어를 써야 하고 배향은 틀리다.

옥계 노진은 선조 11년(1578) 8월 23일에 별세하였다. 그해 11월에 주곡(酒谷)에 장사 지냈다. 그 이듬해 선조 12년(1579)에 추담(秋潭) 가에 사당을 세우고 신의재(申義齋)를 강당으로 삼아 추담정사(秋潭精舍)라 하고 향사하였다.

노진은 명종 19년(1564) 47세 때 추담(秋潭) 가에 초옥을 지어 '신의재(申義齋)'라 편액을 걸고 친구, 자식, 조카들과 도리를 강설하였다. "嘉靖四十三年 我明宗恭憲大王十九年 甲子。先生四十七歲。先生築數椽于秋潭上。扁曰申義齋。蓋取申之以孝弟之義也。其在暇日。携親舊帶子姪。往來自適。談說道理。熙然有浴沂之興。學子之聞風自遠者。蓋亦多矣，自出財穀、令弟姪掌之。以爲義藏。周窮之餘。散諸坊里書齋云。"<玉溪集年譜>

옥계집에는 <추담정사에서(題秋潭精舍)>라는 시가 있고 연보에 추담(秋潭)이라고 표기하나 원래는 가래나무가 있는 섬, 못이란 뜻으로 추자도(楸子島), 추담(楸潭)이니 추담정사(楸潭精舍)라고 해야 맞다.
   <咸陽郡誌[誌] 古蹟>

*申義齋 在郡北二十里(今池谷面功倍里) 盧禛,爲敎養子弟而搆焉,取申之以孝悌之義而名也,使其侄士俊,主之,日聚郡子弟,講磨焉,歲久頹圮三九五九年仁祖丙寅盧▼(氵+學),盧澺等,重建舊址,興廢相尋,四一六四年純祖辛卯,盧光斗,盧光履,盧光蓍,移建于池內釜壠盧叔仝墓下,經理舊業焉

*楸潭 在郡北二十里灆溪之西(今功倍里白日村上)澄潭如鏡,中有小島,古稱楸子島故,名其潭,盧禛之侄士俲,作精舍其上○有盧禛詩○今廢不修遺址尚存

*磨鏡臺 增自楸潭精舍,緣石徑至潭上,有巖,平如掌,可坐十餘人○有李後白吳健詩(天嶺誌)○今廢而遺址存焉

옥계가 조카 노사개(盧士俲-价,1544~1603)에게 추담정사 시를 지어주었으니 옥계의 신의재와 노사개의 추담정사는 옥계 생전에 공존하였던 것이다. "楸潭 在藍溪西中有小島古稱楸子島故名盧士俲嘗作精舍於此今廢○盧禛詩爲養優閑聖澤餘於菟何年卜幽居地臨廣野遙分樹窓對淸潭可數魚日暖牛羊眠藉草沙晴鷗鷺跡成書此間收得天機熟來往從令不願疏"<嶠南誌 卷之五十九 咸陽郡 山川>

옥계가 별세하자 고을의 선비들과 옥계 제자인 대소헌 조종도, 도탄 변사정, 역양 정유명(동계 정온 부친), 석곡 성팽년 등이 옥계를 위해 사당에 모시자는 의론을 제기하였다. 고을 원로 갈천 임훈에게 품의하여 정하였다. "鄕之士子與先生門下士趙大笑軒宗道, 邊桃灘士貞, 鄭嶧陽惟明, 成石谷彭年諸人。爲先生有廟享之議。稟定於林葛川。"<玉溪集年譜>

선조 12년(1579)에 갈천 임훈은 옥계를 위해 따로 서원을 세우지 말고 남계서원에 배향하자고 주장하였다. 그 사유를 경상도 관찰사에게 아뢰니 관찰사는 옥계를 숭모하는 자라서 따로 사당을 건립하는 것이 좋지 뭐하러 배향하냐고 하며 후하게 지원하였다. 그래서 선비들이 재력을 모아 추담 가에 서원을 건립하였다. 추담의 신의재는 옥계의 평소 강학지였고 이미 있는 거라서 강당으로 전환하고 사당만 세우면 되기 때문이었다. "萬曆七年 我宣宗昭敬大王十二年 己卯。先生配享 灆溪之議。始出於林葛川。而士子告由于方伯。則方伯於先生。素深景慕者也。言固當別廟。何必配爲。優以資費。極致誠力。於是。鄕之士類。各聚財力。立廟於潭之上。以申義齋爲正堂。蓋就先生平生杖屨之地。以寓昌歜之慕也。"<玉溪集年譜>

선조 14년(1581) 가을에 사당을 완공하고 옥계의 위패를 봉안하며 신계서원(新溪書院)이라고 칭하였다. 萬曆九年 我宣宗昭敬大王十四年 辛巳。是年秋。奉安先生位板。因稱曰新溪書院。<玉溪集年譜> 그런데 여기서 문제가 발생한다. 과연 강당과 사당이 완공되어 옥계의 첫 서원이 신계서원이라는 명칭이냐는 것이다.

동계 정온은 자기 외숙 개암 강익의 행장을 지으며 옥계의 서원에 대해 처음엔 당주(溏洲)에 세웠다가 중간에 나촌(羅村,수동면우명리 구라마을)에 옮겼다가 나중에 신계(新溪)에 옮겼다고 하였다. "始建於溏洲。中移於羅村。後移於新溪。因號爲新溪書院云。"<桐溪先生文集卷之三 / 行狀 / 介庵姜先生行狀> 당주란 이름은 추담이란 이름과 의미가 같다. 추자도 연못과 연못 모래톱이란 명칭은 동일 장소의 다른 이름이다.

　나촌(羅村)에 옮겼다고 한 것은 남계서원의 변천과 궤를 같이한다. 남계서원도 정유재란에 불타고 재건할 때 나촌(羅村)에 옮겨 세웠다. 그때 당주서원도 같이 옮겨 남계서원과 당주서원이 한 구역 안에 나란히 있었다. 심지어 통칭을 옥계서원(玉溪書院)이라고 하였다. 그래서 남계서원을 이건한 목적이 옥계를 위해서라는 소문까지 돌았다. "又以盧玉溪鄕賢祠。幷移於一處。使他人聞之。已疑其必有所以也。近又聞諸君畢竟以玉溪之祠。與一蠹先生廟。同峙一墻之中。不惟棟宇相接。門墻比幷。大書扁額。直揭曰玉溪書院。今而後始知貴邑之士。必移舊院。果爲此玉溪地也。"<嶧陽先生文集卷之四 / 雜著 / 通諭咸陽士林>

　남계서원과 당주서원을 이건한 주동자는 고대 정경운이니 직접 남계서원과 당주서원(당시 향현사)을 이건, 봉안하는 이안제문(移安祭文)과 고문(告文)을 지어 일두(一蠹)·옥계(玉溪 노진(盧禛))·개암(介庵 강익(姜翼))에게 고하여 새로 지은 서원에 옮겨 봉안하였다. 그런데 함양(咸陽)의 선비들만 40여 명 모였고, 타지의 유생은 한 사람도 참석하지 않았다. 정경운은 나중에 광해군 9년(1617)에 남계서원 원장을 지냈다. "二日丙戌作告文告于一蠹玉溪介庵 移安于新院 咸之士子只會四十餘人 他官儒生無一人來者 士習可歎日暮歸家"<고대일록 제4권 / 을사(乙巳,1605,선조38) / 봄 3월>

　선조 38년(1605) 3월에 구라마을에 남계서원과 당주서원을 이건하였다. 이건 주도세력은 고대 정경운과 남음(灆陰) 강인(姜 繗,1568~1619) 및 남계서원 원장인 추담과 서간이었다. 노진의 형 경암 노희의 삼남 추담(秋潭) 노사개(盧士价,价,1544~1603)와 노진의 차남 서간(西澗) 노사회(盧士誨,1545~1604)가 주도하니 옥계 위주가 되는 것도 부인 못할 것이다. "甲午與盧志夫同受院任丁酉再亂後志夫以毀而滅性余獨還鄕經理一蠹書院及鄕賢祠粗有萬分之補庚子盧丈爲山長同起移院之議卜地創立盧丈遽殞言無聽唱無和者一歲而爲衆楚所困未幾盧益山丈爲山長志同興學而繼殞未就事無訖期傳任於姜克修"<고대일록 제4권 / 을사(乙巳, 1605) / 여름 4월> 그래서인지 심지어 통칭을 옥계서원(玉溪書院)이라고 하였다. 일두측에선 얼마나 분노스러운 일인가. 그런데 개암 강익을 당주서원에 배향하지 않고 병향하니 옥계측에서도 불평불만이다.

정유재란 때 불탄 남계서원을 제 자리에 복원하지 않고 구라마을로 이건한 것을 고을 사람은 물론 외방 사람도 이해하지 못하였다. 당시 사회 분위기는 내암 정인홍과 한강 정구의 영향으로 정인홍 제자 고대 정경운이 주도하여 구라마을로 이건한 것으로 인식하였다.
필자는 구라마을로 남계서원을 이건한 것은 한강 정구의 영향력이라고 생각한다. 일두의 친구 한훤당 김굉필의 서원이 본디 현풍 쌍계리에 건립되어 쌍계서원이라 불리었는데 정유재란 때 불타고 재건하면서 한강 정구의 강력한 주장대로 산소 아래 보로동에 복원하여 보로동서원이라 불리다가 사액되어 도동서원이라 하였다. 묘소 아래 서원을 건립하는 것이 여러 사례가 있는데 퇴계 제자 송암(松巖) 권호문(權好文,1532~1587)의 청성서원(靑城書院)도 묘소 아래에 있으니 묘하서원(墓下書院)이라고 하겠다. 남계서원도 일두의 묘소 아래 묘하서원으로 만든 것이다.

새터 서원을 이해 못한 남명의 서원 덕산서원(덕산서원, 덕천서원 사액전의 명칭)에서 여러 유림과 상의하고 일두 서원을 옛 터에 건립할 것을 결정하였다. 관찰사와 군수에게 고하고 동지들과 옛 터에 복원하는 일을 거행할 것을 당부하였다. 이런 당부를 할 수 있는 것은 당시 남계서원이 정인홍의 제자들이 주축이 되어 경영하고 덕산서원도 정인홍이 주도하고 있었기 때문에 가능한 것이다. "今會德山書院。特與遠近諸士流。商量僉議。別定列邑有司。更以一蠹先生祠宇。還築藍溪舊址爲定。切仰貴邑諸君子。亦加參商此意。不以人微而忽其言。卽當上告方伯。次呈邑宰。退與一邑同志之人而共擧還築之事。一以副一國士林爲斯文尊奉之義。一以爲貴邑鄕父老諸賢士創立藍溪舊院之盛意。不勝幸甚。"<嶧陽先生文集卷之四 / 雜著 / 通諭咸陽士林>

신계서원으로 불린 것은 현재의 터, 당주서원 터에 이건한 뒤에 비로소 명명한 명칭인 듯하다. 구라마을에 있던 남계서원이 옛 터로 이건한 광해군 4년(1612) 이후에 당주서원도 이건하였을 것인데 옛 터인 추담으로 못 가고 신계(新溪, 현재의 공배리 서원 터)에 새 터를 잡아 이건한 것이다. 이후 신계서원이 당주서원으로 사액된 것이다. 그러니 선조 14년(1581)에 사당을 완공, 봉안한 뒤에 신계서원이라고 했다는 옥계 연보의 기록은 오류이다.

선조 14년(1581) 가을에 서원을 완공하고 봉안한 뒤에 노진의 조카 홍와 노사예가 상중임에도 불구하고 고을에 천거장을 올려 개암 강익을 친구 노진의 사당에 배향하자고 건의하였다. 고을의 여론도 동의하여 갈천 임훈에게 품의하여 위차를 정하고 서원에 배향하였다. "時盧君士豫兄弟在憂服中。 狀薦于鄕曰。 表從兄姜叅奉翼。 我叔父玉溪先生所與之人也。 斯人之行。 可配於叔父仁祖云云。 鄕議從之。 稟于葛川林先生。 定位次。 配享本院。"<玉溪集年譜>

노사예는 선의로 한 것이나 이로 인해 시비가 일었으니 옥계와 개암이 과연 배향이 맞냐 하는 시비다. 노진이 강익보다 5살 많으나 같이 당곡 정희보가 제자이니 동문지간이다. 사제지간이 아닌데 나란히 지내는 병향(竝享)이 아닌 상하 개념이 있는 배향(配享)은 맞다, 안 맞다, 라는 시비이다. 이 시비를 안동의 병호시비에 비겨 옥개시비(玉介是非)라고 하겠다.

말이 말을 낳아 끊이지 않는 법이다. 함양에도 안동의 병호시비와 같은 사태가 발생하였다. 퇴계 이황을 모신 여강서원에 배향 위차를 논할 때 김성일(金誠一, 1538~1593)과 유성룡(柳成龍, 1542~1607)의 위차를 어찌 배치하느냐, 누가 우선순위에 위치해야 하느냐, 하는 것 갖고 수백년 논쟁이 끊이지 않았나. 학덕과 연령은 김성일이 앞선다. 영의정 벼슬과 공훈은 유성룡이 더 높다. 우열을 가리기 힘든 것이었다.

그러나 당시 함양에선 노진이 강익보다 연령도 5살 많고 벼슬도 높아 장관 대 면서기 정도고 비교대상이 아니나 사제지간이 아닌 동문이라는 것과 남계서원 창건자라는 것으로 시비가 끊이지 않은 것인데 주로 옥계 존숭자 입장에서 노진 우위를 주장하는 것이었다.

함양 고을에서 논의가 일어 시비가 붙자 결론을 내지 못하고 당대 대

학자 퇴계와 남명의 큰 제자 한강 정구에게 품의하였다. 정구는 개암과 옥계는 친구로서 서로 공경한 것이지 사제지간이 아니라고 하였고, 그 친구 동강 김우옹도 같은 의견이었다. 그래서 배향이 아닌 병향(竝享)으로 확정하고 따로 축사(祝詞)를 짓고 의식도 균형을 맞추었다.

"萬曆辛巳°鄕人立祠廟°以先生配於玉溪盧先生°其後寒岡鄭先生°答稟定位次之書°介庵與玉溪°只以朋友而相敬°未見其師生之分云°東岡金先生之言°亦如是°始定竝享之位°別爲祝詞°品式均齊°先正之言°豈無所見而然耶°始建於㵢洲°中移於羅村°後移於新溪°因號爲新溪書院云°"〈桐溪先生文集卷之三 / 行狀 / 介庵姜先生行狀〉 "神宗萬曆九年 我宣祖大王十四年辛巳°鄕人立祠廟°而配享先生于玉溪盧先生°其後寒岡鄭先生°答稟定位次之書有曰°介庵與玉溪°只以朋友而相敬°未見其師生之分°東岡金先生之言亦如是°始定竝享之位°而別爲祝辭°品式均齊°"〈介庵先生文集下 / 附錄 / 年譜〉

당주서원에 노진과 강익이 병향되어 잘 지내면 그만인데 시비는 한 번 붙으면 끊이지 않는 법이다. 노진 독향에 강익 배향이면 노진은 주향(主享)이 된다. 강익을 병향하면 노진 주향, 강익 배향이 아니고 강익과의 병향이다. 노진 주향에 강익 배향을 주장하는 무리를 옥계주향파라고 하고 노진과 강익의 병향을 주장하는 무리를 개암병향파라고 부르겠다. 개암병향파가 생겼다는 건 강씨들의 세력이 이미 커졌다는 반증이다.

선조 39년(1606) 7월에 고을 사람들이 대회를 열어 향현사(당시 당주서원의 명칭)의 위차를 문제를 논의하였다. 곧 옥계와 개암의 병향을 배향으로 바꾸려는 것이고 병향을 주장하여 관철한 고대(孤臺) 정경운

(鄭慶雲,1556~16??) 및 백천(白川) 강응황(姜應璜,1559~1636)과 성옹(省翁) 노척(盧脊,1575~1643)을 징계에 처한 것이다. "○四日辛卯鄕人大會議更鄕賢祠位次河愰先鼓邪論盧眈盧佾附之憾之以西南無人之說西南人老少皆會罰余以永損渭瑞任重亦以其時有司四朔損徒云云"〈고대일록 제4권 / 병오(丙午,1606,선조39) / 가을 7월〉

징계를 받은 정경운과 강응황은 정인홍의 제자니 북인이다. 이들을 징계에 처한 이들은 서인이나, 남인이다. 정경운 측에서 봤을 때 하황(河愰)이 먼저 사악한 논의〔邪論〕를 선동하였고, 노탐(盧眈)·노일(盧佾)이 따랐고 이유(李維)를 출정(出定)하여 남계서원 원장(院長)으로 삼고, 정옥(鄭沃)을 유사(有司)로 삼았고 장의는 바로 임제민(林濟民)·하제(河悌)라고 하였으니, 이들이 다 반정인홍파, 옥계주향파인 것이다. "回文畧曰一蠹書院之設初不關於他鄕之議皆自鄕人之所定也指斥來菴寒岡兩先生指揮位次之缺咆勃之說不可盡紀出定李維爲院長鄭沃爲有司先是缺入盧門豫定長貳之任又定罪案然後出文若似收議然可見缺別掌議則林濟民河悌也"〈고대일록 제4권 / 병오(丙午,1606,선조39) / 가을 7월〉

옥계주향파에선 심지어 강익이 노진의 제자라고 억지주장하기에 이르렀다. "○ 10월 27일 임술(壬戌) ○ 고을 사람들이 향교에 모였다. 조세찬(趙世纘)은 옥계(玉溪 노진(盧禛))와 개암(介庵 강익(姜翼))이 사제(師弟)의 분수가 있었다고 큰소리쳤다. 이는 필경 억지로 바로잡으려는 것이다. 한번 웃고 넘길 거리도 안 되는 것이다. ○七日壬戌打作只得十石○鄕人會于校趙世纘大言玉溪介庵有師弟之分是必援而訂之也不滿一笑"〈고대일록 제4권 / 병오(丙午, 1606) / 겨울 10월 〉

옥계주향파에선 심지어 개암병향파, 곧 정인홍파가 주도하고 있는 남계서원 영역에 있는 당주서원을 포기하고 고을 안에 통문을 내어 따로 옥계사(玉溪祠)를 세우려고 하였으나, 한 사람도 모인 사람이 없어 무산되었다. 주동자는 이유(李維)·하제(河悌)·하황(河愰)·우익(禹釴) 등 네 명이었다. 정경운은 아이들 장난과 같아서 한번 웃고 넘길 거리도 안 된다고 비웃었다. "冬十一月五日庚午李維河悌河愰禹釴等四人出文于鄕中別立玉溪祠無一人 來會有同兒戱不滿一笑"<고대일록 제4권 / 병오(丙午, 1606,선조39) / 겨울 11월>

노진이 강익보다 5살 많으나 사제지간이라고 하기에는 무리이다. 옥개시비(玉介是非)의 결말은 무엇인가. 당주서원에서 옥계주향파의 목소리가 커지니 개암병향파는 못 견디고 위패를 옮겨가기로 작정하였다. 결국 50년의 시비 끝에 강익이 주동하여 창건한 남계서원에 모셔가고자 하나 남계서원은 이미 사액서원이라서 국학(國學)의 위상을 지니기에 왕명을 받지 않고 고을에서 멋대로 변동시키기 곤란하였다.
인조 12년(1634)에 남계서원으로 사우(祠宇)를 옮겨 제향하였다. 남계서원 담장 밖에 별사(別祠)를 지어 봉안한 것이다. 이때 남계서원에는 일두 정여창 독향이었는데 별사에 강익을 향사하고 9년 뒤에 정여창의 동문, 친구 뇌계 유호인과 강익의 생질, 병자호란의 충신 동계 정온을 추향(追享)하여 강익과 함께 병향하였다. "崇禎六年 我仁祖大王十二年甲戌。士林會議。以爲灆溪乃先生所創。而平生尊慕之地。稟定于桐溪鄭先生。而移建祠宇于灆溪書院以享之。後九年壬午。又以㵢溪兪先生桐溪鄭先生竝享焉。"<介庵先生文集下 / 附錄 / 年

譜>

인조 20년(1642) 임오 3월에 동계 정온을 용문서원(龍門書院)에 배향하고 남계서원 별사에 향사하였다. "十五年壬午正月六日壬子。三月。配享龍門書院。鄭文獻公廟。萬曆中。鄕士嘗建文獻公書院。配以葛川, 瞻慕堂兩林先生。至是。又以先生躋配。享咸陽灆溪書院別祠。灆溪曾已賜額。躋配之事。非邑子所擅。故就別祠。與兪㵢溪, 姜介庵幷享。"<桐溪先生文集年譜 / [附錄] / 文簡公桐溪先生年譜>

남계서원 별사가 아닌 남계서원 문헌공묘에 숙종15년(1689)에 배향됨으로써 개암 강익은 옥계의 서원과는 완전한 결별이 이뤄지고 옥개 시비도 종결된 것이다. "後肅宗元年乙卯(1675,숙종1)。配鄭桐溪蘊于西序。十五年己巳(1689,숙종15)。配姜介菴翼于東序。"<一蠹先生遺集卷之二 / 附錄 / 褒贈祀典>

옥계의 서원에 대한 사액청원운동이 일어 함양의 문신 학자 감수재 박여량의 손자인 박명진(朴鳴震,1605,선조38~1661,현종2)이 상소책임자가 되고 징어칭의 5대손 창주(滄洲) 정광연(鄭光淵,1600~1667)이 상소문을 지어 정여창의 학통을 이은 노진의 서원에 사액을 내려줄 것을 청원하였다. 청원한 시점은 효종대왕 때이니, 사액을 윤허한 임금은 현종의 부왕 효종대왕이다. 치제하고 사액이 실행된 것은 현종대왕 때이다. <玉溪先生續集卷之四 外集 / 詩○五言排律 / 新溪書院請額疏>

효종실록 21권, 효종 10년(1659) 윤3월 28일 기사에 당주서원은 다른 7개 서원과 함께 사액하라고 왕명이 내렸다. 그러나 곧이어 효종이 승하하고 현종이 즉위하고 하는 국사가 다난하여 실행되지 못하다가 국정이 안정된 뒤인 현종 1년(1660)에 사액이 성사된 것이다.

"김장생(金長生)·김집(金集)을 함께 제향(祭享)하는 서원(書院)의 액호(額號)를 돈암(遯巖)이라고 내리고, 이이(李珥)·이색(李穡)·김정(金淨)·송인수(宋麟壽)를 함께 제향하는 서원의 액호를 신암(莘菴)이라고 내리고, 김인후(金麟厚)를 제향하는 서원의 액호를 필암(筆巖)이라고 내리고, 송인수(宋麟壽)·정렴(鄭石+廉)을 함께 제향하는 서원의 액호를 노봉(魯峯)이라고 내리고, 이황(李滉)·정구(鄭逑)를 함께 제향하는 서원의 액호를 연경(研經)이라고 내리고, 이이(李珥)를 제향하는 서원의 액호를 송담(松潭)이라고 내리고, 노진(盧禛)의 사우(祠宇)의 액호를 당주(溏洲)라고 내리고, 이항복(李恒福)을 제향하는 서원의 액호를 화산(花山)이라고 내리라고 명하였다.

○命賜金長生、金集同享書院額號曰遯巖。 李珥、李穡、金淨、宋麟壽同享書院額號曰華菴。 金麟厚書院額號曰筆巖。 宋麟壽、鄭石+廉 同享書院額號曰魯峯。 李滉、鄭逑同享書院額號曰研經。 李珥書院額號曰松潭。 盧禛祠宇額號曰溏洲。 李恒福書院額號曰花山。"

현종 1년(1660)에 옥계의 서원에 치제(致祭)하고 당주서원(溏洲書院)이라 사액하여 서원 완성 프로젝트, 대단원의 막이 내렸다. 남계서원과 함께 함양의 양대사액서원으로서 국학의 위상과 혜택을 누리게 되었다. "崇禎後三十三年 我顯宗大王元年 庚子。 上遣官 禮曹佐郞

都慎與 致祭于書院。 賜額曰溏洲。"<玉溪集年譜>

고종시대 흥선대원군의 서원훼철령도 사액서원과 향현사의 차별을 두었다. 먼저 향현사를 철거하고 뒤에 사액서원도 철거하고 최종적으로 문묘종사된 선현 및 충신공신의 대표서원 1곳씩 모두 47개만 남기고 기타 모든 서원은 다 철거하였다. 유교국가에 유교상징을 파괴하니 나라도 같이 망하는 것이다. 사람이 스스로 팔다리를 자르며 살기를 바라는 것과 같다.

"我殿下卽阼之五年戊辰(1868, 고종5)。 命毁國內書院之祀先賢者。 三次毁撤凡二千四百餘所。 所存惟先朝宣額命祀之院。 而祀幣祭品之自官歲供。 載在圖式者。 亦廢而不行。 及八年辛未(1871, 고종8)。 復盡毁國學。 於是域內院祠。 蕩然無存。 而儒敎遂墜地矣。"<頤齋先生文集卷之九 / 跋 / 書辛未疏錄後>

당주서원도 별사인 향현사가 먼저 철거되고 그뒤에 사액서원인 당주서원도 철거되었다. 문묘에 종사되었다면 철거되지 않았을 것이다.

5. 서원의 조식 운영

당주서원이 미사액되어 향현사로 있을 때, 남계서원과 구라마을에서 공존하고 한 구역 안에 같이 있을 때의 당주서원 원장은 당곡 정희보와 남명 조식의 제자 남계 임희무의 아들 의암(義庵) 임제민(林濟民, 1558~?)이었다. 후임 원장은 옥계의 제자로 선조15년(1582)에 남계서원 원장을 지낸 우계(愚溪) 하맹보(河孟寶, 1531~1593)의 아들로 당시 전곡유사를 지내다가 부친의 원장 선출에 사임한 정묵재(靜默齋) 하제(河悌)이었다. "○六日壬申鄕賢祠院長初以林濟民充任後以河悌出焉而欲捧禹傳湯之子免役搆祠云云○又聞通文于右道列邑呈書于來庵寒岡兩先生云云"<고대일록 제4권 / 병오(丙午, 1606) / 가을 9월>

일반 다른 서원과 마찬가지로 원장과 유사가 계승했을 것이나 기록이 남아 있지 않다. 남계서원은 원장 명단이 있어 누가 언제 원장을 지냈는지 알 수 있으나 당주서원은 훼철 과정에서 사라졌나 기록이 전하지 않는다.

6. 서원의 지향점 및 보완점

남계서원과 함께 함양의 양대사액서원이었던 당주서원이 유허비만 쓸쓸히 폐허를 지키고 있는데 서원활성화사업으로 복원하여 양대사액서원의 위상을 회복하고 다시 옥계를 향사하며 서원의 기능을 되살렸으면 하는 소망이다.

산삼의 성인 최치원과 함양 백연서원[1]

1. 머리말

2021 함양산삼 항노화 엑스포 / 김윤숭 2018.09.27

시황제 갈구하던 불로초는 산삼이라
지리산 캐간 산삼 나당외교 공헌하다
고운은 산삼의 성인 함양 살길 열어주다

 함양의 살길, 미래 먹거리, 산삼항노화산업의 길을 열어준 고운 최치원 선생은 신라 천령군태수로서 애민숭문의 천령정신을 창도하였다고 생각된다.

 함양문화원에서는 함양정신을 모색하는 학술회의를 하고 천령문화제위원회에서는 천령정신을 탐구하는 학술회의를 개최하니 다소 헷갈리기도 할 것이다. 그러나 천령정신은 신라 천령군태수 고운 최치원

---

 1 본고는 2021 제60회 천령문화제 기념 제1회 천령정신학술대회 발표문인 <天嶺精神과 山蔘>을 개제, 수정한 것이다.

선생의 애민정신을 발원지로 하니 함양정신의 원류일 것이다.

최치원(崔致遠, 857~951)은 부임하는 지역마다 상징 건축물을 남겨 지역 정신이 깃들게 하였다. 초임의 태산군(현 정읍시)태수로선[2] 피향정(披香亭)[3]을 지어 연못의 연꽃 향기를 음미하며 더러움 속에서도 물들지 않고 청정한 연꽃의 정신을 찬양했을 것이니 송나라 성리학 창시자 염계 주돈이(周敦頤, 1017~1073)보다 수십년 앞서 연꽃을 사랑한 문인이었다.

중간 벼슬 땅인 부성군(현 서산시)태수로서[4] 과선각(過仙閣)[5]을 지어 신선사상을 설파하였다. 그 과선각은 부성군 관아 건물인데 지금은 부

2) 三國史記 列傳 第六 崔致遠 "致遠自以西學多所得 及來 將行己志 而衰季 多疑忌不能容(890,진성여왕4)出爲大山郡大守."

3) 金允植 1835 1922 淸風 洵卿 雲養, 蘇川
雲養集卷之一 淸風金允植洵卿著 / 詩○昇平舘集 / 泰仁披香亭。敬次佔畢齋金先生韻。
至人一去挹遺芬。杖屨曾聞此地云。
崔孤雲曾宰是邑作此亭。佔畢齋有懷孤雲詩。
日暮三山迷遠望。不知何處訪孤雲。
亭前平曠。有短林低樹。林外羣山。依依秀妍。極有佳致。土人目之爲三神山。古傳崔孤雲得不死術。至今尙在云。意在斯耶。
*佔畢齋集卷之二十一 / 詩 / 泰仁蓮池上。懷崔致遠。
割鷄當日播淸芬。枳棘棲鸞衆所云。千載吟魂何處覓。芙蕖萬柄萬孤雲。

4) 三國史記 列傳 第六 崔致遠 "唐昭宗景福二年(893,진성여왕7)納旌節使兵部侍郎金處誨没於海即差橻城郡大守金峻爲告奏使.以時致遠爲富城郡大守祇召爲賀正使.比歲饑荒因之盗賊交午道梗不果行.其後致遠亦嘗奉使如唐但不知其歲月耳.故其文集有上大師·侍中狀云"

5) 金履萬 1683 1758 禮安 仲綏 鶴皐, 東厓
鶴皐先生文集卷之二 / 詩中稿○七言律詩 / 題過仙閣 崔孤雲曾宰此州。故閣號過仙云。山平野闊莽悠悠。行盡湖西得瑞州。海隔登萊波萬里。地經羅濟月千秋。回瞻直北朝天路。坐送三南貢稅舟。最是孤雲仙迹遠。至今華額在楣頭

성사란 고운 사당의 부속건물에 현판이 걸려있을 뿐이다.

　마지막 지방관 천령군(현 함양군)태수로선 [6]학사루(學士樓)를[7] 세워 한림학사의 자부심을 상징하였다. 최치원이 마침내 신선의 산 삼신산 지리산이 있는 천령군의 태수로 부임하여 삼신산의 불로초 산삼을 채취하게 된 것이다.

　최치원이 당나라 절도사 고변의 종사관으로서 지어 황소의 난을 문장으로 토평한 <격황소서>보다 더 절실하고 가치있는 글은 고변에게 선물한 신라 인삼 <헌생일물장>에 대한 글이다. 조선시대 인삼을 재배하기 전에는 인삼은 곧 산삼이다. 당시 산삼을 시문으로 남기고 산

6)　三國史記 新羅本紀 第十一　眞聖王 "六年(892)完山賊甄萱據州自稱後百濟武州東南郡縣降屬." / "八年(894)春二月崔致遠進時務一十餘條王嘉納之拜致遠爲阿湌." / 新增東國輿地勝覽 / 卷三十一 / 慶尙道 咸陽郡 / 名宦 新羅 "崔致遠. 致遠寄海印僧希朗詩下, 題防虜太監、天嶺郡太守、遏粲崔致遠
/ 伽倻山海印寺古蹟 "希朗大德君 夏日於伽倻山海印寺 講華嚴經 僕以捍虜所拘 莫能就聽 一吟一詠 五仄五平 十絶成章 歌頌其事 防虜大監 天嶺郡太守 遏粲 崔致遠"
7)　申佐模 1799 1877　　高靈 左輔, 左人 澹人, 花樹軒
　　澹人集卷之八 / 詩○嶠南紀行(1869,고종6) / 學士樓. 崔孤雲所建 與紫崖(韓致肇咸陽郡守)共賦. 二首
1.
風風雨雨打車簾。看盡紅流又白鹽。石氣醒來還復醉。泉聲貪着未爲廉。
文章歷落餘靑眼。故舊逢迎半皓髯。黃鶴樓中人不見。更將餘句禿毫拈。
2.
風萍會合本無期。偶到翻成一宿遲。了我餘生聊復爾。微君此世更安之。
亂山荒店懸燈夜。明月高樓聽角時。兩地相思犀一點。橐中日史案頭詩。

삼 외교를 펼치고 산삼 채취사업을 벌였을 것으로 추정되는 천령군태수 시절을 생각하면 최치원은 산삼의 성인이라고 하여도 과언이 아니다.

2. 산삼과 고운

고운은 당나라에서 벼슬하며 당시 고관의 생일에 은장식 상자 담긴 해동인형삼, 붉은 비단 자루 담은 거문고, 봉래산도(그림), 인삼 3근, 천마 1근 등 비싼 선물[8]을 헌정했으니 이것이 어찌 낮은 벼슬아치가 장만할 수 있는 것이겠는가. 신라 조정에서 외교를 위해 보내준 것일 것이다. 재당 신라외교협력관이라고 하겠다.

그 고관은 고운이 <토황소격문>을 지어 명성을 떨칠 때 종사한 당나

---

8) 桂苑筆耕集卷之十八 / 書狀啓 二十五首 / 物狀
海東人形蔘一軀 銀裝龕子盛 海東實心琴一張 紫綾袋盛
右伏以慶資五福。瑞降三淸。中春方盛於香風。上德乃生於遲日。凡荷獎延之賜。合申獻賀之儀。前件人蔘並琴等。形稟天成。韻含風雅。具體而旣非假貌。全材而免有虛聲。況皆採近仙峯。携來遠地。儻許成功於藥臼。必願捐軀。如能入用於蓬壺。可知實腹。誠憼菲薄。冀續延長。塵黷尊嚴。倍增戰灼。伏惟俯賜容納。下情幸甚。
蓬萊山圖一面
右伏以重陽煦景。仙界降眞。雖長生標金籙之名。而衆懇祝玉書之壽。前件圖。千堆翠錦。一朶靑蓮。雪濤盝出於墨池。鯨噴可駭。雲嶠湧生於筆海。鼇戴何輕。不愧瑣微。輒將陳獻。望臥龍而股慄。隨賀燕以魂飛。伏惟略鑑心誠。俯賜容納。所冀近台座而永安賓海。展仙齋而便對家山。許沾一顧之榮。預報三淸之信。輕黷視聽。下情無任禱祝歌謠兢灼之至。
人蔘三斤 天麻一斤 (右伏以昴宿垂芒。尼丘降瑞。始及中和之節。爰當大慶之辰。仰沐尊慈。合申卑禮。前件藥物。採從日域。來涉天池。雖徵三椏五葉之名。慙無異質。而過萬水千山之險。貴有餘香。不揆輕微。輒將陳獻。所冀海人之藥。或同野老之芹。伏惟特恕嚴誅。俯容情懇。續靈壽則後天而老。駐仙顏而與日長新。下情無任禱祝忻躍兢惕之至。謹狀。

라 태위 고변(高騈 821~887)이다. 고변은 발해고씨 명문가 출신이니 고구려 후예일 것이다. 고변에게 '해동의 약물'이라고 강조하며 생일 선물로 산삼을 선물한 것이다.

그 글에서 가까운 신선봉우리에서 채집하여 멀리 가져왔다<況皆採近仙峯 携來遠地>고 한 것은 삼신산 지리산에서 캐온 것이고 나중에 고운이 지리산 북쪽 천령군태수가 된 것도 산삼채집의 태수소임을 위해 임명된 것이라고 추정한다.

고운은 재당시절부터 산삼을 활용하여 나당우호를 쌓았고 천령군태수 지방관으로 부임하여 나당외교에 공헌하는 산삼을 채집하여 제공하였고 한국 최초 산삼 시문을 남기었으니 산삼의 성인이라고 해야 타당하다.

고운이 그 글에서 삼아오엽(三椏五葉)이라고 했는데 곧 삼지오엽이란 말로서 이 용어는 산삼의 대명사이다. 이 말을 최초로 언급한 사람이 고운이다. 다른 문헌에선 고려인삼찬(당시 고려는 고구려이다.)이라고 하여 고구려인이 지은 시가 아닌가 여길 수 있다. 다른 명증이 없으면 고운의 창작이라고 해도 무방하다. 고운의 창작임이 증명된다면 세계 최초의 산삼시가 될 것이다.

---

9 《高麗人參贊》說:"三椏五葉, 背陽向陰。欲來求我, 椵樹相尋。" 椵木酷似桐葉, 樹大而陰多, 故人參生其陰處。
<人侵詩文辨證說인삼시문변증설> 이규경(李圭景,1788~?)著
《高麗采蔘讚》云。
三椏五葉。背陽向陰。欲來求我。椵樹相尋。
【椵。一作檟。椵。音賈。葉似桐。
許浚《東醫寶鑑‧湯液篇》以爲。此草多生深山中。背陰近檟漆樹下濕潤處。采者以此爲準。】
《五洲衍文長箋散稿 人事篇○技藝類/醫藥》

3. 산삼과 뇌계 및 사가정

점필재 김종직의 제자이고 일두 정여창의 동문이며 동향인 뇌계(瀶溪) 유호인(兪好仁,1445,세종27~1494,성종25)은 동향 동문 양덕현감 표연한(表沿漢, ?~1484년성종15)에게[10] 인삼 몇 뿌리를 선물받고 기념시를 지었다.[11]

그 시에서 소년시절에 여인찬(麗人贊)을 외었다고 한 것이 <고려인삼찬>이다. 뇌계는 인삼을 약의 성인 약성이라고 하였다. 중국에선 당나라 명의 손사막을 약왕 또는 약성이라고 하여 약왕전 또는 약성전에 봉안하고 있다. 남계의 물로 달여 먹는다고 했으니 고향 함양에서 인삼탕을 복용한 것이다.

당시 동시대인인 사가정(四佳亭) 서거정(徐居正,1420,세종 2)~1488,성종19)은 강원감사 조간(曺幹)에게 인삼을 선물받고 사례하는 시를 지어보냈다.[12] 사가도 인삼을 약의 성인 약성이라고 하였다. 산삼을 선

---

10) 표연한(表沿漢, ?~1484년성종15)은 남계(藍溪) 표연말(表沿沫)1449년(세종 31)~1498년(연산군 4) 소유(少游) 평석(平石) 신창(新昌)의 중형. "표연한은 양덕 현감(陽德縣監)으로서, 금년에 가을부터 겨울까지 입거 안접 차사원(入居安接差使員)이 되어 일을 마치고 돌아오자마자 이달 15일에 갑자기 죽었다."<성종실록 성종 15년 갑진(1484) 12월 13일(병인)>

11) 瀶谿集卷之二 / 七言小詩 / 陽德縣監表侯 沿漢。以人蔘數本見惠。
曄曄關西紫玉蔘。開緘千里見君心。少年曾誦麗人贊。識得靈苗喜向陰。藥聖渠爲孔大成。夷淸枸杞惠和苓。灆溪第一湯初沸。端合千金手脚形。

12) 四佳詩集卷之五十二○第二十五 / 詩類 / 謝江原曹監司幹 寄人蔘

물받고 병든 몸을 치료할 수 있어 미칠 듯이 기쁘다고 다소 과한 표현을 하며 사례하였다.

4. 산삼과 연암

함양의 안의현감으로 부임한 한국의 대표실학자 연암 박지원은 부임하기 전에 지은 《열하일기》(1780년,정조4)에서 인삼 곧 산삼에 관해 고찰하여 언급했고 <고려인삼찬>을 인용하며 그 글에 나오는 가수가 자작나무라고 주석하였다.[13] 또 산삼탕을 끓일 때는 흐르는 물로 끓여야지 고인 물로 끓이면 효험이 없다는 당나라 의서도 인용하였다.[14]

연암은 안의현감 시절 산삼이 삼신산 불사약이라고 명기하고 자신이 조성한 하풍 죽로당 뜰에다가 지리산 산삼 수십 뿌리를 캐다가 심어놓고 수시로 캐어먹어 자신의 허한증을 치료하였다고 임상경험담

藥聖人蔘出古方。一枝三椏最爲良。忽承佳惠能無感。病骨還蘇喜欲狂。

13) 연암(燕巖) 박지원(朴趾源)1737년(영조 13)~1805년(순조 5) 미중(美仲), 중미(仲美), 미재(美齋) 연상(煙湘), 열상외사(洌上外史) 반남(潘南) 문도(文度)
燕巖集卷之十五○別集 潘南朴趾源美齋著 / 熱河日記(1780년,정조4) / 銅蘭涉筆
許亢宗行程錄。自同州四十里。至肅州。東望大山。金人云此新羅山。其中産人蔘白附子。與高句麗接界。此妄也。雖未知同州肅州在於何處。而金人所指新羅山。安得與高句麗接界。可謂朔南貿遷。
高麗人蔘讚。三椏五葉。背陽向陰。欲來求我。椵樹相尋。中國文書。多載此贊。椵樹葉似桐而甚大多陰。故人蔘生其陰云。椵樹卽我國所謂自作木。以爲冊板。我國至賤。而中原墳墓。皆種此樹。靑石嶺成林。

14) 燕巖集卷之十五○別集 潘南朴趾源美齋著 / 熱河日記 / 金蔘小抄
孫思邈千金方。人蔘湯須用流水煮。用止水則不驗。見人蔘譜。

을 소개하고 있다.[15]

함양 안의에 연암실학기념관을 세워 실학건축물 한국최초의 적벽 돌집 하풍죽로당 등을 복원한다면 그 뜰에 산양삼 밭을 만들어 연암의 치료사례, 산삼사업을 기념하면서 관광 상품으로 개발하는 한편 "함양의 산양삼을 브랜드화하여 보증할 수 있는 우수한 품질의 상품을 매년 일정한 분량 확보하고 이를 국가적 차원에서 국제교류의 매개로 이용하는 적극적인 활동도 필요하다."[16]고 본다. 산삼의 고장 함양을 홍보하는 한편 함양산양삼의 미래산업으로서의 가치를 부각시킬 수 있을 것이다.

5. 안의 인삼

한말의 순국지사 매천(梅泉) 황현(黃玹,1855,철종6~1910,순종4)이 함양군 서하면 다곡리 중산마을을 지나가며 집집마다 인삼 재배하는

---

15 燕巖集卷之三 潘南朴趾源美齋著 / 孔雀舘文稿○書 / 與人 "正尙西南面百里外。如垂翠帳者。卽雄蟠湖嶺九邑之山。其名曰智異也。皇輿攷所稱天下神山有八。其三在外國。或曰楓嶽爲蓬萊。漢挐爲瀛洲。智異爲方丈。秦之方士所言三神山有不死藥。此乃後世之人蔘也。一莖三椏。其實如火齊。其形如童子。古無人蔘之名。故稱不死藥。以証惑貪生之愚天子。今吾出錢數百兩。採之於山。養之於後圃。未幾而忽病亡陽。採食幾盡。味殊淸苦。香有遠韻。而其實不如常食之當歸竹筍菜。然而服此三兩而後。能塞數朔如沐之虛汗。未必能令人不死。而亦豈非惑人之妖草乎。"

燕巖集卷之一 潘南朴趾源美齋著 / 煙湘閣選本○記 / 荷風竹露堂記 "……堂後萬竿綠竹。池中千柄芙蓉。中庭芭蕉十有一本。圃中人蔘九本。盆中一樹寒梅。不出斯堂。而四時之賞備矣。……"

16)한국선비문화연구원 김경수 박사의 필자논문 논평인용

현상을 목도하고 시를 지어 기념하였다. 인삼밭에 비 뿌리는데 인삼 향기가 진동한다고 하였다. 집집마다 달력이 있으니 인삼재배의 적기를 파악하기 위해서라고 하였다.[17] 안의 지역에선 지금은 인삼을 재배하지 않는다. 농촌 상황이 바뀌어서일 것인데 한말까지 인삼농업이 성행했다는 사실은 알 수 있다. 지식인의 책임을 강조하며 포의한사로서 망국의 책임을 지고 자결하신 매천의 우국 발자취가 안의 지역에 남아 있다는 것도 영광이다.

6. 함양 백연서원

백연서원(柏淵書院, 栢淵書院)은 본래 함양군수 점필재 김종직을 위하여 건립된 것이다. 점필재는 선정을 베풀어 이임하고 떠난 뒤 군민들이 바로 생사당<生祠>을 세워 추모, 제향하였다. 생사당 건립지가 재임중 근무의 여가에 낚시하며 휴식을 취한 이은대(吏隱臺) 위였다. 이은이란 낮은 관리로 있으며 은자(隱者)처럼 사는 것이라는 뜻이다. 이은대 위에 이은당이란 생사당을 세웠고 임진왜란 때 소실되어 없어졌다. 그 근처에 백연서원이 세워졌다.

이은대 근처에 백연사를 선립하였다. 백연사는 함양의 양대 목민관인 신라 천령군태수 고운 최치원과 함양군수 점필재 김종직을 제향하였다. 경주최씨와 선산김씨 문중에서 주도했을 것이다. 함양 선비들은 참 기록을 안 남긴다. 설립과정 기록도 없고 백연서원 승격과정 기록도 없다. 서원철폐후 유허비조차 세우지 않았다. 기록을 너무 등한

---

17 梅泉集卷三 長水黃玹雲卿著 /詩○戊戌稿 /安義中山村
百片茅茨半尺扉。藥香連圃雨如絲。山中曆日家家有。爲揀人蔘種採時。

시하였다. 사당중수 기록과 서원사액 신청기록은 외지인이 썼기에 그 문집에 남아 전한다.

 정조 때 초대 규장각제학을 지낸 문신 학자 강한 황경원이 영조 21년(1745) 홍문관 수찬 시절 지은 <최고운묘기>[18]에는 고운묘를 중수하는 사실을 서술하며 고운 이야기만 하며 백이숙제같은 고운의 절의정신만을 강조하였을 뿐이다. 점필재 김종직과 같이 모신 사당이라서 점필재 이야기도 언급되어야 하는데 전혀 없다. 의아하다.

---

18) 黃景源 1709 1787   長水 大卿 江漢 文景

 江漢集卷之九 / 記 / 崔孤雲廟記 "翰林侍讀學士兵部侍郞, 知瑞書監事文昌崔公孤雲廟。在咸陽栢淵之上。世傳公嘗守天嶺。有遺愛。天嶺於今爲咸陽。故府人立公之廟以祀之。公諱致遠。幼入唐。擧乾符元年及第。爲侍御史內供奉。賜紫金魚袋。黃巢叛。都統高騈辟從事。光啓元年。充詔使。歸事金氏。爲翰林侍讀學士,兵部侍郞,知瑞書監事。乾寧元年。上十事。主不能用。乃棄官。入伽耶山。一朝脫其冠與屨。遺之林中。不知所終。案國史。公歸本國二十一年。左僕射裵樞等三十八人。坐淸流。死白馬驛。唐遂亡。又二十九年。金氏國滅。蓋此時公旣隱矣。豈見天下之將亂。知宗國之必亡。超然遠去辟世而不反邪。豈其心不臣於梁。又不臣於王氏。遂逃於深山之中邪。方高騈之擊黃巢也。公慷慨爲騈草檄。徵諸道兵。名聞天下。巢旣滅。奉詔東歸。使公終身仕於唐。則惡能免淸流之禍乎。雖不免焉。必不能屈志辱身而朝梁庭矣。慶州南有上書庄。世稱公上書王氏。然王氏始興之際。公誠上書陰贊之。則何故避世獨行。終老於山澤之間。而不肯仕也。王氏中贈文昌侯。祀國學。世以爲榮。而不知公之高節不事王氏也。可勝歎哉。孔子曰。伯夷叔齊。餓於首陽之下。民到于今稱之。使殷不亡。則二子不餓而死矣。餓而死者。潔其身也。故天下稱之不衰。公自伽耶脫冠屨而去之。以時考之。則金氏蓋已亡矣。此其志亦潔其身。與二子無以異也。今上二十一年(1745,영조21)。某侯出守咸陽府。拜公之廟。爲率府人。因其遺址而改修之。屬余爲記。夫國學祀公久矣。於府治何必立廟。然旣有公之遺跡。亦可以百世不廢矣。於是乎記。"

 孤雲先生文集 / 孤雲先生事蹟 / [事蹟] / 柏淵祠記[黃景源] *崔孤雲廟記와 내용동일

최고운묘가 중수되고 기문이 지어진 영조 21년(1745)에 함양부사는 청풍김씨 김치귀이다. 그는 부자간 영의정인 김재로와 김치인의 친족이다. 그 덕으로 벼슬하고 황경원 같은 국가 문장가에게 기문을 받을 수 있은 것이다. 김치귀는 나중에 남양부사일 때 기우제 지내며 음란한 짓 하여 어사의 탄핵을 받고 붙들려가 영조왕의 친국을 받고 제주도에 귀양갔다가 중도부처되었고 이후 관작이 회복된 듯하다.[19] 그는 최고운묘 곧 백연서원을 중수하고 대문장가 황경원에게 기문을 받아 게시했는데 처신을 잘못하여 수난을 겪었다.

　뒤에 서술할 백연서원 옆에 세운 사마재의 중수 상량문을 지은 농와(聾窩) 정중헌(鄭重獻,1698~1781)의 부친이 무신란의 의병장 동봉(東峯) 정희운(鄭熙運,1678~1745)이다. 정희운이 영조 21년(1745, 을축년)

---

19)　승정원일기 954책 (탈초본 52책) 영조 19년 2월 20일 갑진 2/15 기사 1743년 乾隆(淸/高宗) 8년
　○下直, 咸陽府使金致龜, 比安縣監柳徵。
　승정원일기 1006책 (탈초본 55책) 영조 22년 7월 4일 무술 3/20 기사 1746년　乾隆(淸/高宗) 11년　○ 下直, 咸陽府使朴良蕙, 奉化縣監尹光蘊, 金堤郡守李箕重。
　영조실록 100권, 영조 38년 7월 14일 갑술 5번째기사 1762년 청 건륭(乾隆) 27년
　○南陽御史姜必履, 進民人所食海紅菜, 上曰: "食此爲生, 甚可惻也。" 命封置政院。　命拿致南陽府使金致龜, 因御史所陳, 以其祈雨時, 私奸齋室, 民多離散, 施以惡刑故也。
　영조실록 100권, 영조 38년 7월 17일 丁丑 1번째기사 1762년 청 건륭(乾隆) 27년 ○丁丑/上御建明門, 親問金致龜, 致龜不服, 命特貸一律, 大靜縣充軍。
　＊導哉日記 戒逸軒日記 雜記(한국사료총서 제42집) > 戒逸軒日記 > 戒逸軒日記 > 甲申 ＊1764(영조40, 갑신) 五月 初八日
　金致龜之所坐, 雖殺之無赦, 而究其事則不過無識儱侗, 只知一慾字者也. 今當邦慶, 今予不諭何時可放, 特爲中途減等

에 68세로 별세하였다. 김봉로(金鳳魯)와 김치귀가 지은 만사가 [20]남아 있으니 당시 함양부사와 함양부사의 부친으로서 지은 것이다.

김봉로는 김치귀의 부친이니 함양부사가 부친을 관아에서 봉양하고 있었을 때 정희운의 별세를 만나 둘다 만사를 지어준 것이다. 김봉로는 출천대효로서 효자정려를 받아 아들 부사 김치귀와 김치정이 정려각을 세웠다.[21] 순조 8년(1808)에 함양군수로 재임한 의재 남주헌[22]

20) 爲中途減等
東峯實記卷之三 附錄 挽章 四 金致龜
大老遺昆秀骨奇 晩承淸誨自鳥飛 家傳孝友人爭慕 義戢奸兇世共推
萬里雲衢纔得路 半宵雞夢奄乘箕 德門餘慶知何在 庭下芝蘭最茁菲
21) 역천집(櫟泉集) 송명흠(宋明欽)생년1705년(숙종 31)몰년1768년(영조 44)자회가(晦可)호역천(櫟泉)본관은진(恩津)시호문원(文元)특기사항이재(李縡)의 문인. 송준길(宋浚吉)의 현손(玄孫)
櫟泉先生文集卷之十三 / 記 / 贈持平金公 鳳魯 旌閭記 戊子(1768,영조44) "上之三十四季戊寅(1758,영조34)。 命旌孝子金公鳳魯之閭。 仍贈司憲府持平。 遠近聳歎。 今季春。 其孤府使致龜。 致正等。 始具棹楔。 余旣猥書其牓。 致正君又泣而請曰。 願有記也。 余竊惟孝之於人大矣。 然亦人子之分。 所當爲。 故仁人君子。 恥以成名。 顧何待國家旌賞威刑以勸懲而後能哉。 然而世教衰。 民不興行。 卽於其親。 已有物我。 其能養口體而盡疏節者亦鮮矣。 況於志色乎。 況如公通神之孝。 感天之誠。 又何可易得哉。 夫然則國家所以旌贈而襃嘉。 以樹風聲礪頑愚。 誠固不可緩也。 謹按。 公淸風人。 五世祖諱繼。 高祖諱孝伯。 祖諱益聲。 仍三世以篤學至行。 俱贈司憲府執義。 其胚胎淵源。 已有以異於人者。 公信厚純篤。 見者皆稱其不失赤子心者。 以故。 其爲孝一出天性。 嘗在場屋。 心動馳歸。 以護親瘻。 嘗糞露禱。 跣立雪上十數日。 至指甲脫落。 而不自顧。 及其危也。 斫指進血。 以獲靈應。 嗚呼。 世或有刲股割體者矣。 卽公一指之力。 何能延十四季之壽乎。 此其積誠致然。 非一指之血所能起死回生也審矣。 余不孝孤露。 每讀公狀。 未嘗不三復涕血也。 諸孤賢孝。 宜無溢辭。 謹最其異行。 以爲記。"
22) 승정원일기 1909책 (탈초본 101책) 순조 6년 3월 13일 신유 13/17 기사 1806년 嘉慶(淸/仁宗) 11년

○ 有政。 吏批, 兼判書李晩秀牌不進, 參判朴宗慶進, 參議金箕象牌不

은 함양의 유생을 대신하여 백연서원의 사액을 청하는 상소를 지었다. 남주헌도 황경원의 뜻을 이어 백이숙제같은 고운의 절의정신을 강조하며 사액을 소청하였다.[23] 심지어 백연서원이 함양의 백이숙제묘라고 하였다. 그런데 여기서도 점필재는 전혀 언급이 없다. 점필재의 위패가 서원에 있는데 일부러 빼고 언급하지 않았다면 기군망상죄에 해당될 것이니 그럴 리 없고 보면 이때는 점필재의 위패가 철거된 것인가?

백연서원은 현종 경술(11년,1670)에 건립되어 함양군지(1956년 咸

進, 左副承旨李好敏進. 以鄭晩錫爲兵曹參判, ……再政. 以洪大應爲司饗僉正, 李志淵爲禮曹佐郞, 南周獻爲咸陽郡守
*순조실록 11권, 순조 8년 8월 1일 甲午 2번째기사 1808년 청 가경(嘉慶) 13년

○慶尙右道暗行御史呂東植書啓, 論宜寧縣監朴宗球、山淸縣監鄭有淳、陜川郡守安命遠、泗川縣監李元煜、安義前縣監宋欽詩、尙州牧使鄭東敎、前牧使李勉輝、巨濟前府使李永建・權煥、咸安前郡守李儒輝、金泉察訪柳鎭澤、召村前察訪沈鋊及前統制使李溏・柳孝源、右兵使李身敬等不治狀, 竝從輕重勘罪. 又言: "咸陽郡守南周獻治績, 施陞敍之典."
*승정원일기 1953책 (탈초본 103책) 순조 8년 8월 3일 병신 24/24 기사 1808년 嘉慶(淸/仁宗) 13년

○ 吏曹啓目貼連, 觀此慶尙右道暗行御史呂東植書啓,……咸陽郡守南周獻段, 廉明之治, 濟以剛核, 數載居官政無可議, 簽丁有譽而庶拔黃白之冤, 分糶惟精而擧無鸇劣之歎, 聽理之際, 雖落無冤, 公納之數比前倍減, 不事赫赫之政, 而民譽藹蔚, 論其治績, 一言以蔽之曰, 吏憚而民懷是如爲白有臥乎所, 此等善治守令, 宜有激勸之擧, 似當施以陞敍之典是白乎矣, 係干恩賞, 自下不敢擅便, 上裁敎是白乎旀.

23) 南周獻(1769~1821) 1808년(순조 8) 함양군수 재직
宜齋集(奎章閣藏) 卷七 <代咸陽儒生請栢淵書院 賜額疏> "伏願殿下深察致遠之賢 明詔禮官 特宣華額 使下邑之士 得遂尊尙之誠 則亦豈不大有光於 聖朝崇賢好義之治 而又將見夷齊之廟於臣等之士矣 臣等無任祈懇之至"

陽鄕校明倫堂편간)에 이르기까지 최치원, 김종직 병향으로 되어있는데[24] 김종직을 언급하지 않은 위의 기록은 불가사의한 것이다. 그리고

24) *輿地圖書 下(한국사료총서 제20집) > 慶尙道 > 咸陽 > 壇廟

栢淵書院 在府西二里文昌侯崔致遠文簡公金宗直之祠顯廟朝庚戌(1670, 현종11)建

*李德懋 1741 1793 全州 懋官, 明叔 靑莊館, 雅亭, 炯菴, 寒竹堂

靑莊館全書卷之六十八 / 寒竹堂涉筆(1781~1783)[上] / 咸陽名賢 "咸陽名賢。蔚然一代。今則遺風泯焉。有書院五所。灆溪、溏洲二書院。卽賜額也。灆溪書院。文獻公鄭一蠹、鄭桐溪蘊、姜介菴翼享焉。兪潘溪好仁。院中作別祠而享焉。溏洲書院。盧玉溪禛獨享。栢淵書院。崔孤雲致遠、金佔畢宗直。以名宦享焉。道谷書院。趙德谷孝仝、鄭竹堂六乙、盧松齋叔仝享焉。竹堂。一蠹之父也。松齋。玉溪之曾祖也。龜川書院。表灆溪沿沫、朴春塘孟智、梁九拙喜、梁逸老灌、河愚溪孟寶、姜琴齋漢享焉。桐溪生於安陰。而以隣近享焉。李靑蓮後白。亦生於咸陽。而獨無享焉。人皆恨之。"

*연려실기술 별집 제4권 / 사전전고(祀典典故) / 서원(書院) / 경상도(慶尙道) / 함양(咸陽)

백연서원(栢淵書院) 기유년(1669,현종10)에 세웠으며 사액되었다. : 최치원(崔致遠) 자는 고운(孤雲), 시호는 문창후(文昌侯)이다. ・김종직(金宗直)

*佔畢齋集戊午事蹟(1789,정조13) / 事蹟 / 戊午史禍事蹟

金山景濂書院, 密陽禮林書院, 善山紫陽書院, 咸陽栢淵書院, 開寧德林書院成.

*용이와집(龍耳窩集) 권뢰(權土+耒))생년1800년(정조 24)몰년1873년(고종 10)자경중(景中)호용이와(龍耳窩), 죽담(竹潭)본관안동(安東)특기사항허전(許傳)의 문인.

철종 3 1852 임자 咸豐 2 53 3월, 덕유산 일대를 유람하고 〈遊德裕山錄〉을 짓다.

"入渭城。登崔孤雲所刱學士樓。周觀題詠。有玉溪韻而詩意甚好。西北五里許。尋竹谷村。此亦咸之一名基云。……二十九日。過栢淵書院。卽孤雲, 畢齋兩先生入享之所。十餘里蹄閒驛踰悟道峙。二十里登龜。十里堂伐過碧松亭。二十里百巫。此去知異上峰三十里也。"

*咸陽郡誌(1956년咸陽鄕校明倫堂편간) [誌] 壇廟

栢淵書院 在郡西二里(今席卜面栢淵里)文昌侯崔致遠,文簡公(舊誌作文

《연려실기술》 서원조에 백연서원이 사액이라고 표기했는데 이 책이 이긍익(李肯翊, 1736~1806)이 정조 초년에 완성한 것이라는 학설하에 추정하건대 순조 8년(1808)에 백연서원 사액 상소가 올려진 것으로 보면 《연려실기술》의 기록은 틀린 것이다.

순조 연간에 백연서원의 원임이 지역 사회 현안에 동참한 기록이 있다. 당시 단성현의 인물 묵옹(默翁) 권집(權潗,1569~1633,서계양홍주 사위)의 서원 건립 촉구 무인통문(1818,순조18)에 함양향교 교임, 남계서원, 당주서원, 구천서원, 도곡서원의 원임 등과 함께 백연서원 원임 김인조(金仁調)가 서명한 것이다.[25]

현재 백연서원터는 정밀 조사 실측을 하지 않아 그 자리가 어디인지 미상이나 이은대는 분명하니 그위에 세운 충혼탑을 다른 좋은 장소로 이건하고 함양 최초의 생사당 이은당을 복원하는 것이 애민 선정의 명현, 명목민관을 추모하는 역사기념사업이 될 것이다.

7. 백연서원과 연계당

현재 함양군 함양읍 교산리 함양향교 옆에는 연계당이 있다. 연(蓮)

忠)金宗直之祠,四〇〇三年顯宗庚戌(1670,현종11)建,高宗戊辰(1868,고종5)毁撤

25) 聯芳輯錄 卷之六 霜嵒先生<權潗 1578 1642 安東 道甫 霜嵒>〇附錄 建院通文 "伏惟貴鄕權先生默翁公孝以事親學以律身其文章道德非後學所敢容喙而禦賊遄死之說頹波中砥柱之節也中庸九經之衍斯文上指南之方也其他出處之正衛道之嚴爲百世之師表士林之矜式而迄今無立祠之擧竊爲僉君子惜之云云 戊寅(1818,순조18)十二月十五日咸陽校任姜周藍溪院任鄭海溫溏州院任姜周老龜川院任金圭泰道谷院任鄭達元柏淵院任金仁調等"

은 연방이라 하여 생원, 진사 통칭 사마라고 하는 소과 합격자 명단 및 합격자를 가리킨다. 계(桂)는 계방이라 하여 문과급제자 명단 내지 문과급제자를 가리킨다. 연계당 건물은 원래 백연서원 옆에 있었다. 그 말은 지금의 함양읍 백연리에 있다가 향교 옆으로 이건되었다는 것이다. 연계각이라고도 하였다. 함양의 사마재를 창설한 이는 옥계 노진인데 근대에 연계당으로 확장되어 그 전통이 지금까지 이어진다.

당호 현판은 연계당이고 기문 현판은 다음이 게시되어 있다.

노진(盧禛,1518~1578) 〈사마재제명록서〉(1540,중종35,옥계23세,20세생원시합격)

박상규(朴尙圭,1621~1683)[26] 〈무기명,사마재제명록속서〉(1655, 효종6)

---

26) 李縡 1680 1746　牛峯 熙卿 陶菴, 寒泉, 三州 文正 *朴尙圭 1621 1683 潘南 賓卿 鏡川

陶菴先生集卷三十五/墓碣[五]/生員朴公墓碣 "山陰山水。甲於嶺南。而龍湖又甲於山陰。有所謂臥龍亭者。故生員朴公尙圭居之。其祖考文模亦生員。考以爀亦中司馬。旋罷榜。兩世有文有行。酷愛龍湖之勝。優游以卒其身。至公卽舊廬而葺之。仍寓尙友隆中之意。滿室圖書。一塵不到。角巾嘯咏於其中。士大夫慕其風致。咸折節與交。往來冠蓋。殆無虛日。公家素貧。烹魚醱酒。各盡其歡。以是臥龍亭益名於嶺南。公字賓卿。羅州人。鼻祖應珠。七代祖孟智。官校理號春沼者最顯。公與弟崇圭友愛甚篤。未嘗一日離事親。居則致其樂。病則致其憂。喪則致其哀。居母喪時年六十三。而不勝而卒。癸亥(1683,숙종9)十二月二十日也。公嘗移葬其考於龍亭之西。從遺志也。及是公又葬於其下。妣長水黃氏。翼成相國喜之後。縣令廷說之女。公娶淸州韓氏。其考察訪夢參。二男壽一，壽齊。側出曰壽祉，壽祺。壽一男師亮進士，志亮。女爲盧世勛魚翼龍妻。壽齊男景亮，仲亮，季亮。師亮來乞銘。銘曰。
龍湖之水。淸且漣漪。嗚呼善士。老於斯葬於斯。"

정재기(鄭在箕,1811~1879) 〈연계당서〉(1876,고종13)[27]
이상선(李象先,1811~?,咸陽郡守1875년7월~?) 〈연계각중건상량문〉(1876,고종13)
노긍수(盧兢壽,1823~?) 〈연계당합안기〉(1876,고종13)

박상규의 속서에 보면 옛 청금안(靑衿案)이 병화에 소실되어 복구하였고 사마재 유사의 직임을 효종 6년(1655)에 노형조(盧亨造,1612~?))에게 이어받았다고 하였다. 사마재 건물 복원여부는 서술하지 않아 언제, 누구, 어찌 되는지 알 수 없다. 송고(松皐) 노형조는 홍와 노사예의 손자이고 여헌 장현광의 문인으로 효종(孝宗) 3년(1652)에 진사에 합격하였다. 박상규는 효종(孝宗) 5년(1654)에 생원시에 합격하였다.

이상선의 상량문에 의하면 옥계 노진이 창건하고 백연서원 옆에 있었다고 하였다. 노긍수의 기문에 의하면 고종 13년(1876)에 백연 옛터에 있던 사마재를 향교 옆에 이건하였고 연방과 계방을 합하여 합안(合案)을 만들었다고 하였다. 그 유사는 하재구와 노태현, 총감독은 일두 후손 정재형(鄭在衡,1829,순조29~?,鄭煥祖차남)이었다. 이때 〈연계안〉을 편찬하고, 연계당이라고 명명하고, 기문 현판을 게시한 것이다. 노긍수는 뒤에 남계서원 도유사(都有司,1882~1883)를 지냈다. 위의 현판에 누락된 것이 있다.

정중헌(鄭重獻,1698~1781) 〈함양사마재중수상량문〉 임진(1772,영조48)

---

27) 《蓮桂案》의 기년은 몇 년 앞이다. 거기 기년은 "歲壬申(1872,고종9)秋杪下澣河東鄭在箕序". 정재기의 문집 《介隱遺稿》에도 임신(壬申)이라고 주기하였다.

사마재는 영조 48년(1772)에 백연에 중건하였다. 동쪽 건물은 사마재, 서쪽 건물은 흥학재라고 하였다. 고종 때 향교 옆에 이건할 때 사마재만 옮겼으니 흥학재는 존재여부 미상이다. [28]상량문을 지은 농와(聾窩) 정중헌(鄭重獻)은 일두 8세손이며 충신이다.

정중헌은 영조 4년(1728) 무신란, 정희량의 반란에 토벌대를 이끌고 공을 세워 부친 동봉 정희운, 아우 정상헌, 정사헌, 사촌 정찬헌, 일두 8대 종손 정윤헌, 정소헌, 정승헌, 조카 정진후와 함께 일가 9인이 모두 충신 정려받아 일두묘소 입구 구충각에 정려비가 남아있다. 일두 종손 정윤헌의 충신 정문은 일두종택 대문에 다른 4효자 정문과 함께 게시되어 있다. 일두오정이라 한다.

정중헌의 상량문에 보면 건물이 없어진 지 몇 년 된 상태에서 옛터에 중건을 도모하여 완성하고 높은 이은대가 눈앞에 우뚝하다고 했으니 백연서원 옆에 있었다는 것을 방증한다. 상량문을 쓴 영조 48년(1772)에서부터 향교 옆으로 이건한 고종 13년(1876)까지 100년 동안 사마재는 백연서원 옆에 건재하였다.

함양군수 윤광석(尹光碩,1747~1799,재임1791~1796)이 부임한 뒤 여론에 따라 함양 서계(속칭 복골)에 있는 정사에 장학 전답과 서적을 비치하고 흥학재라고 하였다. 영조 때 세운 흥학재가 건재했다면 정조

---

28 咸陽郡誌 [誌] 學校 司馬齋 "舊在郡西栢淵,今在郡北校山里○三八七三年中宗庚子,文孝公盧禛,創建,補 以中司馬之人,題名于案而新榜之出,取次書之,使案中一員,任其事,蓄貨帑置典僕,春秋講信,吉凶相助,以爲美事,兵亂之後,財力蕩竭靡有其所而令守掌一人,掌其文書(天嶺誌) 四一○五年英祖壬辰(1772,영조48) 重建,東曰司馬齋,西曰興學齋, 四二○九年高宗丙子(1876,고종13),移建于鄕校墻外,司馬齋(奉安蓮桂合案)稱蓮桂堂,今無興學齋,契長一人,有司二人,每年至月望日,會合案中子孫,相與講信焉"

때 윤광석이 다시 흥학재를 세울 리 없을 것이다. 실학의 대가 안의현감 연암 박지원이 윤광석을 위하여 정조 18년(1794)에 <함양군흥학재기>를 지어주었다.[29]

8. 맺음말

함양의 대표축제 천령문화제가 60회를 맞이하여 기념으로 천령정신을 모색하는 학술대회를 소박하게나마 진행하였다. 천령정신은 신라 천령군태수 고운 최치원 선생의 애민정신, 숭문정신, 국제교류정신에서 찾아야 할 것이다. 천령정신이 함양정신으로 승화되어 함양인의 정신세계를 형성하였을 것이다. 특히 산삼을 중국에서 벼슬할 때부터 신라조정에서 받아 당나라 고위층에게 외교 선물로 이바지하고 나당우호에 크게 공헌했을 것이다. 귀국하여 지방관을 역임하면서 삼신산 지리산이 있는 천령군태수로 부임하여 나당외교에 공헌하는 중요

29 연암집(燕巖集) 박지원(朴趾源)생년1737년(영조 13)몰년1805년(순조 5)자미중(美仲), 중미(仲美), 미재(美齋)호연암(燕巖), 연상(煙湘), 열상외사(洌上外史)본관반남(潘南)시호문도(文度)
燕巖集卷之一 潘南朴趾源美齋著 / 煙湘閣選本○記 / 咸陽郡興學齋記
"郡縣長吏初除, ...尹侯光碩. 莅咸陽郡三年. 郡之儒士相與謀曰. 吾鄕之學不講久矣. 得無爲賢侯病哉. 曰. 有精舍於西溪之東. 是則佔畢, 南溟諸賢杖屨之地. 鄕先生盧玉溪, 姜介菴之所游息也. 盍於此乎而藏修焉. 侯聞而喜曰. 是不誠在我乎. 爲之捐俸而助之. 置田藏書. 修其室宇而新之. 名其齋曰興學. 噫. 矦之爲郡纔數朞矣. 而郡學之興不已兆乎. 然而齋名興學. 則其亦有意乎方來. 而非敢曰已然者. 其爲政亦可謂知所先後. 吾知尹矦之於學校. 必以身率先之也. 使厎是齋者. 學已成矣. 毋遑曰已成矣. 而將以成之也云爾. 則其所成就. 豈不遠且大. 而庸詎止一鄕之善而已哉. 趾源忝職隣縣. 其於國家責實之意. 一未能奉承. 早夜震悚. 尝恐職事未效. 聞矦之爲政. 竊有感於是齋之名. 爲之記. 俾藏諸壁。"

선물인 산삼을 채취하여 조정에 바치어 궁극적으로 국제교류에 역할을 다하였을 것이다.

함양군이 2021산삼항노화엑스포를 개최하면서 산삼에 대한 한국 최초의 문장<계원필경집 헌생일물장>을 남기고 나당외교에서 산삼외교를 펼치고 산삼채취로 국제교류에 크게 공헌한 고운 최치원 선생을 산삼의 성인으로 추앙하여 엑스포의 상징인물로 기간 동안 선양하는 것이 타당한데 채택되지 못하여 유감이다. 엑스포는 산삼을통한 국제교류에 집중하는 것이니 그 상징인물로 최치원보다 적합한 인물이 또 어디에 있겠는가. 엑스포 고유제도 최치원기념관에서 고운선생에게 산삼을 바치며 하는 것이 합리적이었다.

최치원은 함양의 산삼산업 미래먹거리를 열어준 인물임에 틀림없다. 함양은 산삼의 고장이다. 산삼의 고장 함양을 문헌적으로, 외교적으로, 산업적으로 정립시킨 최치원은 산삼의 성인이다. 이를 기념하지 않을 이유가 있을까.

지리산 불로초 산삼과 국제교류의 전통은 안의현감으로 부임한 이용후생 실학자 연암 박지원 선생에게 계승되어 안의 관아에 청나라에서 배워온 실학건축 적벽돌 관아 하풍죽로당을 짓고 그 뜰에 지리산에서 산삼을 캐다가 심어 재배하고 자신의 당뇨치료에 활용하여 효험을 보았다. 연암의 산삼재배가 민간에 퍼져 인삼재배가 안의고을에 시작되었다. 지금은 안의인삼이 사라지고 없지만 그 역사는 기억해야 할 것이다. 더 적극적으로 하풍죽로당을 복원하고 그 뜰에 산양삼을 심어 국제교류의 선물로 활용하면 전통성이 있을 것이다. 지리산 산삼 재배를 통한 연암의 실학정신 구현도 최치원의 천령정신에 기반한 천령정신의 발현이라고 하여도 가할 것이다.

백연서원을 제 자리에 복원하기 힘들다면 최치원역사공원에 건립한 최치원기념관을 이중사업화하여 활용함이 적당하다. 한쪽에 고운기념관, 그 옆에 백연서원 현판을 달고 사당으로 삼아 고운과 점필재, 거기다 유림총의로 실학목민관 안의현감 연암 박지원을 추향하여 삼현을 함께 제향한다. 동서재는 상림관에, 서재는 역사관에 유서깊은 경구의 명칭을 붙여 이중현판을 달고 활용한다. 역사관은 최치원역사관으로 하고 상림관은 의미없으니 안음현감 일두 정여창을 포함하는 최고의 명현, 최고의 선정 수령, 함양사대목민관의 기념관으로 활용함이 가하다. 사당과 나란히 강당을 세워 고운정신을 설파하는 계원필경학교로 활용한다. 가능하다면 터를 더 넓히어 주변에 현대적 기숙사 내지 유스호스텔을 지어 고운정신의 합숙훈련이 가능하게 한다. 이러한 좌학우묘의 서원을 건립하는 것도 한 방법이다. 기념관을 이중사업으로 활용하는 것이 함양에 기반한 애민 선정의 명현, 명목민관을 추모하고 함양정신을 선양하는 역사기념사업이 될 것이다.

남계서원 세계유산축전(2020)
전국 한시 백일장 축시 및 집행 소감

灆溪書院 世界遺産祝典(2020) 全國漢詩白日場 祝詩

집행위원장 겸 심사위원 찬조출품작 김윤수金侖壽

孤雲佔畢大儒鄕 (고운점필대유향)	고운과 점필재 큰 선비의 고을
一蠹精神涵養良 (일두정신함양량)	일두가 정신을 좋이 함양했네
廢主士殃須重記 (폐주사앙수중기)	연산군의 사화는 무거이 기억하고
中宗相贈亦難忘 (중종상증역난망)	중종의 정승 증직은 잊기 어렵네
五賢陞廡千年馥 (오현승무천년복)	오현의 문묘종사 천년토록 향기롭고
三傑登朝萬古芳 (삼걸등조만고방)	삼걸의 조정 벼슬 만고에 꽃답네
世界文遺恭祝裏 (세계문유공축리)	세계문화유산 공손히 축하하는 속에
感恩賜額頌明王 (감은사액송명왕)	사액의 은총 느껴 명종왕을 칭송하네

남계서원 세계유산축전(2020) 전국 한시 백일장 축시 및 집행 소감

선비의 교양은 시문서화이다. 시 잘 짓고 글씨 잘 쓰고 그림 잘 그림을 한 사람이 모두 능하면 시서화 삼절이라고 칭하니 영예의 칭호였다. 그 시짓기 전통이 지금도 한시백일장이란 형태를 통하여 계승되고 있으니 교양이나 취미 방면에선 다양성의 축복이다.

동방오현 일두 정여창 선생을 향사하는 사액서원 남계서원이 세계문화유산에 등재된 지 1주년이 되어 이를 기념하는 행사로 남계서원 세계유산축전 전국한시백일장을 첫 회 개최하게 되었다. 이창구 원장의 위촉으로 집행위원장을 맡아 행사를 주관하고 심사위원과 심사위원장을 초빙하여 남계서원 앞마당과 풍영루에서 현장 창작에 심사와 시상도 잘 마치었다.

　이번 백일장은 일두 정여창 선생과 세계유산 남계서원을 홍보하고 선양하기 위한 우수 작품을 생산해내고자 하는 목적을 설정하였다. 조선시대 과거제도처럼 유능한 문인, 시인을 발굴하려는 목적을 두지 않았다. 그래서 시제와 운자(1자현장공개)를 미리 공개하여 시일을 두고 충분히 구상하도록 배려하였다. 그런지 좋은 작품이 많이 생산되긴 했으나 서로 맞추어 지어왔는지 유사 문구, 유사 작품이 많았다.

　모든 행사에는 말이 많은 법이긴 하지만 부당한 말들은 변명할 필요도 있을 것이기에 몇 마디 보태고자 한다. 당일 장원시 공개에 오자 작품을 장원으로 뽑았다고 비난했으나 서예가가 큰 종이에 급히 전사하여 공개하느라 한 획이 더 들어간 뿐이다. 장원시 제출자는 오자가 없다. 성급히 비난하는 풍토가 없었으면 한다.

　장원시 작품에서 三韓과 萬古를 對偶로 사용하였다. 三韓과 萬古가 對偶가 성립 안 된다고 하는데 한국고전번역원 고전사이트를 검색해보니 고려 유명 시인, 조선시대 유명 시인 모두 17인이 한시백일장과 같은 칠언율시에서 三韓과 萬古를 對偶로 사용하였다. 문제가 안 되는 게 아니라 정당한 대우법이다. 심언광의 율시에서 함련의 대우로, 이진백의 율시에선 경련의 대우로, 유휘문의 율시에선 경련에서 만고 충신, 삼한지사의 대우로 사용하였다.

漁村集卷之二 / 詩 / 次淸州客館韻 / 沈彦光(1487~1540)

南來羈況惱春光°盤上新蔬覺野芳°
萬古河山曾割據°三韓土地是中央°
雨深炎海雲霞膩°城枕淸川襟帶長°
宇宙悠悠星紀變°英雄陳迹托文章°

西巖遺稿卷之上 / 七言律詩 / 題忠烈錄金將軍倚柳射胡圖 / 李震白
(1622~1707)

想像將軍運氣機°大弓長劒奮神威°
獰龍劈海驚濤立°怒虎爬山碎石飛°
萬古聲名懸日月°三韓天地揭光輝°
分明毅魄重泉下°應與張巡許遠歸°

好古窩先生文集卷之二 / 詩○〔南遊錄〕/ 野城觀申義士 虬年 事蹟°次
軸中韻°/ 柳徽文(1773~1832)

黃崔當日據雄疆°竹帛徒書死晉陽°
立傳無人唐許遠°勤王不獨宋文祥°
天門萬古忠臣淚°人紀三韓志士傷°
月黑楓林魂返路°只今霽雨瀧瀧瀧°

삼한을 삼한시대라서 조선시대에 쓸 수 없다는 말도 있었다. 삼한갑
족이라고 하듯이 삼한은 한국을 범칭하는 용어이기도 하다. 천령도 신
라시대 지명인데 조선시대에 어찌 쓰냐고 하는데 춘수당 정수민이 최

초의 함양군지 <천령지>를 편찬하였고, 감수재 박여량은 <천령효열록>을 편찬하였고, 조선중기에 함양에서 배출한 문호 구졸암 양희, 옥계 노진, 청련 이후백 삼대 걸출한 인물을 통칭 천령삼걸이라고 하듯이 천령도 함양을 범칭하는 용어로 사용되는 것이다. 한시백일장에 쓰면 안 된다고 하는데, 한시백일장은 한시 용어를 써야 하는 것이다. 역대 한시에 사용된 용어를 백일장에 못쓴다는 게 말이 되는가.

  앞으로의 개선점을 생각해보았다. 좋은 작품과 좋은 시인, 양수겸장을 위하여 서로 베껴 짓지 못하게 할 필요도 있다. 자리 간격 유지와 의견교환 금지도 필요하다. 운자도 절반은 비공개로 하고 당일에 현장에서 여러 운자중에서 추첨하여 게시하는 것도 필요하다. 문학상은 본상과 지역문학상을 따로 두니 지역을 우대하는 의미가 있다. 다른 한시백일장은 향토시인을 우대하여 일정 티오를 두었는데 성명 밀봉, 일괄 심사하다 보니 지역우대책은 생각지 못하였다. 고려할 필요가 있다.

  남계서원 세계유산축전 전국서예휘호대회와 전국한시백일장의 수상집을 편찬하여 배포하면 모든 행사는 완료되는 것이다. 미비점이 있으면 보충해나가면 될 것이다. 덥고 역병이 창궐한 시기에 전국 한시인 및 한국한시협회 임원진, 참여하여 행사를 빛내주신 모든 분들에게 감사의 인사를 드립니다.

2020. 8. 20.
남계서원 세계유산축전 전국한시백일장 집행위원장 김윤수
지리산문학관 성경당(誠敬堂)에서 삼가 씀

유교신문 특별기고 게재일자

<특별기고> 한국문학관과 천년 우정의 서원 2024-07-30 오후 2:59:41

<특별기고> 북학파와 북벌론 녹봉서원 2024-07-18 오후 2:06:45

<특별기고> 일두와 하동 영계서원 2024-06-25 오후 8:55:26

<특별기고> 한국십진분류법의 유교를 위하여 2024-04-08 오전 7:53:32

<특별기고> 필암서원의 삼산 시대 연표 2024-02-27 오후 3:39:23

<특별기고> 남계서원의 문헌공묘와 별묘 2024-01-31 오전 9:25:39

<특별기고> 광풍루(光風樓) 제월당(霽月堂) 530주년 기념 주련차운(柱聯次韻) 2024-01-11 오후 3:40:02

<특별기고> 개암(介庵)의 일자사(一字師)와 《개암집》의 일자사(一字死) 2023-11-29 오후 3:51:04

<특별기고> 일두홍보관의 오류 시정 2023-11-20 오전 9:51:05

<특별기고> 일두(一蠹) 아호와 일두문화상 2023-10-27 오전 7:56:50

<특별기고> 필암서원의 우동사(祐東祠)와 청절당(淸節堂) 2023-10-19 오전 10:02:15

<특별기고> 남계서원의 광거당과 명성당 2023-10-12 오후 11:32:16

<특별기고> 도동서원은 세 번째다 2023-08-21 오전 7:48:47

<특별기고> 공문십철(孔門十哲)과 공묘십철(孔廟十哲) 및 자명상보설(字名相補說) 2023-08-01 오후 4:39:08

<특별기고> 남계서원과 남계오현 2023-04-30 오후 9:13:34

<특별기고> 성균관은 향교와 서원의 두 날개로 날자 2023-03-19 오후 9:07:24

<특별기고> '추야우중' 번안시조와 최치원계원필경기념관 2023-

01-18 오전 10:32:44

2023 신년사-각계 유림지도자 - 나는 유교 신도입니다 - 2023-01-04 오후 3:26:38

〈특별기고〉 남계서원면과 남한산성면 2022-10-14 오전 8:04:47

〈특별기고〉 일두(一蠹)는 성인이다 2022-06-13 오후 5:39:12

[특별기고] 필암서원의 송강시판 2022-03-02 오후 5:07:02

〈특별기고〉 제2의 문묘를 건립하자 2022-02-05 오전 11:12:43

〈특별기고〉 - 백일몽유 2021-02-22 오후 5:01:32

김윤숭 수필집

나는 유교 신도입니다

발행일   2024. 9.10
지은이   김윤숭
발행인   권남희
편 집   전수림 임금희
펴낸곳   소후
등 록   2016. 4.5 제 2018-000058
주 소   서울시 송파구 송파대로 28길 24. 밀리아나 2차 1110호
전 화   010-5412-4397 02-459-5555
팩 스   02-430-4397
전자우편   likeparigian@naver.com
정 가   15,000원 ※

이 책의 판권은 지은이와 소후출판사에 있습니다.

※ 잘못 만들어진 책은 교환해드립니다.

*CIP

※ 이 도서의 국립중앙도서관 출판예정 도서목록(CIP)은 서지정보유통지원시스템 홈페이지(http://seoji.nl.go.kr)와 국가자료공동목록 시스템(http://www.nl.go.kr/kolisnet)에서 이용하실 수 있습니다.

*ISBN 979-11-90528-95-0

종이: 씨그마 / 표지인쇄: 삼덕
본문 인쇄와 제본 :삼덕 인쇄